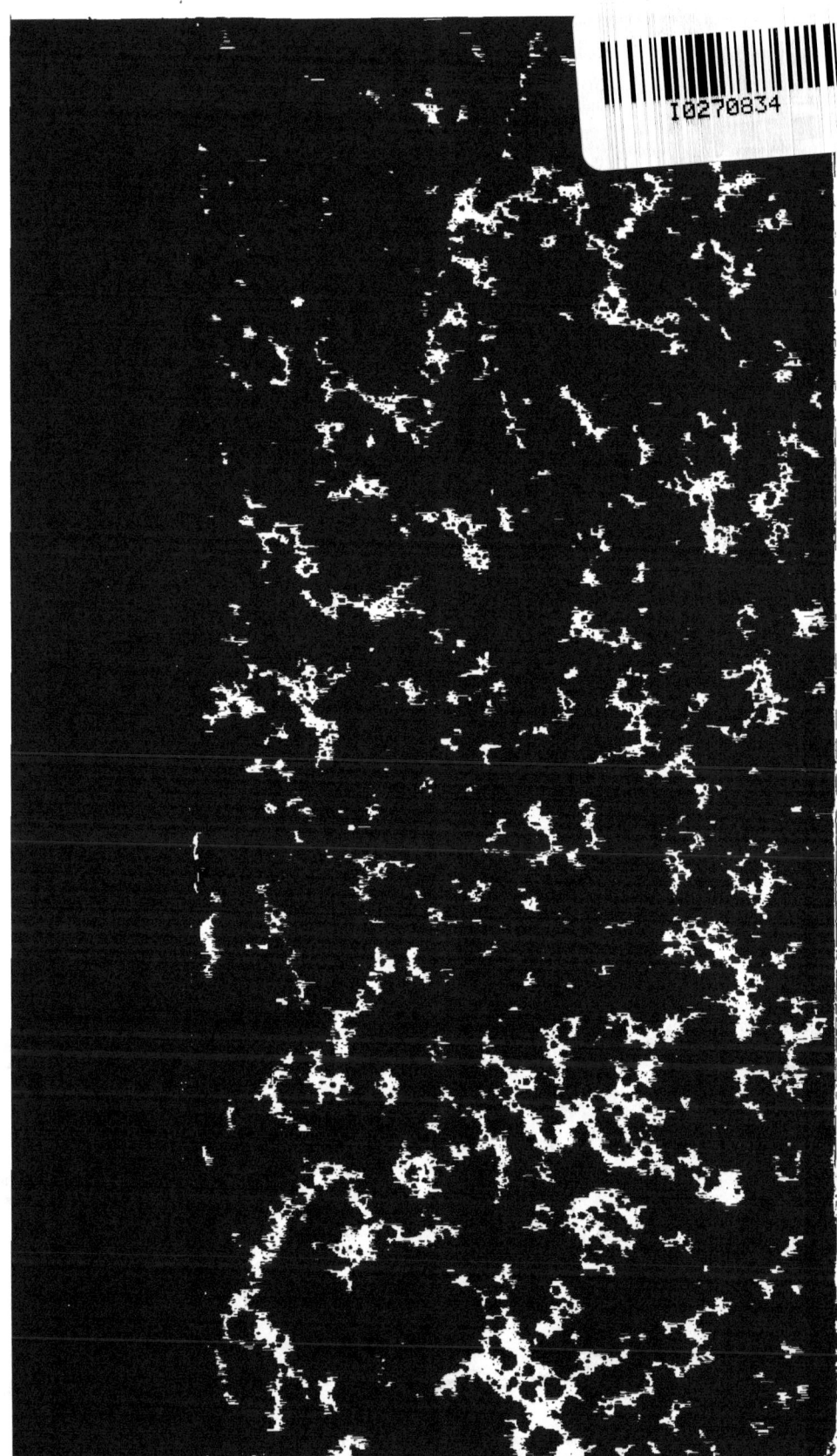

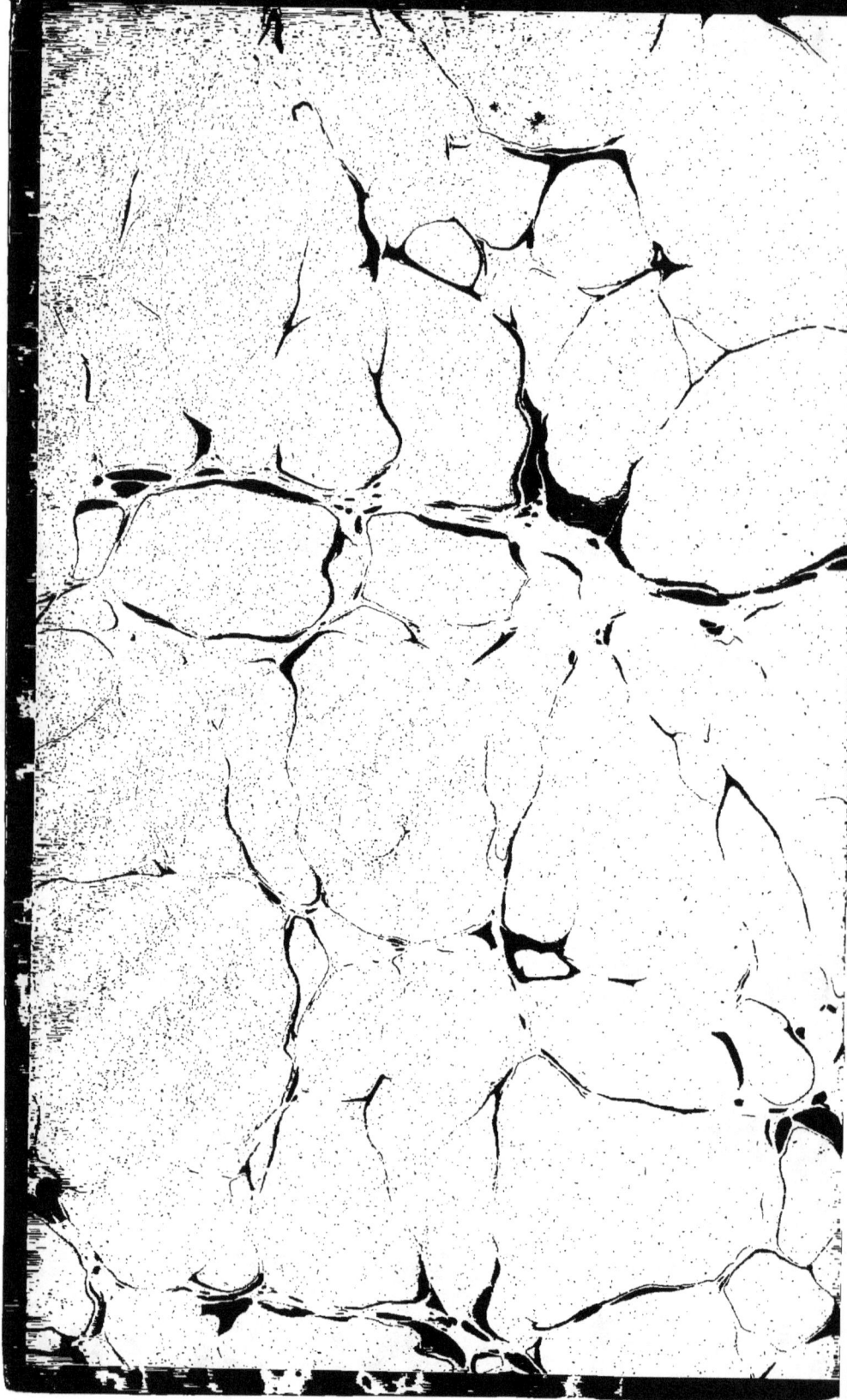

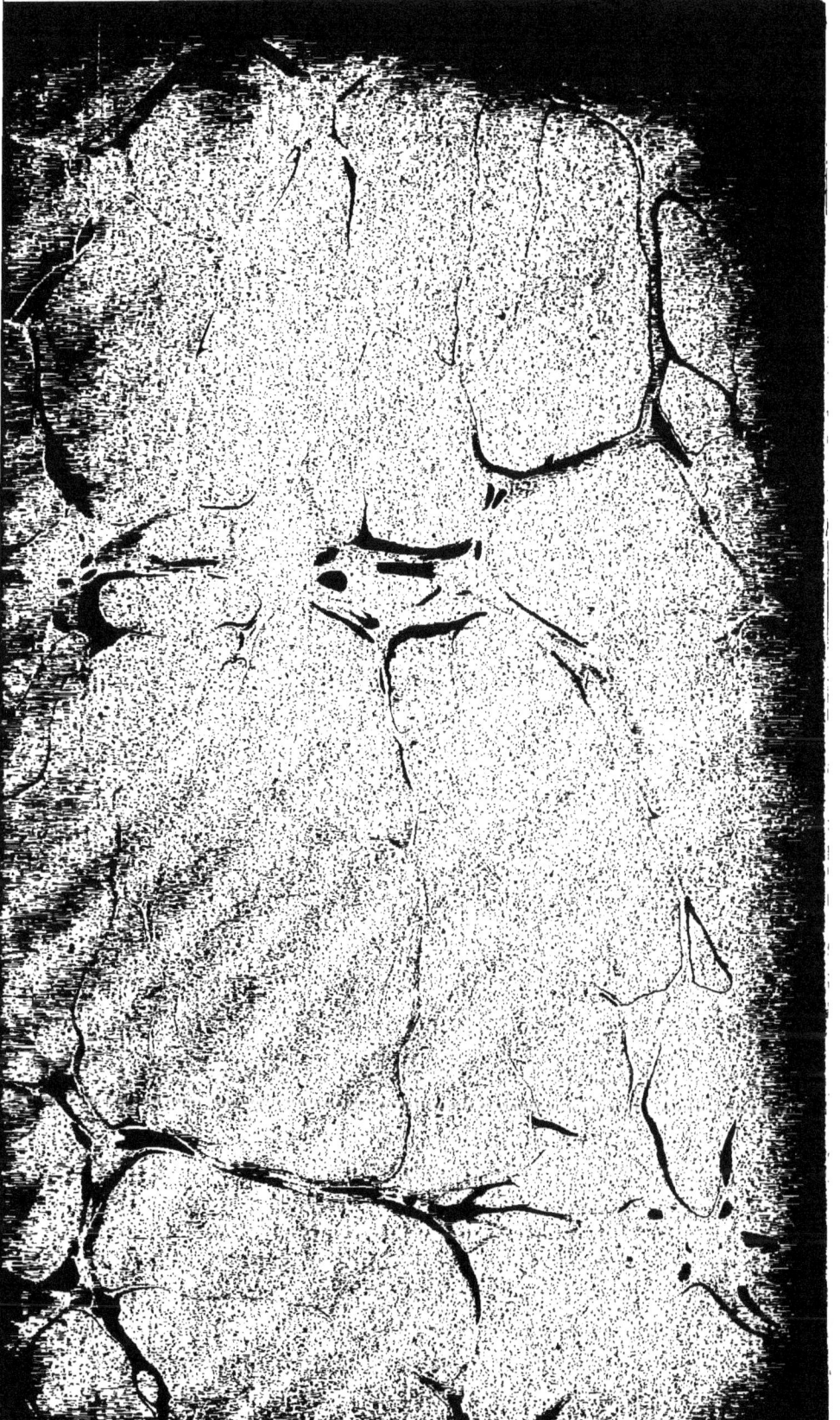

(Conserver la couverture)

Prix: 3 Fr.

LA Guerre

DE

1870-71

V

Journées des 3 et 4 Août

PARIS
LIBRAIRIE MILITAIRE R. CHAPELOT ET Cⁱᵉ
IMPRIMEURS-ÉDITEURS
30, Rue et Passage Dauphine, 30

1901
Tous droits réservés.

LA
GUERRE DE 1870-71

V

Journées des 3 et 4 Août

Publiée par la **Revue d'Histoire**

rédigée à la Section historique de l'État-Major de l'Armée

LA Guerre
DE
1870-71

V
Journées des 3 et 4 Août

PARIS
LIBRAIRIE MILITAIRE R. CHAPELOT ET Cⁱᵉ
IMPRIMEURS-ÉDITEURS
30, Rue et Passage Dauphine, 30

1901
Tous droits réservés.

SOMMAIRE

Journée du 3 Août... 1

Documents annexes.

Quartier général de l'armée................................. 39
Corps d'armée... 41
Garde impériale... 84
Réserve de cavalerie... 85
Génie de l'armée.. 86
Artillerie de l'armée... 86
Renseignements... 88

Journée du 4 Août en Alsace..................... 101

Combat de Wissembourg..................................... 104
Considérations sur le combat de Wissembourg :
    a) IIIe armée.. 147
    b) Division Douay....................................... 159

Documents annexes.

1er Corps.. 185
7e corps.. 237

Journée du 4 Août en Lorraine................... 245

Documents annexes.

Quartier général de l'armée................................. 293
Corps d'armée... 300
Garde impériale... 352
Réserve de cavalerie... 363
Réserve de l'artillerie... 364
Génie de l'armée.. 367
Renseignements... 368

LA
GUERRE DE 1870-1871

Journée du 3 août.

D'après les ordres donnés par le maréchal de Mac-Mahon le 2 août (1), les troupes du 1ᵉʳ corps devaient exécuter les mouvements ci-après :

1ʳᵉ division.......	Quittera Reichshoffen le 4 août pour se porter à Lembach.
2ᵉ division........	Quittera Haguenau le 4 août pour se porter à Wissembourg et environs (2).
3ᵉ division........	Quittera Strasbourg le 3 août pour se porter à Haguenau et à Reichshoffen le 4 août.
4ᵉ division........	Quittera Strasbourg le 4 août pour se porter à Haguenau (3).

---

(1) Voir 4ᵉ fascicule, pages 204 à 206.

(2) L'ordre de mouvement disait : « Les corps de la 2ᵉ division s'établiront à Altenstadt, Wissembourg, Weiler et le col du Pigeonnier ».

(3) Moins le 87ᵉ de ligne, qui devait être laissé à Strasbourg pour renforcer la garnison de cette ville, qui ne se composait que de quelques dépôts et de gardes mobiles non encore armés.

	1ʳᵉ brigade (de Septeuil).	Sera le 4 août au Geisberg avec la 2ᵉ division.
Division de cavalerie Duhesme....	2ᵉ brigade (de Nansouty).	2ᵉ lanciers, à Seltz, avec deux bataillons de la 3ᵉ division (1). 6ᵉ lanciers, à Haguenau, avec la 4ᵉ division.
	3ᵉ brigade (Michel).	Restera à Brumath.
Réserves d'artillerie et du génie et quartier général.		Seront le 5 à Haguenau.

Mais, dans la soirée du 2 août, « une dépêche du sous-préfet de Wissembourg, confirmée par le général « A. Douay », apprit au Maréchal « que des troupes « bavaroises s'étaient emparées de la maison des douaniers à la porte de Landau et qu'elles avaient fait le « recensement des ressources d'Altenstadt (faubourg de « Wissembourg) en annonçant leur intention d'occuper « ce point dans les vingt-quatre heures » (2).

En conséquence, le maréchal de Mac-Mahon expédia dans la nuit même (minuit 40), par télégramme, au général A. Douay, l'ordre d'avancer d'un jour son mouvement vers la frontière et de se porter le 3, le plus tôt possible, sur Wissembourg avec toute la 2ᵉ division, à l'exception des deux bataillons détachés à Seltz (3). Ceux-ci rejoindraient le 4 août, après avoir été relevés par deux bataillons de la division Raoult. Le général Douay devait emmener les deux escadrons du 11ᵉ chasseurs qui étaient à Haguenau (4) et prendre en route le 3ᵉ hussards à Soultz.

---

(1) Chargés de relever à Seltz le 16ᵉ bataillon de chasseurs et le 2ᵉ bataillon du 50ᵉ de ligne.
(2) Le maréchal de Mac-Mahon au Major général. — Strasbourg, 3 août.
(3) 16ᵉ bataillon de chasseurs, un bataillon du 50ᵉ.
(4) Un escadron et demi détaché à Seltz doit attendre, pour quitter ce point, d'avoir été relevé par le 2ᵉ lanciers. A Soultz, le 3ᵉ escadron

En même temps, le Maréchal télégraphiait au général Ducrot « d'appuyer le mouvement « du général Douay et de se relier par les crêtes aux « troupes de la 2ᵉ division. » Le général Ducrot dirigea aussitôt le 13ᵉ bataillon de chasseurs et le 18ᵉ de ligne sur Lembach et fit connaître au commandant du 1ᵉʳ corps que le reste de la 1ʳᵉ division « suivrait le lendemain ».

Enfin le maréchal de Mac-Mahon écrivit au général Ducrot « pour l'inviter à rejoindre le général Douay sur « la route de Wissembourg et à lui indiquer les posi- « tions à prendre sur les hauteurs, à l'ouest de la ville, « de manière à pouvoir se relier avec les troupes de sa « division » (1). Mais le général Ducrot, investi depuis la veille du commandement des 1ʳᵉ et 2ᵉ divisions, avait fait, sans plus tarder, une reconnaissance au col du Pigeonnier et envoyé, dans la matinée du 3, ses instructions au général Douay.

« Je ne pense pas, dit-il, que l'ennemi soit en force « dans nos environs, du moins à une distance assez rap- « prochée pour entreprendre immédiatement quelque « chose de sérieux (2) ; toutefois, pour parer à toutes les « éventualités, je pense qu'il est convenable de prendre « les dispositions suivantes :

---

et une division du 4ᵉ escadron rejoindront le régiment, qui comptera dès lors trois escadrons et demi sur cinq. (Historique du 11ᵉ chasseurs).

(1) Souvenirs inédits du maréchal de Mac-Mahon. 3 août.

(2) « Au moment où nous écrivions ces lignes », dit le général Ducrot dans sa brochure de 1873, intitulée *Wissembourg*, « nous étions dans le « vrai ; car ce n'est que le 4 au matin, d'après le fascicule allemand, « que le corps du Prince royal, établi aux environs de Landau et de « Rohrbach, se mit en mouvement ; l'avant-garde, division Bothmer, « rompait ses bivouacs à 6 heures, le Vᵉ corps et le XIᵉ à 4 heures, et « même une partie des troupes allemandes fut amenée, pendant le « combat, sur la rive gauche de la Lauter par le chemin de fer de la « Maxau. L'ordre du Prince royal est daté du 3 août.

« Les troupes françaises et allemandes se sont donc portées toutes les

« 1re brigade, à droite sur le plateau du Geisberg ;
« 2e brigade à gauche sur le plateau du Vogelsberg,
« occupant ainsi la ligne des crêtes qui, par la route de
« Wissembourg à Bitche, se relie avec le Pigeonnier » ;
la cavalerie et l'artillerie, en seconde ligne, sur le versant sud-ouest du mouvement de terrain ; un bataillon à Wissembourg dès le 3 au soir.

Le 4 au matin, un régiment de la 2e brigade ira relever le 96e de ligne (de la 1re division), « dans les positions « qu'il occupe entre Climbach, le Pigeonnier, Pfaffens-« chlick. » Le 96e se portera en avant, vers Nothweiler, avec un de ses avant-postes au Dürrenberg, se reliant vers Climbach à la gauche de la 2e division.

« deux en avant, presque au même moment, et Wissembourg a été « pour ainsi dire un combat de rencontre. » (*Wissembourg*, note de la page 12.)

Il semble toutefois qu'on puisse faire observer que :

1° Dès le 2 août, la 4e division bavaroise (Bothmer) était à Bergzabern, à 10 kilomètres de Wissembourg, forte de 13 bataillons, 4 escadrons, 24 bouches à feu ; et le Ve corps autour de Landau, à une marche de Wissembourg, comptait 25 bataillons 8 escadrons, 84 bouches à feu.

Le 2 août, dans l'après-midi, commençaient les mouvements de concentration au bivouac de tous les corps de la IIIe armée ; ils étaient terminés dans la matinée du 3 août. La division Bothmer était restée à Bergzabern, mais les Ve et XIe corps s'étaient avancés jusqu'à Billigheim, et le corps Werder jusqu'à Pfortz ;

2° Le combat de Wissembourg ne paraît pas avoir été un combat de rencontre, car pendant que la 2e division se portait de Haguenau à Wissembourg, le 3, les troupes de la IIIe armée étaient en majeure partie au bivouac et pendant que ces dernières marchaient sur Wissembourg, la 2e division était immobile sur le Geisberg ;

3° Il n'a pas été possible de retrouver un texte allemand permettant d'affirmer que, pendant le combat, une partie des troupes allemandes ait été amenée sur la rive gauche de la Lauter par le chemin de fer de Maxau. Il semble que cette assertion soit la réminiscence de la note adressée le 3 août par le général Ducrot au général Douay. (Voir page 9, note 1.)

Le général A. Douay est informé que le quartier général et le gros de la 1re division seront le 4 à Lembach et que la liaison entre cette division et la droite du 5e corps se fait par Obersteinbach et Hutzel-Hof. « Il est « bien entendu, dit le général Ducrot, que la brigade de « cavalerie est placée sous vos ordres immédiats et que « vous l'utiliserez, pour vous éclairer, soit en avant de « Wissembourg, soit à droite, dans la direction de Lau- « terbourg. »

Enfin, il était recommandé au général Douay d'examiner, dans la soirée même du 3, la situation de la manutention de Wissembourg et de faire commencer la fabrication du pain, « sans perdre un instant, car c'est « de Wissembourg que nous devons compter tirer la « majeure partie de nos subsistances..... (1). Lorsque « vous aurez eu le temps d'étudier le terrain et de vous « renseigner sur la situation de l'ennemi, vous appré- « cierez s'il serait utile, pour mieux couvrir votre « front et votre droite, d'occuper le fort Saint-Remy « et les anciennes redoutes qui sont en avant d'Alten- « stadt. »

La 2e division, partie de Haguenau à 4 heures du matin, arriva à 10 h. 30 à Soultz où elle devait faire une grand halte et « toucher des vivres et des pièces d'armes « de rechange, dont les corps étaient absolument dé- « pourvus malgré les demandes réitérées qui avaient été « adressées à Strasbourg » (2). Après avoir attendu vainement pendant cinq heures, la division se remit en

---

(1) « Il est urgent, disait le général Ducrot au maréchal de Mac-
« Mahon, dans un télégramme du 3 août au matin, que l'administration
« pourvoie à nos besoins autrement qu'elle ne l'a fait jusqu'à présent,
« car il nous deviendrait impossible de nous suffire à nous-mêmes,
« dans les conditions nouvelles où nous serons placés. »
(2) Historique de la 2e division, 2 août.

marche à 3 h. 30 de l'après-midi, arriva à 8 h. 30 du soir en vue de Wissembourg et « s'établit, face à la Lauter, « sur le plateau du Geisberg, à une demi-lieue environ « en arrière de la ville ; le quartier général au village de « Steinseltz » (1).

Le 74ᵉ détacha aussitôt à Wissembourg son 1ᵉʳ bataillon.

Les troupes s'établirent « non pas sur le sommet « même des crêtes du terrain, mais un peu en ar- « rière et en se gardant par des avant-postes réglemen- « taires » (2).

Les emplacements qu'elles occupaient différaient un peu de ceux qu'avait prescrits le maréchal de Mac-Mahon dans l'ordre de mouvement du 2 août, n° 4 (3). Aux termes de cet ordre, la 2ᵉ division aura sa droite à « Altenstadt et occupera Wissembourg, où se trouvera

---

(1) Historique de la 2ᵉ division, 3 août.

(2) Lettre du général Robert, ancien chef d'état-major de la 2ᵉ division, au général Ducrot. (*Wissembourg*, réponse à l'état-major allemand. Paris, Dentu, 1873, page 23.)

Ces avant-postes furent réglementaires en ce sens que l'on établit des compagnies de grand'garde, celles-ci détachant elles-mêmes des petits postes en avant. Mais la distance à laquelle ces grand'gardes se trouvèrent placées du gros de la division n'était nullement réglementaire. Chaque régiment en plaça une sur la crête du Geisberg ou du Vogelsberg, c'est-à-dire à 300 mètres environ du front de bandière. Or, l'*Aide-Mémoire du service en campagne* de 1869 indique pour la distance des grand'gardes au corps principal « 1600 à 3,200 mètres, suivant les localités » (page 37). Il est juste de dire que la 2ᵉ division arriva très tard au bivouac.

Il ne semble pas que les bivouacs de tous les régiments aient été établis en arrière de la crête. L'historique du 78ᵉ de ligne s'exprime ainsi à ce sujet :

« On a le grand tort d'établir le front de bandière sur une crête. « L'ennemi, campé dans les bois en arrière de Wissembourg, eut la « faculté de compter nos feux et de juger nos forces. Il était facile de « s'établir en arrière ; le terrain s'y prêtait et l'on était ainsi masqué. »

(3) 4ᵉ fascicule, page 206.

« l'état-major de la division, Weiler et les positions
« environnantes, ainsi que le col du Pigeonnier, par
« lequel elle se reliera avec la 1re division..... Le
« général Ducrot connaissant le terrain de Wissem-
« bourg et des environs se chargera d'indiquer les
« emplacements à assigner aux divers corps de la divi-
« sion Douay. »

Usant de la latitude qui lui était laissée, le général
Ducrot jugea peu rationnel de placer la 2e division à
Altenstadt, Wissembourg et Weiler, « situés au fond de
« la vallée de la Lauter, de tous côtés dominés par des
« hauteurs et débordés à droite par les épaisses forêts
« du Bienwald et du Mundat..... Les Allemands ame-
« nant leurs masses complètement à couvert, auraient
« pu prendre position sur nos lignes de retraite, avant
« même que la division Douay, enfoncée dans cette sorte
« d'entonnoir, eût été informée seulement de leur
« marche et de leur présence » (1).

Les modifications dont le général Ducrot avait pris
l'initiative étaient logiques : il eût été défectueux en
effet de placer toute la 2e division dans la vallée de la
Lauter, dès l'instant où une avant-garde ne tenait pas
solidement les hauteurs de la rive gauche. Toutefois, ses
instructions n'amélioraient pas sensiblement la situation
des 1re et 2e divisions qui restaient déployées et dissé-
minées sur un développement de crêtes de 15 kilomètres, depuis le Geisberg jusqu'aux hauteurs à l'ouest
de Lembach, à la façon des « lignes » du siècle dernier, et au voisinage immédiat de la frontière.

Au point de vue tactique, Wissembourg était l'emplacement tout indiqué pour l'avant-garde de la 2e division
qui aurait détaché deux compagnies à Altenstadt et un
poste à Weiler. Le gros de la division aurait été établi

---

(1) *Wissembourg*, page 11.

en cantonnements-bivouacs à Rott, Oberhoffen, Steinseltz, Schafbusch, et château du Geisberg, avec un bataillon et un escadron à Climbach pour assurer la liaison avec la 1re division.

Le maréchal de Mac-Mahon « fut informé dans la nuit « de l'emplacement pris à Wissembourg par le général « Douay. *J'en fus étonné*, dit-il, car je savais que le « général Ducrot pensait comme moi que nous ne « devions pas occuper cette ville » (1). L'ordre de mouvement du 1er corps du 2 août n° 4 avait cependant bien spécifié que « la 2e division d'infanterie qui aura sa droite « à Altenstadt, *occupera Wissembourg* où se trouvera « l'état-major de la division » (2).

Le mouvement vers le nord, prescrit le 2 août aux 1re et 2e divisions, avait eu pour raison principale la difficulté qu'éprouvait l'intendance d'assurer les subsistances, jointe à l'épuisement des ressources du pays (3). Mais il eût fallu leur donner en outre des instructions précises sur la mission qui leur était dévolue et sur l'attitude que leur dicterait une attaque exécutée par des forces supérieures en nombre. Il eût été indispensable

---

(1) Souvenirs inédits du maréchal de Mac-Mahon. 3 août. Le Maréchal fait allusion ici à l'évacuation de Wissembourg ordonnée par le général Ducrot dès le début de la mobilisation, et au refus de réoccuper cette ville qu'il notifia au général Ducrot le 30 juillet.

(2) « L'occupation de Wissembourg n'était que l'exécution de l'ordre « donné par le Maréchal. » Lettre du général Robert au général Ducrot. *Wissembourg*, page 26.

Il semble que les souvenirs du maréchal l'aient trahi sur ce point, car déjà dans sa déposition devant la commission d'enquête sur les actes du Gouvernement de la Défense nationale, le maréchal disait :

« Cette division..... arriva assez tard dans la soirée du 3 à Wissem- « bourg et, au lieu de se porter sur les hauteurs indiquées, resta dans « la ville et dans les environs. » Page 34.

(3) Voir journée du 2 août, 4e fascicule, page 186, note 1.

aussi de leur faire connaître les renseignements qui avaient été recueillis sur l'ennemi (1).

Dès le 28 juillet, le général Ducrot fait connaître « qu'un corps qu'on évalue à 25,000 ou 30,000 hommes, « en partie de troupes prussiennes, serait concentré entre « Landau et Neustadt. » Il eût été du plus haut intérêt pour le général Douay de posséder ce renseignement. Le lendemain, 29, le bulletin du grand quartier général signale la présence à Rastadt de la division badoise qui aurait été rejointe par quatre régiments d'infanterie prussienne. Le même jour, le capitaine Jung annonce de Strasbourg au Major général qu'une concentration de troupes prussiennes se fait à Mannheim, Germersheim, Maxau. « Toute l'inquiétude semble se porter sur Landau, « Germersheim, Maxau et Rastadt », disent les rensei- « gnements fournis par le 1er corps. Le 1er août, les informations se précisent. Le maréchal de Mac-Mahon fait savoir au Major général qu'il y a « huit régiments à

---

(1) Outre les instructions adressées le 3 août de Reichsoffen au général Douay, le général Ducrot lui envoya du Pigeonnier la note suivante :

« Du Pigeonnier où je suis placé, je vois arriver des trains de « chemin de fer du côté de la Maxau, qui amènent probablement « des troupes. En prévision d'un effort de l'ennemi, qui a beau- « coup de monde à Pirmasens et à Germersheim, il est nécessaire, je « crois, de modifier vos positions. Cela vous permettra plus facilement « de prendre l'offensive, ou de mieux garder la défensive, suivant le cas.

« Je vous engage donc à faire appuyer toutes vos troupes à gauche, « de manière à vous bien relier au Pigeonnier, en établissant le gros « de vos forces derrière la grande route qui suit la crête, c'est-à-dire « entre cette route et le village de Rott. » (*Vie militaire du général Ducrot*, tome II, page 352.)

Cette note ne porte aucune indication d'heure et les documents de la journée du 3 août ne permettent pas d'affirmer que le général Douay l'a reçue. On ne s'expliquerait pas, en tout cas, les raisons qui l'auraient empêché de s'y conformer, sinon le 3 au soir, du moins le 4 au matin.

« Landau, beaucoup de troupes à Pirmasens; masses « ennemies concentrées entre Landau, Maxau, Germer-« sheim..... Wurtembergeois et Badois se rendent par « voies rapides, depuis deux jours, vers le nord et « l'ouest, pour être encadrées, dit-on, entre les corps « prussiens du Palatinat ». Le 2 août, le Maréchal confirme dans son bulletin du matin les informations de la veille. De plus, dans la soirée, il annonce une grande concentration à Bergzabern.

Faut-il attribuer l'omission de l'envoi des renseignements sur l'ennemi à cette conviction, partagée jusqu'au 3 août inclus par le maréchal de Mac-Mahon et le général Ducrot, que les Allemands n'étaient nullement menaçants? (1) Ainsi s'expliquerait également, sans pouvoir se justifier, la lacune des ordres au sujet de la mission assignée aux 1re et 2e divisions et qui aurait consisté implicitement dans la surveillance de la frontière. Point n'était besoin, pensa-t-on peut-être, de leur tracer leur ligne de conduite en cas d'attaque, puisqu'il n'y avait

---

(1) « Les renseignements recueillis dans la matinée me donnent, du « reste, toute certitude que les craintes du sous-préfet de Wissembourg « étaient fort exagérées. Le général Ducrot n'a connaissance d'aucun « détachement ennemi sérieux dans les environs » (Le maréchal de Mac-Mahon au Major général, 3 août.)

« Hier soir à 5 heures j'étais au Pigeonnier..... je n'ai pu découvrir « un seul poste ennemi. Le colonel de Franchessin dont les patrouilles « vont au delà de la frontière et qui est également bien renseigné par « ses agents, m'a affirmé que l'ennemi n'avait aucune force considé-« rable à petite distance. La menace des Bavarois me paraît donc une « pure fanfaronnade..... » (Le général Ducrot au maréchal de Mac-Mahon et au général Douay, 3 août. D. T. 6 h. 15.)

« Je suis convaincu que l'ennemi n'est en forces nulle part à proxi-« mité. » (Le général Ducrot au général Faure, sous-chef d'état-major du 1er corps, 3 août.)

Voir aussi (page 3) les instructions du général Ducrot au général Douai : « Je ne pense pas que l'ennemi soit en forces dans nos environs, etc. ».

pas lieu, pour le moment, d'envisager cette hypothèse. Ou bien, le maréchal de Mac-Mahon n'était-il pas fixé lui-même sur les intentions du grand quartier général relatives au mode d'emploi des corps d'Alsace et considérait-il provisoirement les 1re et 2e divisions, établies près de la frontière, pour des raisons d'ordre administratif, comme une grosse avant-garde des 1er et 7e corps, à laquelle il se réservait de donner des instructions ultérieures, suivant les événements ?

Quoi qu'il en soit, la situation de la 2e division exigeait que le général Douay fût mis au courant des nouvelles relatives aux rassemblements ennemis et du rôle que ses troupes étaient appelées à remplir. Cette nécessité apparaît, plus impérieuse encore, si l'on examine les délais minima au bout desquels elle pouvait recevoir des secours.

A Wissembourg, la division Douay allait se trouver, en effet, le 4 août, à 15 kilomètres de Lembach (1re division), à 30 kilomètres de Reichshoffen (3e division), à 35 kilomètres de Haguenau (4e division). Ces distances exigeaient, pour être franchies, quatre heures environ (1re division), 7 h. 30 (3e division), 8 h. 30 (4e division), durées de trajet auxquelles il faut ajouter le temps nécessaire au général Douay pour reconnaître approximativement la force de l'ennemi et pour prévenir les diverses divisions, c'est-à-dire trois heures au minimum. La 2e division ne pouvait donc être secourue par la 1re qu'au bout de sept heures, par la 3e au bout de 10 h. 30, par la 4e au bout de 11 h. 30 ; encore, les 3e et 4e divisions avaient-elles une forte marche à faire pour arriver sur le champ de bataille.

Ces délais ne sont guère moindres si l'on admet que les divisions se soient mises en marche d'elles-mêmes, au moment où la canonnade serait devenue violente, à supposer qu'elles l'aient entendue. Les événements ont montré, d'ailleurs, que la 1re division elle-même ne serait pas arrivée en temps utile, car le combat de Wissembourg commencé à 8 heures du matin, amena la retraite de la 2⁰ division vers 2 heures de l'après-midi, c'est-à-dire au bout de six heures de lutte. Il y avait cependant une solution qui aurait évité un échec à la 2⁰ division. Elle consistait à prescrire au général Douay de ne pas accepter la bataille, s'il était attaqué par des forces supérieures en nombre, mais de se replier lentement, en combattant, sans se laisser entamer, dans une direction déterminée. Mais la notion du combat en retraite, dont les campagnes du Premier Empire fournissent maints exemples, semblait s'être perdue dans l'armée française de 1870. Le général Ducrot, lui-même, dans la note envoyée du Pigeonnier, le 3 août, au général Douay, n'envisage que l'offensive ou la défensive pure, sans d'ailleurs lui prescrire l'une ou l'autre attitude (1).

A ce sujet, il n'est pas superflu de signaler une erreur commise par l'*Historique du Grand État-Major prussien* :

« Quand, dans la soirée du 3, dit-il, on recevait à
« Wœrth, la nouvelle que de grosses colonnes allemandes
« s'avançaient de Landau, le général Ducrot avait non
« seulement prescrit à la division Douay de demeurer à
« Wissembourg, mais il lui avait encore enjoint d'ac-
« cepter la bataille le cas échéant » (2). Aucun document ne vient appuyer cette dernière assertion ; tout au contraire, le général Robert, ancien chef d'état-major de la division Douay, s'exprime ainsi dans une lettre adressée au général Ducrot en 1873 :

« Quant à l'acceptation du combat et à la durée de
« la résistance, vous ne nous aviez à cet égard, ni

---

(1) Voir note (1) de la page 9.
(2) 2⁰ livraison, page 177.

« avant, ni pendant la lutte, absolument rien pres-
« crit » (1) (2).

La situation de la 2ᵉ division était-elle irrémédiable, dès l'instant où elle se trouvait, en flèche, à Wissembourg, sans avoir de renseignements sur l'ennemi et sans penser à l'emploi éventuel du combat en retraite? Nullement; un emploi judicieux de la brigade de cavalerie de Septeuil pouvait lui éviter un échec.

Cette brigade était à la disposition des 1ʳᵉ et 2ᵉ divisions depuis le 2. Dès cette date, on pouvait lui prescrire d'envoyer des reconnaissances au delà de la frontière, sur les points signalés par le service des renseignements, comme les centres de rassemblements ennemis.

Le 3 août, au matin, quand on fut avisé que le mouvement des 1ʳᵉ et 2ᵉ divisions était avancé d'un jour, il était encore temps de faire partir ces reconnaissances qui, le lendemain, à la première heure, pouvaient recouper toutes les routes et chemins, orientés du nord au sud dans le quadrilatère : Wissembourg—Klingenmünster—Rheinzabern—Lauterbourg, en prenant à revers la forêt du Bienwald qui servait de couvert aux rassemblements ennemis. Derrière elles, la brigade de Septeuil, moins un escadron réservé à la sûreté immédiate de la 2ᵉ division, se serait portée sur la Lauter, qu'elle aurait

---

(1) *Wissembourg*, page 26.

(2) Il semble, d'après ce qui précède, que le général Lebrun s'est trompé également à ce sujet :

« Dans la journée du 3, dit-il, le général Douay avait fait savoir au
« général Ducrot que, s'il fallait s'en rapporter aux renseignements
« qu'on venait de lui donner, de très fortes colonnes ennemies étaient
« en marche, venant de Landau et se dirigeant vers la frontière. A cette
« communication, le général Ducrot s'empressa de répondre que la
« position de Wissembourg ne devait pas être abandonnée et qu'il
« fallait y accepter le combat, si l'ennemi venait à l'attaquer. » (*Souvenirs militaires*, page 24.)

atteinte avant midi, dont elle aurait tenu les ponts et d'où elle aurait envoyé des patrouilles sur la rive gauche.

Ce fut la situation inverse qui se produisit.

« Dans l'après-midi, dit l'Historique du 11ᵉ chasseurs, « la 2ᵉ division d'infanterie repart ; elle est *suivie* de la « cavalerie qui ne peut se mettre en route, vu l'encom- « brement, qu'à 5 heures du soir, et n'arrive à Wissem- « bourg que très tard pour s'installer au bivouac, par « une pluie très forte et dans l'obscurité la plus pro- « fonde. »

A la vérité, le général Ducrot, dans ses instructions au général Douay, lui recommandait bien d'utiliser la brigade de Septeuil pour s'éclairer « soit en avant de « Wissembourg, soit à droite, dans la direction de Lau- « terbourg ». Mais il semble qu'il eût fallu de plus préciser la mission de cette brigade de cavalerie et fixer les points sur lesquels il y avait lieu de lancer des reconnaissances.

Au demeurant, pourquoi n'avoir affecté aux 1ʳᵉ et 2ᵉ divisions que la brigade de Septeuil? La brigade de cuirassiers Michel était absolument inutile à Brumath, et peut-être était-ce trop d'une brigade de lanciers pour surveiller les bords du Rhin depuis Lauterbourg jusqu'à Strasbourg (1).

Il semble donc que toute la division de cavalerie du 1ᵉʳ corps, moins un régiment, eût dû faire partie de la grosse avant-garde placée à la frontière sous les ordres du général Ducrot.

Réunie le 3 août près de Wissembourg, précédée de reconnaissances d'officiers destinées à voir ce qui se passait au nord et sur le revers de la forêt du Bienwald, cette masse de cavalerie pouvait pénétrer, le 4 au matin, dans le Palatinat bavarois et renseigner le commande-

---

(1) Souvenirs inédits du maréchal de Mac-Mahon: 3 août.

ment sur la marche des colonnes de la IIIe armée. Ce n'est certainement pas la 4e division de cavalerie prussienne, « reléguée, en quelque sorte, aux bagages » (1) qui se serait opposée à ses entreprises.

*
* *

En Lorraine, la situation d'ensemble des divers corps d'armée ne change pas sensiblement dans la journée du 3 août.

Pour renforcer les positions du 2e corps, le général Frossard modifie les positions occupées la veille par les troupes de la manière suivante :

« La 2e brigade de la 1re division va occuper les hau-
« teurs de Sarrebrück dans les positions occupées la
« veille par la 2e division. Par suite de ce mouvement,
« la 1re brigade de la 2e division porte son campement
« en deuxième ligne, en arrière de la 2e brigade; les
« autres troupes conservent leurs emplacements de la
« veille. Les anciens camps de la 3e division à Œting,
« Behren et Bousbach sont levés et les troupes qui les
« gardaient rallient leur division » (2).

En d'autres termes, le 2e corps se trouvait placé sur trois lignes :

1re *ligne* : Deux brigades appartenant aux 1re et 2e divisions :

Brigade Fauvart-Bastoul, de la 2e division, sur le Nussberg; brigade Jollivet, de la 1re division, sur le Reppertsberg et le champ de manœuvre moitié à droite (76e), moitié à gauche (77e) de la grande route ; 2 batteries de la 1re division, dont une de mitrailleuses sur le champ de manœuvre.

---

(1) Général Bonnal, *Frœschwiller*, page 82.
(2) Journal de marche du 2e corps, 3 août.

2e *ligne* : Deux brigades des mêmes divisions :

Brigade Pouget, de la 2e division, sur les pentes ouest du Winterberg; brigade Letellier-Valazé, de la 1re division, au nord de la Brême-d'Or et à la Brême-d'Or même (1).

3e *ligne* : Division Laveaucoupet : 1re brigade à Spicheren ; 2e brigade sur les pentes est du Winterberg et à Saint-Arnual, avec une batterie divisionnaire (2).

Les réserves d'artillerie et du génie restent à la Brême-d'Or ; la division de cavalerie à Forbach.

Il semble qu'il eût été préférable de maintenir en première ligne toute la division Bataille, qui aurait constitué l'avant-garde et fourni les avant-postes du corps d'armée, et de conserver les 1re et 3e divisions pour former une masse de manœuvre dans la main du commandement.

La journée se passe sans incidents, à part quelques coups de canon tirés à minuit, par l'artillerie de la 1re division, sur la gare de Sarrebrück, « où l'on pense que des trains ennemis font un mouvement ».

Au 3e corps, la division Montaudon, placée sous les ordres du général Frossard pour les opérations de guerre, quitte Morsbach à 4 heures de l'après-midi et va camper au nord-ouest de Forbach. Sa mission consiste à « assurer la gauche » du 2e corps et à envoyer, à cet effet, des reconnaissances sur Werden par la vallée de la Rosselle ainsi que sur Gersweiler (3).

La division Decaen, moins la 2e brigade et une section d'artillerie, évacue Boucheporn à la même heure pour

---

(1) 3e bataillon de chasseurs et 32e de ligne.
(2) Voir, pour les emplacements des autres unités (batteries et compagnies du génie divisionnaires), les documents annexes, page 57.
(3) Le général Frossard au général Montaudon. Au camp devant Sarrebrück, 3 août.

installer ses bivouacs à Longeville-les-Saint-Avold, sans qu'on puisse expliquer ce mouvement.

« Dès ce soir, s'il est possible, ou au plus tard demain
« matin de bonne heure, écrit le maréchal Bazaine au
« général Decaen, vous ferez reconnaître les chemins
« qui, à travers les forêts de Longeville et de Saint-
« Avold, permettraient de rejoindre diagonalement la
« route de Saint-Avold à Sarrelouis par Carling..... Vous
« prescrirez au général Sanglé-Ferrière (commandant
« la 2ᵉ brigade) de camper à Boucheporn, dans une
« position militaire, et de se garder suivant toutes les
« règles de l'art. »

Le 4ᵉ corps reçoit, dans la soirée, l'ordre d'exécuter le lendemain une reconnaissance offensive sur Sarrelouis, où certains renseignements reçus dans la nuit du 2 au 3, et dans la matinée du 3, signalent une grande concentration de forces prussiennes (1). Cette opération a également pour but de rapprocher les troupes du 4ᵉ corps de la frontière « afin de les tenir mieux prêtes à répondre
« à une attaque soudaine de l'ennemi, qui pourrait
« déboucher de Sierck et de Sarrelouis pour se porter
« sur le 4ᵉ corps et flanquer peut-être ainsi une attaque
« plus sérieuse que des forces ennemies, plus considé-
« rables, pouvaient diriger contre le 2ᵉ corps vers
« Sarrebrück (2) ».

La division Metman, du 3ᵉ corps, établie à Ham-sous-Varsberg, doit soutenir le 4ᵉ, et la garde impériale reçoit l'ordre de se porter à Boulay le 4 août « pour y former une réserve, prête à appuyer les 3ᵉ et 4ᵉ corps » (3).

---

(1) Général Lebrun, *Souvenirs militaires*, page 234.
(2) Général Lebrun, *Souvenirs militaires*, page 235. Ce fut le général Lebrun qui se rendit à Boulay, pour porter au général de Ladmirault les instructions de l'Empereur.
(3) Général Lebrun. *Loc. cit.*, page 236.

Peut-être aussi cette reconnaissance n'était-elle motivée que par la surprise, éprouvée le 2 août, de n'avoir rien trouvé à Sarrebrück, et par le désir de donner un nouveau coup de sonde du côté de Sarrelouis, où, comme à Sarrebrück, de grandes concentrations de troupes étaient sans cesse annoncées (1).

Dans ce but, on employait d'ailleurs le procédé déjà condamné par le maréchal Bugeaud de la « reconnaissance offensive », qui avait si mal réussi aux Autrichiens en 1859 et qui faillit être fatal à l'armée allemande le 16 août 1870.

Le général de Ladmirault donna, pour cette reconnaissance, les instructions suivantes :

La 1re division, partant de Bouzonville le 4 août, à 6 h. 30 du matin, prendra la route de Sarrelouis par Schreckling, Ittersdorf et s'arrêtera à hauteur de Filsberg.

La 3e division rompra de Coume à 6 h. 30 et se dirigera également par Teterchen et Tromborn sur Filsberg.

La 2e division se rendra à 6 h. 30 de Boulay à Tromborn et formera la deuxième ligne.

La 1re brigade (hussards) de la division de cavalerie Legrand marchera avec la 1re division de Bouzonville jusqu'à Filsberg où l'un de ses régiments sera affecté à la 3e division.

La 2e brigade (dragons) avec les deux batteries à cheval de la réserve partira de Boulay à 5 h. 30 et se dirigera sur Coume.

Les deux batteries de 12 de la réserve, escortées par le 5e bataillon de chasseurs, quitteront Boulay à 5 heures et prendront la route de Teterchen où elles s'intercaleront dans la colonne et y prendront la place qui leur sera indiquée.

---

(1) Voir Journal des opérations de l'artillerie de l'armée. (Documents annexes, p. 86.)

« La 3ᵉ division, arrivée à hauteur du point marqué « sur la carte « les Trois-Maisons », fera occuper, par « les troupes et de l'artillerie les hauteurs qui dominent « Bérus, en couronnant les hauteurs de ce point jusque « vers la route.

« La 1ʳᵉ division prendra position à hauteur de Itters-« dorf, se prolongeant vers la gauche, selon la confor-« mation du terrain.....

« Chaque division laissera au camp une garde suffi-« sante prise spécialement parmi les hommes malingres, « avec quelques officiers et le tout sous le commande-« ment d'un lieutenant-colonel..... La 1ʳᵉ et la 3ᵉ divi-« sion laisseront au camp une section d'artillerie, et une « compagnie entière, prise dans un corps, sera désignée « pour lui servir de garde » (1).

Abstraction faite de l'emploi défectueux de la cavalerie, quel résultat le 4ᵉ corps espérait-il obtenir, en faisant prendre position à deux de ses divisions sur les hauteurs qui dominent Bérus ? Cette attitude passive ne pouvait avoir pour conséquence le déploiement des forces adverses, supposées réunies à Sarrelouis.

« Dans tous les cas, disait l'ordonnance du 3 mai 1832, « les reconnaissances offensives exigent qu'on fasse « replier les postes de l'ennemi et quelquefois qu'on « s'engage avec des corps de sa ligne, surtout lors-« qu'il importe de le forcer à déployer toutes ses « troupes (2) (3). »

La mission attribuée au 4ᵉ corps exigeait donc qu'on

---

(1) Le général de Ladmirault au général Legrand. Boulay, 3 août. (Voir Documents annexes, page 71.)

(2) Chapitre III, paragraphe 112.

(3) « Si l'on ne repousse pas les premiers postes de l'ennemi, on ne « verra ni sa position, ni son armée..... » Maréchal Bugeaud. *Aperçus sur quelques détails de la guerre*. — Grenoble. Baratier, 1831, page 41.

se portât sur Sarrelouis avec une division à l'avant-garde, précédée de reconnaissances de cavalerie, suivie des deux autres divisions du corps d'armée et ne s'arrêtant qu'au contact de l'adversaire.

Les mouvements ordonnés par le général de Ladmirault étaient déjà en voie d'exécution quand, dans les premières heures du jour (4 août) arriva au grand quartier général l'ordre de faire rentrer les troupes dans leurs camps (1).

Au 5ᵉ corps, la journée se passe sans incident notable, à part une escarmouche entre un peloton du 12ᵉ régiment de chasseurs à cheval, placé en grand'garde près du pont de Frauenberg, sur la Blies, et une reconnaissance de hussards prussiens. Pour défendre le pont d'une manière plus efficace, le général commandant le 5ᵉ corps fait occuper le plateau de Frauenberg par un bataillon du 86ᵉ de ligne, qui détache deux compagnies dans le village. D'autre part, afin d'assurer la liaison entre les 5ᵉ et 1ᵉʳ corps, le général de Failly prescrit à la division de Lespart « de se conformer aux ordres et « instructions du maréchal de Mac-Mahon pour tout ce « qui peut concerner l'établissement de postes dans les « passages des Vosges » (2).

Le bulletin de renseignements du grand quartier général pour la journée du 3 août est dû, comme les jours précédents, presque en entier au service des renseignements. Il signale que de nombreuses troupes con-

---

(1) On verra, le 4 août, les motifs de ce contre-ordre. (La dépêche avait été expédiée à 1 heure.)
(2) Journal de marche du 5ᵉ corps.

tinuent à passer par Trèves pour se rendre sur la Sarre, où « la présence des VIIᵉ et VIIIᵉ corps paraît mainte-
« nant bien établie ». Le Xᵉ corps, qui ferait partie de la même armée que les corps précédents, était encore, à la date du 31 juillet, en majorité dans le Hanovre. « Aux
« environs de Conz, l'agglomération semble avoir assez
« grossi depuis quarante-huit heures pour inspirer,
« concurremment avec les détachements aperçus le long
« de la frontière luxembourgeoise, des inquiétudes aux
« habitants du grand-duché. »

D'après le général Lebrun, l'Empereur reçut de Thionville et de divers autres points de la frontière des avis contradictoires : « Les uns l'informaient que de grandes
« concentrations de troupes prussiennes s'opéraient près
« de Sierck et de Sarrelouis, et que l'ennemi, suivant
« toutes les apparences, allait franchir la frontière sur
« l'un ou l'autre de ces points, peut-être sur les deux
« à la fois. Les autres affirmaient que ni à Sierck ni à
« Sarrelouis, il n'y avait de forces considérables (1) ».

L'Empereur, pour être mieux fixé, envoya le 3 août le colonel d'Ornant à Boulay, auprès du général de Ladmirault, avec mission « de l'inviter à se tenir en garde
« contre une attaque que l'ennemi, concentré sur Sierck
« et Sarrelouis, pouvait tenter contre son corps d'ar-
« mée (2) ». Dans la soirée, les renseignements à ce sujet deviennent plus nombreux et plus précis, et l'Empereur fait porter au général de Ladmirault, par le général Lebrun, des instructions pour la reconnaissance offensive sur Sarrelouis, dont il a été fait mention précédemment.

L'interrogatoire des prisonniers faits à Sarrebrück, fait connaître qu'il n'y avait dans cette ville, le 2 août,

---

(1) Général Lebrun, *Souvenirs militaires*, page 234.
(2) *Ibid.*, page 235.

qu'un bataillon du *40*ᵉ, un régiment de uhlans, deux escadrons du *9*ᵉ hussards et deux bouches à feu.

A Wölcklingen, il n'y aurait qu'un bataillon du *65*ᵉ ; à Sarrelouis, la garnison comprendrait le *69*ᵉ, le *70*ᵉ et le *9*ᵉ hussards. Les prisonniers « ont tous déclaré que
« depuis huit jours qu'ils sont à Sarrebrück, ils faisaient
« le même service de grand'garde sur la rive gauche
« de la Sarre et qu'*ils étaient complètement isolés du*
« *reste de l'armée*. Ils ne savent même pas où se trouvent
« les deux autres bataillons du *40*ᵉ..... Le fait saillant à
« conclure des diverses dépositions, c'est qu'il règne
« encore du désarroi du côté ennemi ; que l'organisation
« et la concentration sont peu avancées (1) ».

Le bulletin de renseignements est à peu près muet sur les mouvements des colonnes ennemies qui avaient été signalées les jours précédents dans la région : Kreuznach —Bingen—Mayence—Worms.

Par contre, il annonce que les contingents badois et württembergeois ont passé sur la rive gauche du Rhin pour se réunir aux Prussiens dans le Palatinat. « Les
« masses ennemies, dit-il, se concentreraient dans cette
« région entre Landau, où seraient 8 régiments, Ger-
« mersheim et Maxau. Le XIᵉ corps paraît se trouver
« sur cette partie de notre frontière. » Au 5ᵉ corps, on annonce que le 2 août au soir 12,000 hommes de troupes bavaroises sont arrivées à Deux-Ponts ; elles comprendraient : 1 division d'infanterie et 2 régiments de cavalerie.

Au 1ᵉʳ corps, on mande qu'il y a 2 régiments à Lauterbourg et 2 régiments à Bergzabern, dont un d'artillerie. Aucun rassemblement n'est signalé à Lœrrach et à Nollingen ; à Fribourg, il n'y aurait qu'un détachement de 300 hommes ; à Neubourg sont arrivées des

---

(1) Voir Documents annexes, page 89.

troupes ennemies dont on ne précise pas la force et, pour rassurer les populations, le général Douay rend compte au Major général qu'il enverra la 1re brigade de la division de cavalerie du 7e corps à Mulhouse, où elle sera rendue le 6 août. Dans la soirée du 3 août, le général Douay paraît s'inquiéter des renseignements qui continuent à lui arriver au sujet de grands mouvements de troupes ennemies dans le grand-duché de Bade ; un corps considérable se dirigerait sur Lœrrach.

« Tout en faisant la part de l'exagération, écrit-il au
« Major général, je n'en suis pas moins préoccupé.
« Vous connaissez la position du 7e corps, celle qu'il
« aura demain (1) ; elle ne répond en aucune façon à
« celle qu'il faut avoir pour manœuvrer devant l'ennemi
« et empêcher un passage du Rhin (2). Je crois devoir
« appeler avec instance votre attention sur cette situa-
« tion anormale qui pourrait présenter des dangers... »
Il renouvelle ses instances pour avoir à Belfort les troupes du 7e corps qui sont encore à Lyon (3).

---

(1) La division Conseil-Dumesnil doit se rendre de Colmar à Strasbourg, l'infanterie en chemin de fer, l'artillerie par voie de terre.

La 1re brigade de la division Liébert doit se porter de la même façon de Belfort à Colmar.

(2) Le général F. Douay avait reçu comme instructions générales de veiller à la défense du Rhin, de Strasbourg à Huningue (Documents annexes, page 50).

(3) En réalité, il y avait en face du 7e corps :

Une compagnie et un peloton de cavalerie qui, arrivés à Fribourg le 2 août, battaient les rives du Rhin, de Brisach à Neuenbourg ;

Deux compagnies qui, sous le commandement du colonel Seubert, avaient été transportées le 2 de Waldshut à Rheinfelden et gagné Lœrrach.

« Afin d'en imposer à l'adversaire, on cherchait à lui faire croire à
« une grande agglomération de forces allemandes sur ce point, en
« multipliant les batteries, en allumant des torches et de nombreux
« feux de bivouac. » (*Historique du grand État-Major prussien*, 2e livraison, page 203.)

Des divers documents de la journée du 3 août il semble résulter que ni au grand quartier général à Metz, ni surtout au 1ᵉʳ *corps, on ne croyait les Allemands en mesure de commencer les opérations importantes.* On admettait sans doute l'hypothèse de « reconnaissances offensives » qu'ils pouvaient entreprendre, en partant, soit de Sierck, soit de Sarrelouis, mais on était loin de penser qu'une armée de plusieurs corps pût franchir la frontière d'Alsace le lendemain.

On n'ignorait pas qu'il y avait dans le Palatinat et sur la Sarre des masses considérables, mais on les supposait incomplètement organisées et peut-être se disait-on qu'elles resteraient sur la défensive. Ainsi s'expliquerait la dispersion à laquelle le grand quartier général n'apportait aucun remède en Lorraine, et l'isolement où le maréchal de Mac-Mahon maintenait les 1ʳᵉ et 2ᵉ divisions du 1ᵉʳ corps, poussées à l'extrême frontière.

Le grand quartier général allemand paraît avoir été parfaitement renseigné à la date du 3 août sur la répartition des forces françaises (1). Il n'ignore pas que le 1ᵉʳ corps est seul en basse Alsace et le prince royal, dans son entretien avec le lieutenant-colonel Verdy du Vernois, le 2 août au soir, exprime même le regret « de n'avoir en face de lui que la minorité des forces « ennemies ». Le lieutenant-colonel Verdy lui affirma que l'intention du maréchal de Molke n'était nullement « de faire remplir à l'héritier de la couronne un rôle

---

(1) L'*Historique du Grand État-Major prussien* reconnaît que le 3 août on avait reçu à Mayence « des renseignements authentiques » sur les emplacements des divers corps de l'armée du Rhin ; 2ᵉ livraison, page 134.

« effacé ». Il ajouta « qu'aussitôt le maréchal de Mac-
« Mahon mis hors de cause, on aurait certainement
« besoin de la IIIe armée pour agir simultanément
« contre la masse principale ennemie » (1).

Dans la matinée du 3, des patrouilles de cavalerie badoise trouvent Seltz occupé par les Français, de plus, « on signale, dit l'*Historique du Grand État-Major prussien*, l'arrivée de forces sérieuses à Wissembourg » (2). Il y a là, sans doute, une erreur, car la division Douay n'arriva sur ses positions au sud de Wissembourg qu'à 8 h. 1/2 du soir. Le major von Hahnke dit d'ailleurs que « le 3 août, à midi, aucun renseignement nouveau « n'était parvenu sur les mouvements de l'ennemi » (3), et de fait, l'ordre de la IIIe armée pour le 4 août n'en donne aucun, il se borne à prescrire que « l'adversaire « devra être repoussé partout où il sera rencontré » (4). Si le prince royal avait su la division Douay en position sur la rive droite de la Lauter, il n'aurait probablement pas manqué d'instruire les divers commandants de corps d'armée de ce fait. A ce propos, il convient de retenir cette phrase de l'*Historique du Grand État-Major prussien* : « En général, la véritable situation demeurait (le 3 août) assez obscure » (5). Il n'en eût pas été ainsi si des reconnaissances d'officier avaient été envoyées tous les jours en Alsace par les soins de la 4e division de cavalerie.

Les 5e et 6e divisions marchant en trois colonnes,

---

(1) Général Verdy du Vernois, *Im grossen Hauptquartier*, 1870-1871, page 54.
(2) *Historique du Grand Etat-Major prussien*, 2e livraison, page 171.
(3) *Opérations de la IIIe Armée*, d'après les documents officiels, page 32.
(4) *Opérations de la IIIe Armée*, d'après les documents officiels, page 32.
(5) 2e livraison, page 171. Il s'agit évidemment là de la situation exacte des éléments du 1er corps.

(colonne centrale : 6ᵉ division ; colonne de droite : brigades de Redern et de Barby de la 5ᵉ division ; colonne de gauche : brigade de Bredow de la 5ᵉ division), sous le commandement supérieur du général de Rheinbaben, prennent le contact dans la journée du 3 août et commencent à renseigner le commandant de la IIᵉ armée. La 6ᵉ division (1) rassemblée à Klein-Ottweiler, avec un régiment (6ᵉ cuirassiers) détaché à Neunkirchen, avait lancé vers la Sarre quatre escadrons en reconnaissance, deux sur Sarrebrück, deux sur Sarreguemines. « On « s'attendait, dit le colonel Cardinal von Widdern à « trouver sur la rive droite de la Sarre des colonnes « ennemies en marche » (2).

Le 1ᵉʳ escadron du *6ᵉ* cuirassiers qui avait suivi la route Neunkirchen—Sarrebrück, arriva jusqu'à Saint-Jean sans rencontrer l'ennemi et fit connaître que les Français se retranchaient sur la rive gauche de la Sarre.

Le 2ᵉ escadron du *3ᵉ* uhlans prit la route Neunkirchen—Saint-Ingbert—Sarrebrück, avec mission spéciale de faire des prisonniers. Il apprit que ni Saint-Jean ni Sarrebrück n'étaient occupés, mais que de nombreux soldats d'infanterie se promenaient dans ces deux localités. Un peloton pénétra à Saint-Jean, y fit six prisonniers appartenant aux 24ᵉ, 40ᵉ, 67ᵉ régiments d'infanterie, pendant que le gros de l'escadron, se portait en face de Saint-Arnual et constatait que ce village était occupé par de l'infanterie, qui ouvrit même le feu sur lui.

Le 5ᵉ escadron du *15ᵉ* uhlans, suivant l'itinéraire Klein-Ottweiler — Hassel — Enshéim — Sarreguemines,

---

(1) Composée de la 14ᵉ brigade de cavalerie (6ᵉ cuirassiers, 3ᵉ uhlans, 15ᵉ uhlans), de la 15ᵉ brigade de cavalerie (3ᵉ hussards, 16ᵉ hussards) et de la 2ᵉ batterie à cheval du 3ᵉ régiment d'artillerie.

(2) *Kritische Tage Die kavallerie Divisionen während des Armee. Aufmarches*, page 91.

reconnut la présence de troupes d'infanterie sur la route Frauenberg—Neunkirch (près Sarreguemines.)

Enfin, le 2ᵉ escadron du *3ᵉ* hussards qui avait pris la route Klein-Ottweiler—Neuhausel—Bliescastel, se heurta vers Habkirchen à une patrouille de cavalerie française qui se replia sur un détachement d'infanterie en position vers Neunkirch. Les hussards rétrogradèrent à leur tour, suivis à distance par un peloton de cavalerie ennemie (1).

Dans la soirée du 3, le général de Rheinbaben, commandant la 5ᵉ division de cavalerie (2), envoya au commandant de la IIᵉ armée les renseignements ci-après :

Jusqu'à présent l'ennemi reste immobile sur toute la ligne et il n'est pas question de sa marche en avant. La frontière est garnie d'infanterie presque partout. Il y avait un camp de 15,000 hommes à Saint-Arnual. On y a construit deux retranchements, et l'on travaille aujourd'hui à un troisième. Le 3ᵉ uhlans a fait six prisonniers appartenant aux 24ᵉ, 40ᵉ et 67ᵉ de ligne. Hier, une colonne de toutes armes s'est avancée jusqu'à Rubenheim, mais s'est repliée vers le soir en deçà de la frontière.

« Ces renseignements permettaient au prince Frédé-
« ric-Charles de conclure que l'ennemi n'avait pas fran-
« chi la Sarre à Sarrebrück, qu'au contraire il se forti-
« fiait sur la rive gauche et qu'il n'y avait lieu de
« ne considérer l'affaire du 2 août que comme une
« reconnaissance ou une fausse attaque » (3).

Les 5ᵉ et 6ᵉ divisions auraient obtenu probablement des résultats plus complets encore si le général de Rheinbaben s'était montré un peu moins circonspect. La

---

(1) Ces détails sont extraits de l'ouvrage précité du colonel Cardinal von Widdern.
(2) Et commandant supérieur des 5ᵉ et 6ᵉ divisions.
(3) Cardinal von Widdern, *loc. cit.*, page 98.

colonne de gauche de la 5ᵉ division de cavalerie avait reçu en effet, de son chef, le général de Bredow, l'ordre de se porter le 3 août vers la route de Sarreguemines, Rohrbach, Bitche et de pousser en reconnaissance six escadrons sur six itinéraires différents au delà de la frontière. Mais la nouvelle du combat de Sarrebrück, et la probabilité de voir l'ennemi prendre l'offensive le lendemain 3, déterminèrent le général de Rheinbaben à prescrire au général de Bredow de ne pas dépasser Hombourg, d'où il enverrait des reconnaissances sur Deux-Ponts, Bliescastel, Saint-Ingbert.

Le colonel Cardinal von Widdern fait observer à ce sujet, avec juste raison, que les événements du 2 août devaient avoir pour effet de pousser aussi loin que possible la colonne Bredow, au lieu de la retenir. Il importait, en effet, si les Français prenaient l'offensive au delà de la Sarre, de retarder leur marche, et, en tout cas, de prendre rapidement le contact de leurs colonnes pour renseigner le commandement.

Le général de Rheinbaben agit de même à l'égard de la 6ᵉ division de cavalerie. Celle-ci se proposait d'atteindre le 3 août la ligne : Sulzbach—Saint-Ingbert—Lautzkirchen et le général de Rheinbaben avait approuvé ce projet quand, à la nouvelle du combat de Sarrebrück, il décida qu'elle ne dépasserait pas Neunkirchen—Klein-Ottweiler.

Quant à la colonne de droite de la 5ᵉ division, son chef, le général de Redern, arrêta sa marche au nord de Heusweiler, au lieu de gagner la Sarre entre Sarrelouis et Sarrebrück, comme il en avait primitivement l'intention.

A la Iʳᵉ armée, la 3ᵉ division de cavalerie est constituée le 3 août; elle établit ses cantonnements entre Losheim et Lebach, c'est-à-dire entre la 14ᵉ et la 15ᵉ division du VIIᵉ corps. « Cette division, réunie trop tard,

« manquait son but, car elle eût fructueusement exploré
« le pays entre Thionville, Bouzonville et la Sarre » (1).
Toutefois, le commandant de la Ire armée reçut des renseignements par les rapports du 3 août des détachements placés en observation sur la Sarre, qui « signa-
« laient unanimement que les forces ennemies s'étaient
« retirées vers le sud et le sud-est. Les troupes du corps
« de Ladmirault étaient parties de Sierck pendant la
« nuit, dans la direction de Bouzonville et l'on avait con-
« staté, jusqu'au 2 au matin, la présence de troupes de
« ce corps au nord-ouest de Bouzonville. Cependant,
« dans cette même journée du 2, ces troupes avaient
« continué leur mouvement vers le sud-est ; les environs
« de Bouzonville paraissaient complètement abandonnés
« par l'ennemi et l'on n'apercevait plus de troupes qu'au
« nord-est de Boulay (2). A Sarrebrück, au contraire,
« l'ennemi se renforçait ; il fortifiait les hauteurs du
« champ de manœuvre sur la rive gauche et plaçait
« environ vingt-quatre canons en batterie ; il conser-
« vait d'ailleurs une attitude passive en arrière de la
« Sarre » (3).

De toutes ces nouvelles, « l'état-major de la Ire armée
« conclut à un déplacement de la principale armée
« française vers le Palatinat, c'est-à-dire vers la ligne
« de concentration de la IIe armée. Le général Stein-
« metz désirait donc, par un mouvement en avant,
« attirer sur son armée le plus possible des forces de
« de l'adversaire, afin de faciliter le déploiement de la
« IIe armée sur la Sarre » (4).

---

(1) Général de Chabot. *La cavalerie allemande pendant la guerre de 1870-71.*
(2) 40,000 hommes sous les ordres du maréchal Bazaine, d'après l'*Historique du Grand Etat-Major prussien*, 2e livraison, page 146.
(3) Von Schell, les *Opérations de la Ire Armée*, page 29.
(4) *Historique du Grand Etat-Major prussien*, 2e livraison, page 147.

Il se proposait, en conséquence, d'atteindre le 4 août la ligne Sarrelouis—Hellenhausen et de faire exécuter, le 5, de fortes reconnaissances sur la route Bouzonville—Boulay—Saint-Avold qu'il supposait devoir être suivie par une forte colonne française. Mais des ordres du grand quartier général allaient lui faire abandonner momentanément ce projet.

L'ensemble des renseignements reçus à Mayence montrait en effet « que des forces françaises considérables « se trouvaient sur la Sarre et la Blies, mais que le pays « était libre jusqu'à ces deux rivières et que rien ne « faisait encore prévoir une offensive sérieuse de l'ad- « versaire » (1). En conséquence, le maréchal de Moltke adressait au général Steinmetz le télégramme suivant (2) :

Mayence, 3 août, 11 heures du matin.

« Les retards du mouvement en avant des Français font présumer que la IIe armée pourra, le 6 de ce mois, être rassemblée en avant de la zone des forêts de Kaiserslautern. Si une offensive rapide de l'ennemi ne peut être empêchée, concentration éventuelle de la IIe armée derrière la Lauter (3). On se propose de faire coopérer les deux armées dans la bataille, la Ire armée venant de Saint-Wendel, ou éventuellement de Baumholder.

« Sa Majesté prescrit à la Ire armée de se rassembler le 4 vers Tholey. La IIIe armée franchit demain la frontière, à Wissembourg. On a en vue une offensive générale. »

Le commandant de la 1re armée donna aussitôt les ordres suivants pour la journée du 4 août :

Le VIIe corps se concentrera à Lebach ; le VIIIe corps portera la 16e division à Ottweiler, la 15e à Tholey ; la

---

(1) *Historique du Grand Etat-Major prussien*, 2e livraison, page 160.
(2) *Correspondance militaire* du maréchal de Moltke, tome I, page 94.
(3) Petite rivière passant à Kaiserslautern, affluent de la Glan. C'est une nouvelle application de principe du maréchal de Moltke : « Stratégie offensive, tactique défensive. »

3ᵉ division de cavalerie viendra entre Tholey et Saint-Wendel, au nord-est de la route qui relie ces deux localités. Le quartier général sera transféré de Losheim à Tholey.

Le télégramme précédent ne donnait au général Steinmetz aucune indication sur le front de marche réservé à la IIᵉ armée et ne traçait aucune ligne de démarcation entre celle-ci et la Iʳᵉ armée. Aussi n'est-il pas surprenant que les cantonnements de la Iʳᵉ armée aient empiété sur la ligne de marche de la colonne de droite de la IIᵉ armée, à Saint-Wendel et Ottweiler, et des conflits ne tarderont pas à surgir.

Le choix de la région de Tholey comme zone de rassemblement de la Iʳᵉ armée était-il d'ailleurs bien judicieux? Procurait-il réellement à la IIᵉ armée, sur le flanc droit de sa marche vers la Sarre, « un espace suffisant « pour lui assurer sa liberté de manœuvres? » (1).

Il semble que Wadern eût été préférable, Tholey se trouvant très rapproché de la limite ouest de la zone de marche de la IIᵉ armée. A Wadern, au contraire, la Iʳᵉ armée se serait trouvée à une marche environ de Saint-Wendel et de Baumholder, points que lui désignait le télégramme du 3 août pour ses débouchés éventuels en cas d'une bataille défensive livrée par la IIᵉ armée.

Celle-ci occupait, dans la soirée du 3 août, les emplacements ci-après :

6ᵉ division de cavalerie............ } A Klein-Ottweiler.

5ᵉ division de cavalerie. .... { Colonne de droite à Eiweiler et Guichenbach.
Colonne de gauche à Hombourg.

En 1ʳᵉ ligne :

IIIᵉ corps. .... { 5ᵉ division d'infanterie à Konken.
6ᵉ — — à Baumholder.

---

(1) *Historique du Grand État-Major prussien*, 2ᵉ livraison, page 152.

IVᵉ corps........	7ᵉ division d'infanterie à Kaiserslautern.
	8ᵉ — — à Bruchmühlbach.

En 2ᵉ ligne.

Xᵉ corps........	Atteignait Fürfeld.
XIIᵉ corps.......	Atteignait Alzey.
IXᵉ corps........	Cantonnements de Kirchheimbolanden à Grünstadt.
Garde..........	Infanterie, aux environs de Dürckeim.
	Cavalerie et artillerie de corps, au nord de Kaiserslautern.
Quartier général de l'armée........	A Kirchheimbolanden.

Dans l'après-midi du 3 août, le prince Frédéric-Charles reçut du grand quartier général le télégramme suivant :

Mayence, 3 août 1870, 11 heures du matin.

« Les retards du mouvement en avant des Français font présumer que la IIᵉ armée pourra, le 6 de ce mois, être rassemblée en avant de la zone des forêts de Kaiserslautern.

La Iʳᵉ armée se portera demain vers Tholey. Coopération des deux armées dans la bataille.

Si une offensive rapide de l'ennemi ne peut être empêchée, concentration éventuelle de la IIᵉ armée derrière la Lauter. La Iʳᵉ armée vers Baumholder.

La IIIᵉ armée franchira demain la frontière vers Wissembourg. On a en vue une offensive générale.

En conséquence, le prince Frédéric-Charles ne modifia pas les ordres donnés le 2 août aux IIIᵉ et IVᵉ corps. Celui-ci devait atteindre Landstuhl le 4, et pousser au delà la 8ᵉ division. Le gros du IIIᵉ corps resterait à Baumholder, en portant la 5ᵉ division jusqu'au point que nécessiterait son rôle de soutien de la cavalerie. Tous les autres corps s'avanceraient d'une marche :

Le Xᵉ corps atteignant Meissenheim le 4 août ;
Le IXᵉ corps Rokenhausen ;
La Garde Kaiserslautern ;
Le XIIᵉ corps Göllheim.

Deux ordres de faits avaient contribué à diminuer les inquiétudes du prince Frédéric-Charles pour la traversée des défilés du Haardt. D'une part, il « se savait directe-« ment couvert sur le flanc droit par la Ire armée », et, d'autre part, « la IIIe armée, rassemblée derrière le Klingbach, allait prendre l'offensive le 4 août » (1). L'*Historique du Grand État-Major prussien* qui donne ces deux arguments, semble donc admettre implicitement que l'offensive à laquelle le grand quartier général conviait le prince royal depuis le 30 juillet, avait pour raison d'être et pour but de détourner l'armée française d'une marche en avant sur la rive droite de la Sarre.

Cette offensive devait s'exécuter le lendemain 4 août, dans les conditions suivantes :

1º La division bavaroise Bothmer, formant l'avant-garde de l'armée, quittera ses bivouacs de Bergzabern à 6 heures du matin, marchera sur Wissembourg et cherchera à s'en emparer. Un détachement suffisant flanquera sa droite par Böllenborn et Bobenthal ;

2º Le reste du corps Hartmann (IIe corps bavarois) viendra sur Ober-Otterbach, départ à 4 heures ;

3º Le Ve corps rompra à 4 heures de Billigheim et se portera par Barbelroth et Nieder-Otterbach, sur Gross-Steinfeld et Kapsweyer. Son avant-garde particulière passera la Lauter à Saint-Rémy et à Wooghaüsern, et établira ses postes sur les hauteurs de la rive opposée pour assurer le débouché du gros ;

4º Le XIe corps quittera Rohrbach à 4 heures, se dirigera par Schaidt, à travers le Bien-Wald, sur les « Bienwalds-Hütte », poussera son avant-garde au delà de la Lauter et placera ses avant-postes sur les hauteurs de la rive droite, dans le même but que le Ve corps ;

5º Le corps Werder marchera sur Lauterbourg par la

---

(1) *Historique du Grand État-Major prussien*, 2e livraison, page 161.

grande route, cherchera à s'emparer de cette localité, avec avant-postes sur la rive opposée de la Lauter ;

6° Le corps von der Thann (Ier corps bavarois) viendra à Langenkandel, où il bivouaquera ;

7° La 4ᵉ division de cavalerie sera réunie au sud de Mörlheim, à 6 heures du matin, et marchera par Insheim, Rohrbach, Billigheim, Barbelroth, Capellen, jusqu'à l'Otterbach.

Les forces dont la IIIᵉ armée pouvait disposer dans la soirée du 3 août, pour les porter immédiatement en avant, s'élevaient à 128 bataillons, 102 escadrons et 80 batteries.

On peut se demander pourquoi la 4ᵉ division de cavalerie se trouve ainsi laissée en arrière des colonnes d'infanterie. Le prince royal craignait-il de donner l'éveil au général Douay en lui montrant de bonne heure de grandes forces de cavalerie, et de compromettre ainsi un effet de surprise stratégique ? Cette hypothèse ne semble pas probable. A l'heure où fut rédigé l'ordre de mouvement pour la journée du 4 août (4 heures du soir), le prince royal ignorait probablement que la division Douay, à ce moment à Soultz, se rendait à Wissembourg, où elle n'arriva qu'à 8 h. 1/2 du soir. Ou bien alors, il faut supposer que le prince royal ait été informé par le service des renseignements des ordres donnés par le maréchal de Mac-Mahon le 2 août, pour porter, le 4 août, la division Douay à Wissembourg et des instructions qu'il lui envoya pendant la nuit du 2 au 3 août pour devancer son mouvement d'un jour (1). Encore est-il bien difficile

---

(1) Il semble qu'à l'armée du Rhin, on n'ait pas pris assez de précautions pour éviter les indiscrétions.

« L'Empereur est arrivé à Metz le 28 juillet ; l'état-major général y
« est établi depuis quelques jours, dans l'Hôtel de l'Europe, au milieu
« d'étrangers et de journalistes, dont le voisinage n'est pas précisément
« favorable au secret des opérations. L'un de ces derniers, rédacteur

d'admettre que cette dernière information ait pu parvenir à Landau le 3 août avant 4 heures du soir.

La place de la 4ᵉ division de cavalerie semble donc devoir être attribuée plutôt à un mode d'emploi défectueux de cette unité, aussi bien au moment du débouché que pendant la période de concentration. Rien, du reste, n'empêchait le prince royal de lancer quelques reconnaissances d'officiers vers Reichshoffen et Soultz pour savoir si les autres divisions du 1ᵉʳ corps n'étaient pas en marche le 4 août au matin, pour venir renforcer la division Douay, à supposer que sa position à Wissembourg eût été connue le 3 au soir. Ces faibles fractions de cavalerie n'auraient pu donner l'éveil, et leur envoi s'imposait.

La cavalerie divisionnaire, dont l'ordre de mouvement ne fait pas mention, n'est pas beaucoup mieux utilisée que la 4ᵉ division :

Au Vᵉ corps, il y a deux escadrons à la pointe d'avant-garde, 2 au gros de l'avant-garde, 1 régiment au gros de la colonne ;

Au XIᵉ corps, 1 escadron à la pointe, 2 au gros de l'avant-garde, 1 en tête du gros de la colonne, 1 régiment dans le gros de la colonne ;

« du *Standard*, s'est même vanté, dans un moment d'abandon, *d'être*
« *parfaitement au courant de tout ce qui se passe dans les bureaux* ; le
« propos a été entendu et le journaliste incarcéré, mais, de fait, la
« feuille anglaise, dont il est le correspondant, publie à la date du 2 la
« composition exacte de notre armée, l'indication des régiments, les
« noms des généraux et l'emplacement de tous nos corps sur la fron-
« tière. » (*Journal d'un officier de l'armée du Rhin*, 1ᵉʳ août, page 38.)

« Le choix de ce lieu public (Hôtel de l'Europe) pour y faire fonc-
« tionner un état-major d'armée, auquel l'isolement, le silence et le
« secret sont nécessaires, resterait totalement inexplicable s'il ne révé-
« lait l'illusion d'un très court séjour. On avait lancé des corps d'armée
« en avant de Metz et cette place n'était évidemment considérée que
« comme un gîte d'étapes. Encore cette raison n'est-elle pas suffi-
« sante..... » (*Souvenirs d'un officier d'état-major*, colonel Fix, 2ᵉ série, page 11.)

Au IIᵉ corps bavarois, 1 escadron à la pointe, 1 au gros de l'avant-garde, 2 en tête du gros de la colonne, 1 régiment dans le gros de la colonne.

Toute la brigade de uhlans (trois régiments) est réunie à la queue du corps d'armée, avec les bagages.

*
* *

En face des trois armées allemandes, l'armée du Rhin occupait, le 3 août au soir, les emplacements ci-après :

	Quartier général.....	Strasbourg.
	1ʳᵉ division........	Reischshoffen, Lembach, Climbach.
	2ᵉ —	Wissembourg et Geisberg.
1ᵉʳ corps..	3ᵉ —	Haguenau.
	4ᵉ —	Strasbourg.
	Division de cavalerie.	Geisberg, Seltz, Brumath.
	Réserves d'artillerie et du génie	Strasbourg.
	Quartier général.....	Brème-d'Or.
	1ʳᵉ division........	Hauteurs au sud de Sarrebrück.
	2ᵉ —	*Ibid.*
2ᵉ corps..	3ᵉ —	Spicheren et Saint-Arnual.
	Division de cavalerie.	Forbach.
	Réserves d'artillerie et du génie	Brème-d'Or.
	Quartier général.....	Saint-Avold.
	1ʳᵉ division........	N.-O. de Forbach.
	2ᵉ —	Rosbrück, Haut-Hombourg, Saint-Avold.
3ᵉ corps..	3ᵉ —	Ham-sous-Varsberg.
	4ᵉ —	Boucheporn et Longeville-les-Saint-Avold.
	Division de cavalerie.	Saint-Avold.
	Réserves d'artillerie et du génie	Saint-Avold.
4ᵉ corps......................		Reste sur les mêmes emplacements.

5ᵉ corps..................		Reste sur les mêmes emplacements.
6ᵉ corps..................		*Ibid.*
7ᵉ corps..................		*Ibid.*
Garde et grand quartier général..		Metz.
Réserve générale de cavalerie.	Division du Barail...	A Lunéville.
	Division de Bonnemains............	En route pour Brumath (1ʳᵉ brigade à Fenestrange; 2ᵉ brigade à Sarrebourg.
	Division de Forton...	A Pont-à-Mousson.
Réserve générale d'artillerie......		Reste sur les mêmes emplacements.
Parcs d'artillerie...............		*Ibid.*, sauf celui de la Garde dont la 2ᵉ colonne arrive à Metz.
Grand parc d'artillerie..........		*Ibid.*
Équipages de ponts de réserve....		*Ibid.*

DOCUMENTS ANNEXES.

Journée du 3 août.

ÉTAT-MAJOR GÉNÉRAL.

a) **Journal de marche.**

Le quartier général et la division de cavalerie du 3ᵉ corps restent à Saint-Avold.

La 1ʳᵉ division (de Montaudon) est mise momentanément à la disposition du général commandant le 2ᵉ corps (1).

La 2ᵉ division (de Castagny) porte sa 1ʳᵉ brigade à Rosbrück et Haut-Hombourg, sa 2ᵉ brigade et son quartier général à Saint-Avold (2).

La 3ᵉ division (Metman) reste à Ham-sous-Varsberg, observant Creutzwald-la-Croix.

La 4ᵉ division (Decaen) porte son quartier général et sa 1ʳᵉ brigade à Boucheporn (3) (4).

Le 4ᵉ corps a son quartier général à Boulay.

La 1ʳᵉ division à Bouzonville.

---

(1) Elle va camper dans l'après-midi au nord-ouest de Forbach.

(2) Artillerie divisionnaire et compagnie du génie à Saint-Avold.

(3) Le quartier général, la 1ʳᵉ brigade, l'artillerie divisionnaire (moins une section), deux escadrons du 3ᵉ chasseurs (moins un peloton), se portent à Longeville-les-Saint-Avold.

La 2ᵉ brigade avec une section d'artillerie et un peloton du 3ᵉ chasseurs restent à Boucheporn.

La compagnie du génie (12ᵉ du 1ᵉʳ régiment) n'a pas encore rejoint.

(4) Division de cavalerie Clérembault; réserves d'artillerie et du génie à Saint-Avold.

La 2ᵉ division à Boulay.
La 3ᵉ division à Coume et Teterchen (1) (2).

Notes du général Coffinières de Nordeck.

3 août.

L'armée commence à toucher les vivres de campagne.

Il est décidé qu'une reconnaissance offensive sera faite sur Sarrelouis par le 4ᵉ corps.

Je pars pour Boulay où se trouve le général de Ladmirault, qui prend ses dispositions pour le lendemain matin.

Un contre-ordre arrive dans la nuit.

d) **Situations et emplacements.**

Situation sommaire d'effectif de l'armée du Rhin au 3 août.

	Hommes.	Chevaux.
1ᵉʳ corps	41,816	7,892
2ᵉ —	28,524	5,089
3ᵉ —	39,939	8,024
4ᵉ —	28,987	5,600
5ᵉ —	28,314	5,759
6ᵉ —	39,514	6,116
7ᵉ —	24,841	5,231
Garde impériale	23,497	8,791
Réserve de cavalerie	6,421	5,937
Réserve d'artillerie	2,876	2,751
Réserve du génie	235	58
TOTAUX	264,964	61,248

---

(1) Division de cavalerie Legrand; réserves d'artillerie et du génie à Boulay.

(2) Aucune modification pour les autres éléments de l'armée.

Journée du 3 août.

1er CORPS.

a) Journaux de marche.

Notes sur les opérations du 1er corps de l'armée du Rhin et de l'armée de Châlons, dictées par le Maréchal de Mac-Mahon à Wiesbaden, en janvier 1871.

Le 3 août, elles (les divisions du 1er corps) étaient établies de la manière suivante :

La division Ducrot avait son quartier général et une brigade à Lembach ; un régiment à Nothweiler et un autre à Climbach ; un bataillon était détaché à Obersteinbach, il se reliait par des petits postes à Sturzelbronn, occupé par un détachement du 5e corps (1).

La division Douay (Abel), arrivée le 3 au soir devant Wissembourg, avait un bataillon dans la ville, un à la gare (2) et six (3) en arrière sur les hauteurs du Geisberg ; deux bataillons étaient détachés à Seltz et un régiment au col de Pfaffenschlick pour se relier avec la division Ducrot (4).

Six escadrons de cavalerie légère (5) campaient en arrière de l'infanterie, près de la ferme de Schafbusch.

Cette division devait se porter le lendemain plus à gauche et prendre position sur le versant des montagnes, en occupant le Pigeonnier, Weiler et, s'il y avait lieu, Wissembourg. En ce qui concerne ce dernier point, le Maréchal n'était pas encore décidé : s'il y avait des

---

(1) Voir plus loin, page 43, note (1), les emplacements exacts de la division Ducrot.

(2) La division Douay n'avait pas de bataillon à la gare.

(3) Sept : trois du 1er tirailleurs, deux du 50e, deux du 74e.

(4) Ce régiment (le 78e) ne partit du Geisberg que le 4 au matin et se rendit au Col du Pigeonnier.

(5) Sept escadrons et demi : quatre du 3e hussards, trois et demi du 11e chasseurs.

inconvénients à l'occuper, il y avait aussi des avantages. Cette ville renfermait les approvisionnements qui pouvaient être d'une grande utilité pour ravitailler les troupes campées dans les montagnes auprès de villages qui n'étaient pas en état de les nourrir. L'intention du Maréchal était de partir le lendemain de bonne heure et d'aller résoudre cette question sur les lieux. Il en informa le général Ducrot auquel il avait provisoirement donné le commandement des 1re et 2e divisions.

A cette date du 3, la division Raoult (3e division) occupait Haguenau et la division de Lartigue (4e division) était encore à Strasbourg.

La garnison de cette ville ne se composant que de quelques dépôts et de gardes mobiles, non encore armés, le Maréchal jugea à propos de la renforcer d'un régiment pris dans la 4e division. Le 87e de ligne fut désigné à cet effet et laissé à Strasbourg par le général Lartigue.

La division Conseil-Dumesnil, du 7e corps (Douay), établie depuis quelques jours à Schlestadt (1), reçut l'ordre de partir le 4 par la voie ferrée et de se diriger sur Reichshoffen et Frœschwiller.

La division de cavalerie de réserve du général de Bonnemains était en marche pour se rendre à Haguenau.

Telle était la situation générale des troupes le 3 au soir.

Souvenirs inédits du maréchal de Mac-Mahon.

3 août.

Le 3 au matin, je reçus avis que les Bavarois menaçaient Wissembourg (2). Je donnai aussitôt les ordres pour que les mouvements qui devaient s'exécuter le 4 se fissent dans la journée du 3.

Je prévins le général Douay que le général Ducrot, qui devait porter sa division à Lembach, le rejoindrait de sa personne avant qu'il n'arrivât à Wissembourg, et lui indiquerait les positions à prendre.

J'écrivis en même temps au général Ducrot pour l'inviter à rejoindre le général Douay sur la route de Wissembourg et lui indiquer les positions à prendre sur les hauteurs, à l'ouest de la ville, de manière à pouvoir se relier avec les troupes de sa division.

POSITIONS DES TROUPES DU 1er CORPS LE 3 AU SOIR.

1re *division.*

Quartier général à Lembach;

---

(1) A Colmar.
(2) Dépêche du sous-préfet de Wissembourg, voir page 49.

Un régiment à Nothweiler;
Un bataillon à Obersteinbach;
Un régiment à Climbach;
Une brigade à Lembach;
L'artillerie et le génie à Lembach (1).

2ᵉ division.

Quartier général à Oberhoffen (2);

1ʳᵉ brigade. — 50ᵉ et 74ᵉ, sur le plateau du Geisberg, moins un bataillon du 74ᵉ à Wissembourg et un du 50ᵉ à Seltz.

2ᵉ brigade. — 78ᵉ et 1ᵉʳ tirailleurs, en avant de la ferme de Schafbusch (3);

1ʳᵉ brigade. — Un bataillon du 74ᵉ occupait Wissembourg;

1ʳᵉ brigade. — Un bataillon de chasseurs et un du 50ᵉ étaient à Seltz.

La 3ᵉ division à Haguenau.

La 4ᵉ division à Strasbourg.

La brigade de cavalerie de Septeuil, sous les ordres du général Douay, était au Geisberg (4).

Le général de Nansouty, établi à Seltz avec le 2ᵉ lanciers et deux bataillons de la division Douay, devait surveiller la frontière, de Lauterbourg à Rohrwiller. Le 6ᵉ lanciers, de ce point à Strasbourg.

La brigade de cuirassiers, 8ᵉ et 9ᵉ, à Brumath.

Je fus informé, dans la nuit, de l'emplacement pris à Wissembourg par le général Douay. J'en fus étonné, car je savais que le général Ducrot pensait, comme moi, que nous ne devions pas occuper cette ville.

---

(1) En réalité, les troupes de la 1ʳᵉ division occupent, dans la soirée du 3 août, les emplacements ci-après :

Quartier général................		Reichshoffen.
1ʳᵉ brigade.	13ᵉ bataillon de chasseurs..	Reichshoffen;
	18ᵉ de ligne............	Lembach;
	96ᵉ de ligne............	Climbach.
2ᵉ brigade.	45ᵉ de ligne............	Niederbronn;
	1ᵉʳ zouaves.............	Reichshoffen, Mattstall, Jaegerthal.
Artillerie........................		Reichshoffen.
Génie............................		Reichshoffen.

(2) Exactement à Steinseltz.

(3) Exactement sur les hauteurs du Vogelsberg.

(4) Le 11ᵉ chasseurs seulement. Le 3ᵉ hussards, d'après son historique, se trouve près de Rott.

Je crois que, forcé probablement par la nécessité de se ravitailler en ville, il avait autorisé le général Douay à se porter le lendemain sur les positions qu'il devait occuper à la droite du général Ducrot. Du reste, ce général ne croyait pas à une attaque des Bavarois, qu'il croyait encore près de Landau.

Plusieurs reconnaissances, envoyées au delà de la frontière, n'avaient signalé aucun mouvement de troupes.

Sommaire du journal de marche de la 2ᵉ division.

Composition de la 2ᵉ division du 1ᵉʳ corps au 3 août.

Douay (Abel), général de division.
Robert, colonel, chef d'état-major.

1ʳᵉ *brigade*. — Général de Montmarie :
    16ᵉ bataillon de chasseurs à pied, commandant d'Hugues ;
    50ᵉ d'infanterie, colonel Ardouin ;
    74ᵉ d'infanterie, colonel Theuvez.

2ᵉ *brigade*. — Général Pellé :
    78ᵉ d'infanterie, colonel Carrey de Bellemare ;
    1ᵉʳ régiment de tirailleurs algériens, colonel Morandy.

Artillerie. — Lieutenant-colonel Cauvet, 9ᵉ et 12ᵉ batteries du 9ᵉ d'artillerie (calibre de 4) ;

Commandant Jacques de Fleurey : 10ᵉ batterie du 9ᵉ d'artillerie (à balles).

Génie. — 8ᵉ compagnie du 1ᵉʳ régiment, commandant Dhombres, chef de bataillon.

Sous-intendant militaire : Greil.
Gendarmerie : capitaine Bertrand de Laflotte.
Aumônier : l'abbé Gillet.
Ambulance.

Journée du 3 août (1ʳᵉ marche). — *Marche du quartier général et des corps de la division sur Wissembourg.*

Général Douay et son état-major, en chemin de fer de Haguenau à Soultz et à cheval de Soultz vers Wissembourg. Quartier général à Steinseltz (arrivée à la nuit tombante).

Établissement des corps à mesure de leur arrivée, suivant les ordres donnés par le Maréchal et le général Ducrot.

1 bataillon du 74ᵉ à Wissembourg.

3 bataillons du 78ᵉ (2ᵉ brigade), 3 bataillons du 1ᵉʳ tirailleurs (2ᵉ brigade), sur les hauteurs dominant Wissembourg et la vallée de la Lauter, au sud de la ville (Vogelsberg).

2 bataillons du 74ᵉ, 2 bataillons du 50ᵉ (1ʳᵉ brigade), au sud de la 2ᵉ brigade, sur le plateau dont le Geisberg est le point culminant.

Au soir du 3 août. — Le bataillon de chasseurs à pied n'est pas encore arrivé venant de Seltz.

Le bataillon du 50ᵉ, qui était détaché, n'arrive pas non plus.

L'artillerie est établie sur les hauteurs entre la 2ᵉ et la 1ʳᵉ brigade.

Le régiment de chasseurs, sur les hauteurs à l'ouest de la grande route de Wissembourg, en arrière notablement des deux brigades d'infanterie (1).

Point d'ambulance, elle est encore en route (2).

Historique de la 2ᵉ division.

3 août.

Le départ (de Haguenau et environs pour Wissembourg) eut lieu le 3, à 4 heures du matin. On devait toucher à Haguenau, en y passant, deux jours de pain destinés à compléter les quatre jours de vivres de réserve, mais on ne put en toucher que pour un jour, en raison de l'insuffisance des approvisionnements.

A Soultz, où la division arriva vers 10 h. 1/2 du matin, on ne trouva ni vivres ni pièces d'armes, et ce ne fut que vers 3 h. 1/2, c'est-à-dire après une attente de cinq heures, que l'ordre arriva de se remettre en route pour Wissembourg.

La 2ᵉ brigade était alors complète. La 1ʳᵉ n'emmenait avec elle que le 74ᵉ de ligne et deux bataillons du 50ᵉ. Elle laissait à Soultz (3) un bataillon du 50ᵉ avec le colonel Ardouin, et à Seltz le 16ᵉ bataillon de chasseurs, qui ne devait rallier la division que le lendemain et ne quitter sa position qu'après y avoir été relevé par d'autres troupes venant de Strasbourg.

Arrivée à 8 h. 1/2 du soir, le 3 août, en vue de Wissembourg, la 2ᵉ division s'établit face à la Lauter, sur le plateau du Geisberg, à une

---

(1) Le 3ᵉ hussards s'était établi, à 9 heures du soir, à 3 kilomètres de Wissembourg, près de Rott (4 escadrons), le 5ᵉ au col du Pigeonnier. (*Historique du 3ᵉ hussards*).

(2) *Sommaire du journal de marche de la division, par le général Robert, ex-chef d'état-major du général Douay.*

(3) En réalité à Seltz depuis le 2 août. (Compte rendu du colonel Ardouin au général de Montmarie. 4ᵉ fascicule, page 203.)

demi-lieue environ en arrière de cette ville. Le quartier général était au village de Steinseltz. Le 74ᵉ (1ʳᵉ brigade) détacha aussitôt à Wissembourg son 1ᵉʳ bataillon pour occuper cette place.

DIVISION RAOULT.

Journal de marche.

3 août.

Le 3 août, la division tout entière quitte Strasbourg à 4 heures du matin et arrive sans trop de temps d'arrêt à Haguenau, après une halte de deux heures à Brumath, vers 4 heures du soir.

DIVISION DE LARTIGUE.

Historique de la 4ᵉ division du 1ᵉʳ corps. — Journal privé du colonel d'Andigné, chef d'état-major.

3 août.

La chaleur, excessive depuis notre arrivée à Strasbourg, y amène des orages.

Nous apprenons le petit combat de Sarrebrück.

Notre division, la dernière restant à Strasbourg, reçoit l'ordre de se porter à la frontière.

GÉNIE (3ᵉ DIVISION).

Journal de marche.

3 août.

La 9ᵉ compagnie de sapeurs du 1ᵉʳ régiment, désignée pour être attachée à la 3ᵉ division du 1ᵉʳ corps, est partie de Metz en chemin de fer et est arrivée le 23 juillet à Strasbourg.

Elle en part le 3 août au matin avec le corps d'armée et campe aux portes de Haguenau.

DIVISION DE CAVALERIE (Duhesme).

BRIGADE DE SEPTEUIL.

Journal de marche.

3 août.

Le 11ᵉ chasseurs rejoint le général à Soultz, le 3 août (1). La bri-

---

(1) Le 11ᵉ chasseurs était réparti ainsi qu'il suit le 3 août au matin :

gade part le même jour, avec le général Douay, pour aller camper au Geisberg (1).

b) Organisation et administration.

Le Ministre de la guerre au Major général.

Paris, 3 août.

J'ai l'honneur d'informer Votre Excellence que je donne des ordres pour l'envoi immédiat à Strasbourg, par voies ferrées, de la 12e compagnie du 2e régiment du train d'artillerie et de tout ce qui reste à Besançon du matériel du parc d'artillerie du 1er corps de l'armée du Rhin.

Le maréchal de Mac-Mahon au Major général, à Metz (D. T.).

Strasbourg, 3 août, 3 h. 35 soir.

Vous m'avez prescrit d'emporter 1800 outils pour les tranchées-abris, par division d'infanterie ; nous avons les moyens de transport, que nous nous sommes procurés à grand'peine. Le général Coffinières interdit de prendre ces outils dans les magasins du génie, à Strasbourg, sans un ordre du Ministre. Je vous prie de provoquer cet ordre ou de me faire connaître les moyens à employer pour me procurer ces outils.

En marge, de la main du Major général : J'ai répondu 1000.

Le Major général au maréchal de Mac-Mahon (D. T.).

(Sans indication d'heure, n° 141.)

En attendant que le parc du génie soit constitué, emportez 1000 (mille) outils assortis par division.

J'en préviens le Ministre.

1er et 6e escadrons à Haguenau ;
3e escadron à Bischwiller ;
4e escadron, une division à Soufflenheim, une division à Seltz ;
5e escadron à Seltz.
Les fractions occupant Seltz y resteront le 3 août. (*Historique du 11e régiment de chasseurs à cheval.*)

(1) Le 3e hussards, près de Rott, avec un escadron détaché au pigeonnier avec la 1re division.

Le général Forgeot au général Soleille.

Strasbourg, 3 août.

En réponse à vos lettres nos 64 et 73, que je reçois aujourd'hui, j'ai l'honneur de vous faire savoir que j'ignorais complètement que je dusse me servir de votre intermédiaire pour donner des ordres au directeur du parc du 1er corps d'armée. Je crois devoir vous faire remarquer : que, depuis huit jours, je ne cesse de lui prescrire, *conformément aux ordres de M. le Maréchal commandant le* 1er *corps*, de m'expédier à Strasbourg le matériel qui compose ce parc ; que je m'efforce, mais en vain, de lui faire comprendre qu'il me faut ici toutes les voitures, sans avoir égard au nombre des chevaux disponibles ; que c'est gaspiller le temps que d'exiger que tous les chevaux du parc entrent à Besançon pour en ressortir attelant un certain nombre de voitures ; que le minimum de travail consiste à faire partir tous les jours de Besançon le matériel disponible, et à mettre, à Auxonne, les chevaux dans les trains pour les amener à Strasbourg sans transbordement.

De toutes ces lenteurs, de tous ces malentendus, il résulte qu'après-demain, 5 août, étant de ma personne à Haguenau, avec les huit batteries de la réserve, j'aurai laissé à Strasbourg, faute de chevaux, l'équipage de corps d'armée, et que le matériel du parc sera, partie à Besançon, partie à Strasbourg.

En résumé, mon Général, j'aurai l'honneur de vous demander que tout le matériel du parc du 1er corps soit, ainsi que le personnel qui lui est nécessaire, *mais indépendamment de ce personnel*, réuni à Strasbourg dans un délai aussi court que possible,

c) **Opérations et mouvements.**

Le maréchal de Mac-Mahon au Major général, à Metz.

Strasbourg, 3 août.

J'ai l'honneur de rendre compte à Votre Excellence des mouvements opérés aujourd'hui 3 août, par plusieurs des corps de troupes du 1er corps d'armée.

Ainsi qu'il vous en a été rendu compte hier, la 3e division d'infanterie (Raoult) devait seule se mettre en mouvement ce matin, et se porter de Strasbourg sur Haguenau. Demain, 4 août, la 1re division (Ducrot) devait se porter de Reichshoffen à Lembach et environs, la

2ᵉ division (Douay) de Haguenau à Wissembourg et environs, et la 4ᵒ division (Lartigue) de Strasbourg à Haguenau.

Dans la soirée d'hier, 2 août, une dépêche de M. le sous-préfet de Wissembourg, confirmée par M. le général Douay, me fit savoir que des troupes bavaroises s'étaient emparées de la maison des douaniers, à la porte de Landau, et qu'elles avaient fait le recensement des ressources d'Altenstadt (faubourg de Wissembourg), en annonçant leur intention d'occuper ce point dans les vingt-quatre heures.

En conséquence de cet avis, j'ordonnai au général Douay d'exécuter, dans la journée du 3, le mouvement qu'il devait opérer seulement le 4, et de se porter sur Wissembourg avec toute sa division, moins le 16ᵉ bataillon de chasseurs, qui continue à occuper la position de Seltz, où il sera relevé demain par deux bataillons de la division Raoult (1). Une dépêche du général Douay me fait savoir qu'il s'est mis en mouvement ce matin à 5 heures.

J'ai prescrit, en même temps, au général Ducrot (1ʳᵉ division) d'appuyer le mouvement du général Douay, et de se relier par les crêtes, avec les troupes de la 3ᵉ division. Le général Ducrot me télégraphie qu'il envoie aujourd'hui le 13ᵉ bataillon de chasseurs et le 18ᵉ de ligne à Lembach. Le reste de la division suivra demain matin et se portera tout entier sur ce point.

En dernier lieu, j'ai donné l'ordre au général Duhesme de porter le 3ᵉ hussards au Geisberg. Le général de Nansouty se rend aujourd'hui à Seltz, où il sera rejoint par le 3ᵉ lanciers, ce qui permet aux deux escadrons du 11ᵉ chasseurs, détachés sur ce point, de rallier la portion principale du corps que le général Douay a dû emmener avec lui et porter au Geisberg. La division Raoult, conformément aux ordres donnés, a quitté Strasbourg ce matin, pour se rendre à Haguenau.

Les renseignements recueillis dans la matinée me donnent, au reste, toute certitude que les craintes du sous-préfet de Wissembourg étaient fort exagérées. Le général Ducrot n'a connaissance d'aucun détachement ennemi sérieux dans les environs.

La division de cavalerie de réserve, venant de Lunéville, est aujourd'hui : une brigade à Fenestrange, une à Sarrebourg. Elle sera à Brumath, le 5.

Le général Douay, commandant le 7ᵉ corps d'armée, me télégraphie de Belfort que la 1ʳᵉ brigade de la division Liébert part, sous les ordres du général Liébert, demain 4, pour Colmar, par voies ferrées. Les treize batteries et le parc divisionnaire suivent par étapes. La division

---

(1) Moins aussi un bataillon du 50ᵉ de ligne.

Conseil-Dumesnil, du même 7ᵉ corps, sera transportée demain tout entière, par les voies ferrées, de Colmar à Strasbourg.

Le Maréchal de Mac-Mahon au Major général, à Metz.

Strasbourg, 3 août.

Ainsi que j'ai déjà eu l'honneur de vous en rendre compte par dépêche télégraphique, le 1ᵉʳ corps d'armée sera, demain 4, établi de la manière suivante :

1ʳᵉ et 2ᵉ divisions sur la frontière du Nord; la 1ʳᵉ division ayant son quartier général à Lembach, la 2ᵉ à Wissembourg, la 3ᵉ à Reichshoffen, et la 4ᵉ, ainsi que le quartier général, à Haguenau.

La division Conseil-Dumesnil, du 7ᵉ corps, arrivera à Strasbourg demain 4. La 1ʳᵉ brigade de la division Liébert sera établie à Colmar; il ne restera donc au général Douay qu'une seule brigade à Belfort. Il demande avec instance que sa 3ᵉ division lui soit envoyée de Lyon. Je lui donne, pour instruction générale, de veiller à la défense du Rhin, de Strasbourg à Huningue.

Le Major général au maréchal de Mac-Mahon (D. T.).

(Sans indication d'heure, n° 137.)

L'Empereur approuve les dispositions contenues dans votre dépêche du 2. Donnez des instructions directes au général Guyot de Lespart (1). Le général de Failly en est prévenu.

Le maréchal de Mac-Mahon au général Douay, à Haguenau.

Strasbourg, 3 août, 12 h. 10 matin (expédiée à 12 h. 40 matin).

D'après la nouvelle que vous me donnez (2), mettez-vous en route demain matin, le plus tôt possible, avec toute votre division, à l'exception des deux bataillons détachés à Seltz, pour vous porter sur Wissembourg. Vous prendrez à Soultz le 3ᵉ hussards. Emmenez également les escadrons du 11ᵉ chasseurs de Haguenau. Le détachement de Seltz vous rejoindra le 4, après qu'il aura été relevé. Le général Ducrot, qui

---

(1) Pour la liaison des 1ᵉʳ et 5ᵉ corps à travers les basses Vosges.
(2) Il s'agit sans doute de la dépêche du sous-préfet de Wissembourg, transmise par le général Douay, voir page 49.

porte également une partie de sa division à Lembach, vous rejoindra en route et vous indiquera la manière de vous relier avec la 1re division. Accusez-moi réception.

2ᵉ DIVISION.

Ordre de marche pour le 3 août.

Haguenau, 3 août, 4 heures du matin.

Un peloton d'avant-garde.

La 2ᵉ brigade prendra la tête de la colonne et les régiments passant par Haguenau s'arrêteront successivement, aussitôt après avoir dépassé la porte de Wissembourg, pour faire toucher à la manutention le pain de la journée.

Le 1ᵉʳ tirailleurs ne se mettra en route qu'un quart d'heure après le 78ᵉ.

Le général Ducrot au maréchal de Mac-Mahon, à Strasbourg, et au général Douay, à Haguenau (D. T.).

Reichshoffen, 3 août, 4 heures du matin (expédiée à 6 h. 15 matin).

Hier soir, à 5 heures, j'étais au Pigeonnier. J'ai également, avec une longue-vue, vu Wissembourg, Altenstadt et toute la plaine environnante, et je n'ai pu découvrir un seul poste ennemi.

Le colonel de Franchessin (1), dont les patrouilles vont au delà de la frontière, et qui est également bien renseigné par ses agents, m'a affirmé que l'ennemi n'avait aucune force considérable à petite distance. La menace des Bavarois me paraît donc une pure fanfaronnade; néanmoins, j'envoie aujourd'hui le 13ᵉ bataillon de chasseurs et le 18ᵉ à Lembach; le reste de la division suivra demain matin. Il est urgent que l'administration pourvoie à nos besoins autrement qu'elle ne l'a fait jusqu'à présent, car il nous deviendrait impossible de nous suffire à nous-mêmes dans les conditions nouvelles où nous serons placés.

Le général Ducrot au général Faure, nommé sous-chef d'état-major du 1ᵉʳ corps.

Reichshoffen, 3 août.

Cher ami, c'est le Maréchal qui m'a appris votre nomination, j'en ai éprouvé une véritable joie.

. . . .

---

(1) Commandant le 96ᵉ de ligne à Climbach

Nous voilà encore dans les embarras d'un départ précipité. C'est toujours M. Hepp, sous-préfet de Wissembourg, qui jette l'alarme.

Comme je l'écris au Maréchal, j'étais hier à 5 heures du soir au Pigeonnier, j'ai examiné très attentivement les environs de Wissembourg avec une bonne lunette, j'ai recueilli de nombreux renseignements, et je suis convaincu que l'ennemi n'est en force nulle part à proximité.

Néanmoins, nous nous conformons aux ordres reçus dans la nuit, et demain ma division sera réunie autour de Lembach, avec avant-postes sur Nothweiler.

Mais cela ne suffit pas. Il est bien évident que les environs de Wissembourg et Lauterbourg ne seront complètement en sécurité que lorsque nous aurons foncé sur Bergzabern, contournant cette position par notre gauche, c'est-à-dire par la vallée d'Annweiler. Nous ferons ainsi tomber la position de Winden et couperons le chemin de fer de Carlsruhe à Landau. Mais cette opération peut donner lieu à une grosse affaire et les quatre divisions du 1er corps ne seraient pas de trop s'il fallait l'entreprendre.

Le général Ducrot au général Douay.

Reichshoffen, 3 août.

Comme je vous l'ai dit par ma dépêche de cette nuit, hier soir, à 5 heures, j'étais au Pigeonnier avec le colonel du 96e, qui occupe cette position depuis plusieurs jours et qui a poussé de nombreuses reconnaissances dans toutes les directions et organisé un service de surveillance très bien fait.

Je ne pense pas que l'ennemi soit en force dans nos environs, du moins à une distance assez rapprochée pour entreprendre immédiatement quelque chose de sérieux ; toutefois, pour parer à toutes les éventualités, je pense qu'il est convenable de prendre les dispositions suivantes :

Ainsi que vous en avez reçu l'ordre de Son Excellence, le Maréchal commandant en chef, vous vous porterez aujourd'hui sur Wissembourg avec votre division, le 3e hussards et deux escadrons du 11e chasseurs. Vous établirez votre 1re brigade sur le plateau du Geisberg ; la 2e, à gauche, sur le plateau du Vogelsberg, occupant ainsi la ligne des crêtes qui, par la route de Wissembourg à Bitche, se relie avec le Pigeonnier. La cavalerie et l'artillerie seront en seconde ligne sur le versant sud-ouest du mouvement de terrain. Je pense d'ailleurs qu'il sera facile de défiler toutes les troupes.

Vous ferez entrer, ce soir même, un bataillon dans Wissembourg ;

demain, de bonne heure, vous enverrez un régiment de la 2ᵉ brigade relever le 96ᵉ dans les positions qu'il occupe entre Climbach, le Pigeonnier et Pfaffenschlick, et le 96ᵉ se portera en avant, dans la direction de Nothweiler.

Un de ses avant-postes sera établi à droite, au Dürrenberg, se reliant ainsi à la gauche de votre division vers Climbach ; ma gauche sera à Obersteinbach où elle se reliera avec la droite du 5ᵉ corps, vers Hutzel-Hof.

Mon quartier général et le gros de ma division seront à Lembach.

Vous pouvez établir votre quartier général, soit au Geisberg, soit à Oberhoffen, soit à Rott.

L'escadron du 3ᵉ hussards qui est en ce moment à Climbach y restera provisoirement; mais il est probable que j'en conserverai seulement un peloton et que j'enverrai le reste, après-demain, rejoindre le régiment. Il est bien entendu que cette brigade de cavalerie est placée sous vos ordres immédiats et que vous l'utiliserez pour vous éclairer soit en avant de Wissembourg, soit à droite, dans la direction de Lauterbourg.

Aussitôt que Wissembourg aura été occupé par un bataillon, ce soir même, 3 août, je vous prie de faire examiner la situation de la manutention, de relever les accessoires qui peuvent y manquer, de les faire fabriquer sur place ou de les demander soit à Strasbourg, soit à Haguenau, et d'organiser des brigades de boulangers avec les ressources que peuvent fournir nos régiments. Je crois que la dimension des fours permet de fabriquer jusqu'à 30,000 rations en vingt-quatre heures, mais à la condition que le service sera bien organisé. Votre sous-intendant demandera immédiatement de la farine et l'on se mettra à l'ouvrage sans perdre un instant ; car c'est de Wissembourg que nous devons compter tirer la majeure partie de nos subsistances. Il y aura lieu d'organiser aussi un service de réquisition pour transporter les vivres à Lembach, Wingen, Obersteinbach et autres détachements. Votre sous-intendant devra s'entendre, à cet effet, avec le sous-préfet.

Lorsque vous aurez eu le temps d'étudier le terrain et de vous renseigner sur la situation de l'ennemi, vous apprécierez s'il serait utile, pour mieux couvrir votre front et votre droite, d'occuper le fort Saint-Rémy et les anciennes redoutes qui sont en avant de Altenstadt.

La chose me paraît douteuse puisque, occupant Wissembourg et étant en force en arrière, vous pouvez toujours tourner cette ligne de Saint-Rémy à Wissembourg, en débouchant par la route de Schweighoffen, ou même par le chemin de ceinture qui va sur Schweigen ; cependant, la chose est à examiner.

Le général Ducrot au général Douay, à Soultz ou à Wissembourg (D. T.).

Reichshoffen, 3 août, 1 h. 25 soir.

Avez-vous reçu la dépêche que je vous ai envoyée ce matin pour indiquer les positions à occuper?

En marge : Répondu à 2 heures, de Soultz, que la division occupera ce soir les positions indiquées; le quartier général à Oberhoffen.

Le général Pellé, commandant la 2ᵉ brigade de la 1ʳᵉ division, au général Douay.

Camp de Wissembourg, 3 août, 10 h. 55 (1).

Par votre dépêche en date de Soultz, 2 heures 1/2, vous m'avez fait connaître que le 78ᵉ doit relever demain matin de bonne heure le 96ᵉ dans les positions qu'il occupe à Climbach, le Pigeonnier et Pfaffenschlick.

J'ai l'honneur de vous rendre compte que dans ce régiment (le 78ᵉ) un seul bataillon a du pain pour la journée de demain, et que dans aucun des bataillons du corps il n'y a de vivres autres que ceux de réserve, le corps n'étant aligné en vivres de consommation journalière que jusqu'à ce soir.

De plus, il n'y a pas de vivres au corps pour les chevaux, qui ont dû aujourd'hui entamer leurs vivres de réserve (4 jours d'avoine).

L'officier payeur du 78ᵉ, qui s'est rendu à Wissembourg lors de l'arrivée au camp de la brigade, y a été informé qu'on ne pourrait rien toucher avant demain matin, et encore s'il arrive des vivres cette nuit.

Dans le cas où le 78ᵉ devrait faire son mouvement demain matin, il serait absolument nécessaire qu'il eût des guides (2) et qu'on fasse connaître dans quelle proportion le corps doit être fractionné entre les postes qu'il doit occuper.

---

(1) Soir.
(2) On croit devoir rappeler que les officiers et même les officiers généraux étaient dépourvus de cartes. Le général A. Douay lui-même n'en possédait pas une seule « susceptible de le guider » (Lettre au général Ducrot, 4 août, 7 heures du matin).

d) Situations et emplacements.

Situation sommaire d'effectif au 3 août.

Quartier général...............		à Strasbourg.
Division Ducrot...............	10,509	à Reischshoffen, Lembach, Climbach et Niederbronn.
Division Douay...............	8,600	à Steinseltz et hauteurs du Geisberg.
Division Raoult...............	8,165	à Haguenau.
Division de Lartigue...........	8,432	à Strasbourg.
Division de cavalerie (Duhesme).	3,721	à Geisberg, Seltz, Haguenau et Brumath.
Réserve d'artillerie et génie....	1,778	à Strasbourg.
Divers........................	611	
TOTAL........	41,816	

N. B. — Cette situation sommaire a été établie sur la situation de présence à la date du 1er août.

DIVISION DOUAY.

Situation journalière de la 2e brigade (1) (Pellé) au 3 août (camp de Soultz).

CORPS.	OFFICIERS.			TROUPES.			CHEVAUX.	
	DISPONIBLES.	MALADES au camp.	à L'AMBULANCE.	DISPONIBLES.	MALADES au camp.	à L'AMBULANCE.	DISPONIBLES.	INDISPONIBLES.
État-major...........	2	»	»	»	»	»	8	»
78e d'infanterie.......	67	»	»	1,878(1)	10	»	32	»
1er tirailleurs.........	95	2	»	2,155	26	»	47	»
TOTAUX.....	164	2	»	4,033	36	»	87	»

(1) Compris dans l'effectif les 48 hommes du détachement arrivé ce matin et qui sont d'un train en arrière, ils doivent avoir rejoint ce soir.

(1) Seule situation particulière, concernant la division Douay, qui se trouve aux archives pour la journée du 3 août.

Journée du 3 août.

2ᵉ CORPS.

a) Journaux de marche.

Journal de marche de la 1ʳᵉ division.

La journée se passe sans événements extraordinaires. Le général Vergé est appelé, avec le chef d'état-major, chez le général en chef, à la Brème-d'Or, et ils y reçoivent des instructions pour le mouvement à opérer dans la soirée.

Par suite des ordres donnés, vers 4 heures du soir, la 2ᵉ brigade va occuper les hauteurs de Sarrebrück, dans les positions occupées précédemment par la 2ᵉ division. Elle amène avec elle une batterie d'artillerie avec celle de mitrailleuses et s'établit, le 76ᵉ sur la droite de la route de Sarrebrück et le 77ᵉ sur la gauche, derrière les batteries d'artillerie de la division.

Le 3ᵉ bataillon de chasseurs et le 32ᵉ, servant d'extrême réserve, restent à la Brème-d'Or avec le général en chef (1). Vers 11 heures du soir, l'artillerie tire quelques coups de canon sur des trains de chemins de fer prussiens.

BRIGADE JOLIVET.
Journal de marche.

3 août.

La 2ᵉ brigade s'occupe d'établir des tranchées-abris le long de la crête qui domine la ville de Sarrebrück.

A 4 heures, la brigade reçoit l'ordre de venir s'établir sur la crête, le 76ᵉ sur la droite de la route de Sarrebrück, le 77ᵉ sur la gauche, sur le terrain de manœuvre et derrière les batteries divisionnaires.

Les grand'gardes sont placées.

Vers minuit, la 5ᵉ batterie divisionnaire lance quelques obus sur la gare, où l'on pense que des trains ennemis font un mouvement.

---

(1) Ces deux corps forment, avec le 55ᵉ de ligne, la 1ʳᵉ brigade de la 1ʳᵉ division. Le 55ᵉ de ligne est sur le champ de manœuvre de Sarrebrück.

Journal de marche de la 2ᵉ division.

La division conserve son bivouac sur les hauteurs de Sarrebrück, en modifiant quelque peu ses emplacements.

La 1ʳᵉ brigade, qui était en première ligne, porte son campement en seconde ligne, derrière la 2ᵉ brigade. Elle est relevée dans ses emplacements par la 2ᵉ brigade de la 1ʳᵉ division (général Jolivet).

La 3ᵉ division campe à la droite de la 2ᵉ division, vers Saint-Arnual.

La 2ᵉ compagnie (capitaine de Saint-Maurice), du 12ᵉ bataillon de chasseurs, accompagne le général en chef dans une reconnaissance dans Sarrebrück (Historique du 12ᵉ bataillon).

Journal de marche de la 3ᵉ division (1).

Les camps d'Œting, Behren et Bousbach sont levés ; les détachements rejoignent leurs corps respectifs (2).

La 7ᵉ batterie du 15ᵉ d'artillerie quitte les hauteurs de Sarrebrück à 9 heures du soir, et rejoint, à minuit, le général Doens sur la position de Spicheren, avec la compagnie du génie et la section d'ambulance.

---

(1) Voir, pour les emplacements exacts de cette division, le 4ᵉ fascicule, page 242.

(2) Le 2 août, les 1ᵉʳ et 3ᵉ bataillons du 63ᵉ de ligne, moins les 2ᵉˢ compagnies des 1ᵉʳ et 3ᵉ bataillons, ont quitté le camp de Bousbach, avec la batterie de mitrailleuses de la division, et sont allés prendre position en avant du village de Spicheren, au point dit l'Éperon (Rother-Berg). Ils ont assisté au combat de Sarrebrück. Le 3 août, le 2ᵉ bataillon et les 2ᵉˢ compagnies des 1ᵉʳ et 3ᵉ bataillons qui étaient sous le commandement du lieutenant-colonel Griset, quittent le camp de Bousbach et viennent rejoindre les 1ᵉʳ et 3ᵉ bataillons bivouaqués sur la hauteur dite de l'Éperon (Historique du 63ᵉ de ligne).

Le 3 août, le 10ᵉ bataillon de chasseurs va camper en arrière de Saint-Arnual, village prussien au delà de la Sarre (Historique du 10ᵉ bataillon de chasseurs à pied.)

Dans la journée du 3 août, les compagnies du 40ᵉ de ligne laissées à la garde du camp d'Œting rejoignent leurs bataillons respectifs. Dans la soirée, les 1ᵉʳ et 3ᵉ bataillons, quittant leur emplacement, vont rejoindre le 2ᵉ à Saint-Arnual. Le 1ᵉʳ campe en arrière et à gauche du village et fournit une compagnie de grand'garde en avant, sur les bords de la Sarre. Le 3ᵉ bataillon campe en arrière du village, sur un plateau qui domine la Sarre (Historique du 40ᵉ de ligne).

Le 2ᵉ de ligne reçoit 300 hommes de la réserve ; un détachement de pareille force arrive au 24ᵉ.

Le 24ᵉ s'établit en première ligne, à droite de la brigade Bastoul, sur les hauteurs de Sarrebrück.

La 8ᵉ batterie du 15ᵉ occupe l'extrémité est de ces hauteurs, dominant le pont de la Sarre et Saint-Arnual.

ARTILLERIE (Division de Laveaucoupet).

15ᵉ régiment.

7ᵉ batterie. — Les 2ᵉ et 3ᵉ sections quittent, à 4 h. 1/2 du matin, le village de Bousbach, pour rejoindre la 1ʳᵉ section (1). Arrivée au bivouac, devant Sarrebrück, à 8 h. 1/2.

A 9 heures du soir, départ du bivouac de Sarrebrück, pour aller camper sur les hauteurs, en arrière de Spicheren. Arrivée à ce dernier bivouac à minuit.

8ᵉ batterie. — La batterie a campé sur les points qu'elle occupait (2) ; elle y reste toute la journée du 3, sauf qu'à 5 heures du soir, elle reçoit l'ordre de monter sur la hauteur entre Saint-Arnual et Sarrebrück, et elle y arrive à 6 h. 1/4.

11ᵉ batterie. — Restée au bivouac (3).

GÉNIE (Division de Laveaucoupet).

Journal de marche.

3 août.

La 13ᵉ compagnie du 3ᵉ régiment, attachée à la division de Laveaucoupet (4), est renvoyée à son campement de Spicheren.

RÉSERVE D'ARTILLERIE.

Journal de marche.

3 août.

Le quartier général reste à la Brême-d'Or.

---

(1) Où elles étaient restées le 2 août à la garde du camp.
(2) Sur le Repperts-Berg.
(3) Au pied du Rother-Berg, avec le 2ᵉ de ligne de la brigade Doens.
(4) Elle avait concouru le 2 août, jusqu'à la nuit, à la construction de tranchées-abri sur le Repperts-Berg et avait campé en ce point pendant la nuit du 2 au 3 août.

RÉSERVE DU GÉNIE.

Journal de marche.

3 août.

L'état-major se transporte à la Brême-d'Or.

Les quatre compagnies complètent, le matin, leurs travaux de la veille.

Dans l'après-midi, le parc et la réserve viennent camper près de la douane prussienne.

Journal de marche de la 2ᵉ compagnie de sapeurs.

3 août.

La compagnie quitte son campement et vient s'établir à environ 200 mètres de la maison à péage de Sarrebrück.

Le commandant Offner est employé, avec une corvée d'infanterie, à construire un retranchement sur la voie ferrée, en avant de Sarrebrück.

MM. les lieutenants Vilnet et Courtin sont employés à lever les lignes construites la veille.

b) Organisation et administration.

L'Intendant du 2ᵉ corps au général Frossard (D. T.).

3 août.

L'intendant du 2ᵉ corps a l'honneur de soumettre à S. Exc. M. le général de division commandant le 2ᵉ corps, le résumé suivant de la situation administrative à Forbach :

Service de Santé. — Il y a, dans ce moment, à l'hospice de Forbach :

Officiers : 7, dont 5 blessés entrés hier ;

Troupe : 90, dont 62 blessés entrés hier.

Sur les 62 blessés (troupe), il y a 7 Prussiens blessés.

Les officiers blessés sont :

MM. Privat, capitaine au 66ᵉ ;
    Woirgard, capitaine au 66ᵉ ;
    Laramey, lieutenant au 66ᵉ ;
    Seyvon, sous-lieutenant au 66ᵉ ;
    Jacquot, sous-lieutenant au 40ᵉ.

M. Izet ou Migette (on n'a pu donner le nom exact) (1), capitaine au 77ᵉ, blessé, entré hier, est mort hier à 9 heures du soir.

On a apporté à l'hospice le cadavre de M. de Bar, lieutenant au 66ᵉ, tué à l'ennemi, et les cadavres de quatre soldats du même corps.

---

(1) M. Izet.

Le service médical est fait par les deux médecins de l'hôpital, deux médecins militaires et plusieurs aides.

J'espère pouvoir faire évacuer aujourd'hui, sur Metz, 40 à 50 malades ou blessés ; hier, on a évacué 40 malades ordinaires.

Le Major général au général Frossard (D. T.).

Metz, 3 août, 11 h. 1/4 matin.

L'Empereur désire que, provisoirement, la gare de Sarrebrück ne soit pas détruite. Votre position vous permet-elle d'interdire, même la nuit, tout passage de troupes s'effectuant par la voie ferrée ?

Le maréchal Bazaine au général Frossard, à son quartier général à Forbach ou Sarrebrück (D. T. Ch.).

Saint-Avold, 3 août, 8 h. 46 soir (reçue à 11 h. 30 soir).

Comment avez-vous passé la journée sur vos nouvelles positions ? J'ai fait une reconnaissance de Carling sur Lauterbach, et, d'après tous les renseignements, il n'y a pas de gros détachements ennemis dans cette zone.

Le maréchal Bazaine au général Frossard.

Saint-Avold, 3 août.

Je laisse à votre disposition, campée tout près de Forbach, la division Montaudon, qui a pour échelon, en arrière, à Rosbrück, la 1re brigade de la 2e division, la 2e brigade de cette même division étant prête à appuyer la 1re pour vous rejoindre.

Pour ne pas perdre de temps, vous donneriez des ordres directs à la division Montaudon.

J'ai bien vu hier toute la vallée de la Sarre, et aucun indice pouvant faire croire à des rassemblements ou à des mouvements de troupes ne m'a frappé.

Quand je suis descendu à Fürstenhausen, tous les petits détachements prussiens qui étaient échelonnés dans les bois, sur ma gauche et en avant de moi, se sont ralliés à Werden, où ils ont traversé la Sarre, pour prendre position à Wolcklingen, où se trouve un grand bâtiment à tours carrées qui paraît servir d'hôpital et au sommet duquel flottait le drapeau de la Société internationale de secours aux blessés.

Tous ces gens m'ont paru timides, et je ne crois pas que l'ennemi ait, quant à présent, des forces nombreuses dans la vallée de la Sarre, dont les eaux étaient, du reste, très grosses et jaunâtres ; je ne la crois pas guéable de quelques jours.

P.-S. (de la main du Maréchal). — J'ai envoyé quelques boulets aux Prussiens ; mais ils filaient si rapidement qu'il a été difficile de les atteindre.

Le colonel Haca, commandant provisoirement la 1re brigade, au général Bataille.

Devant Sarrebrück, 3 août.

J'ai l'honneur de vous rendre compte que les grand'gardes n'ont rien eu à signaler pendant la nuit. L'ennemi a porté quelques petits postes le long de la jetée du chemin de fer ; il a fait dans le faubourg Saint-Jean et, de 10 heures à 2 heures après minuit, un assez grand mouvement de voitures, peut-être une évacuation de blessés.

J'ai donné l'ordre, en ce qui concerne la 1re brigade, d'intercepter toute communication avec Sarrebrück, où les hommes n'auraient pas tardé à pénétrer isolément.....

Il y aurait intérêt à organiser les tours de brigade à brigade et de régiment à régiment, pour aller à l'eau.

Les distributions qui devaient se faire ont lieu en ce moment.

J'aurai l'honneur de porter immédiatement à votre connaissance tout ce qui viendrait à se produire.

d) **Situation et emplacements.**

Situation sommaire d'effectif au 3 août.

CORPS.	OFFICIERS.	TROUPE.	TOTAUX.	CHEVAUX.	EMPLACEMENTS.
État-major général........	12	»	12	38	Brème-d'Or.
Division Vergé..........	296	7,487	7,783	600	Champ de manœuvre de Sarrebrück.
Division Bataille.........	307	8,263	8,570	633	Hauteurs au sud de Sarrebrück.
Division de Laveaucoupet..	299	8,314	8,613	630	Saint-Arnual.
Division de cavalerie (de Valabrègue).............	167	2,229	2,396	2,487	Forbach.
Réserve d'artillerie	27	973	1,000	923	Brème-d'Or.
Génie............... ...	4	146	150	78	Id.
Totaux.....	1,112	27,412	28,524	5,089	

Journée du 3 août.

3ᵉ CORPS.

a) Journaux de marche.

DIVISION MONTAUDON.
Journal de marche.

3 août.

La division quitte Morsbach à 4 heures de l'après-midi et va camper en avant de Forbach, sur la route de Sarrelouis.
On campe à 5 heures de l'après-midi.

DIVISION CASTAGNY.
Journal de marche.

3 août.

A cette date, le journal de marche ne porte qu'une situation de la division à la date du **3 août** :

Officiers (combattants).............	343	
Troupe —	8,557	8,900
Chevaux.................................		1,231

DIVISION METMAN.
Journal de marche.

3 août.

La division reste à son campement de Ham-sous-Varsberg.

DIVISION DECAEN.
Journal de marche.

3 août.

A 3 h. 1/2, la 1ʳᵉ brigade, la cavalerie moins un peloton, l'artillerie moins une section, les services administratifs quittent Boucheporn pour aller coucher à Longeville-lès-Saint-Avold (1). L'infanterie s'établit en

---

(1) La 2ᵉ brigade, une section d'artillerie, un peloton de cavalerie, restent à Boucheporn.
La compagnie du génie de la division Decaen (12ᵉ du 1ᵉʳ régiment) n'est pas encore arrivée d'Algérie.

avant du village ; la cavalerie et l'artillerie à l'autre extrémité, sur la route de Metz.

Arrivée du chef d'état-major, M. de la Soujeole, venant d'Oran.

DIVISION DE CAVALERIE CLÉREMBAULT.
Journal de marche.

3 août.

Les quatre régiments de dragons restent au bivouac de Saint-Avold.

Un escadron du 4ᵉ régiment de dragons est mis à la disposition de M. le général Duplessis, commandant la 2ᵉ brigade de la 2ᵉ division d'infanterie. Parti le 3, à 11 heures, après la soupe du matin, cet escadron est rentré à son bivouac le 3 août à 3 heures du soir (1).

RESERVE D'ARTILLERIE.
Journal de marche.

3 août.

Séjour au camp de Saint-Avold. La batterie Ducher (11ᵉ du 11ᵉ) est rentrée hier à 9 heures du soir. Elle n'a assisté que de loin à l'affaire qui a eu lieu devant Sarrebrück. Dirigée sur la route de Forbach, avec la 1ʳᵉ brigade de la 2ᵉ division, elle a été portée de Forbach sur la route de Sarrelouis, vers la gauche, à 7 kilomètres environ de cette dernière ville (2). De là, elle a été renvoyée à son camp.

Le maréchal Bazaine au Major général.

Saint-Avold, 3 août.

J'ai mis la division Montaudon, 1ʳᵉ de mon corps d'armée, momentanément à la disposition, pour les mouvements de troupes, de M. le général commandant le 2ᵉ corps. Ma 2ᵉ division a sa 1ʳᵉ brigade à Rosbrück et Haut-Hombourg, son quartier général et sa 2ᵉ brigade à

---

(1) La brigade Duplessis (2ᵉ de la 2ᵉ division), composée des 69ᵉ et 90ᵉ de ligne, fait, le 3 août, à 11 heures du matin, une reconnaissance sur Carling et Lauterbach avec le 1ᵉʳ escadron du 4ᵉ dragons et une section d'artillerie. Le 3ᵉ bataillon du 90ᵉ de ligne fut laissé à Carling, le 2ᵉ bataillon et la section d'artillerie prirent position au delà de cette localité, le reste de la colonne continua sur Lauterbach et Ludweiler, où elle arriva vers 2 heures de l'après-midi. Après une halte d'une heure, la colonne rétrograda sur Carling et Saint-Avold.

(2) Voir Journée du 2 août. 4ᵉ fascicule, page 171.

Saint-Avold. Ma 3ᵉ division est toujours à Ham-sous-Varsberg, observant constamment Creutzwald-la-Croix.

Ma 4ᵉ division vient aujourd'hui installer son quartier général et sa 1ʳᵉ brigade à Longeville-lès-Saint-Avold.

Ma division de cavalerie est à Saint-Avold, ainsi que mon quartier général et mes réserves.

P.-S. — C'est pour confirmer ce qui a été convenu hier.

Le maréchal Bazaine au général Metman.

Saint-Avold, 3 août.

Rien n'est changé, pour aujourd'hui, dans les positions de votre division, mais je vous recommande de nouveau d'avoir constamment l'œil ouvert sur Creutzwald-la-Croix. Si vous ne croyez pas devoir y laisser des troupes d'une façon permanente, dans de bonnes conditions de sûreté et de défense, faites-y succéder, à différentes heures du jour, des reconnaissances convenablement constituées.

Vous voudrez bien désormais m'adresser, sous mon couvert spécial, et immédiatement après la rentrée de vos reconnaissances, des rapports spéciaux sur leur résultat, sans attendre l'envoi du rapport journalier.

c) **Opérations et mouvements**.

Le Major général au maréchal Bazaine (D. T.).

Metz, 3 août, 11 heures du matin.

Il est possible que l'Empereur dispose demain de la division Metman, *pour appuyer le corps Ladmirault, qui doit faire ce jour-là une reconnaissance offensive sur Sarrelouis.* Que cette division *se tienne prête.* Vous recevrez de nouveaux ordres.

(Les mots en italique sont soulignés dans la minute, qui est de la main du Maréchal.)

Le Major général au général Lebrun, à Boulay (D T. Ch.).

Metz, 3 août, 6 h. 45 soir.

Je prescris au maréchal Bazaine d'ordonner au général Metman de prendre les instructions du général de Ladmirault, et de les demander s'il ne les a déjà reçues. Envoyez-moi un télégramme en quittant Boulay demain matin.

Le Major général au maréchal Bazaine, à Saint-Avold (D. T.).

Metz, 3 août, 7 heures du soir.

Le général de Ladmirault fera demain une reconnaissance offensive sur Sarrelouis. Par ordre de l'Empereur, la division Metman appuiera ce mouvement. Veuillez prescrire au général Metman de se conformer aux instructions du général Ladmirault, et de les demander dès ce soir s'il ne les a déjà reçues.

Le maréchal Bazaine au général Metman, à Ham-sous-Varsberg.

Saint-Avold, 3 août, 8 h. 1/2 soir.

Le général Ladmirault fera demain une reconnaissance offensive sur Sarrelouis.

Par ordre de l'Empereur, vous appuierez ce mouvement.

Vous vous conformerez aux ordres que vous donnera M. le général Ladmirault, et, si vous ne les avez pas reçus à l'heure où vous recevrez cette dépêche, provoquez-les sans retard.

Le général Ladmirault a son quartier général à Boulay.

Accusez-moi réception de cette dépêche par le retour des cavaliers qui vous la porteront.

P.-S. — En demandant les ordres du général Ladmirault, demandez-lui ce que vous devez faire de votre artillerie et de ses réserves et de vos services administratifs.

Le général de Ladmirault au général Metman, à Ham-sous-Varsberg.

Boulay, 3 août.

J'ai l'honneur de vous adresser ci-joint mes instructions pour une reconnaissance offensive que je dirigerai demain sur Sarrelouis (1).

Vous prendrez vos dispositions à cet effet et vous aurez soin que les hommes emportent une ration de viande cuite.

Veuillez m'accuser réception par l'intermédiaire du général de Lorencez, qui est chargé de me faire parvenir votre reçu.

---

(1) Ces instructions manquent aux Archives. Voir page 71, celles données à ce sujet par le général de Ladmirault à la division de cavalerie.

Le maréchal Bazaine au général Decaen. — Ordre.

Saint-Avold, 3 août.

Vous viendrez, aujourd'hui et d'aussi bonne heure que possible, vous installer avec votre 1re brigade, votre artillerie, vos réserves, vos services administratifs, à Longeville-lès-Saint-Avold.

Vous laisserez à Boucheporn votre 2e brigade avec une section d'artillerie.

Vous placerez vous-même vos troupes sur les terrains de bivouac qui vous paraîtront les plus convenables et, dès ce soir, s'il est possible, ou au plus tard demain matin de bonne heure, vous ferez reconnaître les chemins qui, à travers les forêts de Longeville et de Saint-Avold, permettraient de rejoindre diagonalement la route de Saint-Avold à Sarrelouis, par Carling.

Vous amènerez avec vous la cavalerie dont vous disposez, sauf un peloton que vous laisserez à votre 2e brigade.

Vous prescrirez au général Sanglé-Ferrière de camper à Boucheporn, dans une position militaire, et de se garder suivant toutes les règles de l'art.

Du général Decaen. — Ordre de mouvement.

Boucheporn, 3 août.

L'état-major de la division, avec le général commandant la 1re brigade, l'artillerie moins une section, le parc d'artillerie et les réserves divisionnaires, les services administratifs (ambulances, vivres, etc.), la cavalerie moins un peloton, la prévôté, le service du trésor, vont prendre leurs dispositions pour lever de suite le camp et aller occuper Longeville-lès-Saint-Avold. On emportera le bois distribué pour faire la soupe ce soir et demain matin.

La 2e brigade continuera à occuper Boucheporn, avec une section d'artillerie et un peloton de cavalerie. Le général Sanglé-Ferrière s'y établira dans une position militaire et se gardera suivant toutes les règles de l'art, surtout sur sa gauche et en avant du 2e bataillon du 60e, vis-à-vis la forêt.

Cette 2e brigade sera approvisionnée en vivres et fourrages par les soins de l'intendance et des services administratifs occupant Longeville.

Les malades seront transportés journellement à l'ambulance qui se trouvera dans cette localité. La 2e brigade va percevoir de suite les vivres et fourrages pour la journée du 4, à Boucheporn.

Le mouvement commencera à 3 h. 1/2.

M. Icard, officier payeur du 44ᵉ, est désigné comme vaguemestre général de la division, et il veillera à la marche et à la régularité des convois, en se faisant aider par la gendarmerie.

Mêmes ordres, pour la marche du convoi, que ceux donnés à Boulay pour venir occuper Boucheporn. Il marchera dans le même ordre indiqué.

Chaque corps suivra successivement, en quittant son bivouac pour prendre son rang sur la route, et avec défense expresse de placer une seule voiture quelconque sur la route, avant qu'elle ne prenne place dans le convoi.

On ne fera charger les sacs, dans les corps, qu'au fur et à mesure du signal donné pour le départ.

Le général de Rochebouët, commandant l'artillerie du 3ᵉ corps, au général Soleille (D. T.).

Saint-Avold, 3 août, 10 h. 25 matin.

Le maréchal Bazaine désire que le parc du 3ᵉ corps se rende à Longeville-lès-Saint-Avold et parte par fractions à mesure qu'elles seront attelées.

Le général Frossard au général Montaudon, commandant la 1ʳᵉ division du 3ᵉ corps (*Lettre autographe*).

Au camp devant Sarrebrück, 3 août.

J'ai dit hier au Major général que, puisque M. le maréchal Bazaine voulait bien vous mettre, s'il y avait lieu, à ma disposition comme concours, je penserais qu'il serait bien que votre division vînt occuper Forbach même. Une brigade camperait en avant de Forbach, où était la 1ʳᵉ brigade de la division Bataille, en avant de la cavalerie, entre la route et la montagne (1).

L'autre brigade serait bien, à la gauche de la ville, sur la hauteur que traverse la route de Sarrelouis, où était avant-hier campée la division Vergé (2).

Dans cette situation, vous seriez très bien pour, au besoin, faire appui au 2ᵉ corps et, en tout cas, pour assurer sa gauche.

---

(1) Creutzberg.
(2) Kanninchenberg.

Pour remplir ce dernier objet, il serait bon que vous fissiez de nouveau des reconnaissances par la vallée de la Rosselle, aussi près que possible de Werden, et aussi vers Gersweiler, qui est plus rapproché de ma gauche.

Je crois au reste que, par suite de mon mouvement d'hier, ce pays-là doit être purgé de troupes prussiennes.

Je vous serai reconnaissant si vous voulez bien me tenir au courant de ce qui s'y passe.

d) Situation et emplacements.

Situation sommaire d'effectif au 3 août.

CORPS.	OFFICIERS.	TROUPE.	TOTAUX.	CHEVAUX.	EMPLACEMENTS.
État-major général........	49	183	232	115	Saint-Avold.
Division de Montaudon.....	310	7,672	7,982	489	N.-O. de Forbach.
Division de Castagny......	316	8,246	8,562	734	Rosbrück, Haut-Hombourg, Saint-Avold.
Division Metman.........	297	7,726	8,023	639	Ham-sous-Varsberg.
Division Decaen..........	299	9,060	9,359	660	Boucheporn et Longeville-lès-Saint-Avold.
Division de cavalerie (de Clérembault)..........	302	3,985	4,287	4,003	Saint-Avold.
Réserve d'artillerie.......	32	1,333	1,365	1,284	Saint-Avold.
Réserve du génie........	8	221	229	100	Saint-Avold.
Totaux......	1613	38,426	39,939	8,024	

Journée du 3 août.

4ᵉ CORPS.

a) Journaux de marche.

DIVISION DE CISSEY.
Journal de marche.

3 août.

Séjour à Bouzonville. Rectification des bivouacs.

DIVISION GRENIER.
Journal de marche.

3 août.

Le Maréchal, major général de l'armée, vient à Boulay conférer avec le général de Ladmirault ; ordre est donné à la 2ᵉ division de se porter, dès 6 heures du matin, sans sacs, sur Tromborn, comme réserve de la division de Lorencez, dont les instructions sont de canonner Sarrelouis.

DIVISION LORENCEZ.
Journal de marche.

Coume, mercredi, 3 août.

Les troupes restent dans leurs camps.

DIVISION DE CAVALERIE LEGRAND.
Journal de marche.

3 août.

Le 3 août, séjour à Boulay.

Le 3 au soir, la brigade de dragons a reçu l'ordre de partir à 5 heures du matin et armée à la légère pour participer à une reconnaissance de tout le corps d'armée sur Sarrelouis.

Dans la nuit, un contre-ordre est arrivé.

RÉSERVE D'ARTILLERIE.
Journal de campagne du lieutenant Palle.

3 août.

Repos. Le soir on commande à grand bruit une grande reconnaissance jusqu'aux portes de Sarrelouis, avec tout ce qui est à Boulay (excepté nos 2 batteries du 8ᵉ) et l'appui de la division Metman, du 3ᵉ corps.

c) Opérations et mouvements.

Le général de Ladmirault au Major général, à Metz.

Boulay, 3 août.

Les reconnaissances offensives prescrites pour la journée du 2, ont été exécutées et ont suivi les directions indiquées spécialement par les instructions de M. le maréchal Bazaine dirigeant l'ensemble des mouvements de troupes ce jour-là.

Le Maréchal avait prescrit surtout de reconnaître, aussi loin que possible, la portion de la vallée de la Sarre qui fait face aux positions qu'occupe le 4ᵉ corps et, enfin, d'attirer l'attention des troupes prussiennes qui pouvaient se trouver dans cette direction.

Les troupes de la 1ʳᵉ division, parties de Bouzonville, ont exécuté une forte reconnaissance et ont poussé jusque près d'Ittersdorf. Une reconnaissance beaucoup plus forte, partie de Teterchen et de Coume, fournie par les troupes de la 3ᵉ division et soutenue par une brigade de la 2ᵉ, arrivée à cet effet de Boulay, a suivi la route de Teterchen à Sarrelouis, jusqu'en vue du village de Filsberg; une portion de la même reconnaissance a traversé Hargarten, Merten, s'est dirigée, par les hauteurs, au-dessus de Bisten, de manière à bien observer la position de Bérus qui, d'après les renseignements fournis, devait être fortement occupée par l'ennemi et en mesure de faire une forte résistance. Bérus a été parfaitement reconnu et à une très petite distance. Les habitants étaient sortis en dehors du village; dans l'intérieur, on n'a aperçu ni soldats, ni canons.

Ce n'est que dans la vallée de la Bisten que l'on a aperçu quelques piquets de cavalerie observant de loin le mouvement de nos troupes.

Dans cette reconnaissance, longue et poussée à distance, il n'a pas été échangé un seul coup de fusil.

Le Major général au général de Ladmirault, à Boulay.

Metz, 3 août, 10 h. 3/4 matin.

Les généraux Lebrun, Soleille et Coffinières se rendent auprès de vous, *par ordre de l'Empereur. Il s'agit pour demain d'une reconnaissance offensive qui sera faite sur Sarrelouis par votre corps d'armée entier.* Le général Lebrun vous *porte des instructions.*

(Les mots en italiques sont soulignés dans le texte original.)

Le Major général au général Lebrun, à Boulay.

Boulay, 3 août, 9 h. 1/2 matin.

L'Empereur vous recommande de m'envoyer un télégramme au moment où vous *quitterez Boulay*, avec les dernières nouvelles et, au moins un autre si c'est possible, *pendant l'opération*, sans préjudice de celui que vous m'enverrez à votre rentrée à Boulay.

L'Empereur recommande au *général de Ladmirault de s'éclairer au loin sur sa gauche.*

(Les mots en italiques sont soulignés dans l'original.)

Le général Lebrun au Major général (D. T.).

Boulay, 3 août, 5 h. 12 soir.

Les ordres de l'Empereur seront exécutés. Le général Ladmirault agira avec son corps d'armée et avec la division Metman, du corps du maréchal Bazaine. Les troupes se mettront en mouvement à 6 heures du matin. Veuillez informer le maréchal Bazaine.

Le général Lebrun au Major général (D. T.).

Boulay, 3 août, 5 h. 35 soir.

Bien entendu, le général Metman recevra les instructions du général Ladmirault.

Le général de Ladmirault au général Legrand.

Boulay, 3 août.

D'après les instructions que je reçois de l'Empereur, je dirigerai, demain jeudi, 4 août, une reconnaissance offensive vers la place de Sarrelouis. Tout le corps d'armée contribuera à cette reconnaissance.

A cet effet, la 1re division, partant de Bouzonville, prendra la route qui conduit à Sarrelouis, passe à Schreckling, Ittersdorf, et s'arrêtera à hauteur de Filsberg.

La 3e division, partant de Coume, et passant par Teterchen, suivra la route de Sarrelouis passant par Tromborn, les Trois-Maisons, et se dirigeant sur Filsberg.

La 2e division, partant de Boulay, prendra la route de Teterchen, se dirigera vers Tromborn pour se placer en arrière des 1re et 3e divisions.

Chaque division d'infanterie emmènera ses trois batteries d'artillerie et une réserve de cartouches. Elle prendra ses cacolets et voitures d'ambulance.

Les deux régiments de hussards (1), qui se trouvent à Bouzonville, marcheront avec la 1re division.

Le général commandant cette division se servira d'un de ces régiments pour se faire éclairer, et, arrivé à hauteur de Filsberg, enverra l'autre à la 3e division.

La brigade de cavalerie de dragons partira (2), emmenant ses deux batteries à cheval, et prendra la route de Coume.

M. le commandant de l'artillerie fera marcher les deux batteries de réserve de 12. Ces deux batteries prendront la route directe de Boulay à Teterchen, et seront escortées par le 5e bataillon de chasseurs à pied.

Cette artillerie de réserve prendra, à partir de Teterchen, la place qui lui sera indiquée dans la colonne.

Le 5e bataillon et les batteries de 12 quitteront Boulay à 5 heures du matin.

La brigade de dragons et ses batteries quitteront Boulay à 5 h. 1/2.

La 2e division, ses batteries et son ambulance quitteront Boulay à 6 heures.

Les troupes des 1re et 3e divisions quitteront leurs bivouacs à 6 h. 1/2 et s'engageront militairement sur les deux routes qui ont été indiquées.

La 3e division, arrivée à hauteur du point marqué sur la carte « les Trois-Maisons », fera occuper, par des troupes et de l'artillerie, les hauteurs qui dominent Bérus, en couronnant les hauteurs, de ce point jusque vers la route.

La 1re division prendra position à hauteur de Ittersdorf, se prolongeant vers la gauche, selon la conformation du terrain.

Chaque division emmènera sa compagnie du génie, avec une réserve d'outils.

Les troupes marcheront sans sacs, mais emporteront toutes leurs cartouches, les vivres pour la journée et les ustensiles pour faire le café. La cavalerie emportera l'avoine pour deux repas. Les troupes qui occuperont les positions de Bérus, auront sur leur droite, dans la vallée, une division du 3e corps et, en cas d'attaque, devront relier leur mouvement avec cette division (division Metman, du 3e corps). Chaque division laissera au camp une garde suffisante prise spécialement parmi les hommes malingres, avec quelques officiers, et le tout sous le commandement d'un lieutenant-colonel. Les grand'gardes de jour seront occupées fortement.

---

(1) 2e et 7e hussards (1re brigade de la division Legrand.)
(2) De Boulay.

La 1re et la 3e division laisseront au camp une section d'artillerie et une compagnie entière, prise dans un corps, sera désignée pour lui servir de garde.

Le général Laffaille, commandant l'artillerie du 4e corps, au général Soleille.

Boulay, 3 août.

Après avoir pris les instructions de M. le général commandant le 4e corps, j'ai l'honneur de vous prier de vouloir bien diriger sur Boulay le parc d'artillerie actuellement rassemblé à Verdun.

En marge : Télégraphier au général Laffaille que le parc n'est pas en état d'être dirigé sur Boulay.

Le général Laffaille au colonel Luxer, directeur du parc, à Verdun (D. T.).

Boulay, 3 août, 11 h. 5 matin.

Par ordre du général commandant le 4e corps, diriger le parc sur Boulay, commencer par une portion d'équipage de pont d'avant-garde, suffisante pour un cours d'eau de 30 à 40 mètres ; continuer par les munitions d'artillerie et d'infanterie.

Le garde d'artillerie chargé du parc du 4e corps au Directeur du parc, à Verdun (D. T.).

Thionville, 3 août, 11 h. 35 matin.

J'attends toujours le matériel ; a-t-il reçu une nouvelle destination ? Réponse de suite.

Le général Laffaille au Directeur du parc, à Verdun (D. T.).

Boulay, 3 août, 6 h. 45 soir.

L'ordre dans lequel il faut expédier le parc est : moitié équipage de pont, moitié parc.

d) **Situation et emplacements**.

Situation sommaire d'effectif au 3 août.

CORPS.	OFFICIERS.	TROUPE.	TOTAUX.	CHEVAUX.	EMPLACEMENTS.
État-major général........	32	»	32	75	Boulay.
Division de Cissey........	322	7,788	8,110	612	Bouzonville.
Division Grenier.........	319	7,768	8,087	620	Boulay.
Division de Lorencez......	315	8,424	8,739	637	Coume et Teterchen.
Division de cavalerie (Legrand)...............	178	2,303	2,481	2,400	Bouzonville et Boulay.
Réserve d'artillerie.......	26	990	1,016	1,009	Boulay.
Réserve du génie et parc...	4	136	140	77	Id.
Divers................	44	338	382	170	
TOTAUX.....	1,240	27,747	28,987	5,600	

Journée du 3 août.

5e CORPS.

a) Journaux de marche.

DIVISION GOZE.
Journal de marche.

3 août.

Séjour à Sarreguemines.

DIVISION DE L'ABADIE D'AYDREIN.
Journal de marche.

3 août.

La brigade Lapasset, ainsi que la batterie Dulon, sont à Grosbliederstroff ; la brigade de Maussion, l'escadron divisionnaire, les batteries Kramer et Arnaud, la réserve divisionnaire et les caissons de munitions d'infanterie sont à Welferding ; l'ambulance, le convoi de l'administration, la prévôté sont à Sarreguemines, où se trouve aussi le quartier général de la division.

Comme conséquence de l'opération de la veille et des nouvelles qui signalent des rassemblements de troupes à Neunkirchen (au nord de Sarrebrück) et à Saint-Wendel, ordre est donné de ne laisser personne s'éloigner des bivouacs, de surveiller attentivement la rive droite de la Sarre et de rendre compte des mouvements de l'ennemi, s'il venait à se montrer. Pour l'exécution de cet ordre, les troupes ne devaient pas rester sous les armes, les batteries d'artillerie ne devaient point être à leur position de combat ; il était dit de ne faire aucune reconnaissance, mais d'observer, des crêtes, ce qui se passait de l'autre côté de la rivière.

Le général de l'Abadie va inspecter les campements de la division, et détermine, avec MM. les généraux de brigade Lapasset et de Maussion, les positions voisines à prendre en cas d'attaque des Allemands.

La division Goze observe les gués de Bliesguerschwiller, de Götzen (1) et de Wechingen (2).

Une escarmouche a lieu à Frauenberg.

---

(1) Götzen-Mühle, au sud de Bliesransbach.
(2) Wechinger-Mühle, au nord-ouest de Neunkirch.

Deux bataillons et l'état-major du 84ᵉ de ligne arrivent à Sarreguemines, venant de Phalsbourg, à marches forcées ; ils campent au Sud et près de la ville, sur l'emplacement que la brigade Lapasset occupait avant de se porter à Grosbliederstroff. Ce régiment devait rallier la 1ʳᵉ brigade dans la soirée ; mais, en raison de la fatigue des hommes, le général en chef l'autorise à ne continuer sa route que le 5, à moins de mouvement de la division, auquel cas il devait rejoindre sa brigade.

Le temps était devenu mauvais, lorsque le corps défilait dans les rues de Sarreguemines pour se rendre à son bivouac.

Le parc du génie arrive à Bitche (1 sous-officier, 37 hommes, 9 prolonges, 61 chevaux).

Arrivée à Sarreguemines du commandant Hugon, qui doit avoir la direction du service du génie dans la division Guyot de Lespart.

Un détachement de 200 hommes rejoint le 97ᵉ de ligne.

DIVISION DE CAVALERIE.

Journal de marche.

3 août.

Reconnaissances habituelles à Sarreguemines, Rohrbach et Bitche.

c) **Opérations et mouvements.**

Le général de Failly au Major général.

Sarreguemines, 3 août.

Le peloton du 12ᵉ chasseurs, de grand'garde au pont de la Blies, a été attaqué, à midi, par un peloton de 40 hussards wurtembergeois (1), qui se sont élancés, par groupes de quatre et cinq, des bois et des hauteurs dominant Frauenberg, sur la rive opposée, et où des vedettes se voyaient depuis le matin.

Un cheval du 12ᵉ chasseurs a été blessé. L'ennemi a eu un officier mortellement blessé.

On dit que 12,000 hommes sont arrivés, le 2 août, à Deux-Ponts, savoir : deux régiments de cavaliers bavarois, une division d'infanterie bavaroise, une compagnie de chasseurs. L'ennemi aurait fait sauter un pont sur la route de Deux-Ponts.

---

(1) C'étaient des hussards prussiens (3ᵉ régiment de Brandebourg, 6ᵉ division de cavalerie.)

Le général Guyot de Lespart au Major général. — Détails de ce qui s'est passé à Frauenberg le 3 août.

Le peloton du 12ᵉ chasseurs, de grand'garde à Frauenberg, a été attaqué, à midi un quart, par un parti de cavalerie d'environ 40 hussards wurtembergeois, dont l'avant-garde a traversé le village et a tiré quelques coups de feu sur les cavaliers placés près du pont.

Ces cavaliers ennemis étaient soutenus par environ deux escadrons ; on a vu un peu d'infanterie.

Les Wurtembergeois se sont élancés, par groupes de quatre et cinq, des bois et des hauteurs qui dominent Habkirchen et Frauenberg, où des vedettes se voyaient depuis le matin.

Un peloton de chasseurs a soutenu le peloton du lieutenant Gat. Une grand'garde d'infanterie du 86ᵉ a marché, puis quelques compagnies du même régiment.

Un cheval du 12ᵉ chasseurs a été blessé. Du côté de l'ennemi, on a vu emporter un officier, que les habitants du village ont dit avoir été mortellement blessé.

Rapport du général Nicolas, commandant la 2ᵉ brigade.

3 août.

Le 3, les corps conservent leurs positions, en redoublant de vigilance vers la Blies, particulièrement aux ponts de Frauenberg et de Bliesbrücken, et aux gués de Götzen, de Bliesguerschwiller et de Wechingen.

Dans la journée, vers 2 heures, une patrouille ennemie, d'une douzaine de cavaliers, débouchait de la route de Deux-Ponts, blessait la vedette placée au pont de Frauenberg, pénétrait dans le village. A sa sortie sur la route de Sarreguemines, elle est accueillie par une décharge du 12ᵉ chasseurs, qui la poursuit et la rejette sur la rive droite de la Blies. Les postes avancés du 3ᵉ bataillon du 86ᵉ soutiennent le mouvement. Le bataillon se porte en avant sur la route, prend position à droite, au-dessus de Frauenberg, qui fut occupé par deux compagnies du bataillon, qui resta en position jusqu'au lendemain.

Le général de Failly au général Goze.

Sarreguemines, 3 août.

Détachez un bataillon au-dessus de Frauenberg. Deux compagnies surveilleront le pont de la Blies.

Le Major général au maréchal de Mac-Mahon (D. T.).

Metz, 3 août, 5 h. 1/4.

L'Empereur approuve les dispositions contenues dans votre dépêche du 2. Donnez des instructions directes au général Guyot de Lespart. Le général de Failly en est prévenu (1).

Le Major général au général de Failly, à Sarreguemines (D. T.).

Metz, 3 août. 5 h. 1/4 soir.

L'Empereur désire vous voir; venez demain. Écrivez au général Guyot de Lespart de se conformer aux instructions que lui donnera le maréchal Mac-Mahon, pour les postes à établir dans les passages des Vosges.

Le général de Failly au Major général.

Sarreguemines, 3 août.

Le 84e est arrivé à Sarreguemines.

Le Ministre de la guerre au Major général, à Metz.

Paris, 3 août.

J'ai reçu de M. le général commandant le 5e corps de l'armée du Rhin, une lettre par laquelle il demande l'envoi d'un certain nombre d'artilleurs à Bitche, où leur présence serait nécessaire pour assurer la défense.

Il m'est impossible de donner suite à cette demande, mais il existe actuellement à Bitche une batterie de garde nationale mobile toute organisée qui pourrait très bien, ce me semble, être chargée du service de l'artillerie dans ladite place.

Votre Excellence appréciera s'il y a lieu de recourir à l'emploi de cette troupe, pour le but que se propose M. le général commandant le 5e corps.

En marge : Avis qu'il est impossible de donner suite à la demande qu'il a faite au Ministre; la batterie de la garde mobile doit être chargée du service de la place.

---

(1) Il s'agit de la liaison à établir entre les 1er et 5e corps. Voir 4e fascicule, page 187. Voir aussi la dépêche suivante.

Le général Liédot, commandant l'artillerie du 5e corps, au général Soleille, à Metz (D. T.).

Sarreguemines, 3 août, 5 h. 15 soir.

D'accord avec le général de Failly, j'ai choisi, pour le parc d'artillerie du 5e corps, un emplacement très convenable, à 1500 mètres de Sarreguemines, grande route de Metz. Je vous écris pour vous donner des détails.

Il n'existe encore, à Epinal, que 130 hommes et 210 chevaux du train.

Le général Liédot au général Soleille.

Sarreguemines, 3 août.

J'ai l'honneur de vous confirmer ma dépêche télégraphique de ce jour dans laquelle je vous indique Sarreguemines comme le lieu le plus convenable pour la réunion du parc d'artillerie du 5e corps.

L'emplacement choisi et approuvé par le général de Failly est environ à 1500 mètres de la ville, sur la rive gauche de la Sarre. Or, comme Sarreguemines restera certainement un point important à conserver, je crois que le parc du 5e corps y sera bien placé et en position de pouvoir suivre les mouvements de l'armée, quelle que soit leur direction.

Je vous prie, mon général, de vouloir bien me faire savoir si vous donnez votre approbation définitive à cette proposition, afin que j'en prévienne immédiatement le colonel Gobert.

D'après les dernières lettres de cet officier supérieur, je sais que l'équipage de pont et la 5e compagnie du 16e régiment partent aujourd'hui, 3 août, d'Arras, pour se rendre à Epinal par les voies ferrées.

Enfin, je sais aussi qu'à la date du 30 juillet il n'existait à Epinal que 120 hommes du train d'artillerie et 210 chevaux, c'est-à-dire le nécessaire pour atteler environ 30 voitures à 6 chevaux.

A ce sujet, mon général, j'ajouterai qu'à moins d'ordre contraire de votre part, et conformément aux intentions du général de Failly, je compte mettre en mouvement le parc d'artillerie avant l'équipage de pont.

P.-S. — Ce matin, en vous rendant compte de la reconnaissance faite par le 5e corps sur la rive droite de la Blies (1), j'ai oublié, mon

---

(1) Le général Liédot, commandant l'artillerie du 5e corps au général Soleille, à Metz.

Sarreguemines, 3 août.

J'ai l'honneur de vous rendre compte que les deux 1res divisions général, de vous informer que le pont construit sur cette rivière avait résisté sans la moindre dégradation au passage d'une division d'infanterie, de plusieurs escadrons de cavalerie et d'environ 150 voitures, dont plus de 100 appartenant à l'artillerie. Aujourd'hui il est encore très solide et en état de donner passage à tout le corps d'armée.

d) Situation et emplacements.

Situation sommaire d'effectif au 3 août.

CORPS.	OFFICIERS.	TROUPE.	TOTAUX.	CHEVAUX.	EMPLACEMENTS.
État-major général........	16	32	48	48	Sarreguemines.
Division Goze...........	297	7,653	7,950	706	Id.
Division de L'Abadie d'Aydrein................	306	7,650	7,956	642	Id.
Division Guyot de Lespart..	302	7,648	7,950	697	Bitche.
Division de cavalerie (Brahaut)................	149	2,118	2,267	2,007	Sarreguemines et Bitche.
Réserve d'artillerie...... .	33	1,048	1,051	944	Sarreguemines.
Réserve du génie.........	12	124	136	98	Id.
Divers...............	82	874	956	617	
TOTAUX.....	1,197	27,117	28,314	5,759	

d'infanterie et la réserve d'artillerie du 5ᵉ corps d'armée sont sorties de Sarreguemines, hier, 2 août, pour faire une reconnaissance dont le but était de protéger le mouvement exécuté par le 2ᵉ corps, et dont le résultat a été l'occupation de Sarrebrück.

Le 5ᵉ corps s'est avancé jusqu'à 8 à 10 kilomètres en avant de Sarreguemines et est rentré dans cette ville sans avoir rencontré l'ennemi.

Journée du 3 août.

6ᵉ CORPS.

a) Journaux de marche.

DIVISION LA FONT DE VILLIERS.
Journal de marche.

3 août.

Arrivée de la 1ʳᵉ brigade à Reims.
Départ de Soissons de la 2ᵉ brigade (effectif 3,094 hommes et 63 chevaux).

d) Situation et emplacements.

Situation sommaire d'effectif au 3 août.

CORPS.	OFFICIERS.	TROUPE.	TOTAUX.	CHEVAUX.	EMPLACEMENTS.
État-major général........	32	49	81	90	Camp de Châlons.
Division Tixier...........	307	9,256	9,563	514	Id.
Division Bisson...........	286	8,323	8,609	527	Id.
Division La Font de Villiers.	288	7,248	7,537	477	En route de Soissons au camp de Châlons (artillerie et génie au camp).
Division Levassor-Sorval...	282	7,940	8,222	507	Paris (artillerie et génie au camp).
Division de cavalerie (de Salignac-Fénelon).......	216	2,841	3,057	2,694	Les deux premières brigades au camp, la troisième à Paris.
Réserve d'artillerie........	31	1,187	1,218	1,067	Camp de Châlons.
Parc d'artillerie..........	7	269	276	306	
Génie....................	»	39	39	61	Id.
Divers...................	74	842	913	182	Id.
TOTAUX.....	1,520	37,994	39,514	6,446	

5ᵉ fascicule.

Journée du 3 août.

7ᵉ CORPS.

a) Journaux de marche.

Journal de marche de la division de cavalerie.

3 août.

Un escadron pousse une reconnaissance au delà de Rosenau, dans la direction de Kembs.

RÉSERVE D'ARTILLERIE.

Journal de marche.

3 août.

Les parcs divisionnaires, mis en route d'Auxonne, par étapes, arrivaient le 3. Ceux des 2ᵉ et 3ᵉ divisions ont été retenus à Belfort, mais celui de la 1ʳᵉ division a continué sa route pour la rejoindre à Colmar.

b) Organisation et administration.

Du général Douay, commandant le 7ᵉ corps.

Belfort, 3 août.

Ordre.

La 4ᵉ compagnie du 2ᵉ régiment du génie, présente à Belfort, laquelle devait être attachée à la 3ᵉ division du 7ᵉ corps, en formation à Lyon, fera partie, dès ce jour, de la 2ᵉ division.

La 3ᵉ compagnie du 2ᵉ régiment du génie, qui devait être attachée à la 2ᵉ division, fera partie de la 3ᵉ division (1).

c) Opérations et mouvements.

Le général Douay, commandant le 7ᵉ corps, au Major général, à Metz (D. T.).

Belfort, 3 août, 10 h. 50 matin.

La 1ʳᵉ brigade de la division du général Liébert part sous ses ordres, demain 4, pour Colmar, par voies ferrées. Les trois batteries et le parc

---

(1) Cette dernière compagnie n'avait pas encore rejoint.

divisionnaire suivent par étapes. Nos populations des bords du Rhin, un peu émues de l'évacuation d'Huningue et de l'arrivée de quelques troupes à Lœrrach, ayant besoin d'être rassurées, j'envoie le 4ᵉ hussards, sans bagages, à Huningue, pour battre le pays. Le général (1) part demain, avec six escadrons de lanciers, pour s'établir à Altkirch.

Le général Douay, commandant le 7ᵉ corps, au Major général, à Metz (D. T.).

Belfort, 3 août, 2 h. 40 soir.

Impossible d'exécuter l'ordre relatif aux vivres de campagne; l'administration n'est pas en mesure et pas autorisée à faire des approvisionnements; il y a là urgence.

Le pays offre des ressources. Des mouvements de troupes me sont signalés, à chaque instant, sur la rive droite du Rhin. La population française de la rive gauche demande des armes; elle est animée d'un excellent esprit. Je renouvelle mes instances pour avoir les troupes du 7ᵉ corps à Lyon; il y a beaucoup à faire à Belfort.

En marge : Répondu le 3 août (D. T.) 6 heures du soir.

d) Situation et emplacements.

Situation sommaire d'effectif au 3 août.

CORPS.	OFFICIERS.	TROUPE.	TOTAUX.	CHEVAUX.	EMPLACEMENTS.
Quartier général.........	»	»	»	»	Belfort.
Division Conseil-Dumesnil.	240	6,545	6,785	497	Colmar.
Division Liébert..........	263	7,806	8,069	504	Belfort.
Division Dumont..........	199	5,359	5,558	326	Lyon.
Division de cavalerie (Ameil).	210	2,737	2,947	2,785	Belfort (1).
Réserve d'artillerie........	31	4,120	4,151	1,074	Belfort.
Réserve du génie..........	12	319	334	47	Belfort.
Totaux..........	955	23,886	24,844	5,234	

(1) 4ᵉ hussards à Altkirch.

(1) Général Ameil.

Journée du 3 août.

GARDE IMPÉRIALE.

b) Organisation et administration.

Le général Pé de Arros au général Soleille.

Camp de Chambières, 3 août.

J'ai l'honneur de vous rendre compte, en réponse à votre lettre n° 64, en date du 1er août, que le parc d'artillerie de la garde, commandé par M. le colonel de Vassoigne, a commencé son mouvement de Versailles sur Metz. M. le colonel de Vassoigne est arrivé le 1er août au soir, avec une première colonne, composée du tiers environ de l'effectif et du matériel. Une deuxième colonne est arrivée hier et la troisième et dernière doit arriver dans quelques jours.

J'aurai l'honneur de vous envoyer demain l'état nominatif des officiers et employés du parc, actuellement arrivés.

d) Situation et emplacements.

Situation sommaire d'effectif au 3 août.

CORPS.	OFFICIERS.	TROUPE.	TOTAUX.	CHEVAUX.	EMPLACEMENTS.
État-major général........	43	»	43	67	Metz.
Division Deligny..........	343	8,333	8,676	773	Id.
Division Picard...........	294	7,173	7,467	742	Id.
Division de cavalerie (Desvaux).................	295	4,014	4,309	4,241	Id.
Artillerie................	89	2,199	2,288	2,334	Id.
Génie...................	18	265	283	109	Id.
Divers..................	17	414	431	558	Id.
TOTAUX.....	1,099	22,398	23,497	8,794	

RÉSERVE DE CAVALERIE.

a) Journaux de marche.

DIVISION DU BARAIL.
Journal de marche.

3 août.

Arrivée du 2ᵉ régiment de chasseurs d'Afrique et d'un escadron du 3ᵉ à Lunéville, où le 1ᵉʳ est arrivé l'avant-veille.

L'état-major de la division est au complet à la date du 3 août.

Les 2 batteries à cheval attachées à la division sont à Lunéville depuis le 30 juillet.

Les régiments de chasseurs d'Afrique sont à 4 escadrons.

DIVISION DE BONNEMAINS.
Journal de marche.

3 août.

La 2ᵉ brigade bivouaque à Sarrebourg, la 1ʳᵉ à Fénestrange.

RÉSERVE DE CAVALERIE.

Emplacement des troupes au 3 août.

Division du Barail. . . . . . . à Lunéville (en formation).
Division de Bonnemains. . . en route pour Brumath.
Division de Forton. . . . . . . à Pont-à-Mousson.

Situation sommaire d'effectif au 3 août.

CORPS.	OFFICIERS.	TROUPE.	TOTAUX.	CHEVAUX.
Division du Barail.................	87	1,415	1,502	1,409
Division de Bonnemains (1)........	87	1,246	1,333	1,224
Division de Forton.................	162	2,094	2,253	2,080
Totaux.....	336	4,752	5,088	4,713
1ʳᵉ brigade de la division de Bonnemains (approximatif)...........	87	1,246	1,333	1,224
Totaux.....	423	5,998	6,421	5,937

(1) Manque la 1ʳᵉ brigade, dont l'effectif est sensiblement égal à celui de la 2ᵉ.

GÉNIE DE L'ARMÉE.

Notes du général Coffinières.

3 août.

L'armée commence à toucher les vivres de campagne.

Il est décidé qu'une reconnaissance offensive sera faite sur Sarrelouis par le 4ᵉ corps.

Je pars pour Boulay, où se trouve le général de Ladmirault, qui prend des dispositions pour le lendemain matin.

Un contre-ordre arrive dans la nuit (1).

Le Ministre de la guerre au Major général.

Paris, 3 août.

Le grand parc du génie de l'armée du Rhin est à peu près organisé et sera prêt à partir de Satory le 6 de ce mois (56 voitures et 393 chevaux).

Avant votre départ de Paris, vous aviez décidé qu'on le dirigerait sur Toul. Mais, en présence de l'encombrement qu'occasionnent, sur les derrières de l'armée, les mouvements des autres parcs, je crois devoir prier Votre Excellence de me faire connaître si ses intentions sont toujours les mêmes à l'égard du grand parc du génie.

En marge, de la main du maréchal Lebœuf : Coffinières émet l'avis que le grand parc peut, sans inconvénient, être conduit à Metz, où il aura l'avantage d'être à portée de l'arsenal du génie.

ARTILLERIE DE L'ARMÉE.

a) Journal des opérations.

3 août.

L'évacuation de Sarrebrück par les forces prussiennes n'était pas un indice suffisant des projets que l'ennemi formait contre la frontière de Lorraine. Une reconnaissance opérée sur Sarrelouis pouvait fournir des renseignements plus précis. Cette reconnaissance fut décidée et le général commandant l'artillerie de l'armée quitta Metz pour y prendre part. Un avis officieux, reçu dans la matinée (2), suspendit l'opération. Cet avis signalait des masses ennemies très considérables descendant de Trèves sur Sarrelouis.

L'ennemi voulait-il prendre l'offensive ? Il fallait prévoir cette éven-

---

(1) Nuit du 3 au 4 août.
(2) Du 4 août.

tualité et, dans cette prévision, la garde impériale reçut l'ordre de quitter Metz et de se rapprocher des autres corps.

d) Situation.

RÉSERVE GÉNÉRALE D'ARTILLERIE

(A NANCY.)

Situation sommaire d'effectif au 3 août (1).

CORPS.		OFFICIERS.	EMPLOYÉS.	TROUPE.	TOTAL.	CHEVAUX.
État-major...............		4	»	5	9	9
13e régiment d'artillerie monté.	État-major........	10	»	»	10	»
	5e batterie........	4	»	195	199	171
	6e —	4	»	203	207	180
	7e —	4	»	195	199	168
	8e —	4	»	194	198	166
	9e —	4	»	195	199	178
	10e —	4	»	195	199	166
	11e —	4	»	195	199	162
	12e —	4	»	193	197	165
18e régiment d'artillerie à cheval.	État-major........	11	»	»	11	24
	1re batterie........	4	»	155	159	180
	2e —	4	»	156	160	179
	3e —	4	»	157	161	178
	4e —	4	»	164	168	183
	5e —	4	»	155	159	168
	6e —	4	»	157	161	163
	7e —	4	»	151	155	157
	8e —	4	»	122	126	154
Parc de la réserve générale (1)......		»	»	»	»	»
Totaux........		89	»	2,787	2,876	2,754

(1) N'est pas complètement constitué.

(1) La situation du grand parc n'est pas arrivée.

RENSEIGNEMENTS

ÉTAT-MAJOR GÉNÉRAL DE L'ARMEE.

BULLETIN DE RENSEIGNEMENTS POUR LA JOURNÉE DU 3 AOUT.

Le prince Frédéric-Charles, qui paraît devoir commander la principale armée ennemie destinée à opérer dans le bassin de la Moselle, est arrivé la nuit dernière, d'après un télégramme, à l'usine de la Quinte, à 500 mètres de Trèves, avec son état-major.

Le général de Zastrow, commandant le VIIe corps d'armée, serait également arrivé dans cette ville le 1er août avec ses officiers; enfin, on y attendait le général de Voigts-Rhetz, chef du Xe corps.

De nombreuses troupes continueraient à passer par Trèves pour se rendre sur la Sarre: parmi elles, on cite les *15e* et *55e* d'infanterie, qui tous deux appartiennent au VIIe corps. La présence des VIIe et VIIIe corps sur la Sarre paraît donc maintenant bien établie. Quant au Xe corps, un renseignement assez précis ferait croire qu'à la date du 31 juillet il était encore au moins en majorité dans le Hanovre.

Cependant, indépendamment du bruit relatif à l'arrivée du général de Voigts-Rhetz, il serait possible que des hussards noirs signalés près de Wasserbillig appartinssent au *17e* régiment (brunswickois) qui fait, en effet, partie du Xe corps (1).

(Les deux autres régiments de hussards appartiennent aux Ier et V^e corps).

Un bataillon de chasseurs, quatre régiments d'infanterie et le *6e* cuirassiers, tous du IIIe corps, ont été vus à Kreutznach dès le 26 juillet.

L'agglomération aux environs de Conz paraît avoir assez grossi depuis quarante-huit heures pour inspirer, concurremment avec les détachements aperçus le long de la frontière luxembourgeoise, des inquiétudes aux habitants du grand-duché. Il importe de se renseigner de ce côté.

Sur la frontière du Rhin, on rapporte que les contingents badois et

---

(1) Ce régiment appartenait à la 13e brigade (5e division) de cavalerie. Le bulletin de renseignements ne tenait pas compte de la réunion possible de régiments en divisions indépendantes.

wurtembergeois ont passé sur la rive gauche pour se réunir aux Prussiens dans le Palatinat.

Les masses ennemies se concentreraient dans cette région entre Landau, où seraient huit régiments, Germersheim et Maxau ; des ouvrages sont construits ou en construction sur ce dernier point.

Le XIe corps prussien paraît se trouver sur cette partie de notre frontière. Un régiment de hussards de ce corps, ainsi que le 82e d'infanterie qui en fait partie, sont signalés aux environs de Lauterbourg.

Rapport du commandant Samuel sur l'interrogatoire de 14 prisonniers prussiens.

Metz, 3 août.

Ces prisonniers ont été interrogés isolément.

Ils appartiennent tous à la même compagnie. Ils ont été pris en avant de Saint-Arnual, où cette compagnie, du 2e bataillon du *40e*, était de grand'garde.

D'après les dépositions, il résulte que la garnison de Sarrebrück ne se composait, au moment de notre attaque, que d'un bataillon du *40e*, du régiment de uhlans (quatre escadrons) et de deux escadrons du *9e* hussards, qui venaient d'arriver. Deux pièces seules auraient été postées sur la hauteur à gauche de la gare. Celles qui ont tiré pendant l'action sont venues d'ailleurs.

Un bataillon du *65e* était à Wölklingen, en face du pont de Werden. La garnison de Sarrelouis ne se compose que du *69e* et du *70e* et du *9e* hussards. Au reste, les hommes de cette compagnie ont tous déclaré que, depuis huit jours qu'ils sont à Sarrebrück, ils faisaient le même service de grand'garde sur la rive gauche de la Sarre et qu'ils étaient complètement isolés du reste de l'armée. Ils ne savent même pas où se trouvent les deux autres bataillons du *40e*.

Ils n'ont rien pu ou voulu déclarer sur la situation des troupes concentrées du corps d'armée. Le VIIIe corps d'armée est bien commandé par le général de Gœben, qui était à Sarrebrück avant-hier.

Les prisonniers ont tous reconnu que nos balles les touchent efficacement bien avant qu'ils puissent tirer avec un résultat probable.

. . . .

Le fait saillant à conclure des diverses dépositions, c'est que du côté ennemi l'organisation et la concentration sont peu avancées. Au début, on craignait un envahissement rapide de la part des Français sur la ligne de la Sarre. Aussi avait-on évacué promptement les magasins de Trèves, de Sarrelouis et de Sarrebrück.....

Il y a encore 13 prisonniers à Forbach.

A l'hôpital de Forbach, installé par M. le maire, il y a 75 blessés, dont 8 Prussiens, et 6 morts Français.

Un agent de Thionville au Major général (D. T.).

Thionville, 3 août, 7 h. 35 matin.

Prince Frédéric-Charles arrivé la nuit à l'usine de M. Krœmer, près Trèves, avec son état-major. Passage continuel de troupes, par Trèves, vers Sarrelouis et Sarrebrück.

Le Ministre de la guerre au Major général, à Metz (D. T. Ch.).

Paris, 3 août, 5 h. 35 soir.

De Bruxelles on me télégraphie à l'instant ce qui suit : « On assure qu'on ne fait pas de mitrailleuses pour la Prusse, à Liège, mais que l'armée prussienne en possède 50 tout au plus, faites en Prusse, d'après le modèle Claxton. On tient ces renseignements du colonel Claxton lui-même ».

De Nomény (Meurthe) au maréchal Le Bœuf.

3 août.

J'apprends, de source que je crois certaine, mais que je ne puis indiquer, que la Prusse fait changer ses fusils Dreyse en fusils Chassepot. Ce travail s'effectue à Cologne, et on en transforme 9,000 par jour.

J'ai pensé que cette nouvelle pourrait vous intéresser et je vous la livre avec l'espoir d'être utile à notre armée.

1er CORPS.

BULLETIN DE RENSEIGNEMENTS DU 3 AOUT AU MATIN.

A Ensisheim, on affirme avoir observé un passage de troupes prussiennes vers Huningue, sur la route badoise, pendant la nuit, depuis six jours. On en estime le nombre à 20,000 hommes.

Un capitaine de l'état-major général du 1er corps, envoyé en mission dans le Haut-Rhin rend compte, par un bulletin daté du 1er août, 6 heures du soir, qu'aucune troupe ennemie n'est signalée à Lœrrach ni à Nollingen. A Fribourg se trouverait un détachement de peu d'importance. Derrière la Forêt-Noire, du côté de Stuttgard et d'Ulm, il y aurait de grandes concentrations de troupes. Des agents sont envoyés pour explorer cette région. La position de Vieux-Brisach n'est pas occupée, au dire de tous les riverains de notre côté. La Suisse a réuni beaucoup de troupes pour garder sa neutralité. Une division occupe Bâle et les environs.

A Strasbourg, la sentinelle placée au pont tournant de Kehl croit avoir vu le 1ᵉʳ août, vers 2 heures, quatre pelotons d'infanterie entrant dans la gare de Kehl.

BULLETIN DE RENSEIGNEMENTS DU 1ᵉʳ CORPS LE 3 AOUT.

Deux régiments ennemis à Lauterbourg. A Bergzabern, deux régiments prussiens ou bavarois : l'un d'infanterie, l'autre d'artillerie.

Pas de rassemblements à Lœrrach. A Fribourg, détachements de 300 hommes. Vieux-Brisach n'est pas occupé. Le pont de bateaux a été replié et conduit à Burkeim.

BULLETIN DE RENSEIGNEMENTS DU 3 AOUT AU SOIR.

Le sous-préfet de Wissembourg rend compte, par un télégramme du 2, 10 h. 45 du soir, que les Bavarois ont occupé la maison des douaniers, à la porte de Landau, à Wissembourg. On annonce l'arrivée de deux régiments ennemis à Lauterbourg.

Le commissaire de police de Wissembourg fait connaître, à la date du 2 août, que des renseignements obtenus par une voie indirecte, annoncent l'arrivée à Bergzabern de deux régiments prussiens ou bavarois, l'un d'infanterie, l'autre d'artillerie, avec ses pièces.

Le général Ducrot, dans la soirée du 2 août, n'a pu, du haut du col du Pigeonnier où il s'était rendu, découvrir à la lunette aucun poste ennemi autour de Wissembourg. Le colonel de Franchessin, de la division Ducrot, dont les patrouilles dépassent la frontière, et qui est bien renseigné par ses agents, affirme que l'ennemi n'avait hier aucune force considérable dans les environs de Wissembourg.

Des agents vont partir incessamment, tant pour la Bavière rhénane que pour le duché de Bade.

Le capitaine d'état-major Kessler rentre de mission ; parti le 31 juillet, il s'est rendu à Saint-Louis, Huningue et Bale ; tous les renseignements recueillis dans cette région s'accordent à démentir les bruits de rassemblements de troupes à Lœrrach et Nollingen ; à Fribourg seulement, serait un détachement de 300 hommes. Le 1ᵉʳ août, le capitaine Kessler s'est rendu à Neuf-Brisach sur le Rhin, en face du Vieux-Brisach, et à Geiswasser ; malgré la déclaration de la guerre, les douaniers français continuent à être en bons rapports avec les douaniers badois, postés sur la rive ennemie ; ils échangent entre eux des signes d'amitié et ces derniers assurent que Vieux-Brisach n'est pas occupé et qu'il ne se trouve aucune troupe ennemie dans les environs.

Du reste, vue de la rive française, la position de Vieux-Brisach semble complètement abandonnée; on n'observe que quelques curieux qui se promènent sur les bords du Rhin, au débouché du pont de bateaux qui a été replié et conduit, dit-on, à Burckeim.

Dans les villages d'Artzenheim et de Marckolsheim, explorés dans la journée du 2 août, les habitants ne signalent aucune troupe ennemie sur la rive droite; toutefois, les douaniers français ont déclaré avoir entendu, le 31 juillet, à 8 heures du matin, un roulement lointain pouvant être produit par huit à dix tambours marchant du Nord vers le Sud à une distance de 10 kilomètres environ.

Des agents trouvés à Marckolsheim doivent explorer Fribourg, le Val d'Enfer et Offenbourg, en passant par la Suisse et le Würtemberg.

Au capitaine d'état-major Iung, à Metz (D. T.).

Strasbourg, 3 août, 8 h. 5 matin.

La porte de Landau, à Lauterbourg, est occupée par un poste prussien; ils essayent la manœuvre des ponts-levis Les dragons badois et les hussards prussiens de Hesse, avec un détachement d'infanterie du 82e (XIe corps), sont allés, ce matin, à la rencontre de nos troupes jusqu'au delà de Neewiller; tous ces détachements étaient forts. Les patrouilles de l'ennemi, à travers Lauterbourg et les environs, se multiplient d'une manière extraordinaire (1er août, 6 heures soir).

2e CORPS.

Notes envoyées de Rosselle à l'état-major du 2e corps.

. . . .

Il ne paraît pas y avoir beaucoup de monde, sur la hauteur de Burbach; mais, dans la vallée de Duttweiler, il y en a beaucoup, a-t-on entendu dire. On dit qu'à Sarrebrück, il n'y a rien de miné, que le pont du chemin de fer est miné, qu'on peut le faire sauter, de la gare. Celui de la ville n'est pas miné, ni le nouveau, pense-t-on, mais on y fait des barricades.

Division Bataille.

BULLETIN DE RENSEIGNEMENTS.

Camp devant Sarrebrück, 3 août.

Il y avait hier, à Sarrebrück, deux régiments d'infanterie (le 40e et le 69e). On y attendait, dans la soirée, un renfort assez considérable d'artillerie. Le 9e régiment de hussards était arrivé dans la journée du 1er août et avait fait une reconnaissance le 2 au matin.

La ville de Sarrebrück est évacuée, mais il y a des grand'gardes dans les bois voisins.

L'artillerie se serait retirée hier soir sur Brebach ; toute l'infanterie est dans le Köller-Thal, à gauche de Duttweiler.

Il y a également des batteries entre Sarrebrück et Duttweiler et, à Iœgersfreude se trouve le 6e cuirassiers.

On dit qu'un corps prussien, suivi d'un corps bavarois, est en marche vers la Sarre.

Les Prussiens auraient eu hier 180 hommes hors de combat. Les bâtiments de la gare ont souffert du feu de l'artillerie et le Schleif-Mühle serait détruit (sorte d'auberge).

L'officier général, distingué hier sur un cheval blanc, serait le général Gneisenau. Il ramenait le 2e bataillon du 40e.

4e CORPS.

BULLETIN DE RENSEIGNEMENTS DU 3 AOUT (9 heures du matin).

Aucun rapport d'espions n'est parvenu dans la journée du 2 août.

Une forte reconnaissance, composée de 4 bataillons d'infanterie, 2 compagnies de chasseurs à pied, 2 escadrons du 7e hussards, 1 batterie d'artillerie (4 rayé), est partie du bivouac le 2 août, à 6 heures du matin. Elle a suivi la route de Bouzonville à Schreckling. A 1 kilomètre de ce point, elle a aperçu des patrouilles ennemies (cavalerie et infanterie) entre Leyding et Bedersdorf. Ces patrouilles se sont retirées précipitamment, à l'approche de nos troupes, en tirant quelques coups de fusil qui n'ont atteint personne.

Leyding et Schreckling ont été occupés. Un escadron de hussards a poussé une pointe jusqu'à Ittersdorf ; l'ennemi s'est replié.

Filsberg serait assez fortement occupé.

Il y aurait de l'artillerie à Bérus. Les points de Bérus, Filsberg et Sainte-Barbe seraient les points de résistance probables.

Dans l'après-midi du même jour, de fortes reconnaissances ont été poussées du côté de Hargarten aux Mines et Tromborn. On s'est avancé jusqu'à Merten et près de Bisten, sans rencontrer l'ennemi. Des vedettes ont été aperçues sur les hauteurs de Bérus.

BULLETIN DE RENSEIGNEMENTS POUR LES JOURNÉES DES 2 ET 3 AOUT.

A la date du 29, un détachement prussien estimé à 200 hommes, une compagnie probablement, occupait, sur le territoire de Waldwisse, les forêts de Kirschholz, Wieserwald et Gemersch (?).

. . . .

Le général Metman a fait exécuter, le 1ᵉʳ août, une reconnaissance sur Creutzwald et les hauteurs où passe la route de Sarrelouis ; on n'a pas trouvé trace d'ennemis.

D'après les renseignements recueillis, des troupes nombreuses, infanterie, artillerie, cavalerie, seraient campées à Bérus et aux environs ; elles auraient préparé des emplacements de batteries (ce renseignement est confirmé par un rapport du garde forestier de Villing, qui dit avoir vu des terres fraîchement remuées).

. . . .

Sur la côte de Marhof, commune de Uberherrn (Prusse), des postes prussiens campent la nuit et disparaissent le matin.

Le 90ᵉ de ligne a exécuté aujourd'hui une reconnaissance sous les ordres du général Duplessis ; il n'a pas trouvé traces d'ennemis (1), mais on a su que les premiers avant-postes prussiens se trouvent à Ludweiler ; les communications sont complètement interdites à partir de ce point.

Dans la reconnaissance exécutée hier par le maréchal Bazaine, nous avons appris que les éclaireurs prussiens venaient toutes les nuits à Klein-Rosseln.

Les hauteurs qui dominent la vallée à 2 kilomètres étaient gardées d'une ligne de vedettes et de factionnaires. Arrivés au point appelé Hünerscheer, bois qui domine Wölcklingen, station de chemin de fer de Sarrebrück à Sarrelouis, nous avons aperçu une troupe d'infanterie : cette troupe que nous avons estimée à un bataillon (1000 hommes) avait des petits postes au bas de la hauteur, elle les a repliés et s'est retirée précipitamment par le pont de Werden jusqu'en arrière des maisons de Wölcklingen. Le pont de Werden n'était pas détruit, et nous n'avons pas pu savoir s'il était miné.

. . . .

Un agent de Thionville au Major général.

Thionville, 3 août.

Ainsi que j'ai eu l'honneur de vous le faire connaître par dépêche télégraphique, on se préoccupait, hier, assez vivement, à Luxembourg, de la concentration des troupes prussiennes sur toute l'étendue de la frontière grand-ducale, depuis Vianden jusqu'à Remich, et du séjour ou du passage à Trèves d'un grand nombre de généraux prussiens. On

---

(1) Commandant la 2ᵇ brigade de la 2ᵉ division du 3ᵉ corps.

y craint sérieusement que les Prussiens ne tentent un coup de main sur Thionville ou Longwy, et ne s'emparent de Luxembourg. On est persuadé qu'ils seraient enchantés de trouver quelque prétexte de violer la neutralité du Grand-Duché.

La prise de Sarrebrück, qui était encore inconnue, hier soir, à Luxembourg, et qui a naturellement rempli de joie la population de Thionville, rassurera, sans doute, un peu les esprits au Luxembourg.

J'apprends, ce matin, que le prince Frédéric-Charles est arrivé, la nuit dernière, à l'usine de la Quinte, à un demi-kilomètre de Trèves et qu'il est descendu avec tout son état-major chez M. Kraemer, propriétaire de l'établissement.

De nombreuses troupes continueraient à passer par Trèves, pour se diriger vers Sarrelouis ou Sarrebrück. Outre les régiments que j'ai indiqués, hier, et dont quelques numéros me paraissent faux, on me cite encore le 15e (VIIe) et le 55e (Xe) de ligne.

Du côté de Conz, l'accumulation des forces paraît actuellement assez considérable. On y aurait remarqué un certain nombre de pièces de canon.

Parmi les généraux qui ont été de passage à Trèves ces jours derniers, et dont quelques-uns doivent y être restés, on me cite le général de brigade d'Osten-Sacken, le général de Gœben, commandant la 3e division de cavalerie (1), le général de brigade comte de Dohna, et le général de division de Glümer.

Le général de Zastrow, qui commande le VIIe corps d'armée, y est descendu, avant-hier, à l'hôtel de la Maison-Rouge, accompagné du lieutenant-colonel Unger, chef de l'état-major du VIIe corps, et du major de Kaltenborn, également attaché à l'état-major.

On y attend également l'arrivée du général de Voigts-Rhetz, qui commande le Xe corps.

. . . .

Le général de Ladmirault au Major général.

Boulay, 3 août.

Par le bulletin de renseignements du 2 août, vous me faites connaître que les positions entre Conz et Sarrelouis seraient occupées par des forces nombreuses et que le village de Perl, situé à peu près sur notre frontière et très près de Sierck, serait occupé par des avant-postes d'infanterie et de cavalerie. J'ai reçu, de mon côté, les mêmes renseignements.

Si cette accumulation de troupes dans cette direction est vraie, je

---

(1) Commandant le VIIIe corps.

dois vous faire observer que le point capital de la position, qui est Sierck, n'est nullement gardé ni observé par nos troupes. L'ennemi pourrait s'y établir sans résistance et nous aurions de grands efforts à faire pour l'en déloger. Si l'ennemi se présente par Sierck, le flanc gauche de l'armée, et spécialement le 4ᵉ corps, se trouveront menacés fortement ; il me faudra alors évacuer la position de Bouzonville pour occuper la route de Bouzonville en passant par les hauteurs de Chemery et Dalstein, de manière à faire face à l'ennemi. Ces positions de Bouzonville à Boulay, occupées par le 4ᵉ corps, observent la vallée de la Sarre vis-à-vis de Sarrelouis, mais nullement la partie de cette vallée qui regarde Bouzonville et Sierck (distance entre ces deux points : 30 kilomètres), et tout l'avantage est aux troupes qui descendent de Sierck vers Bouzonville. Dans l'état actuel des choses, la route de Sierck à Thionville est ouverte à l'ennemi qui peut s'y établir, sans y rencontrer aucun obstacle.

J'ai voulu attirer l'attention de Votre Excellence sur cette situation.

5ᵉ CORPS.

BULLETIN DE RENSEIGNEMENTS DU 3 AOUT (7 heures matin).

Trèves. — Le VIIᵉ corps a remplacé le VIIIᵉ, dans les journées des 29, 30 et 31 juillet (la 16ᵉ division a quitté Trèves la dernière).

Le 1ᵉʳ *août*, au matin, le 7ᵉ régiment d'artillerie (batteries rayées se chargeant par la culasse) était campé sur la place de la parade. Parmi les troupes occupant Trèves et les villages voisins, se trouvaient les 13ᵉ, 37ᵉ, 55ᵉ, le 7ᵒ chasseurs, les 11ᵉ et 9ᵉ hussards, plus un régiment de uhlans (peut-être le 14ᵉ). Dans les villages, aux environs de Conz, il y avait également des troupes (chaque habitant devait loger 6 hommes). Pas d'ouvrages de campagne qu'on puisse voir du chemin de fer. Le tout comprend environ 15,000 à 20,000 hommes. Le VIIIᵉ corps est tout entier dans le Hundsrück.

Le 1ᵉʳ *août*, le 40ᵉ et le 69ᵉ occupaient Sarrebrück, Wölklingen, Bouss et Ensdorf. Des détachements de pionniers, du 69ᵉ et du 70ᵉ travaillaient le long de la voie ferrée, entre Sarrelouis et Trèves, surtout près de Billing et de Becking. Pendant la nuit du 31 juillet au 1ᵉʳ août, on entendait, de Sarrebrück, de nombreux trains entre cette ville et Bingen. A Saarburg, Merzig et Metlach, détachements d'infanterie aux stations, avec un certain nombre de plantons d'artillerie, de uhlans et de hussards. A Saarburg, quelques officiers à la gare, pas de troupes en vue.

Sarrelouis. — Les maisons, à proximité de la ville, ont été rasées au moins à hauteur d'appui. La Sarre est barrée. Inondations artificielles autour de la ville.

On dit : Le général de Falkenstein est dans le Nord, avec les Ier et IIe corps. Le général de Bittenfeld (probablement comme major général) dirige les mouvements des VIIe corps (général Zastrow), VIIIe corps (général Gœben), IXe et X^e corps (1). Le prince Charles serait près de Mayence (probablement à Kreuznach), le Prince Royal, à Carlsruhe. Le général Gœben était, le 1er août, à Sarrebrück, avec le divisionnaire Gneisenau.

. . . .

BULLETIN DE RENSEIGNEMENTS DU 5e CORPS D'ARMÉE
AU MARÉCHAL LE BOEUF.

Sarreguemines, 3 août, 4 heures du soir.

On annonce que le 2 août, au soir, 12,000 hommes de troupes bavaroises sont arrivés à Deux-Ponts. Il y avait : une division d'infanterie, deux régiments de cavalerie, une compagnie de chasseurs.

L'ennemi a fait sauter les ponts sur les routes qui conduisent à Deux-Ponts. Ses patrouilles paraissent plus nombreuses et plus actives. L'armée bavaroise est réunie entre Hombourg et Neunkirchen sous les ordres du général prussien Manteuffel.

Division Guyot de Lespart.

Le général Guyot de Lespart au Major général. — Renseignements.

On dit, dans le pays, que 12,000 hommes sont arrivés hier soir (2 août) à Deux-Ponts. Il y aurait :

    2 régiments de cavalerie (Bavarois) ;
    1 division d'infanterie (Bavarois);
    1 compagnie de chasseurs (Bavarois).

L'ennemi a fait sauter un pont, sur la route de Deux-Ponts.

---

(1) Le général Herwarth de Bittenfeld était en réalité gouverneur général des districts des VIIe, VIIIe et XIe corps.

Le chef d'état-major général de la 1re armée était le général de Sperling.

Le maréchal des logis de gendarmerie Lécuyer, à Bitche, à ..... (?).

Bitche, 3 août.

A Liederscheidt, une patrouille bavaroise a tiré sur une femme, qui a eu la cuisse traversée d'une balle.

Deux heures plus tard, 80 cavaliers et 25 fantassins se présentant devant la même commune, deux gardes forestiers tirèrent dessus et s'enfuirent. Les troupes étrangères pénétrèrent dans le village et brisèrent toutes les voitures.

7º CORPS.

BULLETIN DU 3 AOUT.

D'après certains renseignements qui me sont parvenus, il paraîtrait que les troupes dont le 4º hussards a vu cette nuit les feux sur le plateau de Tüllingen sont des troupes wurtembergeoises; l'effectif ne serait que de 500 hommes d'infanterie. Neuenbourg (sur le bord du Rhin, près de Mülheim) a été occupé ce matin par une troupe dont on ne me précise ni la force ni la nationalité.

Les quatre douaniers faits prisonniers sur la Lauter ont été conduits à Carlsruhe, d'où on les a dirigés à pied sur Schaffouse en les faisant passer par Freudenstadt et Willingen. Durant ce trajet, ils n'ont rencontré aucune troupe. Ils sont rentrés hier à Saint-Louis par le chemin de fer.

. . . .

La ligne ferrée remontant la rive droite du Rhin à Constance, traversant le territoire suisse à trois reprises différentes, ne peut plus être employée par les Badois, qui ont concentré une grande quantité de matériel sur la ligne de Stockach, Mœskirch et Ulm.

Les Suisses continuent à faire bonne garde sur le Rhin; ils auraient 10,000 hommes à Bâle.

Le commandant Loizillon part demain pour Huningue; j'espère qu'il pourra pénétrer en Suisse.

P.-S. — On me prévient à l'instant que Schöpfheim et Zell, au nord de Lœrrach, doivent recevoir des troupes ce soir.

Le général Douay, commandant le 7º corps, au Major général et au maréchal de Mac-Mahon (D. T.).

Belfort, 3 août, 3 h. 30 soir.

On continue à signaler l'arrivée de troupes ennemies sur la rive droite du Rhin, et particulièrement à Neuenbourg, un des points de passage.

Là, elles ont tiré sur les sentinelles des volontaires français; je pense que tous ces mouvements n'ont pour but que de nous inquiéter. Toutefois, pour rassurer les populations, je pousse le général Ameil et sa 1re brigade à Mulhouse; il y arrivera le 6 et poussera des reconnaissances sur le Rhin.

Le 4e hussards occupera toujours Huningue.

Les populations riveraines demandent des armes et des munitions.

Le général Douay au Major général et au maréchal de Mac-Mahon (D. T. Ch.).

Belfort, 3 août, 7 h. 20 soir.

Des renseignements, sans doute exagérés, continuent à m'arriver, depuis Colmar jusqu'à Huningue, signalant de grands mouvements de troupes ennemies, l'arrivée de 6,000 Wurtembergeois à Kandern et Neuenbourg, point de passage, et annoncent celle d'un corps considérable se dirigeant sur Lœrrach.

Tout en faisant la part de l'exagération, je n'en suis pas moins préoccupé. Vous connaissez la position du 7e corps, celle qu'il aura demain; elle ne répond en aucune façon à celle qu'il faut avoir pour manœuvrer devant l'ennemi et empêcher un passage du Rhin.

Je crois devoir appeler avec instance votre attention sur cette situation anormale, qui pourrait présenter des dangers, à moins que, par vos renseignements, vous ne soyez assuré qu'on ne tentera rien de sérieux de ce côté, où nous ne sommes pas en ordre de combat.

Rapport du Lieutenant commandant la section no 166 (1), *adressé au Ministre.*

Saint-Louis, le 3 août.

La nuit dernière, vers minuit, on a aperçu des feux sur un coteau situé dans le duché de Bade, à environ 3 kilomètres et en face de Huningue. D'après les informations prises ce matin à Bâle, il paraît qu'on avait allumé ces feux pour établir le campement d'un régiment wurtembergeois arrivé, après 9 heures du soir, à Lœrrach (duché de Bade), situé au pied et à l'est du coteau.

On attend de nouvelles troupes würtembergeoises et bavaroises, dont

---

(1) 6e légion de gendarmerie. (Compagnie du Haut-Rhin.)

on ne connaît pas la force numérique, qui doivent venir camper dans la vallée de Lœrrach; et, en présence de ces mouvements de troupes allemandes, l'armée fédérale suisse prend position sur la frontière badoise.

Dans le cas où l'armée allemande chercherait à envahir le territoire suisse, l'armée fédérale se replierait sur Bâle et ferait sauter le pont qui relie Petit-Bâle à Bâle-Ville.

Toutes les mesures sont déjà prises pour faire passer les habitants de Petit-Bâle à Bâle.

Renseignements tirés de la presse.

La Gazette de Cologne, 3 août.

Le roi de Prusse a établi son quartier général à Mayence, le 2 août.

La journée du 4 août en Alsace.

Dans la nuit du 3 au 4 août, le maréchal de Mac-Mahon reçut du général F. Douay des nouvelles alarmantes : « 6,000 Würtembergeois seraient à Kandern et à Neuenbourg, et un corps considérable se dirigerait vers Lœrrach ». Le Maréchal suspendit aussitôt, jusqu'à nouvel ordre, le mouvement de la division Conseil-Dumesnil sur Strasbourg et celui de la 1re brigade de la division Liébert sur Colmar. Il décida également que le 87e de ligne, de la 4e division du 1er corps, resterait à Strasbourg. Au moment même où il rendait compte de ces dispositions au Major général (1), celui-ci prévenait le maréchal de Mac-Mahon de se tenir sur ses gardes, parce qu'il est possible, disait-il, « que les troupes qui sont devant vous fassent un mouvement offensif ». Le général A. Douay fut averti immédiatement par télégramme (2).

« Avez-vous ce matin », écrivait le commandant du 1er corps, « quelques renseignements vous faisant croire à un rassemblement nombreux devant vous ? Répondez-moi immédiatement. Tenez-vous sur vos gardes,

---

(1) 4 août. D. T. 2 h. 25 du matin.
(2) Expédié de Strasbourg à 6 heures du matin et non à 2 heures du matin, ainsi que l'a écrit par erreur le maréchal de Mac-Mahon dans ses *Souvenirs inédits* du 4 août. Il est probable que l'ordre fut donné par le Maréchal aussitôt après avoir reçu la dépêche expédiée à 2 h. 30 par le major général, mais qu'il ne reçut son entière exécution qu'à 6 heures par la voie télégraphique.

« prêt à vous rallier, si vous étiez attaqué par des forces
« très supérieures, au général Ducrot, par le Pigeonnier.
« Faites prévenir le général Ducrot, en route pour
« Lembach, d'être également sur ses gardes. »

Le général A. Douay notifia aussitôt (7 heures du matin) le contenu de ce télégramme au général Ducrot, ajoutant qu'il était absolument dépourvu de cartes susceptibles de le guider (1). Puis il donna aux troupes de la 2ᵉ division l'ordre suivant « en cas de retraite » :

« Le mouvement rétrograde, s'il a lieu, commencera
« par la 2ᵉ brigade. On suivra les crêtes et la route de Wis-
« sembourg à Bitche, en passant par le bas de la mon-
« tagne du Pigeonnier et Climbach, vers Lembach (2). »

Le maréchal de Mac-Mahon, tout en prévenant les commandants des 1ʳᵉ et 2ᵉ divisions d'être sur leurs gardes, ne semble pas avoir cru à un engagement sérieux le 4, à en juger du moins par le télégramme qu'il adressa au général Douay à 8 h. 35 du matin :

« Je partirai à 9 heures pour Wissembourg, où je
« désire vous trouver. Commandez un peloton d'escorte
« qui m'accompagnera dans ma tournée des postes de la
« 1ʳᵉ et de la 2ᵉ division. Ce peloton couchera à Reichs-
« hoffen et rentrera demain à destination (3). »

---

(1) Cette dépêche, écrite de la main du colonel Robert, chef d'état-major de la division Douay et signée du général Douay, porte la note suivante du général Robert : « Cette dépêche paraît n'être pas parvenue ».

(2) Note de la main du colonel Robert : « Ces dispositions sont conformes aux ordres du général Ducrot ».

(3) Dans la nuit du 3 au 4 août, le maréchal de Mac-Mahon avait déjà annoncé par télégramme au général Douay, qu'il se rendrait, « le « lendemain 4 août, à Wissembourg » et déciderait « si cette ville « doit rester occupée ». (*Enquête sur les actes du Gouvernement de la Défense nationale*, tome I, page 34.)

Il semble que la solution de cette question eût dû être laissée à l'initiative du général Douay.

De son côté, le général Douay ne s'attendait pas à un combat dans la matinée (1), car il avait donné l'ordre à 5 heures du matin, au 78e de ligne, de partir pour Climbach, en passant par Roth et le col du Pigeonnier, conformément aux instructions du général Ducrot. De plus, dès le réveil, des corvées de vivres, ainsi que de nombreux isolés, s'étaient rendus à Wissembourg et s'y trouvaient encore quand le premier coup de canon se fit entendre. Enfin, une reconnaissance composée de : un bataillon de tirailleurs algériens, deux escadrons du 11e chasseurs et une section d'artillerie, sous les ordres du colonel Dastugues, et envoyée à 4 heures du matin « sur Wissembourg et au delà de la Lauter (2) », était rentrée au camp vers 7 h. 30 sans avoir vu l'ennemi. A la vérité, la façon dont cette opération fut exécutée en rendait d'avance le résultat insignifiant.

L'infanterie et l'artillerie étaient allées, en effet, prendre position sur les pentes nord du Geissberg, à mi-distance d'Altenstadt, pour recueillir éventuellement la cavalerie, qui s'était dirigée en colonne de route sur Wissembourg. Arrivés à la porte de Haguenau, les deux escadrons avaient pris la route de Lauterbourg, puis celle de Landau, et avaient gagné la frontière au sud de

---

(1) « Le grand quartier général ne voulait pas croire que l'armée « allemande fût déjà prête. Il accusait de maladresse le sous-préfet de « Wissembourg qui envoyait des dépêches alarmantes, et le général « Douay, en recevant l'ordre d'occuper Wissembourg, petite place « déclassée et désarmée et d'y faire préparer des approvisionnements « de vivres et de fourrages, ne pouvait pas penser qu'on l'eût ainsi jeté « en avant sans avoir acquis, par des renseignements sûrs, la certitude « que ce mouvement pouvait se faire sans imprudence, et que la posi- « tion de Wissembourg était, pour deux jours au moins, hors de la « portée de l'armée allemande. » (*La vie militaire du général Ducrot*, tome II, page 356. — Notes sur le combat de Wissembourg extraites des papiers du général Ducrot.)

(2) Journal de marche de la brigade de Septeuil, 4 août.

Schweigen. « Les habitants du pays rendent compte de
« la présence d'une armée de 30,000 Prussiens sortis de
« Landau et occupant la forêt et les hauteurs qui
« dominent Wissembourg, sur la rive gauche de la
« Lauter (1). » Au lieu de chercher à vérifier ce renseignement par l'envoi de patrouilles, « la reconnais-
« sance, ayant dépassé la frontière, tourne à droite et
« revient par la route de Spire. Elle est rentrée dans le
« camp à 7 h. 30 ; elle n'a vu que quelques tirailleurs
« ennemis ».

La quiétude la plus complète régnait donc dans le camp français quand, vers 8 h. 15 du matin (2), un obus tomba sur la caserne de Wissembourg, suivi bientôt de plusieurs autres, tous dirigés sur la ville.

COMBAT DE WISSEMBOURG.

DESCRIPTION DU CHAMP DE BATAILLE.

Le terrain sur lequel a été livré le combat de Wissembourg est compris dans une zone limitée à l'Ouest par les derniers contreforts des Vosges, généralement boi-

---

(1) Historique du 11ᵉ chasseurs. A la vérité, l'Historique dit que la reconnaissance « ayant dépassé la frontière *de quelques kilomètres,* « tourne à droite..... ». Il y a là sans doute une erreur, car à Schweigen, situé à 1 kilomètre à peine de la frontière, elle se serait heurtée à une grand'garde bavaroise et n'aurait pas manqué de signaler le fait à son retour au camp.

(2) L'heure à laquelle fut tiré le premier coup de canon varie suivant les récits. D'après l'Historique de la 2ᵉ division du 1ᵉʳ corps, c'est 7 heures, chiffre manifestement erroné, car c'est à ce moment que le général Douay télégraphie au général Ducrot, sans faire mention de la canonnade. D'après le Journal de marche de la division, c'est 7 h. 45 ; d'après le commandant Pédoya, officier d'ordonnance du général de Montmarie, c'est 7 h. 30 ; d'après le commandant du bataillon du 74ᵉ détaché à Wissembourg, c'est 8 h. 20. Les Histo-

sés, à l'Est par la lisière occidentale du Haardt-Wald ou Nieder-Wald. Deux crêtes le circonscrivent : au Nord-Est celle de Schweigen-le-Windhof, qui se raccorde avec la plaine du Rhin vers Schweighofen ; au Sud-Ouest celle du Vogelsberg-Geissberg, qui se termine au château du Geissberg par des pentes relativement raides, et domine la première d'une quarantaine de mètres, à une distance moyenne de 3,000 mètres.

Entre ces deux crêtes coulent la Lauter et ses nombreuses dérivations, bordées de prairies assez marécageuses ; le cours principal de la rivière est difficilement franchissable en dehors des ponts et de quelques gués. Elle sert de fossé à une série d'épaulements et de redoutes construits sur la rive droite et représentant les derniers vestiges des « lignes de Wissembourg », célèbres dans les guerres du siècle dernier.

La ville de Wissembourg, à cheval sur la Lauter et dominée au Nord, à courte distance, par les pentes méridionales de la croupe de Schweigen, plantées de vignes, était déclassée, comme place forte, depuis 1867. Toutefois, elle possédait encore, en 1870, ses vieux remparts à escarpes détachées, à vues très restreintes, organisés pour la mousqueterie seulement et constituant une enceinte complètement fermée. Un système d'écluses permettait de mettre quelques pieds d'eau dans les fossés qui, entourant la place de tous côtés, ne constituaient cependant un obstacle infranchissable que sur le front Nord, où ils étaient vaseux et garnis d'épais roseaux.

Trois portes donnaient accès dans la ville : à l'Ouest, la porte de Bitche ; à l'Est, celle de Landau, simples

---

riques des 50ᵉ et 74ᵉ de ligne indiquent tous deux 8 heures et l'*Historique du Grand État-Major prussien* concorde avec ce chiffre. Il donne en effet 8 h. 1/2 environ, mais il faut tenir compte de ce que l'heure allemande de 1870 était en avance de près de vingt minutes sur l'heure française. 8 h. 15 a paru en somme être une très grande approximation de la vérité.

coupures dans le corps de la place, en avant desquelles se trouvaient deux petites lunettes ; au Sud, la porte de Haguenau, voûtée, dont aucun ouvrage ne défendait les approches. Les routes de Landau, de Bitche, de Strasbourg, de Lauterbourg viennent converger à Wissembourg ; les voies ferrées Wissembourg—Soultz—Strasbourg et Wissembourg—Schaidt—Landau se réunissent près d'Altenstadt.

Les camps de la 2ᵉ division, établis sur les hauteurs du Vogelsberg et du Geissberg, étaient disposés de la manière suivante de la droite à la gauche, à partir du château du Geissberg : 2 bataillons du 50ᵉ de ligne (1) ; 2 bataillons du 74ᵉ de ligne (2), artillerie divisionnaire, compagnie du génie, 3 bataillons du 1ᵉʳ régiment de tirailleurs (3). La brigade de Septeuil bivouaquait en arrière, sur les pentes qui descendent vers le ruisseau de Steinseltz (Seltzbach).

La division Douay était réduite le 4 août, à 8 heures du matin, à 8 bataillons, 7 escadrons 1/2 (dont 4 du 3ᵉ hussards, 3 1/2 du 11ᵉ chasseurs), 3 batteries dont 1 de mitrailleuses, 1 compagnie du génie ; au total : 5,200 fantassins environ (4), 900 sabres, 18 pièces.

---

(1) Le 2ᵉ bataillon du 50ᵉ à Seltz.
(2) Le 2ᵉ bataillon du 74ᵉ dans Wissembourg. Les 50ᵉ et 74ᵉ constituaient la 1ʳᵉ brigade (de Montmarie).
(3) Le 1ᵉʳ tirailleurs et le 78ᵉ constituaient la 2ᵉ brigade (Pellé).

(4)
2 bataillons du 50ᵉ de ligne...	47 officiers.	1,266 hommes.	
3 bataillons du 74ᵉ de ligne...	70	—	1,710 —
3 bataillons du 1ᵉʳ tirailleurs..	96	—	2,220 —
Totaux.....	212 officiers.	5,196 hommes.	
2 escadrons 1/2 du 11ᵉ chassʳˢ. (1 escadron envoyé à Soultz).	27 officiers.	262 hommes.	
4 escadrons du 3ᵉ hussards....	47	—	649 —
Totaux.....	74 officiers.	911 hommes.	
Compagnie du génie.........	4 officiers.	97 hommes.	

Le général Robert, ancien chef d'état-major de la division, estime

*
* *

La division bavaroise Bothmer, avant-garde principale de la IIIe armée, avait quitté ses bivouacs de Bergzabern à 6 heures du matin et marché sur Wissembourg par Ober-Otterbach dans l'ordre suivant :

Avant-garde....	{ 1 escadron du 2e chevau-légers, *10e* bataillon de chasseurs, 6e batterie du *4e*, 3e bataillon du *5e*, 1 escadron du *2e* chevau-légers.	
Gros.........	8e brigade d'infanterie.	1er bataillon du *7e*. 2e batterie du *4e*. 3e bataillon du *11e*. 3e bataillon du *14e*. 1re et 5e batteries du *4e*.
	7e brigade d'infanterie.	1er bataillon du *5e*. 2e bataillon du *5e*. 6e bataillon de chasseurs. 2 escadrons du *2e* chevau-légers.
Flanc-garde....	{ 1 bataillon du *9e* suivant l'itinéraire Bollenbörn, Bobenthal, Germanshof, Weiler.	

2 bataillons et 2 escadrons, aux avant-postes sur la ligne Schweigen — Kapsweyer — Steinfeld — Schaidt, devaient attendre, pour se rassembler, d'avoir été dépassés par l'avant-garde.

A 8 heures, la tête d'avant-garde débouche de Schweigen, d'où elle aperçoit des troupes françaises dans Wissembourg et sur les hauteurs du Geissberg. La batterie d'avant-garde (*VI/4*) vient aussitôt prendre position à 600 mètres au delà de la crête de Schweigen, encadrée

---

les 8 bataillons et la compagnie du génie à 4,900 hommes environ (*Wissembourg*. Réponse du général Ducrot à l'état-major général allemand, page 31.)

par les compagnies du bataillon de tête (1), et ouvre le feu sur Wissembourg vers 8 h. 15. A la même heure, l'avant-garde du V⁰ corps atteint Klein—Steinfeld, et le gros, Oberhausen. L'avant-garde du XI⁰ corps (42ᵉ brigade), après avoir passé la Lauter à 7 heures du matin, sur les ponts du Bien-Wald-Mühle et des Bien-Wald-Hütte et sur trois autres ponts de circonstance, s'était rassemblée près de Schleithal, un bataillon occupant les hauteurs au Sud du village.

Au bruit du canon, toute la division Douay prend les armes. Le général Pellé, qui se trouvait à ce moment au camp du 1ᵉʳ tirailleurs, lui donne l'ordre de laisser le sacs et de se porter en avant ; la 9ᵉ batterie du 9ᵉ d'artillerie (capitaine Didier) suivra le mouvement et prendra une position qui lui permette de contrebattre la batterie adverse (2). Les 3 bataillons de tirailleurs, rapidement prêts, descendent au pas de course dans la vallée, où le général Pellé leur assigne les emplacements suivants : le 2ᵉ bataillon (3) (commandant Sermansan) sera en première ligne ; 2 compagnies en tirailleurs le long de la Lauter, sur la rive droite, vers les Moulins ; 1 compagnie dans une petite redoute située entre la rivière et

---

(1) *10ᵉ* bataillon de chasseurs.

(2) D'après le rapport du général Pellé sur le combat de Wissembourg, ces ordres lui furent donnés par le général Douay. Il faut observer, à ce sujet, que le général Douay ne se trouvait pas sur les lieux, mais à son quartier général, à Oberhoffen. (Renseignements communiqués par M. le général Pédoya.)

A ce moment, le général Douay dit au capitaine Pédoya qui le trouva près d'Oberhoffen :

« Dites à Montmarie que je ne crois pas à une attaque sérieuse, « puisque la reconnaissance qui vient de rentrer n'a rien vu, et aussi « parce que le général Ducrot m'a enlevé ce matin le 78ᵉ. Que le géné- « ral de Montmarie occupe le Geissberg, je vais y aller et lui donnerai « des ordres. »

(3) Le 1ᵉʳ bataillon avait été maintenu en Algérie.

la route de Lauterbourg ; 3 compagnies s'abritent derrière quelques épaulements des anciennes lignes de Wissembourg. Le 3ᵉ bataillon (commandant de Lammerz) se déploie, formant deuxième ligne, sa gauche appuyée à l'angle Sud-Est de la place, en avant des houblonnières et de la gare (1). Le 4ᵉ bataillon (commandant de Coulange) est établi à l'angle Sud-Ouest de la ville « pour disputer à l'ennemi l'intervalle « qui s'étend entre Wissembourg et les forêts des « Vosges » (2).

Enfin, la batterie Didier prend d'abord position à 150 mètres au Nord de la gare et riposte à l'artillerie ennemie de Schweigen.

La batterie d'avant-garde (VI/4, Bauer) de la 4ᵉ division bavaroise avait été rejointe bientôt par une batterie du gros (2/4, Wurm). A leur gauche s'était déployé le 2ᵉ bataillon de l'avant-garde (3ᵉ du 5ᵉ régiment) dont un peloton avait été spécialement chargé de diriger ses feux sur la batterie française Didier. De son côté, le 10ᵉ bataillon de chasseurs bavarois cherchait à gagner, à travers les vignes, du terrain dans la direction de Wissembourg, un peloton marchant vers la porte de Bitche pour la surprendre et pénétrer dans la ville.

Le tir de la batterie Didier, trop long de 300 mètres, n'a pas grand effet, et elle se trouve bientôt en butte à des feux d'infanterie qui l'obligent à s'établir à 500 mètres environ plus au Sud. Sur cette nouvelle position, son action contre l'artillerie adverse devient très efficace (3).

---

(1) Historique du 1ᵉʳ tirailleurs.
(2) Historique de la 2ᵉ division du 1ᵉʳ corps.
(3) Major Hoffbauer. *Die deutsche Artillerie in den Schlachten und Treffen des deutsch-französischen Krieg* 1870-1871. Berlin, Mittler. Heft 1, page 17.

Cette nouvelle position se trouvait à peu près à 1500 mètres des

Pendant ce temps, un engagement très vif s'était produit entre les chasseurs bavarois et les deux compagnies de grand'gardes (1ʳᵉ et 6ᵉ) du 2ᵉ bataillon du 74ᵉ, qui occupaient les remparts du front Nord de Wissembourg. Le chef de bataillon (commandant Liaud) se hâte de faire renforcer ces deux compagnies par une troisième, puis par le reste du bataillon, qui se trouve alors disposé dans l'ordre suivant, de la porte de Landau à celle de Bitche : 1ʳᵉ, 5ᵉ, 2ᵉ, 3ᵉ, 4ᵉ, 6ᵉ compagnies. La garde des portes de Bitche et de Landau est assurée par des postes spéciaux commandés par des officiers ; celle de la porte de Haguenau, qui se trouve à l'abri des attaques, par 1 sergent et 15 hommes. Trois groupes de tireurs, chacun sous les ordres d'un lieutenant, ont pour mission de ne tirer que sur l'artillerie. Pendant que la batterie Didier exécute son changement de position, « le « feu des deux batteries bavaroises est dirigé contre les « remparts, contre les deux portes qu'elles aperçoivent « et contre la ville même, où quelques incendies ne « tardent pas à éclater..... Mais elles se trouvent, « depuis le début de l'action, sous le feu des tirailleurs « français (1) ».

En même temps que le 1ᵉʳ tirailleurs, la 1ʳᵉ brigade (de Montmarie) avait pris ses dispositions de combat, ainsi que la brigade de cavalerie de Septeuil. Le 1ᵉʳ bataillon du 50ᵉ (commandant Boutroy) s'établit, en ligne déployée, face au Nord-Est, à 200 mètres à l'Est du château du Geissberg, en avant d'une haute et épaisse houblonnière, ayant devant lui la 6ᵉ compagnie en tirail-

---

batteries de Schweigen. Or, les fusées de l'artillerie française de 1870 étaient réglées de façon à pouvoir produire l'éclatement aux distances de 1500 et 2,800 mètres. Telle est, sans doute, la cause de l'action efficace de la batterie Didier.

(1) *Historique du Grand État-Major prussien*, 2ᵉ livraison, page 179.
La distance des remparts aux batteries était de 900 mètres.

leurs (1). Le 3ᵉ bataillon (2) du même régiment (commandant Joanin) se place, presque à angle droit, à la gauche du 1ᵉʳ, face au Nord dans une houblonnière située au Nord du château, le long du chemin de Gutleuthof aux « Trois-Peupliers », sa droite au chemin d'Altenstadt au Geissberg, son front couvert par la 1ʳᵉ compagnie, déployée en tirailleurs. Ces deux bataillons laissent les sacs au bivouac, où restent en réserve les deux bataillons du 74ᵉ (3). « On ne soupçonnait pas, « à ce moment, que l'attaque deviendrait sérieuse, car « on aurait eu bien largement le temps de faire tomber « les tentes et de prendre les sacs (4). » Les deux batteries disponibles de la 2ᵉ division viennent se placer près des bataillons de réserve ; la brigade de cavalerie de Septeuil restant dissimulée sur les pentes méridionales du Geissberg.

Telle était la situation des troupes françaises vers 9 heures.

A ce moment, le général Douay, arrivé au Geissberg,

---

(1) Historique du 50ᵉ de ligne. Notes d'un officier du 50ᵉ de ligne.
(2) Le 2ᵉ bataillon du 50ᵉ est à Seltz.
(3) Le 2ᵉ bataillon du 74ᵉ est dans Wissembourg.
D'après une lettre du commandant Pédoya au général Robert, datée du 4 juin 1880 et confirmée par des renseignements communiqués par M. le général Pédoya en 1901, le général de Montmarie aurait porté en avant tout d'abord un bataillon du 50ᵉ et un du 74ᵉ.
D'autre part, l'Historique de la 2ᵉ division dit nettement que les deux bataillons du 50ᵉ se trouvaient déjà placés ainsi qu'il a été indiqué ci-dessus quand le 74ᵉ fut engagé à son tour. Cette version est aussi celle de l'Historique du 50ᵉ de ligne, d'après lequel les deux bataillons disponibles de ce régiment furent déployés simultanément. Elle est confirmée d'autre part par l'Historique du 74ᵉ de ligne qui mentionne également l'engagement simultané de ses deux bataillons et ajoute : « Le 1ᵉʳ bataillon trouve devant lui un bataillon du 50ᵉ qui avait déjà commencé la lutte ».
(4) Lettre du commandant Pédoya, ancien officier d'ordonnance du général de Montmarie, au général Robert.

approuve les dispositions prises par ses généraux de brigade, et prescrit au 6ᵉ escadron du 11ᵉ chasseurs « d'aller « au plus vite à Soultz chercher le maréchal de Mac- « Mahon et de l'informer de la situation ». Cet escadron y arriva à midi, trouva le maréchal montant à cheval, et reçut l'ordre « de retourner de suite sur le « champ de bataille, dire au général Douay de tenir le « plus longtemps possible, et, s'il y est forcé, de faire « sa retraite en bon ordre (1) ».

Informé par le maire de Schleithal que 300 cavaliers (2) ennemis ont, de grand matin, traversé ce village, le général Douay délégua, sur sa demande, le capitaine Pédoya pour faire une reconnaissance vers la Lauter, en aval de Wissembourg, puis, un peu plus tard, envoya également dans cette direction un escadron du 3ᵉ hussards. Accueilli par des coups de feu à la lisière du Nieder-Wald, l'escadron rebroussa chemin ; mais le capitaine Pédoya aperçut vers l'Est des masses qu'il évalua à une division. Il revint aussitôt en rendre compte au général Douay.

Sur la Lauter, les 2ᵉ et 3ᵉ bataillons du 1ᵉʳ tirailleurs avaient engagé le combat. Vers 9 h. 30, quelques fractions d'infanterie, et, en particulier, un bataillon de chasseurs qui formait l'aile gauche bavaroise, descendent vers la Lauter à travers les vignes et obligent le chef du 2ᵉ bataillon à renforcer les deux compagnies déployées en tirailleurs par deux autres compagnies. Mais, jusqu'à 10 heures environ, les tirailleurs se maintiennent

---

(1) Historique du 11ᵉ chasseurs. Quand l'escadron revint au Geissberg, la bataille était terminée. Il rétrograda alors sur Soultz et Haguenau d'où il repartit le 5 août et rejoignit le régiment, le 5, à Fræschwiller.

(2) Ce chiffre paraît exagéré. Il s'agissait probablement de l'escadron du *14ᵉ* hussards qui se trouvait à la pointe d'avant-garde de la 42ᵉ brigade (XIᵉ corps).

sans difficultés à l'Est de Wissembourg, aussi bien qu'à l'Ouest, où ils n'ont que quelques escarmouches. Une tentative faite par un peloton de chasseurs bavarois pour s'emparer de la porte de Bitche et pénétrer dans Wissembourg échoue ; les assaillants laissent leur chef et la moitié des leurs dans la vase des fossés. En somme, l'action est engagée depuis près de deux heures, sans que la 4e division d'infanterie bavaroise ait fait des progrès sensibles.

Pour venir en aide à la batterie Didier, le général Douay prescrit à la 12e batterie (Foissac) du 9e d'artillerie de s'établir au Nord-Ouest de la hauteur des Trois-Peupliers et de prendre comme objectif les deux batteries bavaroises de Schweigen. Celles-ci se trouvent bientôt dans une situation assez critique ; l'une d'elles (VI/4, Bauer), prise légèrement d'écharpe, est obligée de faire un changement de front (1) et la 1re batterie (Kirchhoffer) du 4e d'artillerie bavarois qui s'établit à ce moment sur la hauteur du Windhof vient, d'une façon très opportune, leur prêter son appui. Le 3e bataillon du 74e (commandant Vallet), désigné comme soutien de la batterie Foissac, se place en avant d'elle sur les pentes « couché en colonnes par peloton à demi-distance (2) », mais les nombreux projectiles qu'il reçoit le forcent à se déployer et à s'abriter derrière un pli de terrain. Le 1er bataillon du même régiment se place, en réserve « au-dessous et « à gauche du Geissberg, derrière une haute et épaisse « houblonnière, devant laquelle il y avait un bataillon « du 50e (1er) » (3).

La cavalerie (deux escadrons et demi du 11e chasseurs et quatre escadrons du 3e hussards) est chargée de relier

---

(1) Hoffbauer, *loc. cit.*, page 17.
(2) Historique du 74e de ligne.
(3) Note du commandant Cécile sur la défense du château du Geissberg.

le 1ᵉʳ tirailleurs à la 1ʳᵉ brigade. A cet effet, elle s'avance dans le vallon situé au Sud-Ouest d'Altenstadt entre la Glaisière et les Trois-Peupliers et déploie en avant d'elle, en fourrageurs, un escadron de chaque régiment.

*
* *

L'avant-garde du V⁰ corps, après avoir dépassé Schweighofen, s'était partagée en deux colonnes d'égale force, conformément à l'ordre de mouvement du 3. A droite, le colonel de Rex se dirige vers le pont de Saint-Remy avec trois bataillons (deux du 58⁰, 5ᵉ bataillon de chasseurs), trois escadrons du 4⁰ dragons, la 1ʳᵉ batterie légère du 5⁰ d'artillerie. A gauche, le colonel de Bothmer marche sur les Wooghaüser avec le 59ᵉ régiment, un escadron du 4⁰ dragons, la 2ᵉ batterie légère du 5⁰ d'artillerie, la compagnie de pionniers de la 9ᵉ division. La tête du gros du V⁰ corps arrive à Klein-Steinfeld. Au bruit du canon, le général de Kirchbach envoie un officier de son état-major auprès du général de Bothmer pour se renseigner et demander par quel moyen le V⁰ corps pourrait venir efficacement en aide à la 4ᵉ division bavaroise. Le général de Bothmer fit répondre qu'il était vivement engagé de front, qu'il se croyait menacé sur sa droite et qu'une action contre la droite de l'adversaire lui paraissait opportune (1).

L'avant-garde de Rex atteint la Lauter vers 9 heures. « De ce point on entendait la canonnade de Wissembourg (2). » Le colonel de Rex s'engage sur la route de Lauterbourg et aperçoit bientôt, sur cette route, venant de l'Est, une colonne en marche sur Wissembourg. Elle appartenait au XI⁰ corps, dont l'avant-garde primitive

---

(1) *Historique du Grand Etat-Major prussien*, page 183.
(2) *Ibid.*

(42ᵉ brigade) s'était rassemblée à Schleithal et dont elle constituait la nouvelle avant-garde (41ᵉ brigade), flanquée à gauche par le *11ᵉ* bataillon de chasseurs marchant à travers bois.

Le général de Bose, commandant le XIᵉ corps, convint avec le général de Sandrart, commandant la 9ᵉ division, que celle-ci aurait la libre disposition de la route pour marcher sur Wissembourg, tandis que les troupes du XIᵉ corps appuieraient au Sud.

De son côté, dès le retour de l'officier d'état-major envoyé au général de Bothmer, le général de Kirchbach avait dirigé le gros du Vᵉ corps sur Altenstadt.

D'autre part, l'arrivée du gros de la 4ᵉ division bavaroise allait permettre à l'avant-garde de progresser quand on aperçut « sur les hauteurs qui s'élèvent der-
« rière la ville deux bataillons français s'avançant vers
« le Nord-Ouest et qui semblaient vouloir déborder la
« droite des Bavarois (1). Afin de s'opposer à ce mou-
« vement, le général Maillinger établit à l'Ouest de
« Schweigen un bataillon du gros de sa brigade.....
« Le général Bothmer détachait en outre sur Dörren-
« bach et vers le Guttenberg un bataillon et demi de
« la 7ᵉ brigade et au château Saint-Paul un autre ba-
« taillon de cette brigade (2) ».

A 10 heures du matin, la division Bothmer n'a plus que deux bataillons disponibles, sans compter six compagnies d'avant-postes non encore rassemblées ; ces deux bataillons « viennent prendre position (3) » au débouché Sud de Schweigen. Le détachement latéral de droite qui

---

(1) C'était sans doute le 78ᵉ de ligne qui était au Pigeonnier et non les deux bataillons du 74ᵉ, ainsi que le pense le traducteur de l'*Historique du Grand État-Major prussien*. Ceux-ci faisaient un mouvement de leur camp vers le Geissberg, c'est-à-dire vers le S.-E.
(2) *Historique du Grand État-Major prussien*, page 179.
(3) *Ibid.*

avait à parcourir de mauvais chemins de montagnes, n'avait atteint la Lauter qu'à 9 h. 30 et s'était établi à l'Ouest de Germanshof pendant que ses reconnaissances s'avançaient dans la vallée où « l'on supposait des ouvrages (1) ». A 11 heures, le chef du détachement, major de Ebner, se décidait à se diriger sur Wissembourg. Quant à la 3e division d'infanterie bavaroise, elle était encore à plus de deux lieues du champ de bataille, et le général de Bothmer ne pouvait espérer d'autre appui, à bref délai, que celui du Ve corps. Il se décidait donc à « entretenir le combat (2) » jusqu'à l'arrivée de ce dernier et en rendait compte au Prince royal, établi de sa personne, depuis 9 h. 15, sur la hauteur à l'Est de Schweigen.

*
* *

Vers 10 h. 30, le combat, jusqu'alors traînant, prend, sur les bords de la Lauter, un caractère très violent. La demi-avant-garde du Ve corps, de Rex, avait atteint Altenstadt vers 10 heures et, après s'y être rassemblée, en avait fait déboucher, sur la gare de Wissembourg, six compagnies (deux du 5e bataillon de chasseurs et le 1er bataillon du 58e). Pour couvrir leur gauche le bataillon de fusiliers (3e) du 58e et une compagnie de chasseurs étaient venus se poster au remblai du chemin de fer, avec la 1re batterie légère (Michaelis) du 5e régiment.

Le général Pellé fait face rapidement au danger qui le menace sur sa droite. Il déploie d'abord au Nord du chemin de fer, perpendiculairement à la grande route, les deux compagnies du 2e bataillon du 1er tirailleurs

---

(1) *Historique du Grand État-Major prussien*, page 180.
(2) *Ibid.*

non encore engagées et appelle à la gare les fractions disponibles du 3ᵉ bataillon. Puis il fait charger « la baïon-
« nette au canon, la 18ᵉ brigade prussienne et, à trois
« reprises différentes, la rejette en désordre (1) ». Il s'empresse de faire occuper ensuite un vaste enclos entouré de murs et situé à quelques centaines de mètres à l'Est de la gare. Quelques groupes de turcos essayent même de déborder la gauche des tirailleurs prussiens, mais leurs tentatives sont arrêtées par les feux de fractions ennemies établies derrière le remblai du chemin de fer.

En même temps que se produisait l'attaque de flanc de la demi-avant-garde du Vᵉ corps de Rex, le général de Bothmer avait prononcé un vigoureux mouvement offensif sur le front des 2ᵉ et 3ᵉ bataillons du 1ᵉʳ tirailleurs. Le général Maillinger « s'avance à l'est de Schweigen
« avec ses deux bataillons conservés en réserve. Il ren-
« force la ligne de ses feux..... A cette ligne, forte de
« quatorze compagnies, se joint, à partir du Windhof,
« le 2ᵉ bataillon du 9ᵉ régiment qui, à l'approche du
« Vᵉ corps, avait quitté ses emplacements d'avant-
« postes. Plus en arrière, venait le 6ᵉ bataillon de chas-
« seurs..... (2) ».

Mais, en dépit de la simultanéité des deux attaques et des forces très supérieures qui leur sont opposées, les 2ᵉ et 3ᵉ bataillons du 2ᵉ tirailleurs parviennent, grâce à des prodiges d'énergie, à se maintenir, aussi bien près de la porte de Landau que sur les bords de la Lauter.

Au Windhof, la batterie bavaroise Kirchhoffer (*1/4*) avait été rejointe par la batterie Hérold (*V/4*), mais les batteries Bauer et Wurm, très exposées au feu de l'infanterie et manquant de munitions, se retirent par

---

(1) Historique de la 2ᵉ division.
(2) *Historique du Grand État-Major prussien*, page 181.

échelons au Nord de Schweigen. A ce moment apparaissent trois nouvelles batteries ennemies. La 2ᵉ batterie légère (Haupt) du *5ᵉ* régiment, appartenant à la demi-avant-garde du Vᵉ corps, de Bothmer, vient renforcer la batterie Michaelis, à l'Est de la bifurcation du chemin de fer; les batteries Normann (*1/11*) et Engelhard (*II/11*) du XIᵉ corps, après avoir doublé le bataillon de tête de la *41ᵉ* brigade, prennent position à la lisière Ouest du Niederwald, en face de la ferme de Gutleuthof. Ces quatre batteries croisent leurs feux sur le Geissberg.

Le général Douay oppose aux batteries Michaelis et Haupt la batterie de mitrailleuses (10ᵉ du 9ᵉ), qui vient s'établir à 500 mètres environ au Nord-Ouest du château. Accueillie « par le feu d'une batterie ennemie, dont les « projectiles l'atteignirent en plein dès qu'elle se montra (1) »; elle prit aussitôt un nouvel emplacement un peu au Nord-Est des Trois-Peupliers. La batterie Foissac se plaça à sa gauche pour lui venir en aide : le 3ᵉ bataillon du 74ᵉ se subordonna à ce mouvement et reçut, dans cette nouvelle position, de nombreux projectiles.

Sur ces entrefaites, le 41ᵉ brigade du XIᵉ corps, après avoir laissé aux avant-gardes du Vᵉ corps la libre disposition de la route de Lauterbourg, s'était d'abord rassemblée au Sud de cette route, puis s'était mise en marche en deux fractions. A gauche, le colonel Grolman se dirige vers la profonde tranchée que suit le chemin de fer, au Sud et près de l'embranchement des routes de Wissembourg à Seltz et à Soultz, avec les 2ᵉˢ bataillons des *80ᵉ* et *87ᵉ*. A droite, le colonel de Colomb, avec le reste de la brigade, marche sur Gutleuthof.

En outre, le général de Bose, commandant le XIᵉ corps,

---

(1) Historique du 9ᵉ régiment d'artillerie.

envoie à la 42ᵉ brigade, à Schleithal, l'ordre de se relier à la gauche de la 41ᵉ et il appelle sur le champ de bataille la 22ᵉ division, encore en marche dans le Bienwald, ainsi que l'artillerie de corps.

Le mouvement de la 41ᵉ brigade avait été vu du Geissberg, car « elle se trouva exposée à un feu fort vif de « l'artillerie ennemie et à une fusillade très nourrie (1) ». De l'ensemble de la situation, le général Douay avait pu conclure qu'il ne s'agissait pas seulement, de la part de l'adversaire, d'une reconnaissance offensive, — ainsi qu'il l'avait pensé tout d'abord, — mais d'une attaque sérieuse, exécutée à la fois de front et sur son flanc droit par des forces supérieures en nombre. Il se décida donc à la retraite et « envoya à la 2ᵉ brigade l'ordre de « se retirer lentement, et au bataillon du 74ᵉ qui occupait « Wissembourg, l'ordre de quitter la ville. La 1ʳᵉ bri-
« gade, avec la 2ᵉ batterie de l'artillerie divisionnaire
« (12ᵉ du 9ᵉ), devait soutenir la retraite. C'est à ce mo-
« ment que, cherchant lui-même à placer cette batterie
« dans une bonne position et voulant s'assurer de l'effet
« qu'elle produisait, il fut atteint par deux balles de
« mitraille et resta mort sur place (2) (3) (10 h. 45 envi-
« ron) ».

---

(1) *Historique du Grand État-Major prussien*, 2ᵉ livraison, page 184.

(2) Historique de la 2ᵉ division. D'après le médecin inspecteur Dauvé, le général Douay fut blessé à l'aine droite par un éclat d'obus et transporté en charrette au Schafbusch, où il mourut quelques minutes après son arrivée. (*L'ambulance de la division Abel Douay en 1870*, page 10.)

(3) « Lorsque les masses ennemies ont été démasquées, le général « Douay ne s'est plus fait illusion sur la gravité de la situation, et il « me souvient lui avoir entendu dire, quelques instants avant sa mort, « à la vue des colonnes ennemies : « Nous serons obligés de battre en « retraite. » (Lettre du commandant, aujourd'hui général, Pédoya au général Robert.)

Les deux batteries françaises du Geissberg ne peuvent soutenir la lutte bien longtemps. Prises à partie, celle de mitrailleuses surtout, par les quatre batteries du chemin de fer et du Niederwald, elles changent d'abord de position et se voient obligées, vers 11 heures, de cesser le feu et de se retirer momentanément du combat. En même temps (11 heures) la batterie Didier, établie au Sud de la gare, est réduite au silence par une puissante ligne d'artillerie ennemie tirant des hauteurs au Sud du Windhof et comprenant les deux batteries lourdes de la 9ᵉ division et trois batteries de l'artillerie de corps du Vᵉ corps (1).

Sur ces entrefaites, le général Pellé avait reçu du général Douay l'ordre « de battre en retraite assez len-
« tement pour donner au bataillon du 74ᵉ qui occupait
« Wissembourg le temps d'évacuer cette place (2) ».

Mais il ne lui parut pas possible d'entreprendre immédiatement ce mouvement. Les 2ᵉ et 3ᵉ bataillons du 1ᵉʳ tirailleurs se trouvaient en effet engagés à courte distance et presque sans réserves contre la demi-avant-garde de Rex, renforcée sur le front, à Altenstadt, par trois compagnies du 47ᵉ, puis sur l'aile droite par le reste de ce régiment (18ᵉ brigade). En même temps, les 19ᵉ et 20ᵉ brigades se déployaient au Nord de Schweighofen. Le général Pellé estima qu'il était indispensable, pour rompre le combat, de disposer d'une troupe fraîche. En conséquence, il envoya l'ordre au 4ᵉ bataillon du 1ᵉʳ tirailleurs, placé au Sud de la porte de Bitche, de venir

---

(1) Trois batteries de l'artillerie de corps restent en arrière, faute de place pour se former. (*Historique du Grand État-Major prussien*, 2ᵉ livraison, page 184.)

(2) Rapport du général Pellé sur le combat de Wissembourg, daté de Lembach, 5 août 1870.

prendre position au Sud-Ouest de la gare, près de la route de Strasbourg, pour recueillir les 2e et 3e bataillons.

L'arrivée du 47e regiment avait déterminé le colonel de Rex « à cesser le combat de mousqueterie qu'il avait « entretenu jusqu'à ce moment et à dessiner une attaque « sérieuse contre la gare..... Le mouvement du 1er batail- « lon du 58e, le long de l'avenue rectiligne, bordée de « peupliers, que formait la route (de Lauterbourg), « l'amène devant un enclos entouré d'une muraille de « six pieds de hauteur (1) ». Les fractions de turcos qui l'occupent opposent à l'ennemi une résistance des plus opiniâtres et lui causent des pertes « qui croissent à chaque pas (2) ». Le chef de bataillon et tous les capitaines sont mis hors de combat et c'est un lieutenant qui se trouve finalement à la tête du bataillon. « Aidé de « quelques officiers restés debout, il parvient à pour- « suivre l'attaque, malgré le désordre que ces pertes « répétées ont jeté dans les rangs (3) ». Les turcos cèdent enfin sous le nombre et sous la violence des feux d'artillerie et se replient vers le faubourg. Le 1er bataillon du 58e, le 47e — dont un bataillon suit les bords de la Lauter — et deux compagnies du 5e bataillon de chasseurs poursuivent leur marche en avant. Un combat corps à corps s'engage dans les maisons, que les turcos évacuent une à une, au fur et à mesure qu'ils sont débordés sur leur gauche. Vers midi, les 2e et 3e bataillons du 1er tirailleurs sont refoulés pas à pas jusqu'à la ligne : gare—porte de Landau. Le 1er bataillon du 58e avait perdu, à lui seul, 12 officiers et 165 hommes (4).

---

(1) *Historique du Grand État-Major prussien*, 2e livraison, page 186.
(2) *Ibid.*
(3) *Ibid.*
(4) *Ibid.*, page 187.

A ce moment, l'aide de camp du général Pellé, précédemment envoyé au Geissberg pour demander des secours et des munitions, rejoignit son chef, lui apprit la nouvelle de la mort du général Douay (1) et le prévint, de la part du colonel Robert, chef d'état-major de la division, « qu'il devait, par droit d'ancienneté, prendre le « commandement de la division (2) ». Le général Pellé se décida « à continuer le mouvement de re-« traite, tel qu'il avait été ordonné par le général Douay « avant sa mort, c'est-à-dire en le commençant par la « gauche (3) ».

Le 4e bataillon du 1er tirailleurs, presque intact, venait d'ailleurs de se déployer au Sud-Ouest de la gare, sur la route de Strasbourg, en situation de recueillir les débris des 2e et 3e bataillons. Ceux-ci se dégagent assez facilement, grâce à une fraction qui se maintient énergiquement à la gare, et se replient, un peu après midi (4), en deux groupes, vers les ailes du 4e bataillon, sans être sérieusement poursuivis (5).

La batterie Didier, qui a soutenu l'infanterie de tout son pouvoir et jusqu'au dernier moment, regagne les hauteurs du Geissberg.

Les fractions du 47e et du 1er bataillon du 58e se ral-

---

(1) Rapport du général Pellé sur le combat de Wissembourg.
(2) Historique de la 2e division.
(3) *Ibid.*
(4) Historique du 1er tirailleurs.
(5) « Les masses prussiennes, qui étaient restées masquées pendant
« le combat, s'ébranlent. Ils descendaient la colline au pas, sans se
« presser, sans chercher à nous gagner de vitesse, en gens qui craignent
« une surprise et que la victoire étonne. De temps en temps, ils s'arrê-
« taient pour nous envoyer une décharge et puis ils reprenaient tran-
« quillement leur marche. »
(Albert Duruy, engagé volontaire au 1er tirailleurs [1re compagnie du bataillon Sermensan]. *Etudes d'histoire militaire*, pages 293 et suivantes).

lient près de la gare, tandis que la demi-avant-garde du Vᵉ corps, Bothmer, dépasse la lisière Sud d'Altenstadt et se rassemble près de la route (3 bataillons du *59ᵉ*, 1 compagnie du *5ᵉ* bataillon de chasseurs, 1 escadron du *4ᵉ* dragons, 1 compagnie du génie).

« Beaucoup de turcos n'avaient plus de munitions,
« dit l'Historique de la 2ᵉ division. Tous ceux auxquels
« il en restait formèrent l'arrière-garde, et ce régiment
« regagna lentement le sommet du plateau et le camp
« en défendant, par des feux bien nourris, la rive droite
« de la Lauter, que les Bavarois de Bothmer commen-
« çaient à franchir. Le colonel Morandy renforça les
« grand'gardes, déploya des tirailleurs sur leur front,
« pendant que le reste de la troupe levait le camp et se
« réapprovisionnait de munitions. Et, ces opérations ter-
« minées, il se retira lentement sur Steinseltz, pour
« gagner le col de Pfaffenschlick. »

« L'ennemi pouvait s'élancer à notre poursuite et nous
« pensions à chaque instant voir accourir sa cavalerie,
« que nous étions prêts d'ailleurs à bien recevoir ; notre
« contenance l'arrêta. Sans doute, en nous regardant
« marcher d'un pas ferme et dans le plus grand ordre,
« il comprit que ces hommes-là, sur un signe de leurs
« officiers, se seraient de nouveau précipités au combat
« sans hésitation et sans crainte. Il se contenta de nous
« envoyer quelques obus, quelques boîtes à balles, qui
« ne parvinrent pas à nous entamer (1). »

Le 1ᵉʳ régiment de tirailleurs avait cruellement souffert dans cette lutte. Les pertes se montaient à 18 officiers (2) et 518 hommes (3), chiffres très forts si l'on

---

(1) A. Duruy, *Études d'histoire militaire*, page 298.
(2) 5 officiers tués, 2 morts des suites de leurs blessures, 11 blessés. (Renseignements fournis par M. Martinien, employé aux Archives de la guerre.)
(3) Les archives de la 2ᵉ division du 1ᵉʳ corps ont été prises ou

songe que le 4ᵉ bataillon fut très peu engagé et qu'au 3ᵉ bataillon la 1ʳᵉ compagnie détachée à Oberhoffen, à la garde du quartier général, ne prit pas part à l'action (1).

« La 6ᵉ compagnie du 3ᵉ bataillon ne comptait plus, le
« soir de Wissembourg, que 2 sous-officiers et 33 tirail-
« leurs présents ; tous ses officiers avaient été atteints :
« capitaine Kiéner, blessé mortellement ; lieutenant
« Moullé, blessé ; sous-lieutenant Berthélemy, blessé ;
« sous-lieutenant Mohamed-ben-Ahmouda, tué. Le lieu-
« tenant Belamy avait été tué au début de l'action d'une
« balle au cœur ; le sous-lieutenant Cazals, de la même
« compagnie, avait été tué presque au même instant
« d'une balle au front. Près de la chaussée du chemin
« de fer, le capitaine Tourangin avait eu son cheval
« tué en gravissant, pour observer l'ennemi, par un feu
« des plus vifs, un tertre qui abritait sa compagnie ; il y
« remonta à pied et reçut une balle à la poitrine et une
« à la jambe..... Le lieutenant Grandmont, atteint de
« neuf coups de feu, refusa de se laisser transporter par
« ses hommes et leur ordonna de retourner au combat ;
« il resta sur le champ de bataille..... Le lieutenant
« Mouça-ben-Kouider trouva aussi ce jour-là une mort
« glorieuse..... Presque tous les officiers blessés furent
« faits prisonniers (2). »

---

perdues le soir de la bataille de Frœschwiller, pendant la retraite ; on peut donc, pour les pertes de notre côté, donner seulement des chiffres approximatifs. Le rapport du général Pellé sur la bataille de Frœschwiller donne comme effectif du régiment, le matin du 6 août, le chiffre de 1733, différent de 536 de celui fourni par la situation du 4 août (2,269). Si de 536 on déduit 18 officiers, il reste 518 sous-officiers et soldats. Comme, d'après l'Historique du 1ᵉʳ tirailleurs, « il n'a « presque pas été fait de turcos prisonniers à Wissembourg », le chiffre de 518 approche beaucoup de la vérité.

(1) Historique du 1ᵉʳ tirailleurs, page 171.
(2) Historique du 1ᵉʳ tirailleurs, page 171.

« La proportion des officiers touchés aurait été plus forte si les capi-

Le combat de Wissembourg constitue un des plus beaux titres de gloire du 1ᵉʳ régiment de tirailleurs, qui avait lutté héroïquement pendant quatre heures contre des forces triples des siennes.

*
* *

Après avoir constaté que les turcos n'étaient pas inquiétés dans leur retraite, le général Pellé se rendit en toute hâte au Geissberg auprès de la 1ʳᵉ brigade (de Montmarie). Vers 11 h. 45, le 1ᵉʳ bataillon du 50ᵉ de ligne, appartenant à cette brigade, s'était engagé contre des fractions importantes de la 41ᵉ brigade qui débouchaient du Nieder-Wald. A droite, le colonel de Colomb, à la tête du 3ᵉ bataillon du *87ᵉ* et du 1ᵉʳ bataillon du *80ᵉ*, marchait sur la ferme de Gutleuthof. A gauche, le colonel Grolman, avec les 2ᶜˢ bataillons des *80ᵉ* et *87ᵉ*, cherchait à atteindre la profonde tranchée que forme le chemin de fer au Nord-Est de Riedseltz.

Par un mouvement offensif, accompagné d'un léger changement de front, le 1ᵉʳ bataillon du 50ᵉ de ligne s'était déjà porté à 200 mètres environ à l'Est du château du Geissberg, dans les vestiges d'une redoute. Il formait ainsi un angle presque droit avec le 3ᵉ bataillon qui faisait face au Nord, le long du chemin de Gutleuthof aux Trois-Peupliers, dans une houblonnière au Nord du château du Geissberg. Le 1ᵉʳ bataillon « soutient, dans
« cette position, un combat très vif de tirailleurs ; la
« 6ᵉ compagnie, ayant brûlé toutes ses cartouches, est
« relevée par la 5ᵉ, puis celle-ci par la 4ᵉ (1) ». Le chef

« taines du 2ᵉ bataillon avaient été présents à l'action ; mais le général
« Douay les avait envoyés à Strasbourg pour acheter des chevaux. »
(*Ibid.*, page 173.)

(1) Historique du 50ᵉ de ligne.

de bataillon Boutroy est blessé deux fois ; le capitaine Oesinger, très grièvement atteint, refuse de se laisser emporter ; le bataillon éprouve des pertes considérables en soldats.

« Les batteries ennemies placées à (dans la direction
« de) Schweighofen ou dans la plaine battent sans re-
« lâche le plateau où elles pensent que se cachent nos
« réserves (1). »

De leur côté, les 3es bataillons des 50e et 74e de ligne, faisant face au Nord, avaient ouvert le feu sur 3 compagnies (2 du 3e bataillon du 58e, 1 du 1er bataillon de chasseurs) de la demi-avant-garde de Rex, qui, débouchant d'Altenstadt, commençaient à gravir les hauteurs du Geissberg, appuyées à gauche par le 3e bataillon du 59e de la demi-avant-garde de Bothmer. Enfin, en présence du mouvement du colonel Grolman sur Riedseltz, le colonel du 74e, dont le 1er bataillon avait été jusque-là gardé en réserve, envoya la compagnie Margory (1re du 1er), en tirailleurs vers le Sud-Est (2). Les 2 bataillons du colonel de Colomb, après avoir occupé la ferme de Gutleuthof, marquaient un temps d'arrêt, tandis qu'à leur droite le reste de la 9e division traversait Altenstadt et gagnait le chemin de fer.

Telle était la situation au moment (12 h. 30 environ) où le général Pellé arriva sur les hauteurs du Geissberg. Il s'empressa de donner à la 1re brigade l'ordre de « commencer sa retraite en échelons par bataillon et en « se dirigeant vers le col de Pfaffenschlick (3) ». Le

---

(1) Notes d'un officier du 50e de ligne sur la journée de Wissembourg.
(2) Note du commandant Cécile sur la défense du Geissberg.
(3) Historique de la 2e division. Voir aussi le rapport du général Pellé sur le combat de Wissembourg, daté de Lembach, 5 août 1870.
Dans des renseignements communiqués le 11 janvier 1901, M. le général Pedoya dit au contraire :
« Le général Pellé qui avait pris le commandement après la mort

général de Montmarie, laissant une compagnie du 3ᵉ bataillon du 50ᵉ à la houblonnière au Nord du château, fait replier ce bataillon sur la ferme de Schafbusch. Le mouvement de retraite est exécuté avec un grand calme, sous la protection de feux à volonté qui arrêtent l'ennemi et l'obligent, à deux reprises, à s'abriter (1). A son tour, le 3ᵉ bataillon du 74ᵉ gagne la ferme de Schafbusch sous un feu d'artillerie violent, qui lui a déjà causé de nombreuses pertes, parmi lesquelles le capitaine Bellenand et le sous-lieutenant Dodin (2).

Le général de Montmarie prescrit alors aux 1ᵉʳˢ bataillons du 50ᵉ et du 74ᵉ, qui font face vers l'Est, de se replier également sur la ferme de Schafbusch (3).

Au moment où commença la retraite de la 1ʳᵉ brigade, le général Pellé et le général de Septeuil estimèrent, d'un commun accord, qu'il « était imprudent « et inutile d'engager la cavalerie et qu'il valait mieux « ne pas la compromettre sur un terrain absolument « impropre à son action (4) ».

L'artillerie, qui était rentrée en ligne, « ne peut plus

« du général Douay, ne songeait qu'à résister sur le Geissberg, espé-
« rant toujours que le général Ducrot, qui était à proximité, viendrait
« avec des renforts, et c'est lorsqu'il a dû renoncer à tout espoir d'être
« secouru et qu'il s'est vu menacé d'être enveloppé, que la retraite a
« été envisagée comme une nécessité. »

On ne s'expliquerait pas, dans ce cas, qu'avec l'intention de résister au Geissberg, le général Pellé ait fait rétrograder le 1ᵉʳ tirailleurs, dont le 4ᵉ bataillon était à peu près intact, sur Pfaffenschlick, par Steinseltz, au lieu de le rassembler en réserve, derrière la brigade de Montmarie.

(1) Historique du 50ᵉ de ligne.
(2) Historique du 74ᵉ de ligne.
(3) Cet ordre ne semble pas être parvenu au 1ᵉʳ bataillon du 74ᵉ. (Note du commandant Cécile, sur le combat de Wissembourg, qui n'en fait pas mention.)
(4) Vie militaire du général Ducrot, tome II, page 355 et Historique de la 2ᵉ division.

« tenir contre la supériorité écrasante des batteries
« prussiennes (1) » ; elle reçoit l'ordre de se porter au
Sud-Ouest de Steinseltz et d'y prendre position « dans le
« but de protéger l'infanterie (2) ». La compagnie du
génie et un bataillon de tirailleurs sont chargés d'assurer sa garde. — Les deux autres bataillons de tirailleurs durent coordonner leur « mouvement avec le sien,
« de manière à ne pas être débordés sur la gauche par
« les tirailleurs bavarois ».

Quand les batteries de la division quittèrent leurs
anciens emplacements, la 12ᵉ dut laisser sur le terrain
une pièce dont l'affût avait été brisé, les chevaux tués
et qui ne put être enlevée avant l'arrivée de l'ennemi.

« Cette pièce tomba entre ses mains, mais ne fut pas
« prise par lui (3). »

Pendant que ces ordres recevaient un commencement
d'exécution, le général de Kirchbach, commandant le
Vᵉ corps, avait chargé le régiment des grenadiers du roi
n° 7, de la 18ᵉ brigade d'infanterie, et la demi-avant-garde du colonel de Bothmer d'enlever les hauteurs du
Geissberg.

« Au centre de la ligne d'attaque, marche le régiment
« des grenadiers n° 7, précédé, sur le chemin d'Alten-
« stadt, par la 10ᵉ compagnie du 47e (4) ; à droite, les
« fusiliers (3ᵉ bataillon) du 59e (5) gravissent les pentes,
« accompagnés et suivis par les fractions de la demi-
« avant-garde de Rex déjà mentionnées. Les 9ᵉ et 12ᵉ
« compagnies du 58e (6) se joignent au mouvement, à

---

(1) Historique de la 2ᵉ division.
(2) *Ibid.*
(3) *Ibid.*
(4) 18ᵉ brigade.
(5) 17ᵉ brigade (demi-avant-garde de Bothmer).
(6) 17ᵉ brigade (demi-avant-garde de Rex).

« gauche du Gutleuthof ; le 1ᵉʳ bataillon du *59ᵉ* (1) suit
« en arrière de l'aile droite (2). »

Tandis que ces six bataillons et demi du Vᵉ corps s'avancent dans le secteur compris entre la gare et la ferme de Gutleuthof, le général de Bose, commandant le XIᵉ corps, « lance également, au Sud de cette ferme, « la 41ᵉ brigade, qui s'ébranle tambour battant et en-« seignes déployées » (3). Les deux bataillons du colonel de Colomb (3ᵉ du *87ᵉ*, 1ᵉʳ du *80ᵉ*) marchent droit sur le château du Geissberg, que le 2ᵉ bataillon du *80ᵉ* cherche à déborder par le Sud. Les deux premiers bataillons du *87ᵉ* se dirigent vers la route de Riedseltz ; enfin, le 3ᵉ bataillon du *80ᵉ* et le *11ᵉ* bataillon de chasseurs, d'abord gardés en réserve, franchissent la voie ferrée pour venir former l'extrême gauche près de Riedseltz et tourner complètement la position de la brigade de Montmarie. A ce moment, la 42ᵉ brigade, venue de Schleithal, se déploie sur la lisière occidentale du Nieder-Wald.

L'attaque concentrique de toutes ces forces est préparée, d'une part, par les batteries du Vᵉ corps, en position au Windhof, d'autre part, par les deux batteries de la 21ᵉ division (*I/11 II/11*) qui se sont portées à l'Ouest du chemin de fer (4). Enfin, les 10ᵉ et 22ᵉ divisions et l'artillerie de corps du XIᵉ corps approchent du champ de bataille.

L'ennemi gagne rapidement du terrain, aussi bien au Nord du Geissberg, où il s'empare de la houblonnière, qu'à l'Ouest de la ferme de Gutleuthof et de la tranchée du chemin de fer, et bientôt une chaîne épaisse de tirail-

---

(1) 17ᵉ brigade (demi-avant-garde de Rex).
(2) *Historique du Grand État-Major prussien*, 2ᵒ livraison, page 190.
(3) *Ibid.*
(4) Hoffbauer, *loc. cit.*, pages 28 et 33.

leurs attaque de front et déborde sur leurs flancs les premiers bataillons des 74ᵉ et 50ᵉ.

Celui-ci surtout, dont quelques compagnies n'avaient plus une seule cartouche, se trouvait très compromis, engagé de front à courte distance, et menacé d'être enveloppé. Le commandant Cécile essaya de l'appuyer au moyen de la compagnie Fargue. Mais, environ dix minutes après, le 1ᵉʳ bataillon du 50ᵉ et cette compagnie battant en retraite, il ordonna à ses quatre compagnies restantes de se replier, en remontant la pente, vers les Trois-Peupliers. De nombreux tirailleurs ennemis, débouchant de la houblonnière abandonnée par le 1ᵉʳ bataillon du 50ᵉ, s'avancent à 200 mètres, retardés dans leur marche par les feux des deux bataillons français (1).

Le 1ᵉʳ bataillon du 50ᵉ, « très diminué » (2), parvient pourtant à se dégager et bat en retraite sur la ferme de Schafbusch. Le 1ᵉʳ bataillon du 74ᵉ gravit avec lui, « sous un feu terrible, les pentes qui mènent à la ferme « et au château de Geissberg » (3). « Là, tombent mor- « tellement frappés, MM. Sciart, lieutenant, Panisset et « Guffroy, sous-lieutenants;..... M. Ciffre, lieutenant, « est grièvement blessé. » (4) Le lieutenant-colonel Delatour-d'Auvergne, qui dirige cette troupe, réussit à se faire suivre de 200 ou 300 hommes vers la ferme de Schafbusch ; mais des fractions des deux bataillons, ignorant que la 1ʳᵉ brigade est déjà bien en arrière, entraînés par beaucoup d'hommes du 50ᵉ qui n'avaient plus de cartouches, se jettent dans la ferme du Geissberg et s'y renferment, « résolus à la défendre jusqu'à la dernière extrémité » (5).

---

(1) Note du commandant Cécile.
(2) Historique du 50ᵉ de ligne.
(3) *Ibid.*
(4) Historique du 74ᵉ de ligne.
(5) Historique du 50ᵉ de ligne.

*
* *

Le château du Geissberg, qui date d'une centaine d'années, se compose d'un vaste bâtiment rectangulaire, avec cour intérieure. La face Est présente à la campagne une façade monumentale qui communique par un perron élevé, avec un jardin potager formant terrasse et terminé brusquement par un mur de 7 à 8 mètres de hauteur. Une voûte pratiquée dans la face Ouest met la cour intérieure en communication avec la cour extérieure, fermée elle-même par une enceinte continue de 6 mètres de hauteur et présentant deux portes vers le Nord et une vers le Sud. A cette enceinte sont adossées à l'intérieur diverses dépendances et une maison d'habitation dont la façade Nord défend l'accès de la principale entrée. Le toit de ce bâtiment est la seule partie de la face Ouest d'où l'on ait vue sur la campagne. Le champ de tir est très étendu à l'Est, mais, au Nord, il est limité à 200 mètres par les houblonnières qui bordent le chemin de Gutleuthof. Vers l'Ouest, le château est dominé à 500 mètres par la hauteur des Trois-Peupliers.

Les fractions des premiers bataillons du 50e et du 74e, qui avaient cherché un refuge dans le château, sont promptement remises en ordre par le commandant Cécile, du 74e, aidé par une douzaine d'officiers.

Le commandant Cécile ne tarde pas à reconnaître combien sa position est critique. Vers l'Est, le colonel de Colomb, à la tête du 1er bataillon du *80e* et du 3e bataillon du *87e* était arrivé à courte distance du Geissberg. Vers le Sud, le reste des troupes de la 41e brigade accentuait de plus en plus son mouvement débordant, refoulant deux détachements de 150 réservistes chacun qui appartenaient au 16e bataillon de chasseurs et au 78e de ligne et qui, débarqués à Riedseltz vers 11 heures, avaient occupé cette localité. Au Nord et au Nord-Est le régiment des grenadiers du Roi s'était déployé : le 3ᵉ bataillon à la droite, le 2ᵉ bataillon à la gauche de la 10ᵉ compagnie du 47ᵉ, tandis que le 1ᵉʳ bataillon marchait sur la hauteur des Trois-Peupliers. La 4ᵉ compagnie du 5ᵉ bataillon de chasseurs s'était jointe aux groupes de la première ligne (1).

« Ma gauche, vers les Trois-Peupliers, était encore
« libre », dit le commandant Cécile. « En restant là, nous
« ne pouvions qu'épuiser nos cartouches et après, nous
« rendre, tandis que, par une vigoureuse sortie, nous
« pouvions, en combattant en retraite, rejoindre notre
« 3ᵉ bataillon ; c'est ce que je décidai de faire. Je ras-
« semblai dans la cour mes soldats et ceux du 50ᵉ et je
« sortis en tête..... (2) »

« N'écoutant que son courage, entouré des officiers de
« son bataillon qui forment comme un premier rang
« pour enlever leurs soldats » (3), le commandant Cécile, débouchant à cheval par la plus occidentale des deux portes Nord, d'où l'ennemi était maintenu éloigné à 150 mètres par les feux de nos tireurs postés dans les greniers, s'avance, à la tête de « sa compagnie et des
« hommes du 50ᵉ », jusqu'à cinquante pas au Nord et tourne à gauche pour gagner la hauteur des Trois-Peupliers. « Les Prussiens le reçoivent par un feu de mous-
« queterie. Le commandant Cécile tombe ; on le croit
« frappé à mort. A côté de lui sont blessés : le capitaine
« Lagneaux, qui prend le commandement malgré sa
« blessure ; le capitaine Patissier, les lieutenants Richer
« et Monteillet, l'adjudant Morel » (4). Les survivants refluent dans la cour, puis dans les bâtiments dont ils organisent la défense.

---

(1) *Historique du Grand État-Major prussien*, 2ᵉ livraison, page 191.
(2) Note du commandant Cécile sur le combat de Wissembourg.
(3) Historique du 74ᵉ de ligne.
(4) *Ibid.*

Cependant, le 3ᵉ bataillon du 74ᵉ qui s'est rallié et reformé dans la ferme de Schafbusch reçoit de son colonel l'ordre de reprendre l'offensive, pour tâcher de dégager le 1ᵉʳ bataillon. Il se porte en avant « par « une marche en bataille, exécutée avec un ordre par- « fait, sous un feu terrible de mousqueterie, dans un « petit chemin creux où, protégé par le talus, il doit « arrêter la marche des assaillants sur le Geissberg. Le « feu est bientôt ordonné sur toute la ligne, les soldats « tirent sur les colonnes ennemies situées à peine à « 200 mètres. Dédaignant bientôt ce rempart qui les « couvre, ils grimpent sur le talus pour mieux assurer « leurs coups. Les Prussiens hésitent, reculent même ; « déjà retentit notre vieux cri de guerre : « En avant ! à « la baïonnette ! » Hélas ! la position est tournée, il faut « battre en retraite et céder au nombre dix fois supé- « rieur de nos adversaires » (1). Le bataillon perd les capitaines Dreville et Verhaeyhe ; le lieutenant Gastiniau est blessé deux fois ; le sous-lieutenant Nolet meurt en prononçant « comme un appel suprême à ses soldats ces « nobles et simples paroles : « Vive la France ! mes « amis, vengez-moi ! » (2).

Bientôt les défenseurs du château sont étroitement investis de tous côtés et soumis à un feu d'artillerie des plus violents, mais leur fusillade, partant des construc- tions garnies jusque sous les combles, empêche l'ennemi de déboucher de la houblonnière. Le major de Kai- senberg, du régiment des grenadiers du Roi, lance à l'assaut les 9ᵉ, 12ᵉ et 11ᵉ compagnies, mais les pertes augmentent à chaque pas ; presque tous les officiers sont mis hors de combat et le major de Kaisenberg tombe, frappé à mort par trois balles. « Toute la bravoure de « l'assaillant vient échouer devant des murailles infran-

---

(1) Historique du 74ᵉ de ligne.
(2) *Ibid.*

« chissables et une porte solidement barricadée » (1).
Du côté Sud, une partie de la 8ᵉ compagnie pénètre dans la cour intérieure avec quelques tirailleurs de la 9ᵉ compagnie du *87ᶜ*, mais elle ne parvient pas à entrer dans le château et est obligée de se blottir dans un angle mort situé au pied même des murs. En vain quelques tirailleurs ennemis apportent-ils sous les ouvertures de la paille qu'ils allument (2); en vain, sur l'ordre direct du général de Kirchbach, le lieutenant de Kreckwitz contourne-t-il, avec quelques pelotons, le château par l'Ouest, pour occuper une position plus élevée. Les défenseurs n'en continuent pas moins leur feu qui rend les abords des bâtiments intenables et défie tout assaut.

« Il était évident qu'un résultat ne pouvait être « obtenu qu'avec le concours de l'artillerie (3) ». La 2ᵉ batterie légère (Haupt) du *5ᵉ* gravit, avec les plus grands efforts, les pentes nord du Geissberg, établit d'abord trois pièces, puis les trois autres, à 600 mètres au nord du château et ouvre le feu par section contre les différents étages. Elle est renforcée bientôt par la 1ʳᵉ batterie légère (Michaelis) du *5ᵉ*, puis par la 3ᵉ batterie lourde (Metzke) du même régiment qui prennent position à l'est près du chemin de Gutleuthof. Pendant ce temps, le 1ᵉʳ bataillon du régiment des grenadiers du Roi et le 3ᵉ bataillon du *59ᵉ* atteignent les Trois-Peupliers, où viendra plus tard s'établir la 2ᵉ abtheilung montée du Vᵉ corps. Le général de Kirchbach,

---

(1) *Historique du Grand État-Major prussien*, page 192.
(2) *Ibid.*
(3) *Historique du Grand État-Major prussien*, page 193. La 2ᵉ batterie (Engelhard) du *11ᵉ* régiment d'artillerie (XIᵉ corps), placée à l'Ouest de la voie ferrée, d'où elle avait canonné à 1200 mètres environ, la partie Sud-Est du château, avait dû cesser son feu au moment où l'infanterie prussienne s'était rapprochée de la position. (Hoffbauer, *loc. cit.*, page 34.)

atteint d'une balle au cou, avait dû se rendre à l'ambulance d'Altenstadt et en attendant l'arrivée du lieutenant général de Schmidt, commandant la 10ᵉ division, le combat était dirigé par le colonel von der Esch, chef d'état-major du Vᵉ corps.

Mais la résistance de la faible et vaillante troupe française ne devait et ne pouvait plus être de longue durée.

A 3 heures, les défenseurs du château, qui avaient épuisé toutes leurs munitions, entamèrent des pourparlers et se décidèrent, au nombre de 200 environ, à accepter la capitulation qu'ils avaient repoussée jusqu'alors (1).

« Avec le château tombait le dernier appui de la
« défense, mais ce succès avait été chèrement acheté.
« Le bataillon de fusiliers du régiment des grenadiers
« du Roi avait perdu, à lui seul, tant en morts qu'en
« blessés, 11 officiers ou porte-épée faisant fonctions
« d'officiers, 9 sous-officiers et 157 hommes (2). »

La résistance éprouvée par l'ennemi devant le château du Geissberg avait permis aux débris de la 1ʳᵉ brigade de la division Douay de se reformer le long de la route de Strasbourg de part et d'autre de la ferme de Schafbusch, occupée par des fractions du 3ᵉ bataillon du 50ᵉ de ligne. La batterie de mitrailleuses avait été envoyée aussitôt sur Cleebourg et les deux batteries de 4 de la division avaient pris position au Sud-Ouest de Steinseltz pour dégager par leur tir les défenseurs du Geissberg et soutenir ultérieurement la retraite.

La cavalerie, que le mouvement offensif de la 9ᵉ division avait obligée de quitter son emplacement de la matinée, avait pris une position d'attente dans la vallée du Seltzbach, entre Steinseltz et Deutschen-Hof.

---

(1) Général Bonnal. *Frœschwiller*, page 126. — *Historique du Grand État-Major prussien*, 3ᵉ livraison, page 194.

(2) *Historique du Grand État-Major prussien*, 2ᵉ livraison, page 194.

Aussitôt que le château du Geissberg fut tombé au pouvoir de l'ennemi, « des fractions de tous les régiments « qui avaient été engagés, s'élancèrent à la fois sur « la ferme de Schafbusch » (1), tandis que l'aile gauche de la 41ᵉ brigade, qui marchait sur Steinseltz par les deux rives du Seltzbach, menaçait ainsi la ligne de retraite des troisièmes bataillons du 50ᵉ et du 74ᵉ de ligne. Ceux-ci arrêtent un instant l'adversaire par leurs feux, puis battent en retraite, sous la protection d'un groupe de braves qui défendent énergiquement la ferme et ses abords, jusqu'au moment où les Prussiens, se précipitant de tous les côtés à la fois, la prennent d'assaut.

Les débris de la 1ʳᵉ brigade peuvent ainsi se replier en bon ordre dans les bois, au Sud de Steinseltz, sans que l'ennemi les poursuive autrement que par les feux de son artillerie : 1ʳᵉ batterie (Normann) du 11ᵉ, établie au sud de Schafbusch et abtheilung à cheval de l'artillerie de corps, du XIᵉ corps, qui prend plusieurs positions successives au nord-ouest de Riedseltz, sur la ligne même des tirailleurs du 11ᵉ bataillon de chasseurs (2). Les deux batteries de 4 de la 2ᵉ division « ne quittèrent « leurs emplacements (au Sud-Ouest de Steinseltz) que « lorsqu'il fut bien démontré qu'elles ne pouvaient « plus être utiles » (3). Elles se dirigèrent alors sur Cleebourg, où elles rejoignirent le 1ᵉʳ tirailleurs et furent suivies par une portion du 74ᵉ de ligne, sous les ordres du colonel, et par la brigade de cavalerie de Septeuil. Toutes ces troupes se dirigèrent sur le col de Pfaffenschlick, puis sur Pfaffenbronn et Lembach, où elles arrivèrent pendant la nuit. Le gros de la 1ʳᵉ brigade chercha, au contraire, à regagner son point de

---

(1) *Historique du Grand État-Major prussien*, 2ᵉ livraison, page 194.
(2) *Ibid.* Voir aussi Hoffbauer, *loc. cit.*, page 38.
(3) Historique de la 2ᵉ division.

départ, Haguenau, où il arriva à 11 heures du soir, par Bremmelbach et Soultz (1).

A part le 1ᵉʳ tirailleurs, qui avait pu reprendre ses sacs, les diverses troupes qui avaient assisté au combat étaient complètement dépourvues d'effets, aussi bien les officiers que les soldats.

La 2ᵉ division n'avait ni ambulance, ni cacolets, ni voitures pour le transport des blessés. Il lui fallut donc abandonner ceux-ci soit sur le terrain, où ils furent relevés par les Allemands, soit à la ferme de Schafbusch, où les médecins des corps de troupes avaient installé un poste de secours.

L'ambulance de la division Douay, partie de Strasbourg par voie ferrée dans la matinée même, n'avait pu dépasser la halte de Riedseltz. Le train qui l'amenait avait rétrogradé sur Soultz et le personnel seul, sous la direction du médecin-major Dauvé, avait eu le temps de débarquer. Il s'était hâté, au bruit du canon, de se diriger vers le champ de bataille et était arrivé à la ferme de Schafbusch à 11 h. 30.

Vers 3 h. 1/2, un groupe de soldats prussiens exécuta un feu de salve sur la façade Est des bâtiments de la ferme, bien qu'une des cheminées fût surmontée d'un drapeau blanc orné d'une croix rouge, puis pénétra dans la cour et se mit à tirer contre les fenêtres. Enfin, sur les instances des médecins français, le feu cessa. Vers 4 heures, le Prince royal vint visiter l'ambulance et saluer la dépouille mortelle du général Douay qui y avait été transporté par les soins du capitaine Malfroy du 74ᵉ. Dans la soirée, sur l'ordre de l'état-major de la IIIᵉ armée, les médecins et les blessés furent conduits à Wissembourg, « entourés et gardés à vue par des soldats, « baïonnette au canon » ; quant aux vingt-deux

---

(1) Historique du 50ᵉ de ligne.

infirmiers appartenant à l'ambulance divisionnaire, ils furent faits prisonniers et conduits à Landau par un peloton de dragons (1).

***

Le 3ᵉ bataillon du 74ᵉ, qui occupait Wissembourg, sous les ordres du commandant Liaud, n'avait pas été inquiété depuis 10 heures du matin, pendant toute la durée du combat que les Bavarois et l'avant-garde de Rex avaient livré sur la Lauter. A midi, après la retraite du 1ᵉʳ régiment de tirailleurs, le feu reprit contre la ville pendant que des groupes nombreux d'infanterie bavaroise se rapprochaient du front Nord et, en particulier, de la porte de Landau (2). Le général de Hartmann, commandant le IIᵉ corps bavarois, songe un instant à engager à l'aile droite la 5ᵉ brigade de la 3ᵉ division bavaroise, arrivée à Schweigen à 12 h. 30 ; mais « les « vignes épaisses qui couvraient les pentes du Wurmberg « mettant obstacle à tout déploiement de forces considé- « rables » (3), on se borne à faire avancer le 6ᵉ régiment. Les autres bataillons sont dirigés vers l'aile gauche de la division Bothmer où, d'ailleurs, ils ne prirent pas part au combat.

De son côté, le 1ᵉʳ bataillon du 58ᵉ (demi-avant-garde

---

(1) Tout ce qui est relatif à l'ambulance de la 2ᵉ division est extrait d'une brochure du médecin inspecteur Dauvé, médecin chef de l'ambulance de la 2ᵉ division en 1870, intitulée : L'*Ambulance de la division Abel Douay en* 1870, pages 13 et suivantes.

(2) Presque tout ce qui est relatif à la défense de Wissembourg a été extrait d'un rapport adressé par le commandant Liaud au colonel Robert, chef d'état-major de la 2ᵉ division, et daté de Mersebourg, 19 décembre 1870. Les parties entre guillemets, sans renvois, sont des citations textuelles de ce rapport.

(3) *Historique du Grand État-Major prussien*, page 187.

de Rex), après un petit arrêt à la gare, s'approche, vers 1 heure, de la porte de Haguenau, qui était ouverte et dont le pont-levis était baissé. La ville paraissait abandonnée et les soldats, épuisés, se reposaient à dix pas de la porte quand, soudain, un coup de feu tiré de la ville vient blesser l'un d'eux. Le lieutenant Baron, du 58e, envoie dans la ville 2 sous-officiers et 10 hommes de bonne volonté. Ils sont assaillis par des forces supérieures et les deux sous-officiers seuls parviennent à se faire jour. Le pont-levis est relevé par la garnison et une violente fusillade oblige le bataillon à rétrograder jusqu'à la gare (1).

Le Prince royal, survenant à ce moment, décide qu'il se rendra aussitôt à Altenstadt pour y cantonner (2).

« A 1 h. 30, le bruit se répandit, écrit le commandant
« Liaud, que l'ordre était arrivé d'évacuer Wissem-
« bourg et de se replier sur la division par la route de
« Bitche. Je m'étonnai de n'avoir pas reçu la communi-
« cation directe de cet ordre si important, et je m'in-
« quiétai de la personne qui l'avait apporté. J'appris
« qu'un officier à cheval, que je crus reconnaître à son
« signalement pour le capitaine d'état-major de Biarre,
« aide de camp du général commandant la brigade,
« s'était présenté à la porte de Haguenau et avait chargé
« le sous-officier chef du poste de donner l'ordre d'éva-
« cuation. Je compris alors que la division s'était éloi-
« gnée et, d'un autre côté, ne pouvant tenir longtemps
« dans Wissembourg contre un ennemi muni d'une artil-
« lerie formidable et qui apparaissait à chaque instant
« plus nombreux, je pris aussitôt mes dispositions pour
« l'évacuation. »

Le commandant prescrivit au capitaine adjudant-

---

(1) *Historique du Grand État-Major prussien*, page 188.
(2) Historique du 58e régiment d'infanterie, page 50.

major de réunir les compagnies sur la place et courut à la caserne pour faire atteler les voitures. On vint le prévenir à ce moment qu'il y avait près de la gare des forces considérables, dont une partie avait déjà atteint les abords de la porte de Haguenau par où le commandant se proposait d'évacuer la ville. Il emmena aussitôt le bataillon vers la porte de Bitche, mais ne tarda pas à se convaincre, en y arrivant, que toute chance de retraite lui était également enlevée de ce côté, où se trouvait le major de Ebner avec le détachement latéral de la 4ᵉ division bavaroise (3ᵉ bataillon du 9ᵉ régiment) et où se dirigeait le 6ᵉ régiment descendant du Wurmberg (1). En même temps, une section de la IIIᵉ batterie du 5ᵉ régiment d'artillerie arrivait du Windhof et s'établissait en face de la porte de Landau, complètement dégarnie de défenseurs. Le Prince royal venait d'envoyer l'ordre « d'enlever la ville sans plus tarder (2) ».

Dans ces circonstances difficiles, le commandant Liaud résolut de défendre la ville à outrance. Les 3ᵉ et 4ᵉ compagnies restèrent à la porte de Bitche sous les ordres du capitaine Dufour ; les 1ʳᵉ et 2ᵉ furent envoyées à la porte de Haguenau ; les 5ᵉ et 6ᵉ furent destinées à la porte de Landau. De ces deux compagnies, la 6ᵉ seule était présente ; la 5ᵉ était allée reprendre ses sacs qu'elle avait laissés à la caserne. La plupart des hommes n'avaient plus de cartouches ; ceux auxquels il en restait encore n'en avaient que 2 ou 3. L'ordre fut donné de ne tirer que lorsque l'ennemi se montrerait sur le bord du fossé.

Voulant s'assurer qu'il n'y avait pas eu de confusion dans l'exécution des ordres, le commandant se rendait à la porte de Haguenau quand il fut informé que l'ennemi

---

(1) *Historique du Grand État-Major prussien*, page 189.
(2) *Ibid.*, page 187.

pénétrait en ville par cette issue, ouverte par les habitants qui avaient cru à l'évacuation de Wissembourg par le 74°. A ce moment arrivent les 1re et 2e compagnies, qui avaient allongé leur chemin. Elles se précipitent sur l'ennemi à la baïonnette, le rejettent hors de la place, dégagent les abords de la porte et relèvent le pont (1).

Le commandant Liaud se rend ensuite à la porte de Bitche pour en inspecter la défense. Tout allait bien de ce côté, quand on vint le prévenir que l'ennemi s'était rendu maître de la porte de Landau et que déjà il pénétrait en ville. Le commandant crut d'abord qu'il ne s'agissait que d'un fait analogue à celui qui s'était passé à la porte de Haguenau, et ne comprenait pas comment les 5e et 6e compagnies, qui devaient se rendre à la porte de Landau, ne s'y trouvaient pas lors de l'irruption de l'ennemi. En réalité, ces deux compagnies, après avoir erré quelque temps dans les rues tortueuses, étaient arrivées près d'une fausse porte, située entre celles de Bitche et de Haguenau et s'y étaient établies. Pendant ce temps, la section de la batterie prussienne *III/5* avait réussi promptement à abattre les montants de la porte de Landau.

Deux pièces de la batterie bavaroise Kirchhoffer étaient

---

(1) Voici comment l'*Historique du Grand État-Major prussien* présente cet épisode :

Peu de temps après la tentative du *58°*, « des détachements du
« *47°*, s'approchant de nouveau de la porte de Haguenau, la trouvent
« de nouveau inoccupée ; ils abaissent le pont-levis et entrent dans la
« place. Toutefois, comme il semblait peu probable qu'une action
« sérieuse dût y avoir lieu, tandis qu'au dehors, sur les hauteurs au
« sud de la gare, le combat redoublait de violence, ils se retirèrent
« bientôt sur cette dernière où la majeure partie du régiment se ralliait en ce moment. Quand, plus tard, d'autres troupes prussiennes
« s'avancèrent encore contre la porte, le pont était relevé de nou-
« veau. » (2e livraison, page 188.)

arrivées peu après et s'étaient établies sur la crête même de la contrescarpe, prenant sous leur feu les abords intérieurs de la porte. Quelques soldats escaladent les piliers et, à coups de hache, font tomber le pont-levis. Le *10*ᵉ bataillon de chasseurs bavarois et le 3ᵉ bataillon du *11*ᵉ régiment pénètrent dans la ville, ainsi que des fractions des 3ᵉˢ bataillons des *5*ᵉ et *14*ᵉ régiments. Pour plus de sécurité, le général Maillinger fait également avancer le *6*ᵉ bataillon de chasseurs, afin de soutenir ces premières troupes, qui parviennent, sans rencontrer d'adversaires, par la grande rue et les ruelles latérales, jusqu'à la place du Marché.

Le commandant Liaud, qui avait pris une section à une des compagnies de la porte de Bitche, se dirigeait au pas de course vers la porte de Landau. A peine avait-il fait deux cents pas qu'il se trouva, au détour d'une rue, en présence d'un peloton bavarois. Le feu commença de part et d'autre ; l'ennemi se replia, mais le commandant, blessé à la jambe, dut remettre le commandement au capitaine adjudant-major Bertrand. Celui-ci ne tarda pas à se trouver, sur la place d'armes, en présence d'un bataillon bavarois. Il se rejeta avec sa petite troupe vers le front Nord, mais il trouva le chemin de ronde occupé également par l'ennemi. Il se replia alors vers la porte de Bitche, partagea une partie des 3ᵉ et 4ᵉ compagnies en petits groupes, pour garnir les maisons voisines, et se préparait à faire une contre-attaque sur les Bavarois, dont la tête de colonne n'était plus qu'à cent pas, quand le maire, porteur d'un drapeau blanc, s'interposa. La résistance ne fut alors plus possible.

« Il engagea le commandant de la garnison à faire
« cesser le combat, l'assurant devant un officier supé-
« rieur bavarois qu'on n'exigeait de lui que l'évacuation
« pure et simple de la place. Le capitaine Bertrand
« répondit qu'il tenait encore des points importants ; il

« feignit d'avoir encore des munitions et il déclara qu'il
« entendait n'entrer en pourparlers que sur la seule
« question d'évacuation. L'officier supérieur bavarois
« ayant répondu qu'il en serait ainsi (*Also*), le capitaine
« Dufour fut conduit près du général pour s'entendre
« avec lui sur ces bases. Le général-major Maillinger,
« tout en rendant la plus complète justice à l'énergie de
« la défense, déclara au nom du général commandant
« l'attaque que, Wissembourg n'étant ni une place forte,
« ni un poste retranché muni d'artillerie, et étant d'ail-
« leurs enlevé d'assaut, il ne pouvait admettre une éva-
« cuation simple. Il ajouta que la garnison, cernée de
« toutes parts et coupée depuis plusieurs heures de son
« corps principal, alors en pleine déroute (1), devait
« se constituer prisonnière de guerre. »

Pendant ces pourparlers, plusieurs bataillons ennemis avaient pénétré dans la ville; d'autres, munis d'artillerie, gardaient les débouchés de la porte de Haguenau, enfin la retraite par celle de Bitche était interceptée par le 6ᵉ régiment et le 1ᵉʳ bataillon du 9ᵉ bavarois. D'ailleurs, les Français, entourés de toutes parts, n'avaient plus de cartouches.

« Résister plus longtemps aurait été engager, sans la
« moindre chance de salut, la lutte insensée de la baïon-
« nette contre la balle et le boulet, exposant la popu-
« lation à de cruelles représailles. Les officiers, réunis
« autour du capitaine Bertrand, reconnurent que l'hu-
« manité devait, en cette circonstance, l'emporter sur
« nos derniers scrupules militaires (2). » Les soldats formèrent les faisceaux, les officiers conservèrent leurs armes.

---

(1) Le mot était fort exagéré.

(2) L'*Historique du Grand État-Major prussien* dit (2ᵉ livraison, page 189), que la garnison de Wissembourg mit bas les armes *vers midi et demi*. Mais d'autre part (page 187), il mentionne que « le

Dans la soirée qui suivit le combat du 4 août, les officiers prisonniers reçurent la visite des généraux bavarois de Hartmann, commandant le II⁰ corps bavarois, et de Bothmer, commandant la 4⁰ division. Ils apprirent que les pertes de l'ennemi avaient été considérables et que l'on avait cru, toute la journée, à la présence d'un corps de troupes beaucoup plus nombreux dans Wissembourg. « Le général de Bothmer adressa aux officiers les « paroles les plus flatteuses » et leur témoigna sa haute estime pour l'énergie de leur défense, qu'il qualifia d'héroïque. La spontanéité de ce témoignage fait d'autant mieux ressortir la sincérité de l'hommage ainsi rendu à la valeur de nos troupes.

*
* *

« Dès 11 heures, l'ordre avait été expédié à la 4⁰ divi-
« sion de cavalerie de s'avancer jusqu'au Wacholder-
« berg, près d'Altenstadt; mais l'officier porteur de cet
« ordre ne trouvait pas encore la division au rendez-
« vous qui lui était assigné dans les dispositions. Arrêtée
« pendant une heure entière à Billigheim, où la 10⁰ divi-
« sion n'avait pas encore achevé de quitter ses bi-
« vouacs, elle atteignait à 1 h. 30 seulement Ober-
« Otterbach où le major de Grodzki lui donnait la
« première nouvelle du combat qui se livrait.

« Il en résultait que, sur le champ de bataille, on
« n'avait sous la main, pour une poursuite immédiate,
« que la cavalerie divisionnaire.

« lieutenant de Berge (commandant la section de la 3⁰ batterie
« lourde du 5⁰ régiment d'artillerie), réussit promptement (1 *heure et
« demie de l'après-midi*), à abattre les montants de la porte de Lan-
« dau ».

« Cette dernière avait, aux environs de Schafbusch
« (F^me) le *4ᵉ régiment de dragons*. Ce régiment est
« lancé sur la route de Soultz (1) ».

Dans la soirée, le *4ᵉ régiment de dragons* envoya le compte rendu suivant :

« Conformément aux ordres donnés, la reconnaissance
« destinée à découvrir la ligne de retraite suivie par
« l'ennemi, a été exécutée sur la route de Haguenau et
« poussée jusqu'à Soultz. Il a été impossible de trouver
« ses traces nulle part. Sur la route elle-même, on
« aperçoit fort peu d'effets abandonnés. Les quelques
« habitants qui ont été interrogés s'accordent à dire
« qu'un très petit nombre de Français a suivi cette
« route ; Soultz était occupé par l'infanterie ennemie et,
« pour ce motif, on n'a pu aller plus loin.

« De la ligne des hauteurs au Sud-Est de Soultz, on
« pouvait apercevoir des masses d'infanterie assez con-
« sidérables. La distance était trop grande pour per-
« mettre une appréciation exacte (2) (3). »

A 8 h. 1/2, le Prince royal avait donné l'ordre d'installer les troupes au bivouac ; elles s'établirent de la manière suivante :

4ᵉ division de cavalerie. — Sur la rive gauche de la Lauter, entre Wissembourg et Altenstadt.

IIᵉ corps bavarois. — Infanterie au Sud de Wissembourg et à l'Ouest de la route de Soultz. Cavalerie et artillerie de corps au Nord et à l'Est de la ville. Dans la ville même, le 3ᵉ bataillon du 5ᵉ régiment d'infanterie et le *10ᵉ* bataillon de chasseurs. Deux bataillons sont aux

---

(1) *Historique du Grand État-Major prussien*, 2ᵉ livraison, page 195.
(2) Stieler von Heidekampf, *Le Vᵉ corps prussien pendant la guerre contre la France*, page 31.
(3) Il n'y avait à Soultz que le 3ᵉ bataillon (Laman) du 36ᵉ de ligne (3ᵉ division).

avant-postes de Roth à Weiler, se reliant vers Bobenthal avec le détachement de flanc de la 4ᵉ division bavaroise qui continue à surveiller les passages de la montagne. Sur toute cette ligne, il y aura, pendant toute la nuit, échange de coups de fusils avec des détachements des 78ᵉ et 96ᵉ de ligne. Trois autres bataillons et un escadron sont placés en grand'gardes le long du Seltzbach, depuis Roth jusqu'à la route de Haguenau.

Vᵉ corps. — Au Sud d'Altenstadt, l'artillerie de corps au Nord du village. La 19ᵉ brigade reste en avant-garde sur les hauteurs des Trois-Peupliers, avec deux escadrons du *14ᵉ* régiment de dragons et une batterie. Les avant-postes sont établis des deux côtés de la route de Haguenau.

XIᵉ corps. — 21ᵉ division sur le Geissberg, 22ᵉ division entre la voie ferrée et le Niederwald, avec des avant-postes dans la direction de Riedseltz, Oberseebach, Schleithal, et un détachement de flanc à Nieder-Lauterbach.

Corps Werder. — Division badoise à Lauterbourg, avec des grand'gardes sur la ligne Ober-Lauterbach—Motheren. Division würtembergeoise au bivouac au Nord de Lauterbourg.

1ᵉʳ corps bavarois. — Au bivouac entre Langenkandel, Minfeld, Minderslachen. Deux bataillons de la 24ᵉ brigade d'infanterie du VIᵉ corps, qui arrivaient à Landau, allaient relever le 2ᵉ bataillon du *58ᵉ* laissé à Anweiler (1).

Les pertes de la division Douay étaient de 1100 hommes et 70 officiers (2), non compris le 2ᵉ bataillon du 74ᵉ fait prisonnier à Wissembourg, dont l'effectif

---

(1) *Historique du Grand État-Major prussien*, 2ᵉ livraison, page 196.
(2) Historique de la 2ᵉ division. — D'après une statistique appro-

avant le combat était de 563 hommes et après le combat de 408, officiers compris (1).

« La perte totale des Allemands s'élevait à 91 offi-
« ciers et 1460 hommes. La proportion la plus forte,
« surtout en officiers, revenait aux corps d'infanterie qui
« avaient eu à enlever des localités fortifiées (2) ».

*
* *

Considérations sur le combat de Wissembourg.

a) IIIᵉ ARMÉE.

Marche sur la Lauter.

Au moment où l'avant-garde de la division bavaroise Bothmer s'engagea contre Wissembourg, l'avant-garde du Vᵉ corps arrivait « à Klein-Steinfeld *seulement* » (3),

---

fondie, faite par M. Martinien, employé aux Archives de la guerre, le total des pertes en officiers serait de 60, se répartissant ainsi :

Corps.	Tués.	Morts des suites de leurs blessures.	Blessés.
État-major général............	1	»	»
État-major...................	»	»	1
50ᵉ de ligne..................	5	2	8
74ᵉ de ligne..................	7	2	12
78ᵉ de ligne..................	»	»	1
1ᵉʳ régiment de tirailleurs.......	5	2	11
Artillerie.....................	»	»	3
	18	6	36

(1) Rapport du chef de bataillon Liaud, commandant le 2ᵉ bataillon du 74ᵉ.
(2) *Historique du Grand État-Major prussien*, 2ᵉ livraison, page 197.
(3) *Ibid.*, page 178.

et le gros à Oberhausen, tandis que celle du XIe corps avait atteint la Lauter dès 7 heures du matin « malgré « le mauvais état des chemins » (1). Or, les deux corps d'armée devaient tous deux, d'après l'ordre de mouvement du 3 août, se mettre en marche à 4 heures du matin, et les distances de Billigheim par Barbelroth, Gross-Steinfeld (Ve corps), et de Rohrbach par Steinweiler, Winden et Schaidt (XIe corps), à la Lauter, sont sensiblement les mêmes.

Le retard du Ve corps sur le XIe provient en partie de ce qu'il était resté concentré à Billigheim, la tête du gros devant attendre alors pour rompre que l'avant-garde se fût écoulée et eût pris la distance prescrite.

Le XIe corps, au contraire, avait poussé, dès le 3 août au soir, son avant-garde à Winden, à 5 kilomètres ; dès lors, la tête du gros pouvait se mettre en marche en même temps que la tête d'avant-garde. Toutefois, ce n'est pas la seule cause du retard du Ve corps. Son avant-garde, partie à 4 heures du matin, ne se trouvait, en effet, après quatre heures de marche, qu'à Klein-Steinfeld, à 11 kilomètres de Billigheim.

Le mouvement de la division Bothmer fut également assez lent, car elle mit deux heures et demie pour parcourir les sept kilomètres qui séparent Bergzabern de Schweigen. En raison de la mission qui lui était dévolue de s'emparer de Wissembourg, la place de sa compagnie du génie était, non pas en queue de colonne, immédiatement avant l'ambulance divisionnaire (2), mais à l'avant-garde.

Il eût été assez facile, sans donner l'éveil à l'en-

---

(1) *Historique du Grand État-Major prussien*, 2e livraison, page 178.
(2) Heilmann, *Antheil des II bayerischen Armee Corps an dem Feldzug 1870-1871*, page 6.

nemi (1), d'accélérer l'arrivée de la 4ᵉ division de cavalerie en l'intercalant entre la division Bothmer et le gros du IIᵉ corps bavarois, bivouaqués l'une à Bergzabern, l'autre à Walsheim (2). La tête du gros du IIᵉ corps bavarois, partant de Walsheim à 4 heures du matin, devait arriver à Impflingen à 6 h. 15 : il suffisait donc de faire rompre la 4ᵉ division de cavalerie de Mœrlheim en temps utile pour qu'elle pût s'engager à 5 heures, derrière la division Bothmer, à Impflingen, sur la route de Bergzabern.

Du reste, on aurait pu, à la rigueur, attribuer au gros du IIᵉ corps bavarois le chemin vicinal de 1ʳᵉ classe, très praticable en 1870, de Walsheim—Wolmersheim—Mörzheim—Heuchelheim—Klingen—Bergzabern (3).

Engagement et combat de la division Bothmer.

La batterie d'avant-garde Bauer et la batterie du gros Wurm s'engagèrent à trop courte distance (1500 mètres) de Wissembourg, au début de l'action. Aussi se trouvèrent-elles presque immédiatement en butte aux feux d'infanterie. Elles s'exposaient de plus à être contrebattues par une artillerie supérieure en nombre et, par suite, immobilisées, sinon mises hors de combat. L'emplacement qu'elles avaient pris sur les pentes Sud de la croupe de Schweigen augmentait encore le danger de leur situation. Elles se retirèrent d'ailleurs assez tôt au Nord de Schweigen et ne reparurent plus, bien que leurs pertes réunies ne fussent que de 1 tué, 8 blessés, 21 chevaux (4). Le major Hoffbauer attribue leur retraite à

---

(1) Ce qui, du reste, ne paraît pas être entré en ligne de compte. (Voir Journée du 3 août, page 34.
(2) A l'Ouest de Germersheim.
(3) Carte d'Alsace-Lorraine, de Liebenow, au 1/300,000ᵉ, 3ᵉ édition.
(4) *Historique du Grand État-Major prussien*, 2ᵉ livraison, page 106 (supplément VIII).

deux causes également inadmissibles : le manque de munitions et l'entrée en ligne, au Nord-Est de Wissembourg, d'autres batteries allemandes (1).

La batterie d'avant-garde ouvrit le feu trop précipitamment et n'eut guère d'autre effet que de donner l'alarme à la division Douay. Puisque rien n'avait décelé l'approche de la division bavaroise et que la quiétude la plus complète paraissait régner dans les camps français, il fallait attendre l'arrivée des trois batteries du gros de la colonne, de façon à obtenir, en même temps que la surprise, des résultats matériels appréciables. L'infanterie, profitant de l'excellent couvert que lui offraient les vignes épaisses qui tapissent tout le versant Sud des coteaux de Schweigen, pouvait arriver au pied des pentes avant que le premier coup de canon eût été tiré. Sur le front Nord de la place, elle aurait été arrêtée, peut-être, par le feu des deux compagnies de grand'garde du 74º de ligne. Mais, vers l'Est, elle aurait pu s'emparer, probablement sans aucune résistance, de tout le terrain compris entre la redoute centrale et la gare, et dont la prise de possession coûta si cher plus tard à l'avant-garde de Rex, du Vº corps. Peut-être même des fractions seraient-elles parvenues à se glisser dans l'intérieur de la ville par les portes de Landau et de Haguenau.

A 10 heures du matin, la 4º division bavaroise ne disposait plus que de quatre bataillons pour combattre devant Wissembourg. Le général de Bothmer avait pris, en effet, pour se garantir contre le danger imaginaire d'une attaque tournante sur sa droite, des mesures de protection tout à fait excessives qui avaient disséminé son infanterie de telle façon que, sans la

---

(1) *Die deutsche Artillerie in den Schlachten und Treffen des deutsch-französischen Krieges* 1870-1871, page 19.

prompte et énergique intervention de l'avant-garde de Rex du V⁰ corps, ces quatre bataillons auraient pu se trouver compromis.

Sans doute, on connaissait la présence du 5ᵉ corps français à Bitche, mais le terrain qui s'étend à l'ouest de la route de Wissembourg—Landau, dans la direction de Bitche, est extrêmement accidenté et boisé et traversé par une seule route utilisable par une forte colonne, celle de Bitche—Stürzelbronn—Wissembourg. Si le 5ᵉ corps était venu de Bitche, il lui fallait passer à Wissembourg, car il n'aurait trouvé, sur son itinéraire, aucun embranchement lui permettant de se porter vers Bergzabern ou Landau. Il existait, à la vérité, un pont sur la Lauter, à Weiler, mais, en raison des pentes raides que présente le Langenberg sur la rive gauche de la rivière, seules de faibles fractions pouvaient y accéder. Les appréhensions du général de Bothmer étaient donc peu justifiées; le détachement de flanc du major von Ebner suffisait à couvrir sa droite et, au surplus, quelques patrouilles de la cavalerie divisionnaire eussent, assez promptement, dissipé ses craintes. Il ne semble pas qu'il ait utilisé, à cet effet, les deux escadrons du 2ᵉ régiment de chevau-légers affectés à l'avant-garde.

Engagement et combat du Vᵉ corps.

Son avant-garde (17ᵉ brigade mixte), se fractionna en deux colonnes à partir de Schweighofen. La colonne de droite (colonel de Rex), franchit la Lauter au pont de Saint-Remy; la colonne de gauche (colonel de Bothmer) au gué de Wooghaüser, en aval. L'utilisation de ce gué ne s'imposait nullement et la colonne de gauche perdit deux heures à organiser et à effectuer son passage. Ce retard amena l'engagement de la colonne de Rex, seule, contre le 1ᵉʳ tirailleurs et fut cause en partie de l'échec qu'elle subit. Il est vrai que le général de Sandrart, commandant la 9ᵉ division, n'attendit pas d'avoir réuni des forces suffisantes pour lancer son attaque à fond sur le flanc droit du 1ᵉʳ tirailleurs. Son intention fut sans doute de dégager ainsi la 4ᵉ division bavaroise, mais la situation de cette unité était-elle critique au point d'exiger une diversion si urgente ?

Le rassemblement de la 18ᵉ brigade au nord d'Altenstadt fut une perte de temps, car l'un de ses régiments, le *47ᵉ*, dut se porter immédiatement au secours du *58ᵉ* de la 17ᵉ brigade et se remettre en colonne pour franchir la Lauter au pont d'Altenstadt. Il n'en serait pas advenu ainsi, si le général commandant la 18ᵉ brigade eût devancé ses troupes et se fût mis en relation avec le général commandant la 9ᵉ division.

Il semble que l'attaque du Vᵉ corps contre le Geissberg ait été prématurée. Pourquoi ne pas attendre l'entrée en ligne de la 42ᵉ brigade d'infanterie et de la 22ᵉ division sur le flanc droit de l'ennemi? Pourquoi diriger cette dernière vers le centre et non sur Riedseltz? N'était-on pas assez fort à Gutleuthof et Altenstadt où l'on disposait de tout le Vᵉ corps? Une tentative d'enveloppement, exécutée par la 42ᵉ brigade seule, devait obliger l'adversaire à abandonner ses positions, même si son front était intact. N'avait-on pas le temps d'attendre les effets certains de ce mouvement? L'ennemi ne pouvait échapper à la défaite, car les forces qui le fixaient eussent rendu sa retraite presque aussi désastreuse que la prolongation de la résistance.

Il paraissait donc judicieux de prescrire au Vᵉ corps de traîner le combat en longueur, tout en continuant de fixer l'ennemi, et au XIᵉ de diriger la 42ᵉ brigade sur le flanc droit de l'adversaire. La victoire eût été remportée un peu plus tard sans doute, mais on disposait encore de six heures de jour, l'on eût évité de grosses pertes et réalisé l'enveloppement de la division Douay.

Si l'on considère que le combat de Wissembourg coûta aux Allemands, forts de trois corps d'armée, 91 officiers et près de 1500 hommes, il est permis d'estimer qu'ils n'ont pas tiré, de leur énorme supériorité numérique, tout le parti possible.

L'assaut du château du Geissberg ne s'imposait pas plus que l'attaque décisive des hauteurs de la rive droite de la Lauter. Dès l'instant où la brigade de Montmarie avait abandonné ses positions, le château devait tomber à bref délai sans qu'on sacrifiât un homme pour l'enlever. Il suffisait de l'entourer. Si, d'ailleurs, la garnison eût trop tardé à se rendre, l'intervention de quelques batteries l'aurait décidée fatalement à en venir à cette douloureuse, mais inévitable solution.

On comprend difficilement aussi l'ordre donné, vers 2 heures, à la division Bothmer de s'emparer, « *sans plus tarder* » (1), de Wissembourg. L'entrée en action des V⁰ et XI⁰ corps avait déplacé le centre de gravité du combat vers le Geissberg, et de l'issue de la lutte en ce point, dépendait évidemment le sort de la ville. Il était donc préférable de maintenir la division Bothmer sur la défensive, sauf dans le cas où la garnison chercherait à évacuer Wissembourg et tenterait de rejoindre le reste de la division Douay. On ne saurait objecter que le V⁰ corps ne pouvait se porter en avant, avant la prise de la place ; les fractions de l'avant-garde de Rex et la division Bothmer étaient plus que suffisantes pour paralyser l'ennemi et donner une sécurité complète, sur leur flanc droit, aux troupes qui allaient assaillir les hauteurs du Geissberg.

La préparation de l'attaque du Geissberg fut également défectueuse au point de vue du rassemblement préalable de l'infanterie. Il semblait logique de joindre

---

(1) *Historique du Grand État-Major prussien*, 2⁰ livraison, page 187.

au 7ᵉ régiment le *47ᵉ* qui formait avec lui la 18ᵉ brigade. On n'en prit pas le temps et l'on se contenta d'une seule compagnie, la 10ᵉ du 3ᵉ bataillon du *47ᵉ*, dont les trois autres compagnies occupaient Altenstadt. On ne s'explique pas, d'ailleurs, que cette compagnie se soit trouvée disponible, sa place étant avec le gros de son bataillon. Les liens tactiques de trois éléments étaient rompus à la fois : au 3ᵉ bataillon du *47ᵉ*, au *47ᵉ*, dont deux bataillons avaient été envoyés dans les prairies de la Lauter au soutien de l'avant-garde de Rex et des Bavarois, enfin, à la 18ᵉ brigade.

Cette précipitation, que rien ne justifiait, eut pour conséquence un mélange complet des unités dès le début de la marche en avant sur le Geissberg.

En allant de la droite à la gauche, on trouve successivement :

La 1ʳᵉ compagnie du *5ᵉ* bataillon de chasseurs ; un peu en arrière, les 10ᵉ et 11ᵉ compagnies du *58ᵉ* ; le 3ᵉ et, derrière lui, le 1ᵉʳ bataillon du *59ᵉ* ; le 7ᵉ avec deux bataillons en première ligne, séparés par la 10ᵉ compagnie du *47ᵉ*, et un en seconde ligne ; la 4ᵉ compagnie du *5ᵉ* bataillon de chasseurs ; les 9ᵉ et 12ᵉ compagnies du *58ᵉ* le 3ᵉ bataillon du *87ᵉ* ; le 1ᵉʳ du *80ᵉ* ; le 1ᵉʳ du *87ᵉ* ; le 2ᵉ du *80ᵉ* ; le 2ᵉ du *87ᵉ* ; le 3ᵉ du *80ᵉ* ; et, enfin, à l'extrême gauche de la ligne, le *11ᵉ* bataillon de chasseurs.

Que serait-il arrivé, si l'ennemi avait exécuté, avec des forces suffisantes, une contre-attaque énergique sur ces troupes en formation presque linéaire, et dont le mélange annihilait à peu près toute direction d'ensemble ?

L'attaque du Geissberg fut menée par le régiment des grenadiers du Roi avec l'impétuosité d'un assaut et non pas avec la méthode et le calme que les circonstances commandaient. Il n'y eut pas, à proprement parler, de combat de préparation, et le concours de l'artillerie semble avoir fait défaut pendant la marche en avant de l'infanterie. A vrai dire, elle n'eut peut-être pas le temps de le prêter à celle-ci.

« L'attaque décisive de l'infanterie, dit le major « Hoffbauer, commença avant que l'artillerie allemande « eût eu le temps d'agir suffisamment contre le château « du Geissberg, clef de la position française (1). » Aussi les pertes du régiment des grenadiers du Roi furent-elles considérables.

L'infanterie allemande n'aurait pas dû franchir le rebord septentrional du plateau du Geissberg avant que l'artillerie eût préparé son assaut par un tir exécuté à courte distance. Sans cet appui, « l'attaque de la forte position du château ne *pouvait* réussir » (2).

« Il était évident, dit l'*Historique du Grand État-Major prussien*, qu'un résultat ne pouvait être obtenu qu'avec le concours de l'artillerie (3). » On le reconnut un peu tard. Le commandement avait omis d'adjoindre des batteries aux troupes chargées de l'attaque du Geissberg, et cet oubli s'explique d'autant moins que trois batteries de l'artillerie de corps du V⁰ corps avaient dû demeurer inactives, au Nord du Windhof, « faute d'espace pour se former » (4). De même, on n'avait pas songé à employer un détachement de pionniers dans une attaque contre des localités qu'on devait supposer avoir été mises en état de défense par l'adversaire.

Il faut constater enfin — et telle est peut-être la cause de ces omissions — que le général commandant le V⁰ corps, semble ne pas s'être tenu de sa personne à la place que sa situation exigeait qu'il gardât. On le trouve, il est vrai, au début, « à la maison de douane du Win-

---

(1) Hoffbauer. *Loc. cit.*, page 48.
(2) *Ibid.*
(3) 2ᵉ livraison, page 193.
(4) *Ibid.*, page 184.

dhof » (1), mais, ensuite, il s'avance à cheval sur la route de Schweighofen, jusque « sous les murs de Wissembourg » (2), où il parcourt la ligne des tirailleurs et, plus tard, il suit l'action du régiment des grenadiers du Roi contre le Geissberg où il est atteint « non loin de la houblonnière, d'une balle au cou » (3). Préoccupé de l'engagement qui se livrait sous ses yeux, il devait fatalement perdre de vue la direction d'ensemble de son corps d'armée.

Engagement et combat du XIe corps.

« En occupant Schleithal et les hauteurs au Sud, le « XIe corps, dit l'*Historique du Grand État-Major prus-* « *sien*, avait satisfait à la mission que lui assignaient les « dispositions pour la journée (4) ». Cependant, vers 8 h. 30, au bruit du canon, le général de Bose ne jugea pas que le XIe corps tout entier fût lié à ses positions par les ordres de la veille. Il laissa, pour s'y conformer, son avant-garde, la 42e brigade, à Schleithal, et, bien que Wissembourg fût encore à huit kilomètres, il se décida à y diriger le gros de la 21e division, toute la 22e division et l'artillerie de corps. On peut considérer ces mesures très judicieuses comme un exemple à suivre par une troupe qui doit remplir une mission déterminée au cours de laquelle se produit un événement imprévu, tel qu'un combat.

Par contre, il est difficile de discerner les motifs qui ont déterminé le général commandant la 41e brigade à fractionner ses régiments d'une manière anor-

---

(1) *Historique du Grand État-Major prussien*, 2e livraison, page 184.
(2) *Ibid.*, page 185.
(3) *Ibid.*, page 193.
(4) *Ibid*, page 182.

male. Les deux colonels se trouvèrent, en effet, chacun à la tête de deux bataillons dont l'un n'appartenait pas à leur régiment.

A la fin du combat, les deux batteries à cheval de l'artillerie de corps arrivèrent à temps pour intervenir dans la poursuite, grâce à l'initiative du colonel commandant l'artillerie de corps qui leur avait fait prendre les devants au trot. Suivant de très près le mouvement du *11e* bataillon de chasseurs, ces batteries prirent en peu de temps jusqu'à trois positions successives pour rester constamment en liaison avec l'infanterie et ne laisser à l'adversaire aucun répit.

D'une manière générale, le combat de Wissembourg dénote « chez les généraux de corps d'armée prussiens « un vif sentiment de camaraderie et de solidarité, des « appréciations justes sur la situation, un emploi intel-« ligent des armes et beaucoup d'énergie » (1).

Ils ne se contentèrent pas de marcher simplement au canon, mais se préoccupèrent encore de diriger leurs troupes sur le point convenable.

« Leur manière d'opérer, dit le général de Woyde, « marquée au coin de l'esprit de camaraderie, et ne « visant qu'à assurer la convergence des efforts de toutes « les fractions vers le but commun, suppléa au manque « de direction et à l'absence d'ordres, qui se firent sentir « en haut lieu..... (2). »

L'*Historique du Grand État-Major prussien* mentionne que, dans la soirée du 4 août, « on avait perdu tout « contact avec les troupes battues à Wissembourg » (3).

---

(1) Général Bonnal, *Frœschwiller*, page 112.
(2) *Causes des succès et des revers dans la guerre de 1870*, tome I, page 114.
(3) 2e livraison, page 197.

A défaut de la 4ᵉ division de cavalerie, le commandant de la IIIᵉ armée disposait, pour exécuter la poursuite, de la cavalerie divisionnaire des Vᵉ et XIᵉ corps et du 2ᵉ régiment de chevau-légers bavarois. Cependant il ne désigna, pour cette mission, que le 4ᵉ régiment de dragons. Celui-ci, en arrivant à Soultz, trouva cette localité occupée par l'infanterie ennemie et revint à son point de départ sans chercher à lancer une reconnaissance d'officier au delà, sans même laisser une patrouille au contact. On se rend difficilement compte des motifs qui ont empêché le Prince royal d'utiliser les autres régiments de cavalerie divisionnaire, d'autant plus que l'on était au mois d'août et qu'il restait encore près de six heures de jour pour la poursuite et la recherche des renseignements. Aucun des trois commandants de corps d'armée présents sur le champ de bataille n'eut d'ailleurs la pensée, sinon de faire suivre les débris de la division Douay par sa cavalerie, au moins de les faire observer par des patrouilles.

Le général commandant la 4ᵉ division de cavalerie ne paraît pas avoir discerné les services importants que sa division pouvait rendre à l'issue du combat. Il avait atteint Ober-Otterbach à 1 h. 30 et, depuis longtemps, avait entendu le bruit du canon (1); il ne semble pas cependant qu'il se soit rapproché du champ de bataille. La division ne franchit la frontière qu'à 4 heures. « Tout le monde espérait, dit l'*Historique du 6ᵉ régiment de* « *uhlans*, que, malgré l'heure tardive, on ferait appel à « l'activité propre à la cavalerie pour poursuivre l'en- « nemi, mais on ne reçut que l'ordre d'établir les troupes « au bivouac au Nord de la Lauter, entre Wissembourg « et Altenstadt » (2).

---

(1) *Historique du 6ᵉ régiment de uhlans*, page 234.
(2) *Ibid.*

b) DIVISION DOUAY.

1° *Brigade de cavalerie de Septeuil.* — Aux termes de l'ordre de mouvement du 1er corps, du 2 août, la brigade de cavalerie légère de Septeuil devait s'établir au Geissberg « de façon à se relier avec la 2e division d'infan- « terie et à l'éclairer sur sa droite jusqu'à Schleithal ». Le général Ducrot était chargé de lui donner des instructions « sur l'emplacement que chaque corps doit « occuper et sur le rôle qu'il devra jouer ».

Les documents des 3 et 4 août ne contiennent pas ces instructions et l'on ne trouve à ce sujet que le paragraphe suivant de la lettre qu'adresse, le 3 août, de Reichshoffen, le général Ducrot au général Douay :

« Il est bien entendu, écrivait-il, que cette brigade « de cavalerie est placée sous vos ordres immédiats et « que vous l'utiliserez pour vous éclairer, soit en avant « de Wissembourg, soit à droite dans la direction de « Lauterbourg. »

La subordination directe de la brigade de Septeuil au général Douay était absolument logique, mais il n'en appartenait pas moins au commandant des 1re et 2e divisions, de prescrire l'envoi de reconnaissances d'officiers sur les points où le service des renseignements avait signalé des rassemblements ennemis.

La nécessité d'être éclairé à grande distance devait apparaître d'autant plus impérieuse que, d'après les instructions du commandant du 1er corps, la 1re division allait se trouver, le 4 août, hors d'état de secourir la 2e division en cas d'attaque (1). Le commandant des 1re et 2e divisions n'ignorait pas, d'ailleurs, que l'ennemi « avait beaucoup de monde à Pirmasens et à Ger-

---

(1) Voir Journée du 3 août, page 11.

« mersheim » (1). La journée du 4 août était donc une période de crise pour les 1re et 2e divisions; elle nécessitait un service de sûreté et de reconnaissances particulièrement actif et il semble même que le général Ducrot eût dû se tenir dès le matin, sinon à Wissembourg, du moins au Pigeonnier.

De son côté, le général commandant la 2e division ne suppléa pas à ce manque d'ordres et n'envoya, de sa propre initiative, aucune reconnaissance d'officier au delà de la frontière. Les mesures de sûreté immédiate dont faisaient mention et l'ordre du 1er corps du 2 août et la lettre du général Ducrot du 3 août furent même inobservées, malgré la situation un peu aventurée où la 2e division allait se trouver le 4 août.

Dès le 3, dans l'après-midi, la brigade de Septeuil pouvait et devait arriver sur la Lauter, occuper tous les points de passage en aval de Wissembourg, et envoyer des patrouilles sur la rive gauche, à la lisière nord du Bienwald et sur Bergzabern. On a vu, au contraire, qu'elle marcha de Soultz au Geissberg, derrière la colonne. Le 4 au matin, pas une patrouille n'est dirigée sur Lauterbourg. Les mesures de sûreté se bornent à l'envoi de la reconnaissance du colonel Dastugues « sur Wissembourg et au delà de la Lauter » (2). Elle ne recueillit aucun renseignement et il n'y a pas lieu d'en être surpris en raison des procédés qu'elle mit en œuvre. Les deux escadrons du 11e chasseurs auraient dû, en effet, pousser au moins jusqu'à Schweighofen et faire rayonner de là des patrouilles sur toutes les routes qui se dirigent vers le Nord et le Nord-Est. Elles n'auraient pas manqué de constater alors tout au moins la présence des avant-postes bavarois et d'en prendre le

---

(1) Note envoyée du Pigeonnier, le 3 août, par le général Ducrot au général Douay, *Vie militaire du général Ducrot*, tome II, page 352.

(2) Journal de marche de la brigade de Septeuil, 4 août.

contact. Quant au bataillon de tirailleurs, qui faisait partie de la reconnaissance, sa place était non pas à mi-pente entre le Geissberg et Altenstadt, mais en ce dernier point pour recueillir éventuellement la cavalerie (1).

La brigade de cavalerie de Septeuil fut prête à monter à cheval à 9 heures du matin (2). Or, le terrain, aux environs du Geissberg, ne se prêtait pas à son emploi (3); d'autre part, l'infanterie ennemie occupait les hauteurs de Schweigen. Il semblait donc rationnel d'envoyer la majeure partie de la brigade en reconnaissance vers Schweighofen, Bienwald-Hütte, Schleithal, au lieu de lui faire tendre un rideau de cavaliers en tirailleurs, dans un fond de vallée, entre les brigades Pellé et de Montmarie. Sa mission aurait consisté à discerner les mouvements et les projets de l'ennemi, à éclairer le flanc droit de la division, à agir ultérieurement vers Riedseltz, en liaison avec les détachements de réservistes qui venaient de débarquer. Le général Douay n'aurait pas tardé à être renseigné sur le danger qui le menaçait et aurait pu prendre toutes ses dispositions pour la retraite.

Il songea un instant à s'éclairer sur sa droite et fit partir, vers 9 heures du matin, un escadron du 3ᵉ hussards pour reconnaître les abords de Schleithal. Mais cet escadron, accueilli par des coups de fusil à la lisière

---

(1) C'est sans doute l'insuccès de cette reconnaissance qui a contribué à propager la version d'après laquelle la division Douay aurait été dépourvue de cavalerie.
(Voir Heilmann, *Participation du IIᵉ corps bavarois à la campagne de 1870-1871 contre la France*, page 3 (Münich, 1872); et von Walther, *Considérations sur le rôle de la cavalerie dans la guerre de 1870* (Leipzig, page 23).

(2) Historique du 3ᵉ hussards.

(3) Historique de la 2ᵉ division et *Vie militaire du général Ducrot*, tome II, pages 355 et 356.

occidentale du Nieder-Wald, ne tenta ni de contourner la forêt par le Sud, ni même de détacher sur Schleithal une reconnaissance d'officier qui, plus fluide et plus mobile, aurait probablement pu atteindre les hauteurs qui dominent le village et la grande route au Sud et au Sud-Ouest. Il rebroussa chemin sur le Geissberg, quand l'occupation par l'ennemi de la lisière Ouest du Nieder-Wald lui imposait, plus que jamais, l'obligation de chercher à savoir ce qui se passait à l'Est, entre Schleithal et la Lauter.

La brigade de Septeuil resta à l'arrière-garde pendant la retraite de la colonne principale de la 2ᵉ division sur le Pigeonnier. Mais, ainsi que la cavalerie allemande, et d'ailleurs dans une situation moins favorable que celle-ci, elle perdit dans la soirée tout contact avec l'adversaire.

2° *Combat de la 2ᵉ division dans son ensemble.* — Au début du combat, les trois bataillons du 1ᵉʳ régiment de tirailleurs furent envoyés du Geissberg sur les bords de la Lauter, ainsi qu'une batterie. L'idée qui a dicté ce mouvement en avant est très louable. La division Douay était surprise, et il était très logique d'aller reconnaître à coups de fusil les forces ennemies qui manifestaient leur présence si inopinément, de façon à prendre, en toute connaissance de cause, la détermination, soit de se maintenir et de repousser l'attaque, soit de se replier sur le col du Pigeonnier (1). Mais il eût été préférable, semble-t-il, au lieu d'engager immédiatement la moitié de l'infanterie de la division (trois bataillons du 1ᵉʳ tirailleurs, un bataillon du 74ᵉ), de porter un seul bataillon

---

(1) « Si le général Douay a accepté le combat, c'est qu'il pensait « n'avoir devant lui que des troupes peu nombreuses et n'a pas voulu « battre en retraite devant elles sans savoir devant quel ennemi il « reculait. » (Lettre du général Pédoya, ancien officier d'ordonnance du général de Montmarie, au général Robert.)

du 1ᵉʳ tirailleurs en avant avec une batterie, et de leur adjoindre six escadrons de la brigade de Septeuil. Les deux autres batteries se seraient tenues prêtes à appuyer la première.

Si, en effet, l'ennemi n'exécutait qu'une reconnaissance sur Wissembourg, ainsi que le pensa d'abord le général Douay (1), il importait, pour ne pas faciliter sa tâche, de ne lui montrer que le moins de monde possible. Si, au contraire, il attaquait avec des forces supérieures en nombre, la prudence commandait de ne lui opposer au début qu'une avant-garde de deux bataillons (un du 74ᵉ à Wissembourg, un du 1ᵉʳ tirailleurs) et de réserver le gros de la division (six bataillons) pour recueillir l'avant-garde et se replier par échelons sur le Pigeonnier. Donc, dans les deux cas, il ne fallait porter sur la Lauter, comme troupes d'infanterie, qu'un seul bataillon du 1ᵉʳ tirailleurs.

Le déploiement prématuré des trois bataillons de ce régiment eut, en outre, pour conséquence d'éloigner le général Pellé du général Douay, ce qui présenta l'inconvénient de retarder la transmission de l'ordre relatif à la retraite. Au moment (10 h. 30 environ) où, d'une façon très opportune, le général Douay s'y détermina, il était encore temps de l'exécuter dans de bonnes conditions. Les 2ᵉ et 3ᵉ bataillons du 1ᵉʳ tirailleurs venaient de refouler sur Altenstadt l'avant-garde de Rex du Vᵉ corps et la brigade de Montmarie n'était que faiblement engagée. Mais, quand le général Pellé fut informé des intentions du général Douay, la situation sur la Lauter avait singulièrement empiré et le général Pellé ne crut pas pouvoir rompre le combat avant de disposer d'une troupe intacte, le 4ᵉ bataillon du 1ᵉʳ tirailleurs, pour recueillir les 2ᵉ et 3ᵉ bataillons de ce régiment.

---

(1) Lettre du général Robert, ancien chef d'état-major de la 2ᵉ division, au général Ducrot. *Wissembourg*, page 27.

De ce fait, ceux-ci furent obligés de tenir une heure de plus entre Wissembourg et Altenstadt et furent extrêmement éprouvés, tandis que la brigade de Montmarie, ne pouvant évacuer le Geissberg avant que le 1ᵉʳ régiment de tirailleurs eût été ramené en arrière, se trouva bientôt engagée elle-même dans un combat rapproché.

Telles sont les causes qui contribuèrent surtout à rendre critique la situation de la 2ᵉ division et à lui faire éprouver un échec grave, en dépit de l'ordre donné en temps utile par le général Douay de se replier sur le Pigeonnier. Sa mort fut, à tous égards, un funeste événement. S'il eût conservé le commandement, il n'eût pas manqué d'envoyer de nouveaux ordres de retraite, pour hâter l'effet de ceux qu'il avait déjà donnés, en voyant que le mouvement rétrograde prescrit ne s'exécutait pas.

Si cette retraite eût été entamée sans retard par le 1ᵉʳ tirailleurs, ce régiment conservait les trois quarts de son effectif, la 1ʳᵉ brigade n'aurait subi que des pertes infimes et la 2ᵉ division aurait obtenu, à peu de frais, l'avantage de faire déployer devant elle la majeure partie de la IIIᵉ armée, en même temps que des renseignements précieux pour le maréchal de Mac-Mahon. Le combat de Wissembourg n'eût été qu'une manœuvre et la 2ᵉ division aurait rempli le rôle d'avant-garde que Napoléon définit en ces termes :

« Le devoir d'une avant-garde ne consiste pas à « s'avancer ou à reculer, mais à manœuvrer..... L'art « d'un général d'avant-garde ou d'arrière-garde est, « sans se compromettre, de contenir l'ennemi, de le « retarder, de l'obliger à mettre trois ou quatre heures à « faire une lieue. La tactique seule donne le moyen « d'arriver à ces grands résultats. »

Dans une lettre adressée le 15 février 1873 au général Ducrot, le général Robert, ancien chef d'état-major de

la 2ᵉ division, dit que « le général Douay d'abord, puis
« après lui son chef d'état-major et le général Pellé,
« furent conduits successivement et nécessairement aux
« résolutions suivantes :

« 1° Accepter un combat qui semblait n'être d'abord
« qu'une forte reconnaissance poussée par l'ennemi sur
« notre frontière ;

« 2° Défendre au moins pendant un certain temps la
« place de Wissembourg qui était pour notre position un
« utile point d'appui en même temps qu'un obstacle à
« l'ennemi et que l'honneur nous interdisait d'ailleurs
« de livrer sans combat ;

« 3° Défendre par suite, le passage de la Lauter et la
« gare du chemin de fer, et plus tard utiliser successive-
« ment, pour contenir l'attaque des colonnes ennemies,
« nos bonnes positions du centre et de droite ;

« 4° Maintenir l'excellent moral des troupes dans ce
« premier engagement des deux armées, et en profiter
« *pour attendre, avant de battre en retraite, le moment*
« *où la grande supériorité des forces de l'ennemi* (qui ne
« montrait que successivement ses têtes de colonnes)
« *nous serait complètement prouvée.....* ;

« 5° Donner au Maréchal et à vous-même le temps,
« soit de nous envoyer des renforts si cette mesure
« était jugée opportune, soit du moins de venir recon-
« naître les forces de l'ennemi et de remédier ainsi aux
« dangers de cet inconnu fatal sous la pression duquel
« le grand quartier général nous laissait depuis quelques
« jours au sujet de la position et des degrés de concen-
« tration de l'armée allemande (1) ».

On ne peut qu'approuver les raisons données par le
général Robert aux paragraphes 1 et 3, mais les autres

---

(1) *Wissembourg*. Réponse du général Ducrot à l'état-major allemand, page 27.

arguments ne sauraient être admis sans quelques réserves. L'honneur de l'armée française n'aurait subi, en effet, aucune atteinte du fait de l'abandon volontaire d'une ancienne place forte, déclassée depuis trois ans, que le général Ducrot s'était empressé de faire évacuer en prenant le commandement de la 6ᵉ division militaire (1) et que le maréchal de Mac-Mahon avait refusé de faire réoccuper le 30 juillet. L'acceptation du combat ne pouvait permettre au commandant du 1ᵉʳ corps d'envoyer des renforts, même s'il avait jugé la mesure opportune, parce que la 1ʳᵉ division était trop éloignée de Wissembourg pour intervenir en temps utile (2). Enfin le moral des troupes ne pouvait être maintenu qu'à la condition d'éviter un combat décisif et d'effectuer, en temps utile, une retraite méthodique, véritable manœuvre qui eût conservé les effectifs de la 2ᵉ division, tout en renseignant le maréchal de Mac-Mahon et qui n'eût pas permis à « l'Allemagne « tout entière de palpiter d'espérance » (3).

3° *Particularités du combat.* — Dès l'instant où l'on avait pris le parti, dès le premier coup de canon, de porter sur la Lauter tout le 1ᵉʳ tirailleurs, il semble qu'on aurait dû occuper Altenstadt comme point d'appui de droite. Par contre, il suffisait de deux compagnies près de la porte de Bitche, en raison des difficultés du terrain à l'Ouest de Wissembourg. Dans ces conditions, la répartition du 1ᵉʳ tirailleurs eût été la suivante : En première ligne, deux compagnies du 4ᵉ bataillon à la porte de Bitche ; le 2ᵉ bataillon dans l'intervalle entre Altenstadt et Wissembourg, flanqué en partie par les feux du front Est de la place et battu directement par l'artillerie,

---

(1) *Wissembourg.* Réponse du général Ducrot à l'état-major allemand, page 6.
(2) Voir Journée du 3 août, page 11.
(3) *Historique du Grand État-major prussien*, 2ᵉ livraison, page 135.

le 3ᵉ bataillon à Altenstadt. En seconde ligne, quatre compagnies du 4ᵉ bataillon.

Faut-il attribuer la non-occupation d'Altenstadt à la trop grande extension qu'aurait pris ainsi le front de combat? C'est peu probable, car il n'y a des remparts Est de Wissembourg au saillant occidental d'Altenstadt que 900 mètres. Ces deux localités sont comme des bastions dont les lignes de Wissembourg seraient la courtine, et il était bien difficile à l'ennemi de prendre une offensive énergique sur la gare, par exemple, sans s'être emparé au préalable, soit de Wissembourg, soit d'Altenstadt. D'ailleurs, si l'on voulait, au début de l'action, reconnaître l'ennemi et le forcer à se déployer, il y avait tout intérêt à occuper un front d'une certaine étendue. Ainsi doivent procéder une avant-garde menant le combat de reconnaissance et une arrière-garde couvrant une retraite ou attirant l'ennemi dans une direction voulue.

Il y a lieu de penser plutôt — d'autres faits viendront plus tard à l'appui de cette opinion — que l'infanterie française de 1870 n'appréciait plus à leur juste valeur les localités considérées comme points d'appui. Elle les utilisa, néanmoins, le 4 août, pour prolonger sa résistance, aussi bien sur la Lauter, dans l'enclos muré et dans le faubourg de Wissembourg, que sur le Geissberg, dans le château et dans la ferme de Schafbusch. Mais ce fut chaque fois sous la pression des événements, et sans aucune mise en état de défense préalable. La ferme de Gutleuthof, qui constituait un excellent point d'appui, ne fut pas occupée par la 1ʳᵉ brigade, et la compagnie du génie ne fut pas appelée à organiser défensivement le château du Geissberg.

Les premières dispositions prises par le 50ᵉ de ligne suggèrent une observation. Le 3ᵉ bataillon s'établit en bataille, face à Wissembourg, le long du chemin de Gutleuthof, aux Trois-Peupliers; le 1ᵉʳ bataillon, à droite du 3e, également en bataille, mais face à l'Est, et formant, avec le 3e, un angle presque droit (1). Au lieu de ce crochet défensif, dont l'objet était de garantir le flanc droit de la brigade de Montmarie contre une attaque venant du Nieder-Wald, il eût mieux valu placer le 1er bataillon du 50e en échelon refusé, derrière la croupe qui descend du Geissberg, vers la tranchée du chemin de fer. A son tour, le 1er bataillon du 74e, au lieu de prendre, dans un fond, derrière une houblonnière épaisse, une position où il n'avait d'autres vues que sur sa droite, n'aurait-il pu s'établir lui-même, en échelon refusé par rapport au 1er bataillon du 50e, sur la crête immédiatement au Sud de la précédente? (2).

L'artillerie de la 2e division ne paraît pas s'être préoccupée suffisamment de faire converger ses feux, à un moment donné, sur un objectif déterminé. Au début du combat, la batterie Didier seule est opposée à la batterie bavaroise d'avant-garde. Or, on aurait pu mettre celle-ci hors de combat en faisant entrer en action simultanément les deux batteries de 4 de la 2e division, qui auraient réuni ensuite leurs efforts pour accabler la batterie bavaroise du gros (Wurm) qui apparut un peu plus tard au sud de Schweigen. Elles auraient engagé ensuite la lutte d'artillerie contre les batteries Kirchhoffer et Hérold, de la 4e division bavaroise qui prirent position au Windhof.

Cette lutte serait probablement restée indécise d'abord, puis aurait tourné à l'avantage des Allemands quand ils mirent en ligne deux batteries du Ve corps, à l'Est de la bifurcation du chemin de fer, et deux du XIe corps, à la lisière des bois, en face du Gutleuthof. Que devaient

---

(1) Historique du 50e de ligne.
(2) « Dans la défense, on aura soin de bien appuyer ses flancs, soit « par un obstacle naturel d'un accès difficile, soit par un dispositif « échelonné en arrière. » (*Instructions tactiques*, page 11.)

faire alors les deux batteries de la 2ᵉ division? Se retirer du combat et chercher, au sud de Wissembourg, des emplacements d'où elles eussent pu venir en aide aux bataillons du 1ᵉʳ tirailleurs, tout en échappant aux vues de l'artillerie adverse. La croupe que suit le chemin de Wissembourg à Roth semble remplir ces conditions. Ces deux batteries, bien que très éprouvées par le feu d'une artillerie très supérieure en nombre, firent les plus grands efforts, à diverses reprises, pour soutenir l'infanterie. Malheureusement, elles ne cherchèrent pas assez à se soustraire en même temps au tir des batteries adverses. Cependant, malgré les pertes qu'elles subirent, elles protégèrent, « jusqu'au dernier moment, la retraite « de la division » (1).

La batterie de mitrailleuses ne semble pas avoir donné les résultats qu'on en espérait. A la vérité, elle se démasqua trop tôt, et sur une position où les batteries prussiennes la voyaient nettement et pouvaient faire converger leurs feux sur elle pour la mettre le plus rapidement possible hors de combat. Cette batterie devait éviter soigneusement d'entrer en lutte avec l'artillerie ennemie, chercher des positions échappant à ses vues, et réserver son action pour faire échouer les attaques d'infanterie. Si, par exemple, soigneusement dissimulée derrière le Geissberg, elle eût surgi tout à coup au moment où les 1ᵉʳˢ bataillons des 50ᵉ et 74ᵉ de ligne étaient aux prises avec les *80ᵉ* et *87ᵉ*, elle eût immobilisé ceux-ci et permis à ceux-là de rompre aisément le combat.

« Il y a lieu de remarquer » dit le général de Woyde, « que le succès obtenu par la IIIᵉ armée à Wissem- « bourg ne répondit pas, à beaucoup près, aux forces

---

(1) Rapport du lieutenant-colonel commandant l'artillerie de la 2ᵉ division.

« employées et aux sacrifices subis. Un faible détache-
« ment français..... soutint un combat de plus de six
« heures contre l'armée allemande qui lui était infini-
« ment supérieure en nombre..... Malgré cela, le
« détachement français, non sans éprouver, il est vrai,
« des pertes sensibles, quitta le champ de bataille sans
« être inquiété et alla occuper, avec une partie de ses
« troupes, une nouvelle position qui ne se trouvait qu'à
« sept kilomètres des Allemands. Étant donné leur
« supériorité numérique écrasante, les Allemands au-
« raient dû, sans aucun doute, envelopper le faible déta-
« chement français et l'anéantir complètement..... (1). »

Quand le maréchal de Mac-Mahon, apportant sa déposition devant la Commission d'enquête parlementaire sur les actes de la défense nationale, eut achevé le récit du combat de Wissembourg, le comte Daru, vice-président de la Commission, l'interrompit pour lui dire :

« Vous devez être bien fier, monsieur le Maréchal, de
« raconter un tel fait d'armes, et la Commission éprouve
« à l'entendre une joie patriotique » (2).

Le 78ᵉ de ligne de la 2ᵉ division, parti du Vogelsberg un peu avant 5 heures du matin, s'était dirigé par Oberhoffen et Roth sur le col du Pigeonnier pour aller « relever le 96ᵉ de ligne dans la position qu'il occupait entre Climbach, le Pigeonnier et Pfaffenschlick » (3). Parvenu au Pigeonnier vers 8 heures, le 78ᵉ de ligne fut réparti ainsi qu'il suit :

---

(1) *Causes des succès et des revers dans la guerre de* 1870, tome I, page 113.
(2) Tome I, page 35.
(3) Ordre de la 1ʳᵉ division du 3 août, page 4.

1er bataillon.	1re compagnie...	au col du Pigeonnier.
	2e compagnie...	à l'Observatoire au Nord de la grande route de Wissembourg.
	3e compagnie...	moitié à l'Observatoire, moitié en trois postes, à droite et à gauche de la grande route de Wissembourg.
	4e, 5e, 6e compagnies.......	Climbach.
2e bataillon................		Climbach.
3e bataillon.	Demi-bataillon de droite........	Climbach.
	Demi-bataillon de gauche.......	au nord de Climbach, la 4e compagnie au col de Pfaffenschlick.

Un escadron du 3e hussards fut mis à la disposition du chef du 1er bataillon (1).

« A peine le régiment était-il arrivé au sommet du
« col que le canon se fit entendre à Wissembourg ;
« quelques instants après, un hussard annonça l'enga-
« gement. Par les éclaircies, ou en montant sur les
« arbres, on distinguait parfaitement les jets de fumée
« et, avec la lunette, les mouvements de l'ennemi au
« delà de la ville..... Vers 1 heure, le feu avait à peu
« près cessé ; l'engagement paraissait terminé. Un offi-
« cier d'état-major de la division, arrivé au Pigeonnier,
« fait prévenir le général Ducrot de la mort du général
« Douay et de l'insuccès de nos troupes..... Une
« heure et demie plus tard, la canonnade et la fusillade
« se font de nouveau entendre avec violence au-dessous
« de Wissembourg. L'attaque ennemie se prononce
« particulièrement sur la droite et s'étend bientôt sur
« toute la ligne. On distingue à l'œil nu les mouvements
« de l'adversaire..... » (2). A ce moment, les 4e, 5e

---

(1) Cet escadron avait été détaché auprès du 96e de ligne depuis le 2 août.
(2) Historique du 78e de ligne.

6ᵉ compagnies du 1ᵉʳ bataillon et tout le 2ᵉ bataillon du 78ᵉ, rappelés de Climbach par le colonel, reviennent au col. On renforce les avant-postes et différents détachements sont poussés en reconnaissance jusqu'à Roth.

Le 78ᵉ de ligne resta donc immobile pendant que le canon tonnait à Wissembourg et que la division à laquelle il appartenait était fortement engagée. On ne songea pas à envoyer au général Douay un officier monté avec quelques hussards d'escorte pour prendre ses ordres. La nouvelle de l' « insuccès de nos troupes » ne détermine pas le régiment à se porter en avant pour recueillir tout au moins les colonnes en retraite et ralentir la poursuite de l'adversaire. Si le 78ᵉ de ligne, laissant au Pigeonnier un demi-bataillon, avait pris le parti de marcher au canon dès 9 heures du matin et s'était dirigé sur Wissembourg par la grande route, il évitait peut-être un échec grave à la 2ᵉ division. Il serait arrivé, en effet, à Wissembourg, au plus tard vers 11 heures du matin.

A ce moment, le général Pellé venait de recevoir du général Douay l'ordre de battre en retraite. Mais on a vu qu'il crut devoir attendre, pour s'y conformer, de pouvoir disposer d'une troupe intacte, le 4ᵉ bataillon du 1ᵉʳ tirailleurs, destiné à recueillir les 2ᵉ et 3ᵉ bataillons de ce régiment. De ce fait, il fallut prolonger la résistance sur la Lauter pendant une heure, ce qui obligea la 1ʳᵉ brigade à se maintenir sur les hauteurs du Geissberg jusqu'à ce que la 2ᵉ se fût repliée sur le Vogelsberg. Le 78ᵉ de ligne serait donc arrivé à Wissembourg très à propos pour permettre au général Pellé de rompre le combat immédiatement sur la Lauter et peu après sur le Geissberg, avant que la 9ᵉ division et la 41ᵉ brigade prussiennes eussent été en mesure d'engager la lutte rapprochée.

On ne saurait alléguer, pour justifier l'immobilité du 78ᵉ de ligne, l'ordre qu'il avait reçu de relever le 96ᵉ sur ses positions. En les donnant, le général

Ducrot n'avait certainement pas envisagé l'éventualité d'une attaque aussi prochaine. Un événement imprévu — le combat qui se livrait à Wissembourg sous les yeux du 78ᵉ de ligne — modifiait complètement la situation générale et devenait le fait prédominant de la journée, celui devant lequel devaient s'effacer toutes les autres considérations. En tout état de cause, l'occupation de Climbach n'avait qu'une importance très secondaire et, à supposer que le 78ᵉ n'eût pas voulu dégarnir le Pigeonnier, il lui suffisait d'y maintenir trois compagnies, tout le reste marchant au canon.

Le 96ᵉ de ligne, qui devait aller occuper le Petit-Wingen le 4 août, s'était rassemblé à Climbach dans la matinée. L'Historique du régiment n'indique pas l'heure à laquelle le canon de Wissembourg commença à se faire entendre ; « on était presque au milieu du jour », dit-il assez vaguement (1). Le colonel suspendit l'exécution du mouvement sur Petit-Wingen, attendit des ordres qui n'arrivèrent pas, et rendit compte à 11 heures au général Ducrot de l'engagement dont on percevait le bruit et que voyaient nettement les postes du Pigeonnier. Il ajoutait qu'il « faisait ployer ses bagages et lever le

---

(1) S'il est impossible, d'après l'Historique du 96ᵉ de ligne, de préciser l'heure à laquelle le canon de Wissembourg s'est fait entendre à Climbach, il y a lieu d'être surpris de ce que le colonel de ce régiment n'ait été prévenu qu'un peu avant 11 heures du combat engagé depuis 8 h. 1/2 du matin. Le chef du poste du Pigeonnier eût dû faire partir cet avis au plus tard à 8 h. 45, et comme du Pigeonnier à Climbach il y a à peu près 4 kilomètres, le colonel du 96ᵉ devait être informé dès 9 h. 15 par un cavalier du 3ᵉ hussards. Il semble qu'il y ait eu là un regrettable oubli. On remarquera d'ailleurs que le rapport adressé par le colonel du 96ᵉ de ligne au général Ducrot ne donne aucune idée de l'importance du combat. Il est probable qu'on n'envoya du Pigeonnier aucun compte rendu spécial et que le colonel du 96ᵉ de ligne n'en reçut d'autre que celui du détachement qui occupait le Pigeonnier, et qui arrivait à Climbach après avoir été relevé par le 78ᵉ, et en

« camp et ne se mettrait en route qu'à midi ». Ainsi, le 96ᵉ, pas plus que le 78ᵉ de ligne, n'avait pris, de sa propre initiative, le parti de se diriger, sans tarder, sur le théâtre de la lutte.

Le général Ducrot venait d'arriver à Lembach (midi 30 environ) sans avoir entendu le canon (1), quand il reçut le rapport du colonel du 96ᵉ de ligne. Il prescrivit aussitôt au gros de la 1ʳᵉ division de se porter de Lembach sur Climbach, et aux 96ᵉ et 78ᵉ de ligne de remonter au col du Pigeonnier, où il courut de sa personne.

Le maréchal de Mac-Mahon le rejoignit en cours de route. Au moment où il allait prendre, à Strasbourg, le train qui devait le conduire à Wissembourg, on lui avait remis, du chef de gare de cette dernière ville, le télégramme suivant :

De Wissembourg à Strasbourg, 4 août, 8 h. 25 matin.

« J'ai fait arrêter le train 20 à Soultz ; on tire en ce moment sur la ville ; les boulets arrivent jusqu'à la gare. »

Le maréchal de Mac-Mahon prévint aussitôt par télégramme les généraux Ducrot et Raoult à Lembach et à Reichshoffen, de se tenir prêts à marcher (2), et se ren-

---

même temps que le gros de ce régiment. « Le 78ᵉ vient d'arriver », dit « le colonel du 96ᵉ dans son rapport. Il était 11 heures, et il avait mis six heures pour se rendre du Vogelsberg à Climbach (8 kilomètres). Toutefois, il faut tenir compte des fatigues de la marche du 3 août, de l'arrivée très tardive au bivouac, et du départ matinal après une nuit d'orage. De plus, le 78ᵉ avait à relever les postes du 96ᵉ dans un pays boisé, inconnu, et dont il n'avait point de cartes. Ainsi peut s'expliquer son arrivée tardive à Climbach. Il a dû quitter le Col du Pigeonnier vers 9 h. 30 ou 9 h. 45.

(1) « Lembach est à 16 kilomètres de Wissembourg ; dans ce pays « de montagnes, le son intercepté par les massifs et les bois, ne se « propage pas au loin, c'est ce qui explique comment nous n'avons pas « entendu le canon pendant notre marche. » (Général Ducrot, *Wissembourg*. Note de la page 15).

(2) *Souvenirs inédits du maréchal de Mac-Mahon*, 4 août.

dit jusqu'à Soultz en chemin de fer. Là, le chef de gare fit arrêter le train « ayant reçu avis de Wissembourg que « le général Douay avait été attaqué par des forces très « supérieures et que la voie était coupée. Pendant que « je lisais cette dépêche, il en reçut une autre le préve- « nant que Wissembourg était au pouvoir de l'ennemi. « La communication fut alors interrompue » (1).

Le maréchal de Mac-Mahon se rendit « à vive allure à « Lembach » (1), y apprit que le général Ducrot s'était porté sur Climbach et le col du Pigeonnier, et s'empressa de le rejoindre. Il parvint assez tôt au col pour voir les troupes de la division Douay « débordées de toutes parts « et obligées d'évacuer le Geissberg, en se repliant dans « les directions de Cleebourg et de Pfaffenschlick » (2). « Elles n'étaient pas poursuivies. Comme la tête de « colonne de la division Ducrot n'était encore qu'à « Climbach, nous aurions été dans l'impossibilité de « leur venir en aide. Au reste, l'ennemi présentait des « forces si considérables qu'en aucun cas il n'y eut lieu « de quitter nos positions pour nous porter dans la « plaine..... » (3).

Pour parer à toute éventualité, les troupes disponibles furent disposées de la manière suivante : 96ᵉ de ligne au col du Pigeonnier même et sur le versant méridional des pentes ; 78ᵉ de ligne à l'Ouest du col; 13ᵉ bataillon de chasseurs, 18ᵉ et 45ᵉ de ligne sur la crête du Berg-Wald, au Sud du col.

Le maréchal de Mac-Mahon et le général Ducrot observèrent très longuement les bivouacs de la IIIᵉ armée qu'ils estimèrent à 80,000 hommes (4).

---

(1) *Souvenirs inédits du maréchal de Mac-Mahon*, 4 août.
(2) Général Ducrot, *Wissembourg*, page 16.
(3) *Souvenirs inédits du maréchal de Mac-Mahon*, 4 août.
(4) Général Bonnal, *Frœschwiller*. Cette estimation des forces allemandes fut rapportée à l'auteur, le 5, par un capitaine de l'état-major

« En présence de cette supériorité numérique, le Ma-
« réchal se décida à retirer toutes les troupes des 1re et
« 2e divisions, et à concentrer tout le 1er corps sur la
« forte position de Frœschwiller qui coupe les directions
« de Bitche et de Saverne » (1).

Il fit porter à Haguenau un premier compte rendu télégraphique à l'Empereur (2) et donna dans la soirée les ordres de concentration suivants :

Les 1re et 2e divisions, et la brigade de cavalerie de Septeuil se replieront par Climbach, Lembach, Mattstall, Langensoultzbach sur Frœschwiller.

La 3e division, partie de Haguenau le 4 août à 5 heures du matin, et campée à l'Ouest de Reichshoffen (3), ira bivouaquer immédiatement à l'Est de Frœschwiller.

La 4e division qui, après avoir quitté Strasbourg le 4 août à 4 h. 30 du matin, est arrivée à Haguenau à 3 heures du soir, continuera le même jour sur Gunstett.

La brigade de cuirassiers Michel de la division Du-

---

de la 3e division. Dans un télégramme envoyé à l'Empereur, de Reischoffen à 10 heures du soir, le maréchal de Mac-Mahon disait que les troupes ennemies devaient se composer « au moins de deux corps d'armée ». Les prisonniers prétendent, ajoutait-il, « que c'était l'ar-
« mée du Prince royal composée d'un corps prussien et de deux corps
« d'armée du Sud. »

« Du col du Pigeonnier on apercevait non seulement les deux corps
« d'armée prussiens qui avaient pris part à la lutte, mais encore de
« nombreuses troupes d'infanterie débouchant entre le Haardt-Wald et la
« Lauter. » (Notes sur les opérations du 1er corps de l'armée du Rhin et de l'armée de Châlons, dictées par le maréchal de Mac-Mahon à Wiesbaden, en janvier 1871.)

(1) Journal de marche du 1er corps, 4 août. — Notes sur les opérations du 1er corps de l'armée du Rhin. — *Souvenirs inédits du maréchal de Mac-Mahon*, 4 août.

(2) Télégramme parti de Haguenau à 5 h. 50 soir.

(3) Sauf le 36e de ligne, dont un bataillon était allé occuper Soultz, et dont les deux autres s'étaient rendus à Seltz pour y relever les deux bataillons de la 2e division qui s'y trouvaient.

hesme, les réserves d'artillerie et du génie du 1er corps qui se trouvent également à Haguenau, viendront à Reichshoffen sans perdre de temps.

La brigade de cavalerie Nansouty de la division Duhesme et tous les détachements de la plaine du Rhin devront rallier sans retard leurs divisions respectives.

La division de cavalerie de réserve de Bonnemains, qui se trouve partie à Phalsbourg, partie à Saverne, se portera immédiatement sur Haguenau où elle sera rendue le 5 au point du jour.

Le général commandant le 7e corps fera partir de Colmar, par voie ferrée, la division Conseil-Dumesnil dont l'embarquement commencera dès la nuit du 4 août, et la dirigera sur Haguenau où elle recevra de nouvelles instructions. « Le commandant de la place de Haguenau « devait lui prescrire de continuer sa marche par che- « min de fer jusqu'à Reichshoffen si la voie n'était pas « coupée; dans le cas contraire, l'y faire se diriger par « terre (1). »

Enfin, le maréchal de Mac-Mahon écrivit dans la soirée à l'inspecteur des forêts de Haguenau pour lui recommander « de faire des abatis, de faire sauter les ponts et « de couper le chemin de fer aux abords de la forêt » (1), et il invita le chef de gare de cette ville à faire enlever les rails depuis Walbourg.

Le quartier général du 1er corps fut établi à Reichshoffen, au château du comte de Leusse. C'est de là que le maréchal de Mac-Mahon adressa, à 10 heures du soir, à l'Empereur une dépêche télégraphique pour lui rendre compte des événements de la journée. Il lui fit connaître aussi que les forces ennemies se composaient au moins de deux corps d'armée, et que le 1er corps se concentrait sur la rive droite du Sauerbach où il livrerait bataille « s'il le faut ». « Pour reprendre l'offensive avec avan-

---

(1) *Souvenirs inédits du maréchal de Mac-Mahon*, 4 août.

« tage, ajoutait-il, il me faudrait au moins trois divisions
« de renfort. J'ai appelé de Colmar la division Conseil.
« Je n'ose encore compter sur elle. »

* * *

Le maréchal de Mac-Mahon, en recevant, dans la matinée du 4 août, des nouvelles alarmantes du Haut-Rhin (1), avait suspendu provisoirement les mouvements de la division Conseil-Dumesnil sur Strasbourg et de la 1re brigade de la division Liébert sur Colmar. Il laissait « entière liberté de manœuvre » au général Douay qui, pour surveiller le Rhin de Strasbourg à Bâle, avait pris les dispositions suivantes (2) :

Division de cavalerie (AMEIL).

4e hussards :
- 2 escadrons.... à Kembs......
- 1 escadron..... à Huningue,...
- 1 escadron..... au Village-Neuf.

le 5 août.

4e et 8e lanciers :
- 2 escadrons du 4e lanciers... à Belfort, avec le quartier général.
- 1 escadron..... à Fessenheim..
- 1 escadron..... à Rumersheim..
- 1 escadron..... à Petit-Landau.
- 3 escadrons.... à Ottmarsheim.

le 6 août.

1re *Division* (CONSEIL-DUMESNIL).

1re brigade :
- 2 bataillons 1/2 répartis....
  - à Blodelsheim..
  - à Bantzenheim.
  - à Chalampé....
  - à Ottmarsheim.
  - à Hombourg...

le 5 août.

- Le reste de la brigade..... à Rixheim, le 5 août.

---

(1) Voir page 101.
(2) Ces dispositions s'inspiraient des propositions du général Doutrelaine, commandant le génie du 7e corps. Voir 3e fascicule, page 196.

2ᵉ brigade.....................		à Colmar.
Artillerie...........	Une batterie...	à Colmar.
	Une batterie...	à Rixheim, le 5 août.
	Une batterie...	sur la ligne d'observation.
Compagnie du génie...............		à Rixheim, le 5 août.

2ᵉ *Division* (LIÉBERT).

1ʳᵉ brigade.	3 bataillons répartis.......	à Huningue, Rosenau, Kembs, le 5 août.
	4 bataillons....	à Bartenheim, le 5 août.
2ᵉ brigade.....................		à Belfort.
Artillerie..........	2 batteries.....	à Bartenheim, le 5 août.
	1 batterie.....	sur la ligne d'observation, le 5 août.
Compagnie du génie...............		à Bartenheim, le 5 août.

Ces mouvements étaient en voie d'exécution et la 1ʳᵉ brigade de la division Conseil-Dumesnil était déjà arrivée à Mulhouse quand le général F. Douay reçut à Belfort, à 6 heures du soir, un télégramme du maréchal de Mac-Mahon l'informant que le 1ᵉʳ corps était attaqué par des forces supérieures et lui prescrivant d'envoyer une division à Haguenau. En conséquence, la division Conseil-Dumesnil, embarquée en chemin de fer dans la nuit du 4 au 5 août, fut dirigée sur ce point.

*
* *

Dans la soirée du 4 août, on ignorait, au quartier général de la IIIᵉ armée, si les débris de la division Douay s'étaient repliés sur Wœrth, sur Bitche ou sur Soultz. On se trouvait également dans l'incertitude sur la position du gros des forces du maréchal de Mac-Mahon. Une dépêche du grand quartier général indiquait, qu'à la date du 3 août, le 1ᵉʳ corps français se trouvait à Haguenau (1), mais sa situation avait pu se modifier depuis la veille.

« Dans ces conditions, le commandant en chef prenait « le parti de commencer par se renseigner avec plus « de précision au moyen d'une grande reconnaissance. « En même temps, l'armée devait, en rapprochant son « aile gauche, se porter en avant le 5 août, de telle « manière qu'elle pût se concentrer, soit à l'Ouest, soit « au Sud, suivant les circonstances (2). »

Si, en effet, la IIIe armée, en continuant à s'avancer sur Haguenau, frappait un coup dans le vide, comme c'était possible, elle devait exécuter un changement de direction à droite et marcher sur la haute Sarre (3). Elle appuierait ainsi très efficacement une attaque de front de la IIe armée contre la Sarre moyenne sur laquelle l'ennemi paraissait prendre une position défensive (4) (5).

En conséquence, le Prince royal donna, dans la soirée du 4 août, les ordres suivants :

La 4e division de cavalerie rompra à 5 heures du matin et suivra la route de Haguenau « pour chercher « l'ennemi dans la direction de Haguenau, de Soufflenheim « et de Roppenheim et éclairer le terrain. Un « régiment sera envoyé de Soultz vers l'Ouest jusqu'à « Wœrth, il éclairera le pays jusqu'à Reichshoffen ; il « faudra, autant que possible, détruire les chemins de « fer de Haguenau et de Reichshoffen ».

---

(1) Von Hahnke, *Opérations de la IIIe armée*, page 47.
(2) *Historique du Grand État-Major prussien*, page 197.
(3) Correspondance militaire du maréchal de Moltke, n° 101.
(4) Von Hahnke, *loc. cit.*, page 46.
(5) Envisageant cette éventualité, dans une dépêche adressée le 3 août au grand quartier général à Mayence, le Prince royal dit qu'il laisserait seulement un corps d'armée à Haguenau. Le maréchal de Moltke répondit, le 4 août, qu'il approuvait ces dispositions (Correspondance militaire, n° 101).

Le II⁰ corps bavarois devra gagner Lembach où il bivouaquera. Il établira ses avant-postes au delà de ce point, et se reliera avec le V⁰ corps sur la Sauer. Départ à 5 heures du matin. Itinéraire par Climbach.

Le XI⁰ corps prendra la route de Haguenau et la voie ferrée et ira bivouaquer au Sud de Soultz avec des avant-postes dans la forêt de Haguenau. Départ à 6 heures du matin.

Le V⁰ corps se portera en deux colonnes par Soultz sur Preuschdorf où il bivouaquera (1); il placera des avant-postes vers Reichshoffen en faisant front du côté de Wœrth. Départ à 8 heures du matin.

Le corps Werder se dirigera sur Soultz et bivouaquera à l'Ouest d'Aschbach, près du chemin de fer. Les avant-postes seront vers Rittershoffen, Hatten et Nieder-Rœdern. Départ à 6 heures du matin.

Le I⁰ʳ corps bavarois, passant par Altenstadt, ira bivouaquer à Ingolsheim. Départ à 5 heures du matin.

Le quartier général de la III⁰ armée sera probablement à Soultz (2).

Ces ordres étaient déjà donnés (3), quand on reçut le rapport du 4⁰ régiment de dragons, faisant connaître « qu'il avait été impossible de trouver les traces de la « division Douay nulle part », et que Soultz était occupé

---

(1) Le général de Kirchbach, commandant le V⁰ corps, fixa ainsi la composition et l'itinéraire de chaque colonne : colonne de gauche (général de Sandrart), 9⁰ division et réserve d'artillerie, par Soultz, sur Preuschdorf; colonne de droite (général de Schmidt), 10⁰ division, par Lampertsloch, sur Wœrth. (Von Heydekampf, *Le V⁰ corps prussien dans la guerre contre la France.*)

(2) Ces dispositions sont extraites de l'ouvrage de von Hahnke sur les opérations de la III⁰ armée.

(3) L'*Historique du Grand État-Major prussien* paraît au contraire avoir placé l'arrivée de ce compte rendu avant les ordres donnés par le Prince royal.

par des troupes ennemies, dont on avait aperçu, des hauteurs au Sud-Est de cette localité, « des masses assez considérables d'infanterie ».

En réalité, les corps français d'Alsace occupaient, dans la soirée du 4 août, les emplacements suivants :

1er corps.	Quartier général.....	Reichshoffen.	
	1re division (Ducrot)..	Entre le col du Pigeonnier, le col de Pfaffenschlick et Climbach.	
	2e division (Pellé)...	1re brigade. Pfaffenbronn (1). 2e brigade. Soultz (2). Artillerie... Pfaffenbronn. Génie...... Pfaffenbronn.	
	3e division (Raoult)..	A l'est de Frœschwiller.	
	4e division (de Lartigue)...........	En route de Haguenau sur Gunstett (moins le 87e de ligne à Strasbourg).	
	Division de cavalerie Duhesme.........	Brigade de Septeuil.	Lembach.
		Brigade Nansouty.	Seltz.
		Brigade Michel.	En route de Haguenau sur Reichshoffen.
	Réserves d'artillerie et du génie........	En route de Haguenau sur Reichshoffen.	
	Parc d'artillerie.....	Dirigé par voie ferrée de Besançon sur Strasbourg.	
7e corps..	1re *division.* — Embarquée en chemin de fer pour Haguenau.	1re brigade.. Mulhouse. 2e brigade.. Colmar. Artillerie... Ensisheim. Génie...... Mulhouse.	
	2e *division*..........	1re brigade.. Altkirch. 2e brigade.. Belfort. Artillerie... Altkirch. Génie...... Altkirch.	

---

(1) 16e bataillon de chasseurs, à Seltz.
(2) 2e bataillon du 50e de ligne, à Seltz.

7ᵉ corps.. (*Suite*).	3ᵉ *division*....................		Lyon.
	Division de cavalerie Ameil............	1ʳᵉ brigade.. 2ᵉ brigade..	Lyon. Belfort et Altkirch.
	Réserves d'artillerie et du génie.........	....	Belfort.
	Parc d'artillerie.................		Vesoul.

Division de cavalerie de Bonnemains........................ { En route de Phalsbourg et de Saverne sur Haguenau.

DOCUMENTS ANNEXES.

La journée du 4 août en Alsace.

1er CORPS (1).

a) **Journaux de marche.**

Journal de marche du 1er corps d'armée.

La 4e division quitte Strasbourg et va remplacer la 3e à Haguenau (2).

La brigade de cavalerie Michel (8e et 9e cuirassiers) se porte à Haguenau.

Le général de Nansouty et le 2e lanciers sont arrivés à Seltz.

Le 6e lanciers arrive à Haguenau. Deux escadrons de ce régiment, qui étaient encore à Schlestadt, partent pour Strasbourg et Haguenau, où ils doivent arriver le 6.

La 3e division (Raoult) se porte sur Reichshoffen et occupe avec un régiment Frœschwiller (3), détachant trois compagnies à Mattstall et une compagnie à Neehwiller; avec un autre régiment, Niederbronn, détachant trois compagnies à Jaegerthal (4).

Un régiment doit envoyer deux bataillons à Seltz et un à Soultz; ce mouvement est arrêté par la retraite des troupes de la 2e division, qui sont attaquées dans la matinée par des forces supérieures (5).

Dans la matinée du 4 (4 heures du matin), le général Douay envoie

---

(1) Les documents annexes autres que ceux relatifs aux 1er et 7e corps seront publiés avec la Journée du 4 août en Lorraine.

(2) Moins le 87e de ligne, maintenu à Strasbourg pour la garde de la ville.

(3) 48e de ligne.

(4) 2e tirailleurs.

(5) Le 3e bataillon du 36e resta en réalité à Soultz jusqu'au 5 août, 6 heures du matin.

le 78ᵉ de ligne occuper le col de Pfaffenschlick (1), par où il pourra se retirer, le cas échéant, sur la position de la 1ʳᵉ division.

La 2ᵉ division était donc, à ce moment, répartie ainsi qu'il suit :

16ᵉ bataillon de chasseurs à pied	} à Seltz.
1 bataillon du 50ᵉ de ligne	
1 bataillon du 74ᵉ de ligne..........	à Wissembourg.
1 bataillon du 1ᵉʳ tirailleurs	à la gare de Wissembourg (2).
78ᵉ de ligne	au col de Pfaffenschlick (3).
2 bataillons du 50ᵉ de ligne	
2 Bataillons du 1ᵉʳ tirailleurs (2).....	} au bivouac de Schafbusch.
2 bataillons du 74ᵉ de ligne.........	

La division devait prendre, le 4 au matin, les positions prescrites et indiquées plus haut. Les reconnaissances de cavalerie n'avaient rien signalé le matin.

A 6 heures, un corps d'armée bavarois (4) débouche de Schweigen, rejette les tirailleurs français qui occupaient les vignes sur les hauteurs au nord de Wissembourg, et met ses batteries en position sur ces mêmes hauteurs.

A l'abri de cette artillerie qui ouvre un feu violent sur la ville, l'infanterie cherche à pénétrer de vive force par-dessus les remparts; elle est repoussée, mais la porte nord ayant été détruite par les projectiles de l'artillerie, elle pénètre dans la ville, où s'engage un combat de rues avec le bataillon du 74ᵉ (5).

Pendant ce temps, un corps prussien (6) traverse Altenstadt et attaque la gare et le Geissberg par son versant Est, et fait pénétrer un détachement dans Wissembourg, par la porte Sud (7).

L'infanterie du général Douay avait pris position sur les hauteurs en avant de son bivouac, et se reliait à la ville par la gare. Après une lutte héroïque de plusieurs heures, elle est obligée de battre en

---

(1) En réalité, le col du Pigeonnier où il releva le 96ᵉ de ligne de la 1ʳᵉ division.

(2) Tout le 1ᵉʳ tirailleurs se trouvait sur les hauteurs du Vogelsberg le 4 au matin.

(3) Voir note 1.

(4) La division Bothmer (4ᵉ du IIᵉ corps bavarois) seulement. — Voir au sujet des tirailleurs français la note 1 de la page 177.

(5) 2ᵉ bataillon du 74ᵉ.

(6) 17ᵉ et 18ᵉ brigades du Vᵉ corps.

(7) Ce détachement fut presque aussitôt refoulé à l'extérieur. Voir page 141.

retraite. Elle se retire par la vallée de Steinseltz et les cols de Cléebourg et de Pfaffenschlick, sur Climbach. Le général Douay, tué pendant l'action, est remplacé par le général Pellé.

L'ennemi, dont l'infanterie a été fortement engagée, a dû faire de grosses pertes. La division Douay a perdu environ 1500 hommes, y compris le bataillon du 74e, fait prisonnier dans la ville.

Au commencement de l'action, le général Ducrot avait fait avancer ses troupes au col du Pigeonnier. C'est là que le Maréchal, qui avait quitté le matin Strasbourg en chemin de fer et était monté ensuite à cheval à Soultz, avait rejoint la 1re division. Quand les troupes de cette division arrivèrent au col, la 2e division commençait sa retraite en bon ordre. En même temps, on apercevait, outre les deux corps d'armée qui avaient pris part à la lutte, une nombreuse infanterie déboucher entre le Haardt-Wald (1) et la Lauter.

En présence de cette supériorité numérique, le Maréchal se décida à retirer toutes les troupes des 1re et 2e divisions, et à concentrer tout le 1er corps sur la forte position de Frœschwiller, qui coupe les directions de Bitche et de Saverne.

Il ordonna, en conséquence, aux 1re et 2e divisions de se retirer par Climbach, Lembach, Mattstall et Langensoulzbach sur Frœschwiller. La 4e division, qui est à Haguenau, devra y arriver également le lendemain 5, et se diriger sur le plateau de Gunstett. La division de cavalerie Duhesme (brigade Michel) est poussée jusqu'à Gunstett et couche, la nuit du 4 au 5, au pied de ce village, sur la rive droite de la Sauerbach.

Le Maréchal se porte de sa personne à Reichshoffen, en passant par Frœschwiller, où il donne des instructions plus détaillées au général Raoult déjà arrivé.

Notes sur les opérations du premier corps de l'armée du Rhin et de l'armée de Châlons, dictées par le Maréchal à Wiesbaden en janvier 1871.

Le 4, de grand matin, le général Douay (Abel) envoya des reconnaissances de cavalerie (2) en avant de Wissembourg. Elles rentrèrent, sans avoir rien aperçu.

Sur les 7 heures, un corps d'armée bavarois débouche de Schweigen, repousse les tirailleurs qui occupaient les vignes sur les hauteurs

---

(1) Appelé aussi Nieder-Wald ou Mundat-Wald.
(2) Deux escadrons du 11e régiment de chasseurs.

au Nord de Wissembourg (1) et met ses batteries en position sur ces hauteurs. Elles ouvrent immédiatement le feu sur la ville ; l'infanterie cherche à y pénétrer de vive force en passant par-dessus les remparts. Elle est d'abord repoussée, mais la porte Nord ayant été enfoncée par les projectiles ennemis, les Bavarois se précipitent dans la ville et un violent combat s'engage dans les rues défendues par le bataillon du 74e.

Pendant ce temps un corps d'armée prussien traverse Altenstadt, attaque la gare et le Geissberg par le versant de l'Est, et fait pénétrer un détachement dans Wissembourg par la porte Sud.

A l'approche de l'ennemi, l'infanterie du général Douay avait pris position sur les hauteurs en avant de son bivouac. Elle se reliait à la ville par la gare où elle avait un bataillon. Toute cette infanterie, y compris le bataillon qui était dans Wissembourg, ne présentait pas un effectif de plus de 4,500 hommes (2). L'ennemi déploya peu à peu devant elle plus de 60,000 hommes. Au lieu de battre immédiatement en retraite sur les hauteurs où elle doit rejoindre le général Ducrot, comme ses instructions le lui prescrivaient, en cas de rencontre avec des forces trop supérieures (3), la 2e division s'engagea résolument et tint tête à l'ennemi avec une intrépidité héroïque. Mais au bout de plusieurs heures de lutte, accablée par le nombre, débordée par ses deux ailes, elle fut obligée de céder le terrain. Elle se replia en bon ordre dans la direction du col de Pfaffenschlick, contenant par son attitude l'ennemi qui ne la poursuivit pas, et s'arrêta sur les hauteurs du Geissberg.

Ses pertes s'élevaient à environ 1500 hommes, y compris le bataillon du 74e qui fut fait prisonnier dans Wissembourg. Une pièce de canon démontée fut laissée sur le terrain, faute de chevaux pour l'emmener.

L'ennemi, exposé longtemps au feu de notre infanterie, dut faire des pertes considérables.

La retraite s'opéra sous les ordres du général Pellé qui avait remplacé le général Douay, tué sur les 10 heures du matin.

Dès le commencement de l'action, le général Ducrot avait porté la plus grande partie de ses forces sur les hauteurs entre Climbach et le Pigeonnier, pour soutenir au besoin la retraite de la division Douay.

---

(1) Aucun autre document ne relate la présence de tirailleurs français dans les vignes et sur les hauteurs au Nord de Wissembourg.

(2) Voir page 106 pour les effectifs exacts des troupes de la 2e division.

(3) Voir page 102.

Il y fut rejoint par le Maréchal, qui, arrivé à Soultz par le chemin de fer, au moment où Wissembourg venait d'être pris, était monté immédiatement à cheval et s'était porté sur les positions occupées par la 1re division.

Du col du Pigeonnier on apercevait non seulement les deux corps d'armée prussiens qui avaient pris part à la lutte (1) mais encore de nombreuses troupes d'infanterie débouchant entre le Haardt-Wald et la Lauter (2).

En présence de cette supériorité numérique, le Maréchal se décida à reporter en arrière les 1re et 2e divisions et à concentrer tout le 1er corps dans la position de Frœschwiller (3). Cette position, favorable à la défense, couvrait le chemin de fer de Haguenau à Bitche et les principales communications qui reliaient le 1er corps au reste de l'armée. Des ordres (4) furent donnés pour l'exécution de ce mouvement; et, dans la journée du 5, toutes les troupes vinrent prendre position sur la rive droite de la Sauerbach entre Neehwiller et Morsbronn (5).

Souvenirs inédits du maréchal de Mac-Mahon.

4 août.

Le 4, à 2 heures du matin (6), j'écrivis au général Douay :

« Avez-vous, ce matin, quelques renseignements vous faisant croire à un rassemblement nombreux devant vous? Répondez immédiatement. Tenez-vous prêt à vous rallier au général Ducrot, par le Pigeonnier, si vous êtes attaqué par des forces très supérieures. Faites prévenir le général Ducrot, en route pour Lembach, d'être sur ses gardes. »

Au reçu de cet avis, le 4, à 4 heures du matin (7), le général Douay

---

(1) IIe corps bavarois et Ve corps.

(2) 22e division et artillerie de corps du XIe corps arrivant par la route de Lauterbourg.

(3) La position de Frœschwiller avait été signalée par le général Frossard dans son Mémoire militaire de mai 1867. (Voir 1er fascicule, page 88.)

(4) Voir pour ces ordres pages 176 et 177.

(5) La 3e division (Raoult) vint prendre position à l'Est de Frœschwiller dès le 4 août au soir.

(6) La dépêche télégraphique à laquelle le maréchal de Mac-Mahon fait allusion porte l'indication : 5 h. 27 du matin (expédiée à 6 h. 10).

(7) Le général Douay reçut cet avis un peu avant 7 heures du matin.

envoya le 78ᵉ (1) occuper le col de Pfaffenschlick (2), par lequel il pourrait se retirer sur la division Ducrot. Il ne lui restait, par suite, à Wissembourg, que 8 bataillons, 3 batteries, dont une de mitrailleuses, et 6 (3) escadrons. Son effectif était d'environ 4,900 hommes, y compris la compagnie du génie.

Le 4 août, à 3 heures du matin, j'invitai le chef de gare à mettre un train à ma disposition pour me rendre à Wissembourg. Il me répondit que, par suite de l'encombrement de cette voie unique, je ne pourrais avoir de train avant 9 heures. Je prévins le général Douay que je serais à Wissembourg à 10 heures. A 8 h. 1/2, le chef de gare de Wissembourg me télégraphia :

« J'ai fait arrêter le train 20 à Soultz ; on tire en ce moment sur la « ville ; les boulets arrivent jusqu'à la gare. »

Je prévins aussitôt par télégrammes les généraux Ducrot et Raoult à Lembach et à Reichshoffen de se tenir prêts à marcher.

A 9 heures, je montai dans le train, et, arrivé à Soultz, le chef de gare fit arrêter le train, ayant reçu avis, de Wissembourg, que le général Douay avait été attaqué par des forces très supérieures et que la voie était coupée. Pendant que je lisais cette dépêche, il en reçut une autre le prévenant que Wissembourg était au pouvoir de l'ennemi (4). La communication fut alors interrompue.

Je fis débarquer mes chevaux et me rendis à vive allure à Lembach. En y arrivant, j'appris que le général Ducrot, ayant reçu ma dépêche, s'était porté sur Climbach ; je le rejoignis, et gagnai avec lui le Pigeonnier, d'où l'on apercevait tout le champ de bataille de Wissembourg. Nous vîmes les troupes se mettre en retraite pour nous rejoindre par Pfaffenschlick. Elles n'étaient pas poursuivies. Comme la tête de colonne de la division Ducrot n'était encore qu'à Climbach, nous aurions été dans l'impossibilité de leur venir en aide. Au reste, l'ennemi présentait des forces si considérables, qu'en aucun cas il n'y eut lieu de quitter nos positions pour nous porter dans la plaine. . . . .
. . . .

---

(1) Le 78ᵉ était parti avant la réception de la dépêche. Il s'était mis en marche un peu avant 5 heures du matin (Historique du corps).

(2) En réalité, le col du Pigeonnier. Une compagnie seulement fut détachée au col de Pfaffenschlick.

(3) 7 escadrons 1/2.

(4) La nouvelle était inexacte ; Wissembourg ne fut pris que vers 2 heures de l'après-midi.

Récit de la bataille d'après le rapport du général Pellé (1) et le récit de l'état-major allemand :

Jugeant qu'avec les deux divisions dont je pouvais disposer en ce moment, j'étais hors d'état de tenir tête aux forces opposées, j'abandonnai les positions rapprochées de la frontière, résolu à concentrer toutes mes forces sur la position de Frœschwiller.

La 1re et la 2e divisions rallièrent sur ce point (2) ; la 3e division y était arrivée dans la journée.

J'ordonnai à la 4e division de se porter sur Gunstett et aux divisions de cavalerie Duhesme et Bonnemains de partir le lendemain à la pointe du jour et de nous rejoindre le plus tôt possible. Je télégraphiai au commandant du 7e corps de faire partir la division Conseil-Dumesnil, qui devait se trouver à Colmar (3), pour Haguenau, où elle recevrait de nouvelles instructions. Le commandant de cette place devait lui prescrire de continuer sa marche par chemin de fer jusqu'à Reichshoffen, si la voie n'était pas coupée ; dans le cas contraire, l'y faire se diriger par terre.

J'établis mon quartier général à Reichshoffen, dans le château du comte de Leusse. . . . .

Dans la soirée, j'écrivis à l'inspecteur des forêts de Haguenau pour lui prescrire de faire des abatis, de faire sauter les ponts, et de couper le chemin de fer aux abords de la forêt. J'invitai le chef de gare à faire enlever les rails depuis Walbourg.

Je prévins le général Uhrich de ma position. J'adressai à l'Empereur une dépêche chiffrée (4) pour lui rendre compte du combat de Wissembourg et lui faire connaître les forces que je supposais à l'ennemi, la résolution que j'avais prise de réunir toutes les troupes sur la position de Frœschwiller, où elles seraient prêtes à combattre l'ennemi qui s'avançait par la vallée du Rhin.

1re DIVISION (Ducrot).

Le 4 août, la division Ducrot demeure sur place. Le 96e de ligne, qui était au Pigeonnier, rejoint la division. Il y est remplacé par le 78e de ligne, de la 1re division (Document provenant du général Ducrot).

---

(1) Ce rapport n'existe pas aux Archives de la guerre. Il a été publié dans l'ouvrage du commandant de Chalus (*Wissembourg, Frœschwiller*. Paris, Baudoin, 1882, page 240).

(2) Le 5 août.

(3) Une brigade à Colmar, une brigade à Mulhouse, artillerie à Ensisheim, génie à Mulhouse.

(4) Voir page 234.

Historique de la 2ᵉ division.

4 août.

Combat de Wissembourg.

Le terrain occupé par la 2ᵉ division est situé au sud de Wissembourg, sur les plateaux larges et peu élevés formés par les dernières pentes de l'Oberer-Wald (1).

Il domine toute la ville et toute la vallée de la Lauter, vers laquelle ses dernières ondulations vont mourir insensiblement.

Il s'appuie, du côté du sud, à un ruisseau, affluent de la Seltz, ruisseau dans la vallée duquel sont situés les quatre villages peu importants de Roth, Oberhoffen, Steinseltz et Riedseltz.

C'est un pays généralement découvert, quoique parsemé d'assez nombreuses houblonnières.

La route de Strasbourg à Wissembourg traverse, dans son milieu, la position qu'occupait la division. Un peu avant d'arriver à cette dernière ville, elle s'embranche à droite sur la route de Lauterbourg, formant avec elle un angle au sommet duquel aboutit le chemin de fer, et dans lequel est située la gare. Elle laisse sur sa gauche une autre route, également parallèle à la Lauter et qui mène à Bitche.

Au point culminant du plateau, la route de Wissembourg à Strasbourg laisse sur sa droite la ferme de Schafbusch et le château de Geissberg, qui donne son nom à l'ensemble de cette position.

Le chemin de fer de Strasbourg à Wissembourg, qui côtoie le bas des pentes, peut être considéré comme limitant la position du côté de l'est, tandis que, du côté de l'ouest, elle s'appuie aux pentes escarpées de l'Oberer-Wald et au col dit du Pigeonnier, par lequel passe la route de Bitche, et qui fut défendu par Hoche dans la campagne de 1793 (2).

Du point culminant, on découvre au loin le Rhin dont on est séparé par une immense plaine, que couvre en partie la forêt du Bienwald, et toute la vallée de la Lauter, dont le cours est divisé en deux parties par la ville de Wissembourg.

A l'ouest de cette ville, la rivière sortant des montagnes de l'Oberer-Mundat-Wald, où elle prend sa source, est encaissée et bordée sur la rive gauche par la route de Pirmasens; à l'est, au contraire, et aussitôt après avoir dépassé la ville, elle se divise en plusieurs bras que l'on traverse sur des ponts en bois, et se répand dans des prairies plantées et dans des jardins jusqu'au village d'Altenstadt, à partir duquel elle

---

(1) Oberer-Mundat-Wald.
(2) Cette phrase fait allusion sans doute à l'attaque du Geissberg par Hoche à la fin du mois de décembre 1793.

forme la frontière et longe la forêt du Bienwald dont j'ai déjà parlé plus haut.

La 2ᵉ division fut établie à cheval sur la route de Strasbourg à Wissembourg, sa droite appuyée au château du Geissberg, étendant sa gauche dans la direction du col du Pigeonnier, parallèlement au chemin de traverse qui relie Oberhoffen à la route de Bitche.

La 1ʳᵉ brigade, à laquelle il ne restait que quatre bataillons, appuyait sa droite au château du Geissberg, couvrant ainsi Steinseltz avec deux bataillons du 50ᵉ de ligne. Sa gauche était sur la gauche de la route, formée par les deux bataillons restants du 74ᵉ.

La 2ᵉ brigade était placée plus loin dans la même direction, formant la gauche de la division, couvrant les villages de Roth et Oberhoffen et laissant entre elle et la première l'emplacement nécessaire au bivouac de l'artillerie et de la compagnie du génie.

La brigade de cavalerie (de Septeuil) était placée en arrière sur les pentes qui descendent vers le ruisseau de Steinseltz.

Le 4 août, à 5 heures du matin, l'ordre est donné par le général de division, que les trois bataillons du 78ᵉ seront détachés provisoirement et iront occuper les trois passages du Pigeonnier, de Lembach et de Pfaffenschlick, situés entre le Hochwald et l'Oberer-Wald et conduisant dans la vallée de Lembach, point où était établi le quartier général de la 1ʳᵉ division (Ducrot).

A la même heure, un bataillon du 1ᵉʳ régiment de tirailleurs et deux escadrons du 11ᵉ chasseurs, sous les ordres du colonel Dastugues, partent pour faire une reconnaissance en avant et au delà de la frontière (1); puis l'ordre suivant est notifié aux généraux commandant les brigades :

« Dans le cas peu probable d'un mouvement de concentration sur la division Ducrot, le mouvement commencera par la 2ᵉ brigade. Elle suivra les crêtes pour aboutir à la route de Wissembourg à Bitche, en passant ainsi par le bas de la montagne du Pigeonnier et le village de Climbach.

« Le quartier général du général Ducrot est à Lembach. Le 96ᵉ (1ʳᵉ division), couvre la gauche de la 2ᵉ division dans la direction de Nothweiler, à l'extrême frontière. »

Vers 7 heures (2), la reconnaissance, conduite par le colonel Dastugues, rentrait sans signaler aucun ennemi.

Cependant, ce même jour et de grand matin, le prince royal de Prusse avait fait avancer ses têtes de colonne jusqu'à la Lauter, dans

---

(1) Plus une section d'artillerie.
(2) 6 heures, d'après le journal de marche de la brigade de Septeuil.

l'intention de s'emparer de Wissembourg et de pousser ses avant-gardes en avant de la frontière.

Une division de cavalerie s'était portée dans la direction d'Otterbach à la Lauter (1), précédée par ses éclaireurs qui, la veille, en avaient reconnu la rive droite.

Le 4, dès 3 heures du matin, 300 cavaliers prussiens avaient traversé le village de Schleithal (2).

A cette même date, l'avant-garde du V° corps de la III° armée prussienne était derrière Saint-Remy et Wooghaüser (3) et, poussant ses avant-postes au delà de la Lauter, allait chercher à les établir sur les hauteurs.

L'avant-garde du XI° corps prussien poussait les siens dans la même direction, tandis que le corps de Werder (Badois et Wurtembergeois) arrivait de son côté à Lauterbourg.

Enfin, et c'est ce qui n'a jamais été assez remarqué, la division d'avant-garde Bothmer (Bavarois), qui commença l'attaque sur Wissembourg, avait marché pendant la nuit, venant de la direction de Pirmasens, par Bobenthal, se cachant dans les gorges de la Lauter (4); et vers 6 h. 30 du matin (5), elle débouchait en vue de la ville et trouvait à Schweigen le prince royal qui, bien sûr de n'avoir devant lui que quelques bataillons, donnait aussitôt l'ordre de l'attaque.

Le général Bothmer avait mis en ligne trois bataillons (6), un régiment de chevau-légers (7) et une batterie d'artillerie. A 7 heures, il commença à canonner la ville, dans laquelle tombèrent plusieurs obus.

Aussitôt, nos grand'gardes prirent les armes; des tirailleurs se déployèrent et se portèrent à leur hauteur.

Le général Douay était de sa personne arrivé au camp. Il donna aussitôt l'ordre à une batterie d'artillerie de se porter au galop vers la ville, et à la 2° brigade, réduite au 1er régiment de tirailleurs, par suite du

---

(1) La 4° division de cavalerie n'arriva à Nieder-Otterbach qu'à 7 h. 30 du soir.

(2) L'*Historique du Grand Etat-Major prussien* ne mentionne pas le fait. Le chiffre de 300 semble exagéré car il ne peut s'agir que du 2° escadron du *14°* hussards qui marchait en tête de l'avant-garde du XI° corps.

(3) Exactement à Billigheim.

(4) La division de Bothmer partit de Bergzabern à 6 heures du matin par la grande route de Schweigen.

(5) La division de Bothmer ouvrit le feu vers 8 h. 15.

(6) Deux bataillons : 10° bataillon de chasseurs et 3° bataillon du 5° régiment.

(7) Deux escadrons.

départ du 78e, de suivre cette batterie au pas de course pour la soutenir.

Ce fut peut-être une erreur. La position que l'on quittait valait mieux que celle que l'on allait prendre et nous dûmes payer cette faute par de grands sacrifices.

La batterie se plaça à l'est de Wissembourg, entre une petite redoute faisant partie des anciennes lignes et le moulin situé sur la Lauter..... Mais de là, elle était complètement dominée par l'artillerie prussienne qu'elle avait à combattre, et luttait dans des conditions par trop désavantageuses.

Deux compagnies du 2e bataillon du 1er tirailleurs (commandant Sermansan) furent lancées en avant de la batterie et se déployèrent en tirailleurs le long du cours d'eau. Une troisième compagnie de ce même bataillon s'abrita dans une petite redoute entre la rivière et la route de Lauterbourg. Le reste du bataillon s'établit à droite du moulin, en avant des anciennes lignes fortifiées.

Le 4e bataillon de ce régiment (commandant de Coulange) se porta à l'angle sud-ouest de la place pour disputer à l'ennemi l'intervalle qui s'étend entre Wissembourg et les forêts des Vosges.

Le 3e bataillon (commandant de Lammerz) fut placé en réserve à l'angle sud-est de la ville, suffisamment défilé du feu par les murailles elles-mêmes.

A peine ces dispositions étaient-elles prises que le combat s'engagea entre les deux compagnies de tirailleurs et les tirailleurs bavarois, embusqués dans les vignes sur la rive gauche de la Lauter. Les turcos cachés derrière les arbres, les haies, dans les fossés et dans la petite maison de l'octroi, à l'est de la place, dirigent sur les bataillons qui sont devant eux un feu des plus meurtriers. Mais le feu des canons ennemis domine le nôtre et le surpasse de beaucoup en portée, et de nouvelles batteries prussiennes viennent ajouter leurs efforts à ceux de la première entrée en ligne, et nous couvrent de leurs projectiles.

Trois compagnies du 2e bataillon se déploient et, s'avançant jusqu'à la Lauter, vont renforcer les deux premières, que déciment à la fois les feux de l'artillerie et ceux des tirailleurs ennemis. Des incendies se déclarent dans Wissembourg où le bataillon du 74e s'efforce de les éteindre, en même temps qu'aux remparts les soldats s'efforcent d'éloigner l'ennemi.

A notre droite, le général de Montmarie avait fait prendre les armes aux troupes, dès les premiers coups de canon, mais l'attaque ne lui paraissant dirigée que sur la ville, il laissa sa brigade dans les positions qu'elle occupait, se bornant à faire avancer jusqu'à la crête les deux bataillons du 50e, couverts par une ligne de tirailleurs.

Le 1er bataillon (commandant Boutroy), ayant avec lui le lieutenant-colonel Delatour d'Auvergne, occupait à l'extrême droite le dos d'un pli de terrain, ondulation avancée du plateau. Le 3ᵉ bataillon était placé à la gauche du premier derrière une houblonnière, le long du chemin de Gutleuthof au point culminant des Trois-Peupliers.

Peu à peu et pendant que celle de nos batteries placée à droite de Wissembourg s'efforçait sans succès de lutter contre l'artillerie prussienne supérieure en nombre, en portée et par sa position, le feu des tirailleurs s'était étendu de notre gauche (général Pellé) à notre droite (général de Montmarie).

L'ennemi, autant pour éviter un assaut dangereux, que pour avoir l'air d'épargner la ville de Wissembourg, préférait attendre le succès de sa supériorité numérique, et la ligne de ses tirailleurs se démasquait devant notre première brigade, en menaçant par son étendue de la déborder vers la droite.

Les tirailleurs prussiens, soutenus par de fortes colonnes, avaient franchi la Lauter, et le feu était engagé sur tout notre front.

Les deux bataillons du 74ᵉ avaient traversé la route. L'un d'eux, le 3ᵉ, s'était établi à la droite du 50ᵉ, prolongeant ainsi notre ligne, et la recourbant un peu en arrière; l'autre, formant une réserve, s'était placé derrière les deux bataillons du 50ᵉ.

Du côté des Prussiens, voici ce qui se passait. La 9ᵉ division du Vᵉ corps, débouchant à 9 h. 1/2 sur la Lauter, se formait en colonnes à Saint-Rémy et à Wooghaüser (1) pour l'attaque des hauteurs que nous occupions, attaque qui avait lieu aussitôt, et pour dégager le général Bothmer, qui ne se maintenait qu'à grand'peine devant notre 2ᵉ brigade. Elle dirigeait sur Altenstadt la 18ᵉ brigade qui, passant aussitôt la rivière, et marchant par la route de Wissembourg à Lauterbourg, menaçait de couper par le centre notre ligne de bataille.

En présence de cette double attaque, notre droite et notre gauche redoublèrent d'efforts. Notre batterie de mitrailleuses se porte en avant et entame aussitôt le feu ; mais l'artillerie ennemie concentre sur elle le feu de toutes ses pièces, et bientôt elle est écrasée, victime de sa renommée naissante et de la terreur qu'elle inspire.

Vers 10 heures, l'ennemi continuant à déborder notre droite, celle de nos batteries qui avait été placée près de Wissembourg, attaquée de front et d'enfilade, dut quitter sa position et se retirer sur les hauteurs, d'où elle ouvrit le feu de nouveau (2).

---

(1) Seule, l'avant-garde du Vᵉ corps (17ᵉ brigade mixte) franchit la Lauter à Saint-Remy et aux Wooghaüser. Le gros du corps d'armée fut dirigé de Gross-Steinfeld sur Altenstadt.

(2) Cette batterie (9ᵉ du 9ᵉ d'artillerie) resta en position jusque vers 11 h. 30 au sud de la gare.

Devant l'attaque de la 18ᵉ brigade prussienne, venant d'Altenstadt, et marchant en colonne serrée à demi-distance pour délivrer Bothmer, le général Pellé fait exécuter aux tirailleurs indigènes un changement de front. Le bataillon Sermansan fait face à l'est, et le bataillon de Lammerz vient le soutenir. Le général Pellé, placé sur la route de Lauterbourg, renforce les postes de l'octroi et du moulin chacun d'une compagnie, pour pouvoir contenir les tirailleurs de Bothmer. Il fait barricader les ponts, place une compagnie à cheval sur la route, deux dans la gare et ses abords, puis avec ce qui lui reste de monde il charge à la baïonnette au canon la brigade prussienne et, à trois reprises différentes, la rejette en désordre sur les Bavarois de Bothmer (1).

Nos turcos exécutent ce mouvement avec un admirable élan. Quelques-uns, saisissant leur ennemi corps à corps, tombent broyés au milieu des masses qui s'avancent. Les braves enfants du désert ne voient dans la guerre qu'une nécessité fatale. Ils ne savent que vaincre ou mourir.

Cependant, l'ennemi continuait à nous foudroyer de ses feux d'artillerie, et si la 2ᵉ brigade avait réussi à contenir et même à culbuter ses colonnes, c'était au prix de pertes presque aussi cruelles que celles qu'elle lui avait fait subir. La route de Lauterbourg, aux abords de la gare, était littéralement couverte de sang et encombrée de morts et de blessés. Le général Douay, reconnaissant la supériorité de l'attaque et l'impossibilité de tenir plus longtemps, envoya à la 2ᵉ brigade l'ordre de se retirer lentement, et au bataillon du 74ᵉ, qui occupait Wissembourg, l'ordre de quitter la ville. La 1ʳᵉ brigade avec la 2ᵉ batterie de l'artillerie divisionnaire devait soutenir la retraite.

C'est à ce moment que cherchant lui-même à placer cette batterie dans une bonne position, et voulant s'assurer de l'effet qu'elle produisait, il fut atteint par deux balles de mitraille et resta mort sur place.

La 1ʳᵉ brigade se trouvait alors dans la position suivante :

Le bataillon du 50ᵉ commandé par le chef de bataillon Boutroy avec le lieutenant-colonel Delatour d'Auvergne et les deux bataillons du 74ᵉ de ligne couvraient le château du Geissberg. Le second des bataillons du 50ᵉ (commandant Joanin) formait la réserve derrière ce château.

C'est là que cette brigade dut arrêter l'attaque des 18ᵉ et 17ᵉ brigades du Vᵉ corps prussien, qui s'étaient formées en colonnes et escaladaient les pentes, et des têtes de colonne du XIᵉ corps, qui, arrivant du Bienwald, débouchaient par Schleithal à 11 h. 1/2.

Le combat fut des plus violents, supporté presque corps à corps contre

---

(1) En réalité sur Altenstadt.

un ennemi dix fois supérieur. Le terrain fut défendu pied à pied et l'ennemi subit des pertes considérables.

Le lieutenant-colonel Delatour d'Auvergne fit des prodiges d'énergie, d'activité et de sang-froid. 2,400 hommes tinrent pendant plus d'une heure 20,000 hommes en échec. Ils n'abandonnèrent le château qu'à 12 h. 1/2 et la ferme qu'à 1 heure.

Aussitôt la mort du général Douay, le colonel Robert, chef d'état-major de la division, avait fait prévenir le général Pellé, qu'il devait par droit d'ancienneté prendre le commandement de la division. Il se décida à continuer le mouvement de retraite, tel qu'il avait été ordonné par le général Douay avant sa mort, c'est-à-dire en le commençant par la gauche.

Beaucoup de turcos n'avaient plus de munitions. Tous ceux à qui il en restait formèrent l'arrière-garde, et ce régiment regagna lentement le sommet du plateau et le camp, en défendant par des feux bien nourris la rive droite de la Lauter, que les Bavarois de Bothmer commençaient à franchir.

Le colonel Morandy renforça les grand'-gardes, déploya des tirailleurs sur leur front, pendant que le reste de la troupe levait le camp et se réapprovisionnait de munitions. Et ces opérations terminées, il se retira lentement sur Steinseltz, pour gagner le col de Pfaffenschlick.

De sa personne, le général Pellé s'était porté sur la gauche de la 1re brigade, engagée avec les troupes ennemies et par son ordre, le général de Montmarie dut commencer la retraite, en échelons par bataillon, et en se dirigeant sur ce même col.

L'artillerie qui ne pouvait plus tenir contre la supériorité écrasante des batteries prussiennes, reçut l'ordre de se porter sur la route qui conduit à ce même col, et y prit une position en arrière du village de Steinseltz, dans le but de protéger l'infanterie. Elle ne quitta cette position que lorsqu'il fut bien démontré qu'elle ne pouvait plus être utile. La compagnie du génie et un bataillon de tirailleurs furent chargés de la garde de l'artillerie. Les deux autres bataillons de tirailleurs durent coordonner leur mouvement avec le sien, de manière à ne pas être débordés sur la gauche par les tirailleurs bavarois.

Au moment où commença la retraite de la 1re brigade, le général de Septeuil reçut l'ordre de se préparer à charger avec sa cavalerie, dans le but de faciliter le mouvement de l'infanterie; mais cet officier général déclara que le terrain ne s'y prêtait pas (1).

---

(1) « Quant à la cavalerie, la disposition du terrain ne permit pas
« qu'elle prît part au combat..... Le général Pellé jugea (au moment
« de la retraite), qu'il valait mieux ne pas la compromettre sur un ter-

Néanmoins, le mouvement de retraite de la division s'exécuta en bon ordre ; et les troupes gagnèrent par la montagne le village de Climbach (1), où elles arrivèrent à 5 heures du soir, et où était établi le quartier général de la 1re division.

Nous avions dû laisser sur le champ de bataille une pièce d'artillerie, dont l'attelage et les servants avaient été tués, et dont les roues avaient été brisées. Elle « tomba entre les mains de l'ennemi » mais « ne fut pas prise » par lui. Nos morts et la plus grande partie de nos blessés restèrent entre les mains de l'ennemi, la division n'ayant ni ambulance ni moyens de transport.

Il fut fait par nous 9 prisonniers, dont un officier supérieur qui, après avoir remis son épée, fut aussitôt renvoyé.

Un rapport détaillé fut remis au maréchal de Mac-Mahon, qui adressa des éloges à la 2e division pour la manière dont elle avait combattu et opéré sa retraite.

En effet, à peine forte de 4,500 hommes (8 bataillons), elle avait soutenu pendant sept heures l'effort de toute l'avant-garde de l'armée prussienne, qui, elle, comptait plus de 25,000 hommes avec 13 batteries et qui se trouvait à une demi-journée de marche de ses corps principaux.

La 2e division avait perdu 1100 hommes (2) et 70 officiers (3). Le bataillon du 74e, enfermé dans Wissembourg, fut pris presque en entier, ce qui augmenta de beaucoup le chiffre apparent de nos pertes.

Note.

Depuis le départ de Strasbourg, le général Pellé n'avait jamais eu connaissance des mouvements que l'on devait opérer. Il n'avait aucune carte du pays.

Ce ne fut qu'au moment où il prit le commandement de la division qu'il put se rendre compte de tout ce qui périclitait et de ce qui manquait.

Le matin, voyant que nous étions engagés et tenions contre des

---

« rain absolument impropre à son action. » (*Vie militaire du général Ducrot*, tome II, pages 355 et 356).

(1) L'historique de la 2e division, pour la journée du 5 août, dit que cette division partit le 5 août de Pfaffenbronn et non de Climbach. Les historiques des corps de troupes présentent des divergences sur le point de stationnement de la 2e division le 4 août au soir. Il est à présumer qu'un certain nombre d'isolés gagnèrent Climbach.

(2) 1500 d'après le Journal de marche du Ier corps.

(3) 60 officiers tués ou blessés. Voir, pour l'état numérique par corps, page 147.

forces dix fois plus considérables, il pensa pendant longtemps que cette résistance était justifiée par l'arrivée de nos divisions qui se trouvaient plus en arrière et que l'on attendait.

Mais, vers 1 heure, sur le point d'être entouré et ne voyant de toutes parts que l'ennemi, il comprit bien qu'il ne pouvait plus compter que sur lui-même, et il continua la retraite qu'il avait commencée par ordre du général Douay (1).

2° DIVISION.

Sommaire du journal de marche.

Wissembourg, 4 août.

Le 4, de grand matin, les trois bataillons du 78°, d'après les ordres donnés dans la soirée du 3, quittent leur bivouac pour aller occuper le col du Pigeonnier (dans la montagne et les bois à l'ouest de Wissembourg, 2 h. 1/2 de marche environ) avec ordre d'y remplacer le 96° (de la 1ʳᵉ division) au Pigeonnier, à Climbach et Pfaffenschlik.

Il reste alors seulement, devant Wissembourg, huit bataillons, savoir :

Deux bataillons du 50° ;
Trois bataillons du 74°, dont un dans la place de Wissembourg ;
Trois bataillons du 1ᵉʳ régiment de tirailleurs.
Trois batteries d'artillerie, dont une de mitrailleuses ;
Quatre escadrons du 11° de chasseurs à cheval (incomplet) (2) (3) ;
La compagnie du génie.

Le 4, dès le matin, une reconnaissance est envoyée, composée de cavalerie et d'infanterie, savoir : deux escadrons et un bataillon de tirailleurs, et une section d'artillerie, dans la direction de l'Est, au-delà d'Altenstadt, commandée par le colonel du 11° chasseurs ; elle rentre vers 6 h. 1/2 sans avoir découvert l'ennemi.

Attaque de Wissembourg vers 7 h. 3/4.

Le combat de Wissembourg donnera lieu à une narration spéciale.

Blessure mortelle du général Douay, vers 10 heures du matin ; il est transporté à la ferme de Schafbusch, ainsi que le capitaine du Closel, son aide de camp, blessé aussi.

Le général Pellé prend le commandement vers 11 heures.

---

(1) Général Pellé. *Historique de la 2° division.*

(2) En réalité 3 escadrons 1/2. 1 escadron 1/2 détaché à Seltz attendait, pour rejoindre, d'avoir été relevé en ce point par le 2° lanciers de la brigade Nansouty.

(3) En plus : quatre escadrons du 3° hussards.

Retraite commencée vers midi, ordonnée à 11 h. 1/2, par Climbach, Pfaffenschlik, sur Lembach, conformément aux ordres antérieurs.

Le bataillon du 74ᵉ ne peut sortir de Wissembourg. Le 50ᵉ (2ᵉ bataillon) suit une autre ligne de retraite (1), mais rejoint la division le 5, à Frœschwiller.

Le 11ᵉ chasseurs suit la retraite, qui se fait en bon ordre, l'impossibilité d'utiliser la cavalerie pour combattre étant constatée.

Halte sur les hauteurs avant de descendre à Climbach et Pfaffenschlik (2). On constate que l'ennemi ne poursuit pas, que le bataillon du 74ᵉ est forcé de rester à Wissembourg et qu'il n'y a pas lieu de l'attendre, et que le 50ᵉ, qui a soutenu le combat le dernier, a dû prendre une autre route de retraite dans la direction de Haguenau (1).

Arrivée à Lembach; dans la soirée, rencontre du général Ducrot qui donne les ordres pour le lendemain (bivouac). Des blessés sont ramenés par des habitants et sont installés dans quelques maisons et au presbytère; les autres blessés, le sous-intendant militaire, le médecin-major et l'aumônier restent à la ferme de Schafbusch formant une ambulance provisoire.

1ʳᵉ BRIGADE (de Montmarie).

Le chef de bataillon Pédoya, ancien officier d'ordonnance du général de Montmarie, au général Robert.

Paris, 14 juin 1880.

..... Je puis dire que le premier coup de canon a été tiré le 4 août, vers 7 h. 1/2. J'étais dans Wissembourg à ce moment-là. Je suis remonté, à cheval, au Schafbusch, où se trouvait le général de Montmarie.

Le général, quoique sachant que la reconnaissance conduite par le colonel du 11ᵉ chasseurs était rentrée et n'avait rien vu, ordonna à deux bataillons, l'un du 50ᵉ et l'autre du 74ᵉ (3), d'aller prendre position sur les hauteurs qui dominent la Lauter, la droite au Geissberg et la gauche appuyée à une houblonnière située près des « Trois-Peupliers ». En se portant en avant, les deux bataillons laissèrent leurs sacs au bivouac.

Lorsque le général Douay est arrivé, il a approuvé l'ordre ci-dessus et prescrit aux deux bataillons du 50ᵉ et du 74ᵉ, qui étaient restés au camp, de se porter à hauteur des deux premiers et sur la droite du Geissberg. Ces deux bataillons étaient restés en armes sur leur front de

---

(1) Par le Grossenwald et Bremmelbach, sur Soultz.
(2) Voir note 1, page 199.
(3) Voir à ce sujet la note (3) de la page 111.

bandière pendant une demi-heure au moins, et, si l'on avait soupçonné que l'attaque deviendrait sérieuse, on aurait eu bien largement le temps de faire tomber les tentes et de prendre les sacs.

En outre, le feu de l'infanterie n'a commencé sérieusement que vers 9 h. 1/2. Or, à ce moment-là, nous étions à 300 mètres au plus des campements; par conséquent, si l'on eût voulu, on aurait pu, depuis 7 h. 1/2, faire reprendre les sacs.

Il est donc inexact de dire que l'on a été surpris, alors que la troupe est restée près de deux heures à côté de ses campements avant d'être engagée, et n'apercevant que très au loin l'ennemi.

Ce qui a été pour nous une surprise, c'est de voir les ennemis si près et en si grand nombre. Mais à qui la faute? A la cavalerie, qui n'a pas été envoyée au loin pour éclairer la division, et non au général, qui a été laissé sans renseignements sur les forces ennemies.

Si le général Douay a accepté le combat, c'est qu'il pensait n'avoir devant lui que des troupes peu nombreuses et n'a pas voulu battre en retraite devant elles sans savoir devant quel ennemi il reculait. Peu à peu, il a été engrené dans le combat et, lorsque les masses ennemies ont été démasquées, il ne s'est plus fait illusion sur la gravité de sa situation, et il me souvient lui avoir entendu dire quelques instants avant sa mort, à la vue des colonnes ennemies : « Nous serons obligés de battre en retraite ».

Devait-il refuser le combat dans la situation où il se trouvait? Non, cent fois non. Qu'il soit regrettable qu'il n'ait pas été renseigné sur les forces ennemies qui se trouvaient en face, c'est certain. Mais, dans les conditions où le combat a été engagé, ne voyant au début que peu ou point d'ennemis, si le général avait ordonné la retraite, si même elle avait été ordonnée jusqu'à midi par les chefs qui lui ont succédé, ils auraient certainement été blâmés par tout le monde.

Qu'avant les premiers coups de feu, qu'avant d'apercevoir les troupes ennemies, on ordonne la retraite, fort bien — les soldats s'égarent sur les motifs qui la font ordonner. Mais se porter en arrière lorsque l'on aperçoit l'ennemi, lorsque le feu a commencé, pour eux c'est *reculer*, et l'effet moral est désastreux.

Supposons qu'au lieu de l'avancée ennemie, ce n'eût été qu'une simple reconnaissance (il faut se souvenir que le général était sans renseignements), n'aurait-on pas énergiquement blâmé, et avec raison, le général Douay d'avoir fui devant quelques hommes?

En guerre, on ne doit quitter une position d'avant-postes que lorsqu'on y est matériellement forcé. Or, lorsque ce moment est arrivé, l'engrenage du combat nous avait pris, il devenait difficile de partir sans combattre. Aurait-on pu faire quitter les magnifiques positions à nos soldats sans les disputer à l'ennemi?

Et puis, on espérait du secours; ce secours pouvait arriver, le canon a certainement été entendu des troupes placées au Pigeonnier et à Climbach.

Il fallait donc se battre, se maintenir en position, espérer du secours et conserver la ligne de retraite. C'est ce qui a été fait.

En terminant cette trop longue lettre, je tiens à relever cette étrange opinion, émise dans la narration allemande, d'après laquelle Altenstadt aurait dû être occupé par nos troupes.

Plût au Ciel que l'on eût *évité d'occuper* Wissembourg, comme *Altenstadt*, et que l'on se fût contenté de défendre les hauteurs qu s'étendent de Weiler au Geissberg!

Renseignements communiqués par le général Pédoya, le 17 janvier 1901, sur le combat de Wissembourg.

Le lendemain matin 4, je reçus l'ordre d'aller voir l'installation du bataillon du 74ᵉ dans Wissembourg. J'étais dans la place, lorsqu'on vint me prévenir que l'on entendait quelques coups de fusil; je me portais de ce côté avec l'adjudant-major de ce bataillon lorsque retentit le premier coup de canon; nous apprenions en même temps qu'une batterie (et, suivant d'autres, deux batteries) était en position vers Schweigen; c'était un peu avant huit heures.

La présence de l'artillerie ennemie faisait croire à une attaque de quelque importance, aussi je me décidai d'aller au galop à Oberhoffen, où le général Douay avait son quartier général, pour prendre ses ordres.

Je le trouvai à cheval se rendant du côté du canon.

« Dites à Montmarie, me dit-il, que je ne crois pas à une attaque « sérieuse puisque la reconnaissance qui vient de rentrer n'a rien vu, « et aussi parce que le général Ducrot m'a enlevé, ce matin, le 78ᵉ » (1) et comme je lui dis que dans la matinée nous avions reconnu la position de Geissberg, il ajouta : « Qu'il occupe cette position, je vais y aller et donnerai des ordres ».

Lorsque je rentrai au campement de la brigade, le général de Montmarie avait déjà donné l'ordre de prendre les armes; mais les troupes ne devaient pas abattre les tentes ni prendre les sacs; on avait laissé quelques hommes pour continuer à faire la soupe; dans sa pensée

---

(1) La division Douay avait été placée sous les ordres du général Ducrot.

Le 78ᵉ, dans la matinée du 4, avait été détaché pour occuper le col du Pigeonnier et garder la route de Bitche.

nous n'avions affaire qu'à une reconnaissance qui s'était amusée à tirer quelques coups de canon sur Wissembourg et qui n'attaquerait pas sérieusement. On ne voyait rien.

« D'ailleurs, si l'attaque devient sérieuse, nous la verrons venir de « loin et nous aurons le temps de reprendre les sacs puisque le camp « est tout près de nous. » Plus tard on n'eut plus le temps de lever le camp.

Un bataillon du 50ᵉ qui fut le premier prêt, vint occuper le Geissberg. Il fut suivi par un bataillon du 74ᵉ qui vint s'appuyer, la droite au Geissberg et la gauche à la Houblonnière qui aboutit près des Trois-Peupliers (1).

Les deux autres bataillons (un du 50ᵉ et un du 74ᵉ) devaient rester en réserve, mais ils ne tardèrent pas à être portés sur la ligne. Je n'ai aucun doute à ce sujet. J'ai parcouru le terrain avec le colonel Theuvez, du 74ᵉ, et suis resté plus d'un quart d'heure avec lui.

Nous apercevions les mouvements que l'ennemi préparait contre Wissembourg, mais on ne voyait absolument rien du côté de la forêt de Haardt-Wald.

Le général Douay, qui était à ce moment-là sur les hauteurs de Geissberg, voulut être renseigné, sa cavalerie n'était pas là ; je l'entendis dire de prescrire au lieutenant Jourdain, du 11ᵉ chasseurs, chef de son escorte, d'aller faire une reconnaissance vers la Lauter.

Comme le général Douay m'avait montré une très grande bienveillance, qu'il m'avait emmené de Besançon, quoique comptant à une compagnie de dépôt du 78ᵉ, et qu'il m'avait chargé d'une mission auprès du maréchal de Mac-Mahon, je me hasardai à lui dire :

« Mon général, je suis officier d'ordonnance, je suis très vigoureu« sement monté ; je vous demande de me confier cette mission, qui me « revient. »

Le général Douay me désigna alors ; je partis immédiatement avec un cavalier d'escorte, je descendis les pentes du Geissberg, et pénétrai dans la forêt.

Les premiers renseignements qui me furent donnés par les paysans furent négatifs. Ils avaient entendu le canon, mais n'avaient pas vu un seul Prussien. Malgré cette affirmation, je continuai ma reconnaissance et bientôt je reçus quelques coups de fusil, je me rejetai alors dans les bois, il me fallut faire un grand détour et plus loin j'aperçus des masses que j'évaluai à une division ; mais pour voir, j'avais dû me montrer, de nombreux coups de fusils furent tirés sur moi, mon cheval reçut une balle et une seconde vint frapper mon sabre.

---

(1) Voir à ce sujet page 111, note (3).

Des paysans me signalèrent d'autres troupes s'avançant sur la droite, dans la direction du Sud-Est.

J'étais très exactement renseigné sur ce qui se préparait, je revins rapidement rendre compte ; le général Douay donna de suite des ordres pour porter vers la droite du Geissberg un bataillon du 50ᵉ et fit venir aussi de ce côté, pour battre les débouchés de la forêt, la batterie de mitrailleuses qui avait été placée primitivement aux Trois-Peupliers, où elle avait souffert du feu de l'artillerie ennemie, sans pouvoir riposter avec avantage (1).

L'effectif de la défense était trop faible pour que l'on pût tenter un mouvement offensif ; d'ailleurs le Général considérait le Geissberg avec ses terrasses, comme une position formidable.

Le général Pellé, qui avait pris le commandement après la mort du général Douay, ne songeait qu'à résister sur le Geissberg, espérant toujours que le général Ducrot qui était à proximité, viendrait avec des renforts (2), et c'est lorsqu'il a dû renoncer à tout espoir d'être secouru et qu'il s'est vu menacé d'être enveloppé, que la retraite a été envisagée comme une nécessité (3).

Le capitaine de Biarre fut envoyé à Wissembourg, pour communiquer au bataillon du 74ᵉ l'ordre d'évacuer la ville ; il m'a dit qu'il lui avait été absolument impossible d'accomplir sa mission.

Quant à moi, j'avais été renvoyé vers la droite, sur la route de Wissembourg à Fort-Louis pour surveiller les mouvements de l'ennemi voulant déboucher de la forêt, c'est en allant de ce côté que je fus avisé de l'arrivée par le train (4) de deux détachements de 150 hommes environ chacun, l'un du 16ᵉ bataillon de chasseurs, et l'autre du 78ᵉ sous les ordres du lieutenant Défargues (qui est encore en vie). Je

---

(1) Ces souvenirs sont d'autant plus précis, que c'est à la suite de cette reconnaissance que le général Douay et le général de Montmarie m'ont annoncé qu'ils me porteraient pour la décoration et que j'ai été décoré.

(2) Le général Pellé, avec qui j'ai vécu en captivité, me l'a plusieurs fois répété.

(3) D'après l'Historique de la 2ᵉ division, le général Pellé « se décida « à continuer le mouvement de retraite tel qu'il avait été ordonné par « le général Douay avant sa mort. » (Page 197.) Voir aussi à ce sujet le rapport du général Pellé sur le combat de Wissembourg dans l'ouvrage du commandant de Chalus.

(4) Ce train, parti de Strasbourg dans la matinée, amenait à Wissembourg le personnel de l'ambulance de la 2ᵉ division, plus les réservistes en question. Il s'arrêta au passage à niveau, près de la halte de Riedseltz-Oberdorf, sur la nouvelle que la voie était interceptée au delà.

dis au lieutenant de former un rideau face à l'Est pour faire croire à l'ennemi que Riedseltz était occupé et retarder sa marche.

Lorsque je revins vers le général de Montmarie, le mouvement de retraite était commencé.

L'état-major du général Douay, n'existait pour ainsi dire plus, le chef d'état-major, le colonel Robert, seul était debout.

Le général Douay était tué; le capitaine Rollet, son aide de camp, était tué; le lieutenant de Mareuil, son officier d'ordonnance, était blessé; le capitaine du Closel, de son état-major, était blessé, et le capitaine Titre n'avait pas rejoint (il n'a rejoint qu'au camp de Châlons); je n'ai pas vu à ce moment-là le commandant Lambrigot, aussi je fus chargé d'aller à la recherche du général Ducrot pour lui rendre compte du combat, du mouvement de retraite et prendre ses ordres. Je le rencontrai sur la route de Bitche, à 200 mètres de l'embranchement du chemin allant au col du Pigeonnier.

Dès qu'il connut ma mission, il envoya un capitaine de son état-major pour faire arrêter le maréchal de Mac-Mahon qui allait s'engager dans le chemin du col du Pigeonnier. Je fis mon compte rendu en présence du Maréchal, du général Ducrot et du général Colson. Le Maréchal me demanda de faire un croquis des positions et des mouvements des colonnes (que je fis sur le calepin du général Colson) et losque j'eus terminé, le Maréchal me remercia et ajouta : « A eux la première manche, à nous la deuxième ».

Le général Ducrot me dit que je pouvais revenir auprès du général de Montmarie et d'avoir à lui faire connaître que le plateau de Pfaffenschlick serait gardé par les troupes de la division.

Le 96e garderait également les autres passages, par conséquent la division Douay pourrait, sous cette protection, se reconstituer à Lembach.

Notes d'un officier du 50e de ligne sur la journée de Wissembourg.

Le 4, vers 8 heures, Wissembourg est bombardé. Le maire de Schleithal vient annoncer que 300 cavaliers ennemis ont, de grand matin, traversé son village.

A 8 h. 3/4, les deux bataillons, laissant au camp les tentes, sacs, cuisiniers, ordonnances, gardes de police, se portent en avant; le troi-

---

Tout le monde débarqua en pleine voie et marcha au canon sur Riedseltz. (Docteur Dauvé. *L'ambulance de la division Douay en 1870*, page 3.)

sième se forme en bataille dans une houblonnière, le long du chemin de Gutleuthof aux Trois-Peupliers, la droite au chemin du Geissberg à Altenstadt. Le lieutenant-colonel descend pour prolonger cette ligne sur la droite, en avant du château ; l'artillerie ennemie ouvre alors le feu sur le front et le flanc droit de la position. L'ennemi débouche d'Altenstadt et l'on aperçoit de nombreuses colonnes qui, sorties du Bienwald, ont passé la Lauter et manœuvrent pour tourner notre droite.

Le 1er bataillon, exécutant un changement de front, descend au-dessous et à 200 mètres environ du château, dans les vestiges d'une redoute : les deux bataillons déploient leurs tirailleurs et engagent le feu. Un bataillon du 74e va se masser au pied des terrasses du château, derrière le 1er bataillon du 50e ; le 3e hussards est envoyé en reconnaissance à l'extrême droite (1) ; la batterie de mitrailleuses ouvre le feu à la gauche du 3e bataillon du 50e ; un bataillon du 74e se déploie à vingt pas en arrière de la houblonnière où est ce bataillon. Peu après, les mitrailleuses se portent en arrière, aux Trois-Peupliers ; le 3e hussards, ayant probablement tourné autour du Schafbusch, se masse à la naissance de la vallée qui descend sur Altenstadt ; l'une des batteries divisionnaires s'établit au-dessus de Wissembourg pour tirer dans le sens de la vallée de la Lauter, l'autre prend position à l'aile droite, près de la ferme.

Nous soutenons dans cette position un combat très vif de tirailleurs et surtout d'artillerie : les batteries ennemies placées à Schweighofen ou dans la plaine réduisent les nôtres au silence, chassent le 3e hussards de sa position, détruisent (2) le château de Geissberg qu'elles supposent occupé, font brèche dans ses terrasses (3) et battent sans relâche le plateau où elles pensent que se cachent nos réserves. Pendant ce temps, l'ennemi, stationnaire devant notre gauche, prononce de plus en plus son mouvement tournant sur la droite. En conséquence, le bataillon du 74e, qui était derrière la houblonnière, se porte derrière le château, puis il descend à l'Est de la ferme et s'engage à la droite du 1er bataillon du 50e pour se préparer à soutenir une retraite que le nombre des ennemis rend indispensable. Le 3e bataillon du 50e recule, à 11 heures, jusqu'à hauteur du château, laissant ses tirailleurs sur son ancienne

---

(1) Un escadron seulement.

(2) Il serait plus exact de dire « bombardent ».

(3) L'auteur anticipe sur les événements. Ce n'est que plus tard, vers 1 h. 30, que le général de Kirchbach, commandant le Ve corps, donna l'ordre de pratiquer une brèche dans le château. (*Historique du Grand Etat-Major prussien*, 2e livraison, page 193.)

position; à 11 h. 1/2 il les rappelle et va s'établir entre l'enclos de la ferme et la route.

Un peu avant midi, sur un ordre réitéré et au moment où il allait être enveloppé, deux ou trois compagnies n'ayant plus une cartouche, le 1ᵉʳ bataillon du 50ᵉ remonte sur le plateau vers le bataillon du 74ᵉ, qu'il avait en seconde ligne; ils s'établissent dans les jardins et les bâtiments de la ferme, à droite de laquelle se porte également l'autre bataillon du 74ᵉ. Le combat se concentre sur ce point.

Après une vigoureuse canonnade, l'ennemi enlève les jardins à la baïonnette.

Tandis que quelques compagnies défendent encore les bâtiments incendiés, on se reforme dans les fossés de la route pour les soutenir. Enfin, vers 1 heure, les quatre bataillons, incapables de contenir les masses ennemies sans troupes de soutien, sans artillerie ni cavalerie, attaqués sur leurs deux flancs, se jettent dans les vignes et passent le premier ruisseau au-dessous de Steinseltz, poursuivis vivement par des troupes de toutes armes; ils se retirent en combattant de position en position, dans la direction de Bremmelbach; à 3 heures, dans les bois près de ce village, les obus les atteignaient encore.

Après avoir traversé Soultz, le 74ᵉ s'est rendu directement à Haguenau; le 50ᵉ, prenant par Oberbetschdorf, y a fait halte et est arrivé à Haguenau à 10 heures du soir.....

Après la prise de Wissembourg, les troupes qui remontèrent les pentes Nord du Geissberg durent trouver, mais non enlever, un canon brisé et sans attelages, abandonné depuis une heure au moins sur l'emplacement qu'avait occupé la batterie de la 2ᵉ brigade..... (1).

Notes rédigées sous forme de rapport au colonel Robert, ancien chef d'état-major de la division Abel Douay, par le chef de bataillon Liaud, du 2ᵉ bataillon du 74ᵉ de ligne.

Mersebourg, 19 décembre 1870.

J'ai l'honneur de vous adresser la relation complète et exacte de ce qui s'est passé à Wissembourg dans la journée du 4 août. Je suis resté dans cette ville pendant six semaines, mon état ne permettant pas que je fusse évacué. J'ai donc eu tout le temps pour me rappeler, recueillir et annoter les moindres détails; ceux qui m'ont échappé m'ont été envoyés par les officiers de mon bataillon.....

---

(1) Ce canon avait été abandonné par la 12ᵉ batterie du 9ᵉ (voir page 222) et non par la batterie attribuée à la 2ᵉ brigade.

Le 4 août 1870, la 2ᵉ division bavaroise, aux ordres du lieutenant général comte de Bothmer, appuyée par une division prussienne du Vᵉ corps de l'armée du Sud, a opéré contre Wissembourg une attaque de vive force, à la suite de laquelle, la ville ayant été enlevée, après un combat de 7 heures, le 2ᵉ bataillon du 74ᵉ de ligne qui la défendait, a été fait prisonnier de guerre.

Voici la relation des faits :

Combat de Wissembourg.

Arrivée du bataillon à Wissembourg. — Le 3 août au soir, à l'arrivée du bataillon à Wissembourg, tandis que j'étais en conférence avec le maire, relativement à l'installation de la troupe, le capitaine adjudant-major Bertrand accompagna le chef de bataillon du génie Dhombres, dans sa reconnaissance de la ville et procéda au placement des grand'-gardes.

Reconnaissance de Wissembourg. — Wissembourg, jadis place forte de 3ᵉ ordre, aujourd'hui déclassée, est dépourvue de tout ouvrage avancé et manque absolument d'artillerie. La ville est dominée de toutes parts, mais surtout au nord vers la frontière, par des hauteurs dont les crêtes les plus éloignées ne sont pas à plus de 1000 mètres. La fortification se compose d'une ceinture de murs crénelés avec tours et chemins de ronde ; trois portes conduisent dans la direction de Landau, de Bitche et de Haguenau ; elles sont fermées par des ponts-levis en fort mauvais état. Le relief du mur est médiocre, le tir de ses créneaux est limité et gêné par des plantations d'acacias ; toutefois, l'artillerie ne peut que difficilement battre en brèche la muraille à cause de la disposition et de l'inclinaison du terrain.

En arrière du mur d'enceinte et du chemin de ronde règne une masse couvrante munie d'une banquette, mais dépourvue de traverses contre le tir d'enfilade. Malgré ces défauts, le commandant du génie estimait que Wissembourg pouvait avoir une grande importance comme pivot et point d'appui des opérations de la division Douay ; ce qui expliquait dans son esprit l'occupation de la ville et l'ordre donné de la défendre contre une attaque de vive force.

Renseignements sur la force et la proximité de l'ennemi. — Ces renseignements étaient fort vagues. On savait qu'il se formait des rassemblements de troupes sur la frontière, des postes bavarois occupaient des corps de garde abandonnés par les douaniers. Une reconnaissance ennemie avait poussé jusqu'aux portes de Wissembourg et avait fait contre le chemin de fer une tentative de destruction. Vers le nord, on travaillait à un ouvrage en terre, situé à 1000 mètres au plus et de la forme d'un épaulement de batterie d'artillerie.

Ces incursions ennemies ne rendaient pas prudent l'établissement de postes extérieurs, au moins pendant la nuit. On se borna à mettre sur le rempart deux compagnies de grand'garde, la 1re commandée par le capitaine Launay-Onfrey, la 6e par le capitaine de Soyer. Ces compagnies, ayant leurs réserves vers la porte de Landau et vers celle de Bitche, observaient la frontière par de nombreuses sentinelles placées derrière le mur crénelé et la masse couvrante. La compagnie des sapeurs-pompiers de la ville, parfaitement organisée et animée d'un excellent esprit, occupait la porte de Haguenau. Les quatre autres compagnies du bataillon dressèrent leurs tentes dans la cour de la caserne. Il était presque nuit.

Reconnaissance du 4 août, au matin. — Après une nuit obscure et pluvieuse, la 6e compagnie fut envoyée en reconnaissance. M. de Soyer, qui la commandait, visita la gare, Altenstadt et le terrain au nord de Wissembourg. Le maire d'Altenstadt ne savait rien, sinon qu'il se formait des rassemblements à Landau ; il ne croyait pas qu'il y eût à Schweigen et à Schaidt plus de 600 hommes d'infanterie et 100 cavaliers. Le capitaine de Soyer s'avança seul assez loin sur les routes de Schaidt et de Landau, mais il ne put se procurer aucun renseignement sur la nature de l'ouvrage qui semblait être un épaulement. Il vit près de Kapsweyer un groupe de cavaliers et le signala au chef d'escadrons du 11e chasseurs qui commandait la reconnaissance envoyée du camp, et rentra à Wissembourg par la route de Lauterbourg.

ATTAQUE DE LA VILLE.

A 8 h. 20, un boulet lancé sur la caserne donna le signal de l'attaque. Les tirailleurs ennemis s'avancèrent, mais ils furent reçus vigoureusement et maintenus à distance par un feu bien nourri. La 2e compagnie alla renforcer sur le rempart la 1re et la 6e.

Pendant ce temps, quatre colonnes d'infanterie ennemie et un escadron de cavalerie s'établissaient entre Schweigen et la Lauter. L'artillerie, tout en conservant la caserne comme principal objectif de son tir, commençait à lancer des obus incendiaires dans différentes directions, notamment sur le beffroi et sur le clocher. La première batterie était derrière l'épaulement et la deuxième sur la droite et près de la route de Landau.

Il n'y avait plus à douter que Wissembourg ne fût l'objet d'une véritable et sérieuse attaque. J'appelai alors les trois compagnies de réserve sur le rempart ; elles s'y rendirent sous une grêle de balles et de mitraille qui leur occasionnèrent quelques pertes. La compagnie de pompiers était, comme je l'ai dit, à la porte de Haguenau ; mais, cet appoint fut bientôt enlevé à la défense par les nombreux incendies qui se déclarèrent en ville. Je fis remplacer cette compagnie par un sergent et quelques hommes.

Dispositions des troupes pour la défense. — Les six compagnies du bataillon furent disposées dans l'ordre suivant de la porte de Landau à celle de Bitche : 1re, 5e, 2e, 3e, 4e, 6e. La 1re, commandée par le capitaine Launay-Onfrey, appuyait sa droite à la porte de Landau que M. Couilleau, sous-lieutenant, était spécialement chargé de défendre avec deux escouades ; le reste de la compagnie était en tirailleurs placés aux créneaux et derrière la masse couvrante.

La 5e, capitaine de Beaurepaire, occupait le centre de la masse couvrante entre les deux tours. La 2e, capitaine Daubas, s'établit en partie derrière la masse couvrante, en partie derrière le mur crénelé.

La 3e, capitaine de Lauwereyns, la 4e, capitaine Dufour et enfin la 6e, capitaine de Soyer, prirent place à la gauche des trois compagnies précédentes, la 6e, débordant un peu de la porte de Bitche dont la défense fut confiée à M. Gamet, sous-lieutenant.

Me réservant le soin de diriger personnellement les compagnies de gauche et du centre qui avaient devant elles un terrain très inégal, j'ordonnai à M. le capitaine adjudant-major de se tenir à la droite et de me prévenir de tout ce qui pourrait intéresser la défense.

Je ne jugeai point nécessaire de faire prévenir le général de la situation qui était suffisamment signalée par le bruit de l'artillerie et de la mousqueterie. Jusqu'à nouvel ordre, il n'y avait qu'à se conformer aux ordres reçus, c'est-à-dire à résister énergiquement.

L'arrivée de M. le capitaine de Lauwereyns, accouru du camp où il était retenu par ses fonctions de capitaine-major, me confirma dans la conviction que la division connaissait la situation du 2e bataillon.

Divers épisodes du combat jusqu'à la tentative d'évacuation. — Le combat continuait avec vivacité et l'artillerie lançait toujours sur la ville ses obus incendiaires. L'ennemi cependant semblait moins préoccupé d'en arriver à l'escalade que d'amener les habitants à lui ouvrir leurs portes sous la menace de la destruction complète de leur ville. Aussi, j'envoyai fréquemment l'adjudant-major pour s'assurer que la garde des portes était suffisante et pour raffermir la confiance de la population.

Les hommes du bataillon qui, au début, tiraient assez mal et manquaient d'assurance, en étaient arrivés, au bout d'une demi-heure, à tirer avec autant de sang-froid et de justesse qu'ils auraient pu le faire à la cible. Les vignes étaient littéralement pleines de Bavarois qui montrèrent beaucoup de bravoure : un grand nombre d'entre eux s'avancèrent jusqu'au fossé et se firent tuer à bout portant. Les plus éloignés, c'est-à-dire ceux qui se trouvaient sur les crêtes des hauteurs, n'étaient pas à plus de 700 ou 800 mètres. J'estime donc qu'il n'y eut pas de notre côté beaucoup de balles perdues. Trois petits groupes de tireurs, sous les ordres de MM. Couilleau, Prétet et Godin, sous-lieutenants, avaient mission de ne tirer que sur les batteries. Une pièce qui s'était approchée à une faible distance des murs, sans doute pour les battre en brèche, perdit tous ses canonniers et cessa d'être servie.

Vers 10 h. 1/2, une ligne de tirailleurs indigènes vint occuper le fossé de la place, puis gagna du terrain en avant. Ses officiers et ses réserves ne se mirent point en communication avec nous, et, d'après cet indice, je compris que leur mission était moins de renforcer la défense que de se conformer aux mouvements de la division. Du reste le bruit d'un combat sérieux d'artillerie sur notre droite et quelques mouvements de troupes me confirmèrent dans cette idée. L'attaque faiblissait singulièrement et cette myriade de tirailleurs ennemis disparut. Je croyais à un succès complet!

Un peu avant midi, la ligne de tirailleurs indigènes se replia, sans nous prévenir qu'elle se mettait en retraite. Je ne savais que penser. . . . . . Était-ce un retour offensif? ou bien les tirailleurs exécutaient-ils un mouvement tournant vers la gauche, après avoir fait une attaque de front?

Bientôt le feu reprit contre la ville. Dans la crainte que le combat ne se prolongeât encore une partie de la journée, on recommanda aux soldats de ménager leurs munitions; car le bataillon n'avait pas reçu son caisson de réserve.

A 1 heure, le bruit de la canonnade et des décharges de mousqueterie allait s'affaiblissant dans la plaine, et je commençai à craindre que la division, attaquée par des forces supérieures, n'eût été obligée d'opérer sa retraite.

A 1 h. 1/2, le bruit se répandit que l'ordre était arrivé d'évacuer Wissembourg et de se replier sur la division par la route de Bitche. Je m'étonnai de n'avoir pas reçu la communication directe de cet ordre si important et je m'inquiétai de la personne qui l'avait apporté. J'appris qu'un officier à cheval, que je crus reconnaître à son signalement pour le capitaine d'état-major de Biarre, aide de camp du général commandant la brigade, s'était présenté à la porte d'Haguenau et avait chargé e sous-officier chef du poste de donner l'ordre d'évacuation. Je compris alors que la division s'était éloignée, et, d'un autre côté, ne pouvant tenir longtemps dans Wissembourg contre un ennemi muni d'une artillerie formidable, et qui apparaissait à chaque instant plus nombreux, je pris aussitôt mes dispositions pour l'évacuation. J'ordonnai à mon adjudant-major de réunir les compagnies sur la place et je courus à la caserne faire atteler les voitures.

Tentative d'évacuation de la ville. — Occupation de Wissembourg par l'ennemi. — La garnison est déclarée prisonnière de guerre.

Mon intention était d'évacuer la ville par la porte d'Haguenau et de gagner la route de Bitche en prenant le chemin qui part du cimetière et conduit sur les hauteurs, chemin que j'avais parcouru en partie, le matin, en attendant le retour de la reconnaissance. Pendant que les compagnies se réunissaient à la hâte, on vint me prévenir que l'ennemi occupait la route d'Haguenau. En effet, il avait près de la gare des forces considérables, et ses tirailleurs s'étaient déjà approchés jusqu'au cimetière. La fuite n'était pas possible de ce côté; je revins sur la place, où toutes les compagnies étaient réunies, moins une, que je n'attendis pas, il y allait du salut du bataillon, et je me dirigeai rapidement vers la porte de Bitche. Je pouvais, de là, m'échapper par les vignes, en suivant un chemin qui, traversant la Lauter, conduit également sur les hauteurs. Arrivé à la porte de Bitche, je pus me convaincre que toute chance de retraite m'était aussi enlevée de ce côté; nous avions devant nous, à droite, une partie de la division bavaroise, contre laquelle nous combattions depuis le matin; à gauche étaient des colonnes prussiennes, bien reconnaissables au casque à pointe des soldats. Et, en effet, tandis qu'une division bavaroise prenait, au commencement de la journée, position entre Schweighofen et Schweigen, parallèlement à la frontière, une division prussienne avait occupé la vallée de la Lauter et s'avançait, en ce moment, vers la route de Bitche.

Dans ces circonstances difficiles, nous résolûmes de défendre la ville à outrance. Les 3e et 4e compagnies restèrent à la porte de Bitche, sous les ordres du capitaine Dufour. Les 1re et 2e furent envoyées à la porte de Haguenau. Les 5e et 6e furent destinées à la défense de la porte de Landau. De ces deux compagnies, la 6e seule était présente; la 5e, partie précipitamment le matin de son campement, était allée reprendre ses sacs, qu'elle avait laissés à la caserne. C'était la compagnie que je n'avais pas pu attendre, mais qui devait être bien près de rejoindre le bataillon.

La plupart des hommes n'avaient plus de cartouches; ceux auxquels il en restait encore n'en avaient que 2 ou 3. L'ordre fut donné de ne tirer que lorsque l'ennemi se montrerait sur le bord du fossé.

Voulant m'assurer qu'il n'y avait pas eu de confusion dans l'exécution des ordres et que chaque porte avait reçu son contingent de défenseurs, je me dirigeai d'abord vers celle de Haguenau, accompagné de mon adjudant-major. Je n'en étais pas très éloigné, lorsque je fus arrêté par des habitants qui me prévinrent que l'ennemi avait pénétré en ville, me supplièrent de ne pas aller plus loin et de ne pas prolonger une défense inutile. Je continuai d'avancer et je vis, en effet, la porte ouverte et la rue qui se remplissait de Bavarois. (Lorsqu'ils eurent vu nos soldats se réunir pour évacuer la ville, les Wissembourgeois avaient abaissé le pont-levis.) Les 1re et 2e compagnies qui, trompées par des rues sinueuses, avaient allongé leur chemin, arrivèrent derrière nous au pas de course, se jetèrent à la baïonnette sur l'ennemi et le refoulèrent vers la porte : quelques hommes gravirent le rempart et engagèrent aussitôt le feu avec le gros des assaillants, qui se trouvait sur les glacis ; les autres se précipitèrent, officiers en tête, hors de la porte, en dégagèrent les abords et levèrent le pont.

La porte de Haguenau n'avait pas été reconquise sans pertes : quelques hommes étaient tombés et le capitaine Launay-Onfrey, officier actif, vigoureux, qui avait montré le plus bel élan dans la charge à la baïonnette, avait été mortellement frappé d'une balle dans la région du bas-ventre.

Le capitaine Daubas prit le commandement et organisa la défense sur ce point.

Je continuai ma ronde, mais avant de me rendre à la porte de Landau, je voulus retourner à celle de Bitche, qui m'inquiétait en raison du grand nombre de troupes que j'avais vues massées devant ce point. Le capitaine Dufour y avait solidement organisé la défense ; une pièce, qui tentait de s'approcher pour tirer sur la porte, était maintenue à distance et ne put prendre une position favorable à ses desseins. J'allais me rendre à la porte de Landau, lorsque je fus averti que l'ennemi s'en était rendu maître et que déjà ses colonnes pénétraient en ville. Je crus d'abord qu'il ne s'agissait que d'un fait analogue à celui qui s'était passé à la porte de Haguenau. Je ne m'expliquais pas, néanmoins, le retard de la 6e à se rendre à son poste de combat. Voici ce qui s'était passé : cette compagnie, pour aller à la porte de Landau, s'était engagée dans les rues sinueuses de la ville, s'était égarée et, après avoir erré quelque temps, était arrivée près d'une fausse porte située entre celle de Bitche et celle de Haguenau. La 5e venait également de rejoindre et ces deux compagnies s'étaient établies à ce point. Elles avaient trouvé en face d'elles une forte colonne prussienne qui se prolongeait dans la direction de la porte de Haguenau et l'avaient forcée, par leur feu, à s'éloigner des murs.

Si la 6e n'est point arrivée à son poste, ce n'est certainement pas la faute de son chef, M. le capitaine de Soyer, officier excellent qui s'était parfaitement conduit au feu, mais celle des circonstances ; arrivés la veille au soir, mes officiers ne connaissaient pas la ville et il était difficile de demander des renseignements aux habitants, qui se cachaient dans leurs caves. Du reste, en admettant que cette compagnie n'eût pas fait fausse route, elle ne serait probablement pas arrivée à temps.

D'un autre côté, pendant que nous repoussions les Bavarois à la porte de Haguenau, et que la 6ᵉ s'égarait, l'ennemi faisait avancer de l'artillerie, battait en brèche les piles de la porte de Landau, déjà fortement endommagée dans la journée, et s'introduisait dans la ville.

Je pris aussitôt une section à la porte de Bitche, quelques hommes de la 5ᵉ qui me furent amenés par M. le lieutenant Aubarbier et je me dirigeai, au pas de course, vers la porte de Landau. A peine avions-nous fait deux cents pas que, au détour d'une rue, nous nous trouvâmes en face d'un peloton bavarois ; le feu commença des deux côtés et l'ennemi disparut au bout de la rue. Je venais de recevoir une balle à la jambe ; cette blessure me contraignit à entrer dans une maison où je reçus les premiers soins. Le capitaine adjudant-major Bertrand prit le commandement, qui ne pouvait tomber dans de meilleures mains.

Tout en poursuivant l'ennemi, le capitaine Bertrand, arrivé à hauteur de la place, rencontra une colonne de troupes bavaroises pouvant être évaluée à un bataillon. Après avoir essuyé quelques coups de feu, il se rejeta avec sa petite troupe dans les rues latérales et se rapprocha de la fortification du Nord. Le chemin de ronde était également occupé par l'ennemi. Les forces qui avaient pénétré en ville étaient déjà trop considérables pour qu'on pût les attaquer de front et les jeter au dehors. Comme l'ennemi n'avançait qu'avec précaution, le détachement put rejoindre la porte de Bitche. La situation était critique ; la plus forte partie de la garnison était acculée sur ce point, n'ayant devant elle que des rues tortueuses ne laissant aucun champ à son tir.

Dans cet état de choses, on réunit les soldats, on les partagea en petits groupes pour garnir les maisons situées aux angles des rues ; mais quoique tout le monde fût décidé à faire son devoir jusqu'au bout ; il n'était pas possible de se dissimuler que la résistance ne pouvait être de longue durée.

Cependant, l'ennemi avançait toujours ; il s'était arrêté à moins de cent pas de l'endroit où se trouvait le gros de la troupe et le choc devenait inévitable, lorsqu'on vit se dresser, devant son front, le drapeau parlementaire ; il était porté par le maire qui engagea le commandant de la garnison à faire cesser le combat, l'assurant, devant un officier supérieur bavarois, qu'on n'exigerait de lui que l'évacuation pure et simple de la place. Le capitaine Bertrand répondit qu'il tenait encore des points importants : il feignit encore d'avoir des munitions, et il déclara qu'il entendait n'entrer en pourparlers que sur la seule question d'évacuation. L'officier supérieur bavarois ayant répondu qu'il en serait ainsi (Also), le capitaine Dufour fut conduit près du général, pour s'entendre avec lui sur ces bases.

Le général major Maillinger, tout en rendant la plus complète justice à l'énergie de la défense, déclara au nom du général commandant l'attaque que, Wissembourg n'étant ni une place forte, ni un poste retranché muni d'artillerie, et étant d'ailleurs enlevé d'assaut, il ne pouvait admettre une évacuation simple; il ajouta, que la garnison, cernée de toutes parts et coupée depuis plusieurs heures de son corps principal, alors en pleine déroute, devait se constituer prisonnière de guerre.

La plus profonde douleur accueillit cette déclaration; toutefois, il n'y avait plus à se faire illusion : six bataillons avaient pénétré dans la ville, le reste de la division bavaroise et toute la division prussienne l'entouraient; des canons étaient braqués sur les ponts-levis, et le manque de munitions nous livrait sans défense.

La pression de la population contribua à augmenter les difficultés de la situation; les habitants commencèrent à se répandre dans les rues. Le maire, voyant quelques soldats se montrer aux fenêtres avec leurs fusils, s'écria que nous voulions sa mort; que la population, outre un dommage matériel énorme, aurait encore à déplorer des morts et des blessés.

Résister plus longtemps aurait été engager, sans la moindre chance de salut, la lutte insensée de la baïonnette contre la balle et le boulet, en exposant la population à de cruelles représailles. Les officiers, réunis autour du capitaine Bertrand, reconnurent que l'humanité devait, en cette circonstance, l'emporter sur nos derniers scrupules militaires. Les soldats formèrent les faisceaux et furent conduits dans l'église, les officiers, prisonniers sur parole, dans un local qui leur fut assigné, et ils conservèrent leurs armes.

Pendant que ces événements se passaient à la porte de Bitche, les colonnes de la division prussienne s'avançaient, canons en tête, pour enfoncer la porte d'Haguenau. Le capitaine Daubas, dépourvu de cartouches et menacé d'être pris par derrière par les Bavarois, consentit à se rendre.

Le lendemain, 5 août, les officiers et soldats du 2ᵉ bataillon furent conduits à pied à la station de Schaidt, où ils prirent le chemin de fer, et furent dirigés d'abord sur Mayence et ensuite sur Ingolstadt où on les interna.

Dans la soirée qui suivit le combat du 4 août, les officiers prisonniers furent visités par les généraux bavarois de Hartman, commandant le IIᵉ corps de l'armée du Sud (1), et de Bothmer, commandant la division contre laquelle nous avions lutté depuis le matin. Ils apprirent que les pertes de nos adversaires avaient été considérables, et que l'on avait cru, toute la journée, à la présence d'un corps de troupes beaucoup plus nombreux dans Wissembourg. Le général de Bothmer adressa aux officiers les paroles les plus flatteuses...... pour l'énergie de leur défense qu'il voulut bien qualifier d'héroïque.....

---

(1) IIᵉ corps bavarois.

Pertes du bataillon à la journée du 4 août. — En raison de la nature même du combat, les pertes du 2ᵉ bataillon dans la journée du 4 août, n'ont pas été considérables; toutefois, l'effectif des combattants qui était de 563, officiers compris, s'est trouvé réduit à 508.

Tués	10
Blessés	25
Disparus...............................	20
Total..............	55

Les pertes de l'ennemi ont dû être très grandes, à en juger par les 472 bavarois qu'on a enterrés dans les vignes qui sont au Nord de la ville. Ce chiffre m'a été donné par un officier de francs-tireurs requis pour diriger l'inhumation des morts et il m'a été certifié par le maire de Wissembourg.

Tels sont les événements qui se sont succédé dans la journée du 4 août 1870, journée qui avait si bien commencé et qui devait si mal finir pour nous.

Historique du 74ᵉ régiment.

Ces deux bataillons (1ᵉʳ et 3ᵉ) se précipitent pleins d'enthousiasme sur le champ de bataille; à peine sont-ils sortis du camp qu'ils sont sous le feu des projectiles de l'ennemi; mais la marche n'est pas ralentie, ils vont occuper leurs postes de combat. Le 1ᵉʳ bataillon trouve devant lui un bataillon du 50ᵉ de ligne, qui déjà avait commencé la lutte, mais bientôt les munitions de ce bataillon sont épuisées, il faut battre en retraite. Le 74ᵉ se déploie alors, envoie la 1ʳᵉ compagnie en tirailleurs et entre en ligne; il épuise lui-même une partie de ses munitions, mais l'artillerie le décime, des obus enlèvent des files entières, un peu de désordre se met dans les rangs, les officiers se multiplient pour rallier leurs hommes, et le commandant du bataillon se résout à se retirer dans la ferme du Geissberg. Dans cette première phase du combat, MM. Sciart, lieutenant, Panisset et Guffroy, sous-lieutenants, avaient été frappés à mort, M. Ciffre, lieutenant, grièvement blessé.

Pendant ce temps, le 3ᵉ bataillon, couché en colonne par peloton à demi-distance devant la batterie qu'il protège, commence par recevoir les atteintes des projectiles ennemis. Le général de Montmarie, pour l'y soustraire, donne l'ordre au commandant Vallet de le déployer et de le placer derrière une ferme que bordait un petit chemin d'exploitation. Mais ce mouvement n'avait pu être dissimulé à l'ennemi qui redouble son feu, et bientôt la position n'est plus tenable. De nombreuses victimes gisaient sur le sol; parmi elles, plusieurs sapeurs de la garde du drapeau, qu'un obus avait coupé en morceaux. Le commandant cherche alors à cacher son bataillon dans une houblonnière située à quelques pas à droite ; mais sa position est aussi difficile, les obus tombent au milieu des rangs, tuent ou blessent un grand nombre de combattants parmi lesquels M. le capitaine Bellenand, M. Dodin, sous-lieutenant, et M. Graujard, sergent-major ; la retraite est reconnue indispensable, elle se fait en très bon ordre sur la ferme de Schafbusch.

Pendant ce temps, le 1er bataillon était aux prises avec les colonnes d'infanterie prussienne qui se rapprochaient pour chercher à l'envelopper dans son abri. Le brave commandant Cécile a bientôt reconnu combien sa situation est critique : la ferme n'a qu'une issue, il faut sortir à tout prix de cette souricière. Il commande une première sortie, mais ses hommes hésitent et rentrent en désordre dans la cour ; n'écoutant que son courage, entouré des officiers de son bataillon, qui forment comme un premier rang pour enlever leurs soldats, il s'élance à cheval. Les Prussiens le reçoivent par un feu de mousqueterie à 50 mètres. M. le commandant Cécile tombe, on le croit frappé à mort ; à côté de lui sont blessés M. le capitaine Lagneau, qui prend le commandement malgré sa blessure, M. le capitaine Patissier, MM. les lieutenants Richer et Monteillet, l'adjudant Morel.. Hélas ! tant de dévouement restera inutile ; bientôt il faudra se rendre ou succomber, car l'incendie menace déjà les bâtiments.

Cependant le 3e bataillon, qui s'est rallié et reformé dans la ferme (1), reçoit l'ordre du colonel de reprendre l'offensive ; il sort et se porte, par une marche en bataille exécutée avec un ordre parfait, sous un feu terrible de mousqueterie, dans un petit chemin creux où, protégé par le talus, il doit arrêter la marche des assaillants sur le Geissberg. Le feu est ordonné bientôt sur toute la ligne ; les soldats tirent sur les colonnes ennemies situées à peine à 200 mètres. Dédaignant bientôt ce rempart, qui les couvre, ils grimpent sur le talus pour mieux assurer leurs coups ; les Prussiens hésitent, reculent même ; déjà retentit notre vieux cri de guerre : « En avant ! à la baïonnette ! » Hélas ! la position est tournée, il faut battre en retraite et céder au nombre dix fois supérieur de nos adversaires. Dans cette retraite malheureuse tombent, pour ne plus se relever, le brave capitaine Dreville, un héros de Crimée et d'Italie, notre bon et cher camarade Verhæyghe, qui déjà avait survécu à une blessure grave reçue à Solférino ; enfin, le sous-lieutenant Nolot, qui, en mourant, prononçait comme un appel suprême à ses soldats, ces nobles et simples paroles : « Vive la France ! mes amis, vengez-moi ! » A côté d'eux, M. le lieutenant Gastinicau blessé deux fois à la jambe, restait sur le champ de bataille et tombait bientôt après

---

(1) Ferme de Schafbusch.

entre les mains de l'ennemi. Malgré leurs succès les Prussiens n'avancent qu'avec prudence, ils n'ont pas, du reste, devant eux des fuyards, ils craignent un retour offensif avec des troupes fraîches ; leur erreur permet aux débris du régiment de se retirer sans être trop inquiétés.

Au sujet de la mort du général Douay, la lettre suivante fut adressée, en décembre 1870, *au général Robert, par le capitaine Malfroy, du* 74e *de ligne, alors prisonnier en Prusse.*

Merschbourg, 8 décembre.

.... Vous, mon Colonel, qui étiez le chef d'état-major du général Douay, vous n'apprendrez pas sans émotion qu'au commencement de la bataille, j'eus le douloureux honneur de faire transporter à la ferme voisine (1) cet infortuné général, que je trouvai expirant, couché sous un arbre, le visage tourné contre l'ennemi. Cet épisode touchant, dont l'histoire ne parlera pas, au milieu d'une bataille, faisait rêver à la mort de Bayard.

Cet événement, qui pouvait produire une influence fâcheuse sur les troupes, alors que rien n'était encore désespéré, cet événement, dis-je, je le gardai pour moi. Ce n'est qu'un peu plus tard que j'en fis part tout bas au lieutenant-colonel Baudoin du 74e, qui devait, hélas ! avoir le même sort à Sedan.

Note du commandant en retraite Cécile, du 74e, *sur la défense du château du Geissberg.*

En réponse à votre lettre du 3 janvier 1901 (2), je m'empresse de vous adresser le rapport que vous me demandez sur la défense du château du Geissberg, épisode du combat de Wissembourg.

Au début de l'attaque des Prussiens, les 1er et 3e bataillons du 74e sont dirigés en avant de la position dite des Trois-Peupliers, un peu au-dessus du Geissberg ; il était 8 h. 1/2.

Le feu de l'artillerie ennemie força M. le général Pelletier de Montmarie à déplacer le 3e bataillon et à donner l'ordre à M. le colonel Theuvez de descendre la pente avec le 1er bataillon que je commandais. Nous étions alors au-dessous et à gauche du Geissberg, derrière une haute et épaisse houblonnière devant laquelle il y avait un bataillon du 50e.

---

(1) Schafbusch.
(2) Rapport demandé au commandant Cécile sur la défense du Geissberg.

L'artillerie prussienne dirigeait son feu sur le Geissberg ; ses obus passaient au-dessus de nos têtes. Nous ne pouvions rien voir du combat, si ce n'est vers notre droite une portion de la ligne du chemin de fer ; vers 9 h. 1/2, M. le colonel Theuvez, voyant les Prussiens s'étendre de ce côté, envoya ma 1re compagnie, capitaine Margory, en tirailleurs de ce côté ; je n'ai pas revu cette compagnie. Vers 10 heures, les obus cessaient de tomber sur le Geissberg, mais peu après nous recevions quelques balles à travers la houblonnière. M. le colonel, inquiet de ne pas recevoir d'ordre, me quitta pour aller sur la hauteur voir ce qui se passait ; je ne l'ai pas revu.

Inquiet à mon tour, je dis à mon adjudant-major Lagneau d'aller voir pourquoi le colonel ne revenait pas. A ce moment, les balles tombaient près et au-dessus de nous ; j'envoyai une compagnie, capitaine Fargue, à travers la houblonnière appuyer le 50° ; il pouvait être 10 h. 1/2. Environ 10 minutes après, les hommes du 50° et ceux de ma compagnie battaient en retraite vivement, un peu en désordre devant de trop nombreux adversaires. Voyant cela, je donnai l'ordre à mes autres compagnies de battre en retraite en remontant la pente. J'avais l'intention de gagner la hauteur vers les Trois-Peupliers et de rejoindre notre 3e bataillon. Cette retraite précipitée fut contrariée par beaucoup d'hommes du 50° qui n'avaient plus de cartouches et qui, arrivés près de la porte du Geissberg, se précipitèrent dans la cour, entraînant bon nombre de mes soldats. Il faut dire aussi que de nombreux ennemis, débouchant de la houblonnière que nous venions de quitter, s'avançaient vivement à 200 mètres de nous ; nous avons cependant retardé leur marche par nos feux, et l'on peut se rendre compte de l'ardeur du combat, car j'ai eu devant cette porte du Geissberg deux officiers, MM. les lieutenants Guffroy et Sciart, tués ainsi que 57 sous-officiers et soldats.

Une fois dans la cour du Geissberg, j'ai cherché les sorties sur la campagne ; il n'y en avait que deux, dont l'une vers le bas était déjà gardée par l'ennemi, et l'autre celle du haut que nous occupions. Mes soldats, montés dans les greniers, en soulevant les tuiles pour tirer, maintenaient l'ennemi à distance dans les hautes houblonnières situées à 150 mètres de la porte.

Ma gauche vers les Trois-Peupliers était encore libre ; en restant là nous ne pouvions qu'épuiser nos cartouches et après nous rendre, tandis que, par une vigoureuse sortie, nous pouvions, en combattant en retraite, rejoindre notre 3e bataillon ; c'est ce que je décidai de faire. Je rassemblai dans la cour ma compagnie et les hommes du 50° et je sortis en tête ; après environ 50 mètres, je tournai à gauche vers la hauteur ; c'est alors que j'ai été atteint d'une balle à la poitrine ; je tombai de cheval et je suis resté évanoui jusqu'à 3 heures. A ce moment, j'entendis de grands cris et je vis défiler devant moi ce qui restait de mon pauvre petit bataillon. Plusieurs officiers, sous-officiers et soldats qui me suivaient ont pu rejoindre notre 3e bataillon, les autres ont été refoulés dans la cour du Geissberg, ils ont repris leur poste dans les greniers, maintenant les Prussiens jusqu'à épuisement des cartouches; alors seulement ils furent faits prisonniers.

C'est tout ce que j'ai vu du combat de Wissembourg.

ARTILLERIE.

Du lieutenant-colonel Cauvet.

NOTE SUR L'ARTILLERIE DE LA DIVISION.

L'artillerie de la 2e division du 1er corps de l'armée du Rhin se composait des 9e, 10e et 12e batteries du 9e régiment et d'une réserve divisionnaire de munitions d'infanterie, attelée par le train d'artillerie. Les 9e et 12e batteries servaient des canons de 4 rayés de campagne, la 10e batterie servait des canons à balles (mitrailleuses).

Le 28 juillet 1870, cette artillerie, réunie à sa division sous les murs de Haguenau, présentait l'effectif suivant :

	OFFICIERS.	TROUPE.	CHEVAUX.	NOMS DE MM. LES OFFICIERS.
État-major.........	2	»	4	MM. Cauvet, lieutenant-colonel, commandant l'artillerie; Jacques de Fleurey, chef d'escadron, commandant les 9e et 12e.
9e batterie........	4	148	120	MM. Didier, capitaine commandant; Vidal, capitaine en 2e; Pronier, lieutenant en 1er; Viant, lieutenant en 2e.
10e batterie........	5	149	121	MM. Ruyneau de Saint-George, capitaine commandant; Michel, capitaine en 2e; Parriaud, lieutenant en 1er; Lèques, lieutenant en 2e; Forgeot, lieutenant en 2e.
12e batterie........	4	148	120	MM. Foissac, capitaine commandant; Viel, capitaine en 2e; Delangle, lieutenant en 1er; Richardot, lieutenant en 2e.
Réserve d'artillerie..	1	48	72	M. Leroux, lieutenant.
TOTAUX.....	16	493	437	

Le 3 août, la 2ᵉ division quittait son camp sous Haguenau et allait camper, le même jour, fort tard dans la soirée, devant Wissembourg.

Le 4 août, à 8 heures du matin, une vive canonnade se fit entendre, l'ennemi attaquait Wissembourg. L'artillerie, rapidement prête, se porta à la droite de Wissembourg, en avant de la gare (1), y soutint une vigoureuse lutte contre une artillerie énormément supérieure. Plus tard, lorsque l'ennemi, après avoir descendu (2) le cours de la Lauter, eut franchi cette rivière pour gravir et attaquer les hauteurs du Geissberg, l'artillerie se porta au-devant de cette attaque décisive, ouvrit un feu des plus meurtriers sur les masses profondes et serrées de l'ennemi, et aida ainsi notre brave infanterie, le 74ᵉ de ligne et le 1ᵉʳ tirailleurs, à arrêter les têtes de colonne de l'ennemi. Mais il fallut céder devant l'immense supériorité du nombre. La 2ᵉ division, après avoir combattu pendant huit heures une armée entière, battit en retraite lentement et en bon ordre, protégée, jusqu'au dernier moment, par le feu de nos batteries. L'artillerie eut alors la douleur de laisser entre les mains de l'ennemi un canon de 4 (12ᵉ batterie), dont l'affût avait été brisé, les chevaux tués, et qui ne put être enlevé avant l'arrivée de l'ennemi sur la pièce.

Dans ce malheureux, mais glorieux combat de Wissembourg, l'artillerie eut 11 hommes tués, 36 blessés, dont 15 très grièvement. Le capitaine Foissac fut blessé presque au début de l'action et obligé de céder le commandement de la 12ᵉ batterie au capitaine Viel. Les capitaines Didier et de Saint-George furent légèrement blessés, et méritent d'être particulièrement cités pour leur bravoure et l'habile direction de leur batterie. Le capitaine Didier eut un cheval tué sous lui.

Trente-neuf chevaux furent tués ou blessés assez grièvement pour devoir être abandonnés sur le champ de bataille.

Au sujet de la pièce de 4 tombée au pouvoir de l'ennemi, la lettre suivante fut adressée au colonel Robert par le maréchal des logis Guye, de la 12ᵉ batterie du 9ᵉ régiment, prisonnier de guerre en Prusse.

Stettin, 7 mars 1871.

1ᵉʳ corps. — 2ᵉ division.

12ᵉ batterie du 9ᵉ régiment d'artillerie (canons de 4 rayés de campagne), sous les ordres de M. le lieutenant-colonel Cauvet.

---

(1) La 9ᵉ batterie du 9ᵉ seulement. Les deux autres restèrent sur les hauteurs du Geissberg.

(2) La 9ᵉ division prussienne remonta en réalité le cours de la Lauter depuis Altenstadt.

M. le chef d'escadron Jacques de Fleurey.

M. Foissac, capitaine commandant la batterie. Fut blessé au pied gauche.

Après avoir subi plusieurs pertes en hommes et en chevaux, tués ou blessés, notre batterie était le point de mire d'une grande quantité de batteries prussiennes qui croisaient leurs feux en tous sens. Tout à coup, un obus vient s'abattre sur l'affût de la 4ᵉ pièce, et brise complètement la roue gauche, blessant le maréchal des logis, chef de pièce, et plusieurs canonniers.

Après une lutte assez vive et soutenue, nous avons été forcés de quitter notre position. M. le capitaine commande : *Amenez les avant-trains !* M. Forfert, adjudant, chef de la 2ᵉ section, remplaçait lui-même le chef de pièce et accompagnait l'avant-train de cette pièce. Au moment où les conducteurs mettaient pied à terre, un deuxième projectile venait briser la crosse de l'affût, ce qui le rendait complètement hors de service, tuait deux chevaux et blessait grièvement le conducteur de derrière.

Comme les projectiles se multipliaient sur ce point, l'adjudant Forfert se voyait dans l'impossibilité de sauver cette pièce, manquant d'hommes et de chevaux. Vraiment, la position était assez difficile.

Il était environ 2 heures après-midi, lorsque la batterie quittait sa position, et en bon ordre. La pièce est donc restée sur le terrain.

3ᵉ DIVISION (RAOULT).

Journal de marche.

4 août.

La division se dirige sur Reichshoffen, qui est occupé par le 48ᵉ (1).

Le 2ᵉ tirailleurs (1) occupe Niederbronn et laisse deux compagnies à Jaegerthal.

La 1ʳᵉ brigade détache deux bataillons du 36ᵉ de ligne à Seltz (2) ; le 3ᵉ bataillon se dirige sur Soultz-sous-Forêts ; il y reste jusqu'à 6 heures du matin, heure à laquelle il reçoit l'ordre de se replier sur Frœschwiller.

Les troupes, pendant cette journée, prennent des positions militaires. On apprend les événements de Wissembourg, et l'armée reçoit aussitôt l'ordre de se porter en avant.

La 2ᵉ brigade quitte ses positions (3) à 3 heures de l'après-midi et

---

(1) Appartenant à la 2ᵉ brigade de la 3ᵉ division du 1ᵉʳ corps.

(2) Pour y relever les deux bataillons de la 2ᵉ division qui occupaient cette localité.

(3) Aux environs de Reichshoffen.

arrive à 5 h. 1/2 à Frœschwiller. Elle prend position sur une ligne de hauteurs, en face de la Sauer, appuyant sa droite au village de Frœschwiller et étendant sa gauche dans la direction de Gœrsdorf.

La 1re brigade est placée en avant de Frœschwiller, sa gauche appuyée à la route qui conduit de ce village à Wœrth ; sa droite à Elsashausen, ligne fort étendue (1).

2º BRIGADE (Lefebvre).

Journal de marche.

4 août.

Départ de Haguenau à 5 heures du matin.

La 2ᵉ brigade occupe Reichshoffen avec le 48ᵉ de ligne, Niederbronn avec le 2ᵉ tirailleurs et Jægerthal avec deux compagnies du même régiment.

Les troupes prennent position sur les hauteurs qui dominent ces villages et se couvrent de grand'gardes et de postes avancés.

Dans la journée, on apprend les événements de Wissembourg ; aussitôt l'armée reçoit l'ordre de se porter en avant. Cet avis nous parvient à 3 heures. La 2ᵉ brigade est promptement ralliée et marche rapidement sur le village de Frœschwiller, rendez-vous de la 3ᵉ division.

Nous arrivons à Frœschwiller à 5 heures 1/2 du soir, et les troupes prennent de suite les positions qui leur sont assignées. Elles se placent sur une ligne de hauteurs et de bois, en face de la Sauer, depuis Frœschwiller, où elle se joignent à la 1re brigade, jusque au delà du village de Gœrsdorf. Cette ligne est fort étendue.

Une batterie de mitrailleuses est placée entre les deux régiments, sur un éperon qui commande le terrain avec avantage.

Arrivée du colonel, du lieutenant-colonel du 2ᵉ tirailleurs, avec trois compagnies de ce régiment. (2) Les autres compagnies encore en arrière ne pourront nous rejoindre que plus tard, au camp de Châlons.

---

(1) L'artillerie et la compagnie du génie de la division bivouaquent aux abords immédiats de Frœschwiller, sauf la batterie de mitrailleuses qui campe entre le 48ᵉ de ligne et le 2ᵉ tirailleurs de la 1re brigade.

(2) Le 2ᵉ tirailleurs était à quatre bataillons. Les trois premiers étaient affectés à la 2ᵉ brigade de la 3ᵉ division, le 4ᵉ restant en Algérie.

Dès le 26 juillet, quinze compagnies (1er et 3ᵉ bataillons et moitié du 2ᵉ) étaient à Strasbourg. Les trois compagnies dont il est question ci-dessus sont les 4ᵉ, 5ᵉ et 6ᵉ du 2ᵉ bataillon.

GÉNIE (DIVISION RAOULT).

Journal de marche.

4 août.

La 9ᵉ compagnie de sapeurs du 1ᵉʳ régiment, attachée à la division, part de Haguenau le 4 au matin et arrive à Reichshoffen à 9 heures.

Dès son arrivée, le commandant fait prendre, au sujet des outils, des dispositions rendues nécessaires par une difficulté qui s'était présentée le matin même au départ de Haguenau. Par suite de l'organisation défectueuse du matériel du génie, les voitures de section transportent, en même temps que les outils, les bagages des officiers, le fourrage des chevaux, etc..., ce qui avait attiré au commandant du génie, de la part de M. le général commandant la division, le reproche, fondé en apparence, quoique non mérité, de se faire suivre par des voitures de bagages et l'ordre formel de les reléguer au convoi.

Pour éviter que, par une semblable mesure, la compagnie fût privée de tout son matériel, le commandant du génie prescrivit au capitaine en second de réunir, dans une des deux voitures destinées à suivre immédiatement la compagnie dans ses marches, tous les gros outils, ceux dont l'utilité pouvait le plus se faire sentir, et d'envoyer au convoi l'autre voiture, chargée des outils moins nécessaires et des bagages.

Ces dispositions étaient à peine prises que, vers 2 heures, sur la nouvelle de l'échec de Wissembourg, l'ordre fut donné de concentrer toute la 3ᵉ division à Frœschwiller.

La compagnie est bivouaquée dans le village, où elle passera la journée du 5 août.

Journal inédit du comte de Leusse.

4 août.

Le 4 au matin, un hussard au galop apporta la nouvelle d'un engagement probable vers Wissembourg et une lettre du général Ducrot demandant au général Raoult de lui venir en aide, disant que le lendemain sans doute il aurait toute l'armée ennemie sur les bras.

Le général n'hésita pas et me dit : « Ducrot n'a pas d'ordres à me donner... mes ordres me prescrivent d'occuper Reichshoffen, mais je ne laisserai point un camarade dans l'embarras ! Je vais au canon, c'est toujours le plus sûr en pareille circonstance ! »

Deux heures après, arriva un autre hussard disant que l'on se battait à Wissembourg et à Cleebourg.

Nous partîmes, moi toujours en pékin, comptant aller jusque chez le maréchal, qui devait ce jour-là être à Soultz.

A peine étions-nous, avec la division, à un quart de lieue de Reichshoffen, que nous vîmes arriver un lieutenant-colonel d'état-major au galop, c'était le marquis d'Abzac ; il venait du Pigeonnier à fond de train, donner au général Raoult l'ordre d'occuper Frœschwiller et de s'y arrêter, et filait sur une locomotive, à Strasbourg et Saverne, chercher toutes les troupes disponibles.

Je montai jusqu'à Frœschwiller, montrer au général la position depuis longtemps étudiée, et je revins au château, faire filer ma femme et tout préparer pour recevoir le maréchal.

Je croisai le convoi de vivres de la 3ᵉ division. Ce convoi était superbe et montrait ce que peuvent faire des hommes qui vont de l'avant. L'intendant Bruyère et l'adjoint Robert avaient toujours, depuis quatre jours, leur convoi au complet plein et leur division approvisionnée.....

Le maréchal arriva pour dîner et me dit que nous étions battus, mais que peu de troupes étaient engagées, qu'il faisait opérer la retraite sur Frœschwiller et que là il comptait arrêter l'ennemi.

Nous passâmes la nuit presque entière, le maréchal, le général Colson, le général Faure et moi sur les cartes, ces messieurs me faisant une foule de questions et moi y répondant de mon mieux.

4ᵉ DIVISION (DE LARTIGUE).

Historique de la division. — Journal du colonel d'Andigné.

4 août.

Départ de la division de Lartigue pour Haguenau à 4 heures 1/2 du matin, par un temps pluvieux. Nous laissons en arrière le 87ᵉ de ligne (colonel Blot), que le général Uhrich a été autorisé à conserver pour la garde de la ville jusqu'à l'arrivée d'autres troupes.

Grand'halte à Brumath.

Arrivée au campement, près Haguenau, à 3 heures.

Pendant notre marche, avaient lieu la malheureuse affaire de Wissembourg, la mort du général Douay et la défaite de sa division, surprise par trente à quarante mille hommes.

A la nouvelle de l'invasion, le maréchal rappelle sur Wœrth et la Sauer tous les corps cantonnés entre Haguenau et Lauterbourg, et se décide à prendre une position défensive derrière cette petite rivière.

Au nord de la forêt de Haguenau, les Vosges poussent vers l'est un contrefort nommé le Hoch-Wald, qui vient finir à Wissembourg.

De ce contrefort descendent plusieurs cours d'eau de peu d'importance, qui se dirigent d'abord sensiblement du nord au sud, pour s'infléchir ensuite vers l'est et aller tomber dans le Rhin. Le Sauerbach est le premier de ces cours d'eau.

Après avoir fait distribuer la viande et les vivres de campagne aux troupes, et envoyé en ville des corvées au pain, nous nous étions, le général et moi, établis dans des fermes, et dans l'une j'avais installé ma cuisine et nos effets de campement. Un ordre de départ nous oblige à laisser notre dîner à moitié, à tout replier en hâte et à repartir à 9 heures du soir pour Gunstett.

DIVISION DE CAVALERIE (Duhesme).

BRIGADE DE SEPTEUIL.

Journal de marche.

4 août.

A la pointe du jour, le général Douay ordonne une forte reconnaissance sur Wissembourg et au-delà de la Lauter, sous les ordres du colonel Dastugues, commandant le 11ᵉ chasseurs. Cette reconnaissance rentre au camp, vers 6 heures, sans avoir rien vu.

Vers 7 h. 1/2, l'ennemi tire le premier coup de canon.

Le général Douay donne alors l'ordre d'envoyer à Soultz un escadron de chasseurs chargé d'arrêter le train qui amenait le maréchal de Mac-Mahon à Wissembourg, et de le prévenir de ce qui se passait.

Vers les 8 heures, deux escadrons du 11ᵉ chasseurs sont déployés en tirailleurs, face à la Lauter. Ne pouvant résister aux feux de l'infanterie ennemie cachée dans les houblonnières, ces escadrons sont ralliés après un échange assez vif de coups de fusil, et remplacés par des tirailleurs d'infanterie.

L'attaque de l'ennemi sur Wissembourg continuant avec la plus grande vigueur, la brigade reçoit l'ordre d'appuyer un peu à gauche et de surveiller les deux routes de Lembach et de Wissembourg.

L'infanterie, accablée par des forces supérieures se replie peu à peu, et le général Pellé, qui a pris le commandement après la mort du général Douay, ordonne à la brigade de protéger la retraite.

L'ennemi n'ayant pas poursuivi beaucoup au-delà de la route de Wissembourg à Soultz, cette retraite s'effectue lentement et en bon ordre, malgré les difficultés du terrain.

Le soir, toute la division Douay était ralliée, à Lembach, à la division Ducrot (1).

---

(1) Voir page 199, note 1.

b) Organisation et administration.

Du général Pellé, commandant la 2e brigade. — Note.

Camp de Wissembourg, 4 août.

Le général commandant la 2e brigade prie M. le général de division de vouloir bien lui faire connaître quand il pourra être touché des vivres et des fourrages pour les corps de la brigade. Le 78e est parti ce matin, pour relever le 96e, et un seul bataillon de ce corps a du pain pour la journée du 4, sans avoir aucun des autres vivres.

Au 1er régiment de tirailleurs, trois compagnies seulement ont reçu les vivres pour la journée du 4. Le reste du régiment n'a pas encore reçu le pain pour cette même journée. Le sucre, le café, le riz et le sel n'ont pas été distribués pour les journées du 3 ni du 4. Les fourrages sont dûs pour ces mêmes journées. La viande et le bois n'ont pas été perçus pour le 4.

Le détachement arrivé hier au 78e, environ 260 hommes, n'a pas de vivres de réserve.

En marge : Répondre que toutes les distributions auront lieu à la ferme de Schafbusch, ou seront portées de Wissembourg dans les camps, par des voitures de réquisition.

Le sous-intendant Greil au général Robert, ancien chef d'état-major de la 2e division.

Perpignan, 16 décembre 1871.

J'ai l'honneur de vous adresser les renseignements demandés par votre lettre du 12 décembre courant sur le fonctionnement des services administratifs de la 2e division d'infanterie du 1er corps de l'armée du Rhin.

Lorsque je suis arrivé à Haguenau, le 31 juillet 1870, pour prendre la direction de ces services, j'ai trouvé la division composée et répartie comme il suit dans divers cantonnements autour de cette ville :

1re brigade.

	Officiers.	Hommes.	Chevaux.
16e bataillon de chasseurs à pied, à Seltz..	20	560	8
50e de ligne; état-major et 1er bataillon, à Soultz....................	25	721	9
Id., 1 bataillon près de Wœrth..........	20	446	6
Id., 1 bataillon à Oberbetschdorf........	21	439	8
74e de ligne, à Haguenau..............	65	1,600	25

2ᵉ *brigade.*

	Officiers.	Hommes.	Chevaux.
78ᵉ de ligne, à Haguenau...............	63	1,392	33
1ᵉʳ régiment de tirailleurs algériens, à Haguenau........................	»	2,625	80
11ᵉ chasseurs à cheval, 2 escadrons, à Haguenau........................	»	270	277
1 escadron 1/2, à Seltz................	»	175	165
1 escadron, à Bischwiller..............	»	134	125
1/2 escadron, à Soufflenheim...........	»	97	78
1ʳᵉ compagnie du génie, à Haguenau.....	»	110	8
9ᵉ batterie du 9ᵉ régiment d'artillerie, à Haguenau........................	»	150	119
10ᵉ batterie, à Haguenau...............	»	148	118
12ᵉ batterie, à Haguenau...............	»	150	122

Enfin un détachement du train dont j'ignore l'effectif.

Le service territorial dirigé par M. Barret, adjoint de 1ʳᵉ classe à l'intendance militaire en résidence à Haguenau, avait été chargé d'assurer provisoirement la subsistance de ces troupes.

En attendant l'arrivée du personnel administratif de la division, j'organisai un détachement d'ouvriers auxiliaires d'administration au moyen de militaires pris dans les corps; ce détachement permit de fabriquer du pain de manière à satisfaire largement à tous les besoins.

La fourniture de la viande fut assurée par voie d'entreprise, et l'entrepreneur reçut l'ordre d'entretenir constamment à la suite de la division une réserve de quatre jours de viande sur pied. Cet entrepreneur se fit représenter par des préposés partout où se trouvaient des détachements de la division, à Seltz, à Soultz, à Oberbetschdorf, à Wœrth, etc.....

Des marchés considérables furent passés pour réaliser des approvisionnements de farine, d'avoine, d'orge, de vin, d'eau-de-vie, de riz, de sel, de sucre et de café. En attendant, ces denrées furent tirées de la place de Strasbourg ainsi que le biscuit. Le foin et la paille furent achetés dans les cantonnements. Il était urgent d'organiser un service de transports auxiliaires, service qui est l'âme de tous les autres en campagne. Un marché fut passé, à cet effet, par M. de Séganville, intendant militaire du 1ᵉʳ corps, et 25 voitures étaient déjà réunies à Haguenau pour la 2ᵉ division, lorsque je reçus l'ordre de me rendre à Wissembourg pour y créer un centre d'approvisionnements et y faire fabriquer du pain pour 30,000 rationnaires. Avant de me mettre en route, je fis charger les 25 voitures de denrées diverses, de manière à emporter au moins quatre jours de vivres : les hommes en ayant reçu quatre dans le sac, on voit que la subsistance était assurée pour huit jours.

Le général Douay, commandant la division voulut m'accompagner à Wissembourg : nous y arrivâmes le 3 août au soir, veille de la bataille où ce brave et excellent chef devait trouver la mort. Après avoir conféré avec le sous-préfet et recueilli d'utiles renseignements, le Général quitta la ville pour aller à la rencontre de la division qui bivouaqua sur les hauteurs au sud de la place. Je réunis tous les boulangers de Wissembourg à la sous-préfecture et traitai avec eux pour assurer immédiatement la fabrication du pain ; les fours d'une ancienne manutention furent mis à leur disposition ; des pétrins et des utensiles de diverses nature furent commandés. Le lendemain, à la pointe du jour, j'allai reconnaître avec le sous-préfet divers locaux propres à recevoir des approvisionnements de fourrages et de denrées du service des vivres ; je m'occupais de traiter pour des fournitures de foin et de paille, lorsque la ville fut criblée de projectiles. Je montai à cheval et rejoignis la division.

Lorsque j'avais quitté Wissembourg, le personnel de l'ambulance n'était pas encore arrivé. Il ne fut dirigé sur cette place que dans la matinée du 4 août, par les voies ferrées, mais il fut obligé de s'arrêter avant d'y parvenir, et se porta, sur-le-champ de bataille sous la direction de M. Genty, adjoint de 1re classe à l'intendance militaire (1).

L'ambulance fonctionna dans une ferme très voisine du lieu du combat : c'est là que fut porté le cadavre du général Douay. Peu après, un engagement eut lieu autour de cette ferme défendue par un bataillon, et l'ambulance tomba au pouvoir de l'ennemi dont les forces considérables assurèrent seules le succès.

Je réunis toutes les voitures de paysans que je pus me procurer, et fis transporter jusqu'à Climbach un grand nombre de blessés ; c'est là qu'il me fut possible d'organiser, avec l'aide des médecins des corps, une deuxième ambulance où se firent les pansements et les opérations les plus indispensables. Le soir, il fallut repartir ; les blessés transportables furent placés sur les voitures et transportés pendant la nuit à Frœschwiller. Les autres furent confiés au curé et aux habitants de Climbach.

---

(1) D'après le médecin inspecteur Dauvé, alors médecin chef de l'ambulance de la 2e division, M. Genty se trouvait déjà à la ferme de Schafbusch quand le personnel de l'ambulance y arriva. (*Loc. cit.*, page 9).

c) Opérations et mouvements.

Le maréchal de Mac-Mahon au Major général (D. T.).

Strasbourg, 4 août, 2 h. 25 matin.

Le général Douay, commandant le 7ᵉ corps, m'informe que, d'après des renseignements qui continuent de lui arriver depuis Colmar jusqu'à Huningue, 6,000 Wurtembergeois seraient à Kandern et Neuenbourg, et qu'un corps considérable se dirigerait sur Lörrach.

Par suite, j'ai suspendu jusqu'à nouvel ordre le mouvement de la division Conseil-Dumesnil sur Strasbourg, et celle de la 1ʳᵉ brigade de la division Liébert sur Colmar. Je laisse une brigade du 1ᵉʳ corps à Strasbourg où je reste également de ma personne jusqu'à ce que le mouvement de l'ennemi soit dessiné.

Le Major général au maréchal de Mac-Mahon, à Strasbourg (D. T.).

Metz, 4 août, 2 h. 1/2 matin.

On donne comme certaine la sortie de Trèves de 40,000 hommes marchant sur Thionville ou sur Sarrelouis. Nous espérons une affaire sérieuse aujourd'hui ou demain matin. Tenez-vous sur vos gardes ; il est possible que les troupes qui sont devant vous fassent un mouvement offensif.

Le général Douay vous a télégraphié, en même temps qu'à moi, les bruits qui courent sur un passage du Haut-Rhin par l'ennemi. L'Empereur vous laisse libre des dispositions à prendre.

Le maréchal de Mac-Mahon au général Douay, à Wissembourg (D. T.).

Strasbourg, 4 août, 5 h. 27 matin (expédiée à 6 heures).

Avez-vous ce matin quelques renseignements vous faisant croire à un rassemblement nombreux devant vous ? Répondez-moi immédiatement. Tenez-vous sur vos gardes, prêt à vous rallier, si vous étiez attaqué par des forces très supérieures, au général Ducrot par le Pigeonnier.

Faites prévenir le général Ducrot, en route pour Lembach, d'être également sur ses gardes (1).

---

(1) Voir *Wissembourg*, par le général Ducrot, page 23.

Le général Douay au général Ducrot (D. T.).

Steinseltz, 4 août.

Je reçois une dépêche du maréchal, qui paraît croire que des rassemblements nombreux sont devant nous. Il m'ordonne de me tenir prêt à vous rallier et me charge de vous dire de vous tenir sur vos gardes.

Je suis absolument dépourvu de cartes qui puissent me guider (1).

Note de la main du général Robert, ancien chef d'état-major de la division Douay : Cette dépêche paraît n'être pas parvenue.

Du général Douay. — Ordre en cas de retraite.

4 août.

Le mouvement rétrograde, s'il a lieu, commencera par la 2ᵉ brigade.

On suivra les crêtes et la route de Wissembourg à Bitche, en passant par le bas de la montagne du Pigeonnier et Climbach, vers Lembach.

Note de la main du colonel Robert, chef d'état-major de la division : Ces dispositions sont conformes aux ordres du général Ducrot.

Le maréchal de Mac-Mahon au Major général (D. T.).

Strasbourg, 4 août, 7 h. 46 matin (expédiée à 8 h. 35 matin).

Je laisse les troupes du général Douay à sa disposition. Ce soir, la 4ᵉ division du 1ᵉʳ corps, moins le 87ᵉ qui reste pour former la garnison de Strasbourg, la réserve d'artillerie du corps, la brigade de cuirassiers Duhesme (2), seront à Haguenau, où j'aurai mon quartier général. Je pars pour visiter les postes de Wissembourg à Reichshoffen.

Le maréchal de Mac-Mahon au général Douay, à Wissembourg (D. T.).

Strasbourg, 4 août, 7 h. 48 matin (expédiée à 8 h. 35 matin).

Je partirai à 9 heures pour Wissembourg, où je désire vous trouver. Commandez un peloton d'escorte qui m'accompagnera dans ma tournée

---

(1) Voir *Wissembourg*, par le général Ducrot, page 24.
(2) Brigade Michel, de la division Duhesme.

des postes de la 1re et de la 2e division. Ce peloton couchera à Reichshoffen et rentrera demain à destination (1).

Le général commandant la 6e division militaire au Major général (D. T.).

Strasbourg, 4 août, 9 h. matin (expédiée à 9 h. 40).

Le maréchal de Mac-Mahon quitte Strasbourg aujourd'hui à 9 heures; il se rend à Wissembourg; il revient ce soir coucher à Haguenau.

Le maréchal de Mac-Mahon à l'Empereur (D. T.).

Haguenau, 4 août, 5 h. 50 soir (Le Pigeonnier, 2 h. 1/2).

La division Douay a été attaquée ce matin à Wissembourg par un corps d'armée composé au moins de 4 divisions, avec beaucoup d'artillerie.

Le général Douay a été blessé très grièvement. Sa division a été obligée de battre en retraite.

En ce moment elle se rallie près du Pigeonnier, entre Wœrth et le Pigeonnier.

La 1re division se porte en avant pour occuper la position de Climbach et celle qui, du Pigeonnier, se dirige sur Pfaffenschlick qu'elle occupe fortement.

Je donne l'ordre à la 3e division de s'établir entre Gœrsdorf et Frœschwiller.

Enfin, j'appelle la 4e division, qui arrivera cette nuit, pour s'établir à Gunstett.

Les six régiments de cuirassiers (2) et la réserve d'artillerie s'établiront en arrière, à droite de Frœschwiller, sur la rive droite de la Sauerbach.

Je donne l'ordre au général Douay d'envoyer la division Conseil-Dumesnil à Haguenau.

Nous défendrons les positions, en battant en retraite, si nous y sommes forcés, sur Lemberg et Meisenthal.

Si une division pouvait venir de Bitche par les voies ferrées, elle devrait être arrêtée à Reichshoffen.

---

(1) Voir *Wissembourg*, par le général Ducrot, page 25.
(2) Quatre de la division de réserve de Bonnemains, deux de la brigade Michel (division Duhesme du 1er corps).

Le maréchal de Mac-Mahon à l'Empereur (D. T. en partie chiffrée).

Reichshoffen, 4 août, 10 heures du soir.

Trois régiments de la division Douay et une brigade de cavalerie légère ont été attaqués, à Wissembourg et aux environs, par des forces très considérables, massées dans les bois qui bordent les rives de la Lauter.

Ces troupes ont résisté pendant près de deux heures aux attaques de l'ennemi, puis ont battu en retraite, d'après les instructions qu'elles avaient reçues, sur le col du Pigeonnier qui commande la route de Bitche.

Le général Douay a été tué. Nous avons éprouvé des pertes sensibles.

L'ennemi, à la nuit tombante, avait déployé ses forces en face des positions occupées par les 1re et 2e divisions du 1er corps.

Partie chiffrée. — Les troupes de l'ennemi sont considérables. Elles doivent se composer au moins de deux corps d'armée. Les prisonniers prétendent que c'était l'armée du prince royal, composée d'un corps prussien et de deux corps d'armée du Sud. L'artillerie était considérable ; une de nos pièces, dont tous les chevaux ont été tués et l'affût brisé, est restée au pouvoir de l'ennemi.

D'après les dispositions prises par l'ennemi pour attaquer nos positions, je n'ai pas cru devoir tenir sur le terrain que nous occupions, étant exposés à être facilement débordés.

A nuit tombée j'ai fait filer tous les bagages en arrière de Frœschwiller et demain, avant le jour, les 1re et 2e divisions se mettront en marche pour occuper position. Elle est déjà occupée en partie par la division Raoult, qui est établie sur la rive droite de la Sauerbach où je livrerai bataille s'il le faut.

Pour reprendre l'offensive avec avantage, il faudrait au moins 3 divisions de renfort. J'ai appelé de Colmar la division Conseil. Je n'ose encore compter sur elle.

Le Major général au Préfet du Bas-Rhin, à Strasbourg.

Boulay, 4 août, 8 h. 1/2 (minute écrite et signée de la main
du maréchal Le Bœuf).

Dites au capitaine Jung que j'ai changé d'idée et qu'il ait à rejoindre de suite mon grand quartier général.

Le général de Lartigue au maréchal de Mac-Mahon.

Haguenau, 4 août.

Suivant les ordres de Votre Excellence, la 1re brigade de la 4e division, avec l'artillerie et le génie divisionnaire, est arrivée à Haguenau (1) et s'est établie au bivouac laissé par la 2e division ; les troupes ont touché tous les vivres prescrits.

Le bataillon de tirailleurs algériens qui m'était annoncé comme devant arriver à Haguenau par le chemin de fer, vers 3 heures, ne m'est pas encore signalé à 6 h. du soir (2).

Le général de Lespart au général Ducrot, à Niederbronn ou à Reichshoffen (D. T.).

Sarreguemines, 4 août, 5 h. 35 soir.

Je fais rentrer à Bitche les deux détachements de Stürzelbronn et de Neunhoffen. Je vous en donne avis pour faire surveiller la gauche de votre division.

ARTILLERIE (1er CORPS).

Le général Forgeot au colonel Fiévet, commandant l'artillerie, à Strasbourg.

Haguenau, 4 août.

Faire diriger immédiatement, par la voie ferrée si c'est possible, autrement par la voie de terre, sur Haguenau, le détachement suivant qui, en tout état de chose, partira avant 11 heures du soir (condition capitale), et dont le commandant recevra de nouveaux ordres chez le maire de Haguenau, savoir :

1° 35 caissons modèle 1858, pour munitions de 4 rayé ;
2° 16 caissons modèle 1827, pour cartouches modèle 1866 ;
3° 10 caissons modèle 1827, pour munitions de 12 rayé de campagne ;
4° 6 chariots de parc pour munitions de canons à balles ;
5° 2 forges modèle 1827, pour ferrage.

Ce détachement sera commandé par le commandant Bial. (2 voitures de bagages sont autorisées.)

---

(1) Ainsi que les 2e et 3e bataillons du 3e tirailleurs (2e brigade). Le 87e de ligne appartenant à cette dernière était resté à Strasbourg.

(2) Il s'agit du 1er bataillon du 3e régiment de tirailleurs qui, parti de Toulon le 2 août, arriva à Haguenau le 4, à 7 heures du soir.

d) Situations et emplacements.

Situation sommaire d'effectif au 4 août.

	Hommes.	Emplacements.
Quartier général............	611	à Reichshoffen.
Division Ducrot.............	10,643	à Climbach et Lembach.
Division Douay.............	8,586	à Pfaffenbronn et Lembach.
Division Raoult.............	8,201	à Reichshoffen.
Division de Lartigue........	8,435	à Haguenau.
Division de cavalerie (Duhesme).	3,722	1re brigade : Lembach. 2e brigade : Seltz et Haguenau. 3e brigade : Haguenau.
Réserve d'artillerie et génie....	2,029	à Haguenau.
TOTAL........	42,227	

DIVISION DOUAY.

Situation d'effectif de la 2e brigade (Pellé) au 4 août.

CORPS.	OFFICIERS.			TROUPES.			CHEVAUX.	
	DISPONIBLES.	MALADES au camp.	à L'AMBULANCE.	DISPONIBLES.	MALADES au camp.	à L'AMBULANCE.	DISPONIBLES.	INDISPONIBLES.
État-major............	2	»	»	»	»	»	8	»
78e d'infanterie........	67	»	»	1,878(1)	10	»	32	»
1er tirailleurs..........	95	1	»	2,155	18	»	46	1
TOTAUX.....	164	1	»	4,033	28	»	86	1

(1) Dans ce chiffre, sont compris 48 hommes qu'on attendait hier et qui ne sont pas encore arrivés.

(1) C'est l'effectif de la division Douay le 4 août au matin. Il faut en déduire 1500, chiffre approximatif des pertes au combat de Wissembourg.

Journée du 3 août.

7ᵉ CORPS.

a) Journaux de marche.

DIVISION DE CAVALERIE AMEIL.

Journal de marche.

4 août.

Un escadron (du 4ᵉ hussards) visite Rosenau, Bartenheim, Blotzheim. Le même jour, le général de division, le général commandant la 1ʳᵉ brigade, deux escadrons du 4ᵉ lanciers et le 8ᵉ lanciers, partent de Belfort pour Altkirch. Deux escadrons du 4ᵉ lanciers restent détachés au quartier général à Belfort (1).

RÉSERVE D'ARTILLERIE.

Journal de marche.

4 août.

D'après ses renseignements, le général en chef s'était décidé à réunir à Mulhouse les deux divisions dont il disposait. La 1ʳᵉ division était en route et la 1ʳᵉ brigade arrivait dans cette localité, lorsqu'il est prévenu que le maréchal de Mac-Mahon est attaqué par des forces supérieures.

L'ordre est immédiatement expédié à la 1ʳᵉ division de rétrograder et d'aller renforcer le 1ᵉʳ corps à Haguenau.

Notre 2ᵉ division était également en route par étapes, le 4, avec la réserve d'artillerie (2), la batterie Capitain, du commandement de

---

(1) Les 4ᵉ hussards, 4ᵉ lanciers, 8ᵉ lanciers formaient la 1ʳᵉ brigade de la division de cavalerie du 7ᵉ corps. La 2ᵉ brigade (Jolif-Ducoulombier) de cette division avait été maintenue à Lyon pour assurer la tranquillité de cette ville. Elle ne rejoignit jamais le 7ᵉ corps.

Le 4 août, le 4ᵉ hussards avait trois escadrons à Altkirch et deux à Huningue.

(2) La 2ᵉ division n'avait en route, le 4 août, qu'une brigade, la 1ʳᵉ, et l'artillerie. La 2ᵉ brigade ne partira de Belfort que le 5 août avec la réserve d'artillerie, la réserve du génie et la compagnie du génie de la division.

M. Médoni (1), et les deux parcs divisionnaires des 2ᵉ et 3ᵉ divisions d'infanterie. La cavalerie avait précédé le mouvement, et toutes ces troupes, surveillant le Rhin, dont on craignait le passage par les troupes allemandes, campaient devant Mulhouse le 5 août.

b) Organisation.

Le général Douay au Major général.

Belfort, 4 août.

La 3ᵉ compagnie de sapeurs du 2ᵉ régiment du génie, qui doit être attachée à la 2ᵉ division d'infanterie du 7ᵉ corps d'armée, n'est pas encore arrivée d'Algérie.

La 2ᵉ division d'infanterie fait mouvement aujourd'hui. Afin de la constituer avant sa mise en route, j'ai donné l'ordre que la compagnie du génie précitée serait remplacée dans la 2ᵉ division par la 4ᵉ compagnie du même régiment.

Cette dernière compagnie était primitivement affectée à la 3ᵉ division d'infanterie, qui se trouve encore actuellement en voie de formation à Lyon.

J'ai l'honneur de rendre compte à Votre Excellence de cette disposition.

Le général Cousin-Montauban, commandant le 9ᵉ corps d'armée, au Ministre de la guerre, à Paris.

Lyon, 4 août.

J'ai l'honneur de vous rendre compte, en réponse à votre dépêche du 1ᵉʳ août courant, que le 72ᵉ de ligne, désigné pour remplacer le 79ᵉ à la 1ʳᵉ brigade de la 3ᵉ division d'infanterie du 7ᵉ corps d'armée, est arrivé à Lyon les 2 et 3 août (2).

Ce régiment a son effectif de guerre complet.

Le colonel Hennet, directeur du parc du 7ᵉ corps, au général Soleille, à Metz.

Vesoul, 4 août.

En réponse à votre dépêche en date du 2 août, n° 82, j'ai l'honneur de vous faire connaître que le matériel du parc du 7ᵉ corps est presque

---

(1) 8ᵉ batterie du 6ᵉ d'artillerie appartenant à la 3ᵉ division du 7ᵉ corps.

(2) Le 3 août, d'après l'Historique du 72ᵉ de ligne.

entièrement réuni à Vesoul. Il ne me manque plus qu'un convoi de 50 voitures, qui m'est annoncé pour demain, 5 août.

La 7ᵉ compagnie du 16ᵉ régiment d'artillerie (pontonniers) est arrivée d'Auxonne mercredi soir 3 août, avec son matériel qui a été débarqué ce matin 4 août.

Les trois détachements de la 1ʳᵉ batterie *bis* du 7ᵉ régiment, de la 8ᵉ compagnie d'ouvriers et de la 5ᵉ compagnie d'artificiers sont arrivés le 30 juillet.

La 10ᵉ compagnie *bis* du 2ᵉ régiment du train est à Vesoul depuis le 26 juillet.

La 11ᵉ compagnie principale du même régiment, qui doit atteler l'équipage de pont, est arrivée le 2 août.

Il ne me manquera plus, alors, pour compléter le matériel du parc, que la 7ᵉ compagnie principale et la 7ᵉ compagnie *bis* du 2ᵉ régiment du train, dont l'arrrivée n'est pas encore annoncée.

c) Opérations et mouvements.

Le général Douay au Major général, à Metz (D. T.).

Belfort, 4 août, 11 h. matin (expédiée à 1 h. 35 soir).

J'exécute aujourd'hui les mouvements suivants : Conseil, sept bataillons, 12 pièces (1) (2), à Mulhouse ; Liébert, sept bataillons (3), 18 pièces à Altkirch ; Ameil, six escadrons (4) à Altkirch. Demain, j'aurai en première ligne, sur le Rhin, cinq bataillons, 12 pièces, dix escadrons (5), de Huningue à Fessenheim ; en deuxième ligne, derrière la Harth, neuf bataillons, 18 pièces, Conseil à Rixheim, Liébert à Bartenheim. Je reste encore à Belfort, et suivant les circonstances je me porterai, soit sur Huningue, soit sur Mulhouse, avec six bataillons (6), deux escadrons (7) et une réserve d'artillerie. La brigade Maire (8) reste à Col-

---

(1) Ces deux batteries (5ᵉ et 11ᵉ du 7ᵉ) sont le 4 au soir à Ensisheim.

(2) Une batterie (6ᵉ du 11ᵉ) restée à Colmar.

(3) Toute la 1ʳᵉ brigade (6ᵉ bataillon de chasseurs, 5ᵉ et 37ᵉ de ligne).

(4) Deux du 4ᵉ lanciers, quatre du 8ᵉ lanciers.

(5) Les six précédents et quatre du 4ᵉ hussards.

(6) 2ᵉ brigade de la 2ᵉ division (Liébert).

(7) Du 4ᵉ lanciers.

(8) 2ᵉ brigade de la 1ʳᵉ division (Conseil-Dumesnil).

mar; si vous le désirez, elle pourra envoyer un régiment à Strasbourg. Dès que les circonstances le permettront, je m'empresserai de vous proposer d'appuyer le 1er corps.

Le général Douay au maréchal de Mac-Mahon, à Strasbourg.

Belfort, 4 août.

J'ai l'honneur de vous adresser, ci-joint, l'Instruction que j'envoie à MM. les généraux d'infanterie et à la division de cavalerie du 7e corps (1).

Instruction du général Douay pour observer et occuper la rive gauche du Rhin, de Huningue aux environs de Neufbrisach.

a) A LA 1re DIVISION (CONSEIL-DUMESNIL).

Belfort, 4 août.

Le général Conseil-Dumesnil, arrivant aujourd'hui à Mulhouse, fera placer demain 5 août, trois compagnies à Blodelsheim, un bataillon à Bantzenheim, occupant Chalampé, trois compagnies à Ottmarsheim et trois compagnies à Hombourg.

Le général Conseil, avec le reste de son infanterie et son artillerie, s'établira à Rixheim.

ARTILLERIE (DIVISION CONSEIL-DUMESNIL).

Rapport du lieutenant-colonel Guillemin, commandant l'artillerie.

4 août.

Les batteries Léon et Gailhouste (5e et 11e du 7e régiment) sont parties de Colmar le 4 août, par la voie de terre, pour se rendre à Ensisheim, où elles sont arrivées le même jour, sous le commandement du lieutenant-colonel et du commandant Geynet.

La 6e batterie (capitaine de Franchessin) est restée à Colmar.

---

(1) On trouvera plus loin cette instruction scindée et partagée entre les divisions qu'elle concerne.

GÉNIE (DIVISION CONSEIL-DUMESNIL).

Ordre de mouvement (du général Doutrelaine).

Belfort, 4 août.

La 2ᵉ compagnie du 2ᵉ régiment du génie se tiendra prête à partir pour aller rejoindre cette division (1). Elle recevra, dans le courant de la journée, un ordre qui lui indiquera le moment où elle devra se rendre au chemin de fer, et le lieu de destination.

Ordre de mouvement (du même).

Belfort, 4 août.

La 2ᵉ compagnie partira aujourd'hui à 3 h. 15, pour Mulhouse, par le chemin de fer. Les voitures seront rendues au chemin de fer à 2 heures ; les hommes seront à la gare à 2 h. 30.

Instruction du général Douay pour observer et occuper la rive gauche du Rhin, de Huningue aux environs de Neuf-Brisach.

b) A LA 2ᵉ DIVISION (LIÉBERT).

Belfort, 4 août.

La 2ᵉ division, dont la 1ʳᵉ brigade s'est mise en marche aujourd'hui (2), établira en deux jours un bataillon à Huningue, un bataillon à Rosenau, un bataillon à Kembs.

Le général Liébert, avec le reste de son infanterie (3) et son artillerie, s'établira à Bartenheim.

GÉNIE.

Instruction du général Douay pour observer et occuper la rive gauche du Rhin, de Huningue aux environs de Neuf-Brisach.

Belfort, 4 août.

La compagnie du génie affectée à la 2ᵉ division d'infanterie marchera avec le général Liébert. Elle est destinée à concourir, par la construction d'épaulements, de petits abris, etc., au rôle que l'infanterie ou l'artillerie pourrait avoir à remplir, en un point quelconque de notre front.

---

(1) 1ʳᵉ division.
(2) Pour Mulhouse par Altkirch.
(3) Quatre bataillons.

5ᵉ fascicule.

Ordre de mouvement (du général Doutrelaine).

Belfort, 4 août.

La 4ᵉ compagnie, qui fait partie de la 2ᵉ division, se tiendra prête à partir dès les premières heures de l'après-midi.

Ordre de mouvement (du même).

Belfort, 4 août.

La 4ᵉ compagnie du génie quittera Belfort à 5 heures et suivra le mouvement de la 2ᵉ division, à laquelle elle est attachée (1).

Instruction du général Douay pour observer et occuper la rive gauche du Rhin, de Huningue aux environs de Neuf-Brisach (commune aux 1ʳᵉ et 2ᵉ divisions).

Belfort, 4 août.

Chacune des 1ʳᵉ et 2ᵉ divisions d'infanterie détachera une de ses batteries (pièces de 4 ou canons à balles) sur le cordon d'observation jalonné par les points occupés, où elle sera disposée et employée selon les circonstances.

Les généraux commandant les divisions donneront toutes les instructions nécessaires pour que, selon les points qu'ils occupent, ces troupes puissent remplir l'objet qu'elles ont en vue (Observer et occuper la rive gauche du Rhin).

Instruction du général Douay pour observer et occuper la rive gauche du Rhin, de Huningue aux environs de Neuf-Brisach.

c) A LA DIVISION DE CAVALERIE (AMEIL).

Belfort, 4 août.

Le général Ameil, arrivant aujourd'hui 4 août, à Altkirch, demain 5, à Mulhouse, se portera le 6 à Ottmarsheim, laissant ses bagages et un détachement pour les garder à Habsheim. Les six escadrons dont il dispose (2) seront répartis de la manière suivante :

---

(1) La 4ᵉ compagnie du 2ᵉ régiment du génie (4/3) n'est partie de Belfort que le 5 août au matin, avec la 2ᵉ brigade de la 2ᵉ division. (Historique du 2ᵉ régiment du génie).

(2) Voir note (4) de la page 239.

Un escadron à Fessenheim; un escadron à Rumersheim; un escadron à Petit-Landau.

Les trois autres resteront directement sous sa main, à Ottmarsheim.

Les quatre escadrons du 4ᵉ hussards, qui ont déjà été poussés en avant, seront répartis ainsi qu'il suit :

Un escadron à Huningue; un escadron à Village-Neuf; et les deux autres escadrons à Kembs.

Toute cette cavalerie a pour mission de surveiller incessamment, de nuit comme de jour, tous les abords de la rive française et d'avertir aussitôt de toute tentative qui viendrait à se produire.

Le service sera organisé de façon que les avis parviennent le plus rapidement possible, d'une part depuis Kembs jusqu'à Fessenheim, à Rixheim, où se trouvera le général Conseil, commandant la 1ʳᵉ division d'infanterie, et de l'autre, depuis Kembs jusqu'à Huningue, à Bartenheim, où sera le général Liébert, commandant la 2ᵉ division d'infanterie.

d) Situation et emplacements.

Situation sommaire d'effectif au 4 août.

CORPS.	OFFICIERS.	TROUPE.	TOTAUX.	CHEVAUX.	EMPLACEMENTS.
Quartier général..........	»	»	»	»	Belfort.
Division Conseil-Dumesnil.	238	6,536	6,774	496	1ʳᵉ brigade : Mulhouse. 2ᵉ brigade : Colmar. Artillerie : Ensisheim et Colmar. Compagnie du génie : Mulhouse.
Division Liébert..........	264	7,830	8,094	504	1ʳᵉ brigade : Altkirch. 2ᵉ brigade : Belfort. Artillerie : Altkirch. Compagnie du génie : Belfort.
Division Dumont..........	199	5,359	5,558	524	Lyon.
Division de cavalerie (Ameil).	211	2,742	2,953	2,710	Belfort et Altkirch.
Réserve d'artillerie.......	43	1,595	1,638	1,490	Belfort.
Réserve du génie.........	12	317	329	48	Belfort.
Totaux..........	967	24,379	25,346	5,569	

La journée du 4 août en Lorraine.

Divers projets paraissent s'être succédé, le 4 août, au grand quartier général de l'armée du Rhin. Déjà se manifestent les inconvénients inhérents à l'attitude défensive : on subit la volonté de l'ennemi au lieu de lui imposer la sienne propre. L'incertitude sur le point où l'adversaire portera son centre de gravité, les renseignements contradictoires que l'on reçoit à ce sujet, le désir d'être en forces partout, de Thionville à Sarreguemines, la préoccupation chimérique de couvrir tous les passages de la frontière, enfin la nouvelle de l'attaque puis de l'échec de Wissembourg, provoquent des ordres et des contre-ordres qui fatiguent inutilement les troupes et affectent leur moral (1). Par surcroît, au lieu d'une volonté, d'une direction unique, l'armée en compte trois :

---

(1) « Après le petit combat de Sarrebrück, on retrouva les mêmes
« faiblesses, les mêmes incertitudes, le même manque de décision et
« d'énergie. On ne s'occupa pas davantage de savoir où était l'ennemi,
« ni ce qu'il faisait; sa présence était-elle constatée, on se gardait
« bien d'aller le chercher, et l'on vécut ainsi au jour le jour en atten-
« dant les événements, sans vouloir rien prévoir. Il semblait aussi
« impossible de comprendre ce que l'on faisait que de deviner la
« pensée qui présidait à nos destinées. Au lieu d'une volonté, d'une
« direction unique, il y en avait trois qui agissaient à l'encontre, dans
« le sens souvent le plus opposé : l'Empereur, le Major général et les
« aides-majors généraux ; les ordres et les contre-ordres se succédaient

l'Empereur, le Major général, le 1ᵉʳ aide-major général (général Lebrun), qui sont parfois en désaccord et agissent souvent indépendamment l'un de l'autre (1). Enfin l'Empereur ne semble pas avoir eu de plan bien arrêté, du jour où il renonça à celui qu'il avait caressé jusqu'au 29 juillet, et qu'il se vit forcé d'abandonner le 30, après avoir constaté l'inanité de sa mobilisation. Or, la défensive à laquelle il se voyait contraint, en exigeait un aussi bien que l'offensive (2).

« sans intervalles; les troupes, ballottées sur les routes d'un point à un
« autre, ne savaient plus que devenir; dégoûtées par des marches et
« des déplacements inutiles, elles perdaient toute confiance dans le
« commandement. » (*Metz. Campagne et négociations*, par un officier supérieur de l'armée du Rhin, page 28.)

« La nuit s'est passée (4 août) à expédier des ordres et des contre-
« ordres..... Tel est le caractère principal de toutes les conceptions
« du début de la guerre; ordres et contre-ordres se suivent, s'entre-
« croisent sans cesse, si bien que les corps d'armée s'usent dans des
« marches sans but, se fatiguent et se désorganisent avant même
« d'avoir abordé l'ennemi. » (*Journal d'un officier de l'armée du Rhin*. Bruxelles, Mucquardt, 1871, page 41.)

Voir aussi à ce sujet : *Souvenirs militaires du général Lebrun*, page 213, et *Souvenirs du général Jarras*, page 60.

(1) *Metz. Campagnes et négociations*, page 28.

Journal d'un officier de l'armée du Rhin, page 41 : « La direction est
« nulle à force d'être multiple ».

« On compte trois généraux en chef, alors qu'il ne devrait y en
« avoir qu'un seul », écrivait Clausewitz à la comtesse Maria Brühl, dans des circonstances analogues, le 29 septembre 1806.

« Il n'était pas rare, dit le général Jarras, que l'Empereur donnât
« des ordres directement, sans que j'en eusse connaissance, et quel-
« quefois le Major général lui-même les a ignorés. » (*Souvenirs du général Jarras*, page 71.)

(2) « De quelque côté qu'on envisage les choses, on reste de plus en
« plus convaincu que l'Empereur n'avait pas de plan arrêté et que, si
« ses conseillers en avaient eu un, il s'était refusé à le suivre : le hasard
« l'avait tant de fois servi, surtout dans sa campagne d'Italie, qu'il
« comptait peut-être sur le même bonheur et ne voulait prendre la

Dans la nuit du 3 au 4 août, le grand quartier général reçut des renseignements donnant « comme certain la « sortie de Trèves de 40,000 hommes marchant sur « Thionville ou sur Sarrelouis ». Le Major général s'empressa de télégraphier (1 heure du matin) au général de Ladmirault pour l'en informer et supprimer la reconnaissance que le 4ᵉ corps et la division Metman, du 3ᵉ corps, devaient exécuter le 4 août sur Sarrelouis. Il lui recommandait en outre de se « tenir sur ses gardes et « de s'éclairer très au loin par sa cavalerie ». Enfin, il lui faisait connaître, qu'en cas d'attaque, il serait appuyé par le maréchal Bazaine et que, d'ailleurs, la Garde ferait dans la matinée un mouvement pour se porter vers le 4ᵉ corps (1).

« responsabilité d'aucune résolution. » (*Metz. Campagne et négociations*, page 30.)

« On se dirige au jour le jour, dit le *Journal d'un officier de l'armée* « *du Rhin*, d'après des impressions et d'après des nouvelles plus ou « moins exactes. » Page 41.

« Nous recevrons des batailles, disait le prince Napoléon, et je ne « doute pas de leur succès ; mais nous n'en donnerons pas, parce qu'il « faudrait un plan et une pensée, et qu'il n'y en a pas. »

(1) On peut se demander si, pendant cette période du 1ᵉʳ au 6 août, l'ennemi ne fit pas répandre à dessein de fausses nouvelles relatives à la concentration de forces nombreuses entre Sarrelouis et Trèves, dont la mission aurait consisté à marcher sur Sierck ou sur Bouzonville. Son but eût été d'attirer l'attention du grand quartier général français vers Thionville, comme il avait réussi d'ailleurs à le faire pour Belfort, et de retenir ainsi à l'extrême gauche le 4ᵉ corps, comme l'était le 7ᵉ corps à l'extrême droite.

« Nous avouons n'avoir pas compris, dit le général Frossard, qu'on « ait pu croire à des opérations sérieuses venant directement de la « vallée de la basse Moselle et ayant pour base Trèves, qui n'est pas « relié au Rhin par une voie de fer. Sans doute il fallait bien que le « VIIᵉ corps prussien, qui s'était concentré à Trèves, sortît de cette « ville pour venir se joindre aux autres corps allemands ; et il n'avait, « pour faire sa jonction, d'autre voie rapide que le chemin de fer de « Trèves à Sarrebrück, par Sarrelouis. Mais supposer que ce corps

Il est difficile de se rendre compte des motifs qui ont fait renoncer complètement à la reconnaissance prescrite au 4ᵉ corps. Il n'était pas nécessaire, sans doute, pour obtenir des renseignements, de mettre en mouvement les trois divisions d'infanterie du corps d'armée. Mais il eût été judicieux, semble-t-il, pour dissiper en partie l'incertitude où l'on se trouvait, de lancer en exploration, le jour même, la division de cavalerie du 4ᵉ corps, ainsi que le Major général y invitait le général de Ladmirault. Un soutien d'infanterie, fourni par la 1ʳᵉ division du 4ᵉ corps, lui aurait été attribué. Cette opération ne devait pas toutefois être indiquée d'une façon vague, mais viser un but bien déterminé, par exemple la prise de contact et la reconnaissance des colonnes ennemies dans le secteur Conz, Sierck, Merzig. Cette exploration, en quelque sorte négative, aurait complètement rassuré le grand quartier général dès le 5 août au matin, au sujet d'un débouché prochain de l'ennemi par Sierck ou Sarrelouis, et l'aurait décidé sans doute à diriger vers l'Est le 4ᵉ corps d'armée.

Ainsi que l'Empereur l'avait annoncé au général de

« s'arrêterait en route, soit pour marcher sur Thionville, soit pour
« déboucher de Sarrelouis contre notre gauche et faire une invasion
« de notre territoire, isolément, pour son propre compte, c'était assu-
« rément se tromper et oublier que nos ennemis ont pour règle de
« n'agir que par armées concentrées. Si nous insistons sur ce point,
« c'est parce que l'erreur dans laquelle on fut à cet égard a été extrê-
« mement préjudiciable à nos affaires, en empêchant la concentration
« des 2ᵉ, 3ᵉ et 4ᵉ corps en une armée, du 2 au 5 août, disposition qui
« eût bien changé la face des choses dans la journée du 6. » (Général Frossard. *Rapport sur les opérations du 2ᵉ corps de l'armée du Rhin*, page 26).

On observera, au sujet des lignes qui précèdent, que, pour se rendre de Trèves à Sarrebrück (deux étapes), le VIIᵉ corps aurait commis une grave erreur en exécutant son mouvement par chemin de fer.

Ladmirault, la Garde impériale avait été avisée, pendant la nuit, de se tenir prête à partir au point du jour et de se porter vers lui sur la route de Boulay. La marche fut exécutée en une seule colonne, dont la tête rompit de Metz à 5 heures du matin et dans l'ordre suivant : Division de grenadiers (Picard), division de voltigeurs (Deligny), réserves d'artillerie et du génie, division de cavalerie (Desvaux), parc. Itinéraire : route de Metz à Sarrelouis. Les bivouacs furent établis dans la soirée à Volmérange (divisions d'infanterie et division de cavalerie) à Condé-Northen (réserve d'artillerie), aux Etangs (réserve du génie, train), à Glattigny (parc d'artillerie).

Les troupes étaient bien cantonnées en profondeur dans le sens de la marche, mais le mouvement s'était effectué dans de mauvaises conditions. Celui de la division de cavalerie avait été particulièrement défectueux. « A 5 heures du matin, dit le général de France, com« mandant la 2ᵉ brigade de la division de cavalerie, on « fut prêt, les chevaux sellés et bridés et cependant on « ne se mit en marche qu'à 3 heures de l'après-« midi (1). » Il fallut à la brigade du Fretay (1ʳᵉ de la division), neuf heures pour parcourir cinq lieues, « tant la route était encombrée (2) » et elle n'arriva au bivouac que pendant la nuit (3). L'Empereur fit observer très judicieusement au général commandant la Garde que « rien ne fatigue et ne décourage plus les troupes que « de rester plusieurs heures immobiles au lieu du ren-« dez-vous, surtout lorsque, les ayant réunies inutile-« ment trop tôt, on les a privées du moyen de manger « la soupe avant le départ (4). »

---

(1) *Résumé de la campagne.* Manuscrit du général de France daté de Rouen, 20 mars 1872.
(2) Journal de marche de la brigade.
(3) Journal de marche de la division de cavalerie Desvaux.
(4) L'Empereur au général Bourbaki. Lettre privée autographe,

En réalité, le mouvement de la Garde sur Volmérange pouvait s'effectuer avec beaucoup plus de facilité et de rapidité (1). Il suffisait de faire prendre les devants à la division de cavalerie, puis d'utiliser les deux itinéraires : route de Bouzonville, Vallières, Nouilly, Noisseville, route de Sarrelouis par les Étangs ; et route de Sarrebrück, Courcelles—Chaussy, Bannay, Helstroff.

A la réception des nouvelles transmises par le Major général, le général de Ladmirault avait, de sa propre initiative, pris le parti de faire occuper la position Sierck—Kirschnaumen par une division, et celle de Bouzonville par une autre division. La troisième division du corps d'armée devait rester provisoirement à Teterchen, car il fallait « éviter de laisser à découvert la route de Teterchen à Sarrelouis par Tromborn (2) ».

En conséquence, le Général avait donné les ordres suivants :

Le quartier général du 4ᵉ corps, la brigade de dragons de la division Legrand, les réserves d'artillerie et du génie se porteront de Boulay à Bouzonville ;

La 1ʳᵉ division (de Cissey) tranférera son quartier général de Bouzonville à Kirschnaumen où elle aura sa 1ʳᵉ brigade, le 2ᵉ hussards (quatre escadrons), son artillerie (moins une batterie), sa compagnie du génie. La 2ᵉ brigade, avec une batterie, occupera Sierck ;

La 2ᵉ division (Grenier), avec un escadron du 2ᵉ hus-

---

4 août, 11 heures du soir. — A la division Deligny, le signal du départ devait être donné par le clairon de la division. (Voir l'ordre de mouvement. Documents annexes, Garde impériale.)

(1) « Nous avons mis dix heures pour faire 26 kilomètres..... » Journal du lieutenant de la Forest-Divonne, du 1ᵉʳ régiment de grenadiers de la Garde.

(2) Le général de Ladmirault au Major général. Boulay, 4 août.

sards, se portera de Boulay à Coume (1ʳᵉ brigade, artillerie et génie) et Teterchen (2ᵉ brigade et une section d'artillerie). Elle y remplacera la 3ᵉ division jusqu'à ce qu'elle ait été relevée elle-même par une division du 3ᵉ corps. Elle ira ensuite bivouaquer à Brettnach et se rendra le lendemain à Bouzonville.

La 3ᵉ division (de Lorencez), avec le 7ᵉ hussards, partant de Coume et Teterchen, s'établira à Bouzonville.

Eu égard aux renseignements obtenus depuis si longtemps et à la position supposée de l'ennemi, la dispersion du 4ᵉ corps était extrême.

Le Major général approuva ces dispositions, sauf celles qui concernaient la 1ʳᵉ division qu'il trouva « trop en l'air ». « Il faut penser, écrivait-il au général de « Ladmirault, que l'ennemi peut déboucher de Sarre-« louis, et se garer sur votre droite..... Il paraît très « probable que c'est autour de Sarrelouis que l'ennemi « doit se concentrer. » Toutefois, il laissa la division de Cissey exécuter le mouvement prescrit.

Le général de Ladmirault reconnaissait que cette division occupait un front trop étendu. Aussi demanda-t-il l'envoi d'une division de la Garde, en réserve à Boulay, et d'une division du 3ᵉ corps à Teterchen où elle relèverait la 2ᵉ division du 4ᵉ corps. Celle-ci serait libre alors de se porter à Bouzonville et la ligne Sierck—Colmen pourrait être plus fortement garnie.

Dans ces conditions, le commandant du 4ᵉ corps croyait pouvoir répondre de tout. « Le flanc gauche de « l'armée, ainsi que l'entrée du territoire français du « côté de Thionville, se trouveront complètement garan-« tis (1). »

Dans la matinée même du 4 août, l'Empereur reçut des renseignements « qui lui donnèrent la conviction

---

(1) Le général de Ladmirault au Major général. Boulay, 4 août.

« qu'une attaque n'était point à craindre du côté de
« Sierck (1). » Il envoya aussitôt au général de Ladmirault l'ordre de reprendre ses positions de la veille, mais le commandant du 4ᵉ corps répondit au Major général que « le mouvement des troupes se fait à trop
« longue distance et est trop prononcé pour pouvoir
« être contremandé ». L'Empereur télégraphia ensuite au général Bourbaki de faire rétrograder la Garde sur Metz : la cavalerie et la réserve d'artillerie dans la soirée même, l'infanterie, le lendemain matin 5 août.
« L'Empereur voulait toujours avoir ce corps d'élite
« sous la main, et il jugeait qu'à Metz la Garde occupe-
« rait, mieux qu'à Boulay, la position centrale qu'il
« convenait de lui assigner, comme réserve, derrière les
« corps d'armée disposés en première ligne près de la
« frontière (1). »

Boulay, trop rapproché des corps de première ligne, ne convenait pas comme emplacement de la Garde, considérée comme réserve, mais, par contre, Metz se trouvait à l'extrême gauche du dispositif et n'était nullement une position centrale. Il semble, dans cet ordre d'idées, que la zone de concentration de la Garde eût été bien choisie vers Faulquemont—Pont-Pierre—Val Ebersing.

Le maréchal Bazaine avait reçu vers 2 heures du matin, du Major général, l'avis de la marche d'un corps ennemi de 40,000 hommes sur Thionville ou sur Sarrelouis, et l'ordre « de se relier avec le général de Ladmi-
« rault pour l'appuyer au besoin ». Il ramena aussitôt de Rosbrück sur Saint-Avold la 1ʳᵉ brigade (Nayral) de la 2ᵉ division, moins le 15ᵉ bataillon de chasseurs qui resta à Haut-Hombourg, et prescrivit à la 1ʳᵉ division (Montaudon) de porter sa 2ᵉ brigade (Clinchant), de For-

---

(1) *Souvenirs militaires du général Lebrun*, page 253.

bach sur Rosbrück (1). Vers 9 heures du matin, le maréchal Bazaine fut invité par le Major général à se rendre immédiatement à Boulay pour prendre le commandement en chef des troupes et à diriger la 4e division (Decaen) du 3e corps, de Longeville et de Boucheporn sur Teterchen pour soutenir éventuellement le général de Ladmirault. Ce mouvement fut exécuté dans l'après-midi. Mais le 4e corps devant revenir le lendemain à Bouzonville, Boulay et Teterchen (2) la division Decaen reçut à 10 heures du soir l'ordre de se rendre le 5 août, à la pointe du jour, à Ham-sous-Varsberg où elle remplacerait la division Metman, appelée à Boucheporn et Longeville-les-Saint-Avold. La division Decaen, écrivait le maréchal Bazaine, « reprendra ainsi son ordre de bataille ». Mais, ainsi qu'on le verra plus loin, une dépêche de l'Empereur modifia ces dispositions en fixant aux 3e et 4e divisions du 3e corps les emplacements de Marienthal et de Saint-Avold.

D'autre part, le général Frossard ayant fait connaître que sa position « était toujours fort belle et défierait toutes les attaques », le maréchal Bazaine reprit la division Montaudon sous « sa direction complète » et lui envoya l'ordre de revenir tout entière à Rosbrück en faisant occuper Haut-Hombourg par un régiment (le 95e de ligne). Toutefois, sur les instances du général Frossard qui craignait d'être tourné par la route de Werden à Forbach, le général Montaudon prit sur lui de laisser provisoirement le 62e de ligne en ce dernier point (3), et de ne commencer son mouvement qu'à 5 heures du soir.

---

(1) « Je ne puis, écrivait-il au général Frossard, laisser Saint-Avold « sans troupes, car c'est notre centre et il n'est qu'à quatre lieues de « Sarrelouis. »
(2) Voir page 258.
(3) Le général Montaudon au général Frossard. Rosbrück, 4 août. Voir aussi : *Souvenirs militaires du général Montaudon*, page 69.

L'inquiétude du grand quartier général au sujet d'un débouché de l'ennemi par Sarrelouis s'était étendue jusqu'au 2ᵉ corps. A 3 h. 1/2 du matin, le Major général adressait en effet au général Frossard le télégramme suivant :

« L'Empereur me charge expressément de vous dire
« que, dans le cas où nous aurions affaire à plus de
« forces qu'il ne nous en est annoncé, il vous prescri-
« rait de vous replier sur Saint-Avold et d'y attendre
« des ordres, son intention étant sans doute de vous
« rappeler à lui si les circonstances l'indiquaient.

« Votre affaire de Sarrebrück et les reconnaissances
« du 4ᵉ corps, qui ont été près de Sarrelouis, ont sans
« doute déterminé l'ennemi à faire de son côté un mou-
« vement offensif *pour protéger cette dernière place* (1).
« Ce serait une heureuse chance que l'ennemi vînt nous
« offrir la bataille, avec 40,000 hommes, sur un point
« où nous pouvons lui en opposer 70,000 sans vous
« compter. »

*
* *

Dans la journée du 4 août, le général Lebrun « fai-
« sant allusion aux dispositions indiquées dans le plan
« de campagne de l'archiduc Albert », représenta à l'Empereur « que les motifs qui avaient déterminé les
« emplacements primitifs des corps d'armée paraissaient
« ne plus exister ». Il lui fit observer également com-

---

(1) C'était bien mal connaître les Allemands que de leur attribuer ce projet.

« Si nous nous trouvions obligés de faire une guerre défensive sur
« le Rhin, cela deviendrait une opération bien difficile que de délivrer
« la division bloquée par l'ennemi dans Sarrelouis. Si, au contraire,
« comme il faut l'espérer, nous sommes en état de prendre l'offensive
« et d'envahir la France, nous n'avons pas besoin d'une forteresse pour

bien il était dangereux de laisser l'armée disposée sur un front aussi étendu. « Il n'était que temps, ajoutait-« il, de concentrer, au plus vite, l'armée en deux masses « compactes, sinon en une seule, afin qu'elle fût mieux « prête à attaquer l'ennemi ou à lui résister (1). » L'Empereur écrivit aussitôt au Major général :

« Pour ne pas être surpris et avoir le temps de ras-« sembler nos troupes en cas d'attaque, il faut concen-« trer, autour de Boulay comme centre, Ladmirault, « Bazaine et Frossard.

« Je voudrais que le corps qui est à Bouzonville se « retirât à Holling, un autre à droite à Teterchen. « Bazaine trouverait des positions en seconde ligne et « Frossard recevrait l'ordre de se retirer à Forbach et « de se disposer à être, après-demain matin, vers Guer-« ting ou Boucheporn. La Garde s'établirait en arrière « de Boulay. Si les Prussiens avançaient demain, on se « retirerait plus en arrière, afin de se concentrer avant « une lutte.

« Les quartiers généraux seraient après-demain : « Bazaine à Boulay, Ladmirault à Teterchen, Frossard « à Boucheporn, la Garde à Volmérange. »

Ces dispositions auraient mis fin à la dispersion des corps de Lorraine, et il eût été possible d'assurer leur exécution complète dans la matinée du 6 août, c'est-à-dire le jour même où les premières troupes prussiennes

---

« passer la Sarre. Certes, pour franchir en face d'un adversaire des « fleuves comme le Rhin et la Vistule, il est nécessaire de se couvrir « d'une tête de pont. Mais, quant à ce qui est de traverser la Sarre et « le terrain de sa rive gauche, nous le pourrons faire n'importe où, « mieux que par les pentes rocheuses de Sarrelouis et la route unique « d'Ober-Felsberg. » Maréchal de Moltke. (*Correspondance militaire*, tome I, n° 9).

Le Maréchal subordonne absolument, comme on le voit, les forteresses aux opérations des armées de campagne.

(1) *Souvenirs militaires du général Lebrun*, page 254.

franchirent la Sarre. Sans doute, elles ne laissent pas que de soulever quelques objections : la concentration poussée à un point excessif, jusqu'à l'agglomération dans un triangle équilatéral de 10 kilomètres de côté, de 4 corps d'armée représentant 12 divisions d'infanterie ; la rigidité du système, conséquence de l'inconvénient précédent ; l'absence d'une masse de couverture, formant avant-garde générale vers Sarrebrück—Sarrelouis ; la proximité trop grande de la ligne de la Sarre qui empêchait de voir venir l'ennemi et de discerner son plan (1) ; l'obstacle enfin qu'opposaient immédiatement à une manœuvre vers l'Est les massifs boisés de la Houve et de Saint-Avold. Néanmoins, le dispositif offrait l'avantage de pouvoir livrer bataille, le cas échéant, avec toutes les forces réunies et était préférable en tout état de cause, à la dissémination où se trouva l'armée le 6 août.

Il fut abandonné, on ne sait pour quels motifs, peut-être sur des renseignements donnés par les journaux anglais, et remplacé par l'ordre suivant pour la journée du 5 août :

Ordre.

« Il faut toujours supposer à ses ennemis le projet le
« plus raisonnable. Or, d'après ce qu'on lit dans les
« journaux anglais, le général Steinmetz occuperait
« une position centrale entre Sarrebrück et Deux-Ponts
« et serait appuyé par derrière par un corps du prince
« Frédéric-Charles et sa gauche se relierait à l'armée
« du Prince-royal, qui se trouve dans la Bavière
« rhénane. Leur but serait de marcher droit sur
« Nancy (2).

---

(1) *Correspondance de Napoléon*, au Major général, le 16 avril 1809.
(2) C'était bien la direction générale admise par le maréchal de Moltke dans son mémoire du 16 novembre 1867, dans le cas où l'armée

« En conséquence, je désire que les troupes prennent
« les positions suivantes :

« Le général de Ladmirault aura son quartier général
« à Boulay, une division à Boucheporn et la 3ᵉ à Teter-
« chen.

« Le maréchal Bazaine aura son quartier général à
« Saint-Avold, une division à Marienthal, une troisième
« à Puttelange, la quatrième placée suivant ses conve-
« nances soit en avant, soit en arrière de ses posi-
« tions.

« Le général Frossard restera dans la position où
« il est.

« Le général de Failly ira rejoindre à Bitche la divi-
« sion qui y est déjà : ces deux divisions seront sous les
« ordres du maréchal de Mac-Mahon. Celle qui restera
« à Sarreguemines se mettra en relations avec celle
« qui est à Puttelange, et sera sous le commandement
« du maréchal Bazaine.

« La division de cavalerie qui est à Pont-à-Mousson
« se portera sur Faulquemont.

« Le maréchal Canrobert sera à Nancy avec trois
« divisions.

« Il est bien entendu que celle de ses divisions que le
« général de Ladmirault enverra à Boucheporn, ne se
« rendra sur ce point que dans la journée du 6 de ce
« mois (1).

« Signé : Napoléon. »

---

française ne se serait pas concentrée au voisinage de la frontière. (*Correspondance militaire*, tome I, page 106.)

(1) L'ordre précédent ne porte aucune indication d'heure. Il est très probable toutefois qu'il fut rédigé par l'Empereur avant la nouvelle qu'il reçut, vers 5 h. 15, de l'attaque de Wissembourg, car il n'en fait aucune mention, et d'ailleurs un télégramme de 4 h. 20 de l'Empereur au maréchal Bazaine parle déjà des renseignements de source anglaise. Bien que les documents annexes ne portent pas trace de la

Ces projets, tout en subsistant dans leur ensemble pour la journée du 5, n'allaient pas tarder à être modifiés eux aussi par la nouvelle de l'attaque de la division Douay, suivie à bref délai de celle de l'échec de Wissembourg et par une dépêche du général de Lespart, transmise par le général de Failly, et annonçant que les Prussiens marchaient sur Bitche. Le 5ᵉ lanciers, à Rohrbach, signalait un gros parti de cavalerie ennemie, accompagné d'artillerie, vers Bettwiller.

Dès 4 h. 20 du soir, l'Empereur, « préoccupé de l'ensemble des mouvements », renonçait à se rendre à Boulay pour conférer avec le maréchal Bazaine et lui mandait que, d'après des « on dit », il y aurait eu un engagement à Wissembourg. Vers 5 heures, l'Empereur apprit que Wissembourg et Bitche étaient attaqués. Il fit suspendre aussitôt tout mouvement sur la gauche et ordonna de renvoyer le maréchal Bazaine à Saint-Avold et la Garde à Metz, « dès que ce sera possible ». Le général de Ladmirault devait reprendre les positions qu'il occupait dans la matinée (1). D'autre part, le général de Failly reçut (5 h. 50 environ) l'avis de se porter sur Bitche, non plus avec une, mais avec les deux divisions du 5ᵉ corps présentes à Sarreguemines. Aux termes d'un ordre ultérieur du Major général, seule, la brigade Lapasset resterait dans cette ville jusqu'à l'arrivée de la division Montaudon, du 3ᵉ corps. Ainsi, l'Empereur,

---

réception de cet ordre par les commandants de corps d'armée intéressés, on peut admettre cependant qu'il leur parvint, car les prescriptions qu'il contient furent mises à exécution, à part quelques modifications qui seront signalées plus loin. Le maréchal Bazaine dit d'ailleurs nettement que les positions de l'armée du Rhin le 5 août furent la conséquence de cet ordre. (L'*Armée du Rhin*, page 20.)

On observera que, dès le 4 août, l'Empereur plaçait deux divisions du 5ᵉ corps sous les ordres du maréchal de Mac-Mahon. Il est douteux que ce dernier en ait été informé avant le 5 août.

(1) Dépêche autographe de l'Empereur sans destinataire indiqué.

hésitant entre deux éventualités, redoutant une attaque venant de Sarrelouis, une autre suivant la direction générale Deux-Ponts—Nancy, informé qu'une troisième se produisait à Bitche—Wissembourg, ne s'arrêta définitivement à aucun parti, se bornant à augmenter d'une division les renforts qu'il envoyait à Bitche.

L'ordre pour le 5 août fut maintenu, dans son ensemble, comme une sorte de moyen terme permettant au général de Ladmirault de faire face à Sarrelouis, au maréchal Bazaine de soutenir le 4e ou le 2e corps, au maréchal de Mac-Mahon, renforcé par le 5e corps, de garder tous les débouchés de Deux-Ponts vers l'Alsace ou la Lorraine. La préoccupation de couvrir tous les passages de la frontière, le souci de pouvoir répondre partout à une agression, subsistaient, et avec eux la dissémination, qui en était la conséquence inévitable.

Dans la soirée (9 h. 10), à la nouvelle de l'échec de Wissembourg, l'Empereur, restreignant encore l'initiative du maréchal Bazaine, lui expédia un télégramme, modifiant l'ordre précédent et prescrivant de placer, le 5 août, la division Decaen à Saint-Avold avec le quartier général et les réserves du 3e corps, la division Metman à Marienthal, la division Montaudon à Sarreguemines, la division Castagny à Puttelange (1). Le but principal de ces instructions semble avoir été l'envoi d'une division du 3e corps à Sarreguemines pour renforcer ce point directement opposé au débouché de

---

(1) « L'empereur Napoléon ne fait nullement connaître ses propres
« intentions. Il dispose lui-même des divisions isolées en les désignant
« même, en partie nominativement, et rend, de cette manière, inutiles
« les prescriptions des commandants de corps d'armée. Il en résulte
« que personne ne sait pourquoi on dispose de lui de telle ou telle
« manière et ce qu'on exige ou ce qu'on attend, à proprement parler,
« de lui. On comprend que, dans une telle situation, chacun n'a
« d'autre chose à faire que de demeurer les bras croisés et d'attendre

Deux-Ponts et laissé inoccupé par le mouvement vers Bitche, prescrit à tout le 5ᵉ corps vers 5 h. 50 du soir.

La Garde, au lieu de rétrograder sur Metz, fut avisée (11 h. 25 soir) d'aller s'établir le 5 août à Courcelles-Chaussy.

Le dispositif qui allait résulter de l'ensemble de ces prescriptions présentait un front trop étendu, car, de Boulay à Sarreguemines, il mesurait, *à vol d'oiseau*, plus de 40 kilomètres, alors qu'il n'aurait pas dû excéder une petite journée de marche. En outre, les réserves (6ᵉ corps et Garde) s'en trouvaient trop éloignées : leur place normale était vers Faulquemont, Gros-Tenquin, Insming, Bensdorf, Morhange.

En resserrant les deux corps de première ligne (3ᵉ et 4ᵉ) sur le front Saint-Avold—Sarreguemines, l'armée eût présenté alors l'aspect d'un « bataillon carré », de 20 kilomètres environ de côté apte à manœuvrer vers le Nord, vers l'Est ou vers l'Ouest, avec une avant-garde générale vers Sarrebrück—Völcklingen, flanquée sur ses ailes par deux masses de cavalerie.

Préparant l'exécution de son mouvement sur Bitche, le général de Failly avait donné les ordres suivants pour le 4 août au soir :

La division Goze (1ʳᵉ) concentrée autour de Neunkirch ira camper à la ferme Wising, après avoir rallié tous ses détachements (le départ eut lieu à 8 heures du soir).

La division de l'Abadie d'Aydrein (2ᵉ) quittera ses positions de Grosbliederstroff (1ʳᵉ brigade, Lapasset) et de Welferding (2ᵉ brigade, de Maussion) et se portera

---

« dans l'inaction les événements ultérieurs jusqu'à ce que soit le com-
« mandement supérieur, soit même l'ennemi, lui donne une nouvelle
« impulsion. » (Général de Woyde. *Causes des succès et des revers dans
la guerre de* 1870, tome I, page 70.)

à l'Ouest de Neunkirch où elle bivouaquera ainsi que les réserves d'artillerie et du génie, l'ambulance, la prévôté, le trésor. (Le départ des deux brigades d'infanterie a lieu à 6 h. 45 du soir.)

Le 84° de ligne de la brigade Lapasset restera à Sarreguemines, ainsi que le convoi de vivres du corps d'armée ; ce dernier recevra des ordres ultérieurs.

Dans la nuit, le commandant du 5° corps donna de nouvelles instructions pour la marche du lendemain, 5 août :

« La division Goze, campée à Wising, se dirigera sur
« Bitche, observant sa gauche.

« Le 5° lanciers, de Rohrbach, ira prendre position
« sur la frontière pour couvrir la marche du corps
« d'armée. La division l'Abadie suivra la précédente.
« La brigade Lapasset restera jusqu'au lendemain
« (6 août) à Sarreguemines, avec une batterie, le train
« auxiliaire, le 3° lanciers, le trésor et la prévôté, et
« rejoindra lorsque la division Montaudon, du 3° corps,
« arrivera à Sarreguemines pour la relever (ordre du
« Major général).

« L'artillerie de réserve suivra la 1re division. »

La précaution prise, de disposer les troupes sur la route du lendemain, était bonne, mais on aurait pu, semble-t-il, faire mieux encore et adopter deux itinéraires, d'autant plus qu'il s'agissait d'un mouvement de flanc. Il suffisait pour cela de porter le 4 août au soir la brigade de Maussion, de la 2° division, à Bliesbrücken et de la diriger le 5, sur Bitche, par Rimling, Bettwiller, Petit-Rederching.

La 1re division (Goze) avec l'artillerie de réserve et celle de la 2° division auraient disposé de la grande route par Gros-Rederching, Rohrbach, Lemberg. En tout cas, il eût été judicieux de faire éclairer cette marche au moyen d'une brigade de cavalerie provisoire constituée par les 3° et 5° lanciers et le 12° chasseurs (Bitche). Réunie de grand matin entre Bettwiller et Hottewiller, cette brigade se serait portée vers le Nord, précédée de reconnaissances lancées vers Hornbach, Altheim, Blickweiler, c'est-à-dire sur les directions émanant de Deux-Ponts vers Sarreguemines ou Bitche. Le 5ᵉ hussards (Sarreguemines) aurait été réparti entre les deux colonnes comme cavalerie divisionnaire. La prescription vague donnée au 5ᵉ lanciers, d'aller « prendre position, pour couvrir la marche du corps « d'armée » était insuffisante pour le moins.

Le mouvement de la brigade Lapasset sur Sarreguemines et le rappel de la division Montaudon, de Forbach sur Rosbrück, privaient le 2ᵉ corps de l'appui que ces deux unités lui prêtaient sur ses flancs.

D'autre part, le général Frossard était avisé à nouveau « de la concentration toujours croissante des troupes « prussiennes sur la rive droite de la Sarre ». Dans ces conditions, il se trouva « trop en pointe sur le territoire « ennemi et ne voulut pas compromettre plus longtemps « sa situation (1) ». Il se décida, en conséquence, dans la soirée, à dégarnir son front « pour garder ses flancs « laissés à découvert (2) ».

Laissant la 2ᵉ brigade (Jolivet) de la 1ʳᵉ division (Vergé), toute la 2ᵉ division (Bataille) et la 2ᵉ brigade (Micheler) de la 3ᵉ division, sur leurs emplacements de la veille, il reporta en arrière et à l'Ouest de Forbach, la 1ʳᵉ brigade (Letellier-Valazé) de la 1ʳᵉ division avec une batterie pour observer le débouché de Werden et protéger son flanc gauche. En même temps il ordonna à la 1ʳᵉ brigade (Doens) de la 3ᵉ division, renforcée par la batterie de mitrailleuses de cette division et par le

---

(1) Journal de marche du 2ᵉ corps.
(2) Général Frossard. Rapport sur les opérations du 2ᵉ corps de l'armée du Rhin, page 27.

4ᵉ régiment de chasseurs à cheval, de s'établir au Sud de Spicheren « pour couvrir les débouchés de Simbach « et de Grosbliederstroff ».

Enfin, le 5ᵉ régiment de chasseurs à cheval fut chargé de se porter sur ce dernier point pour surveiller les passages de la Sarre.

* *
*

« La nouvelle de l'échec que nous avions subi à Wis-
« sembourg souleva une grande émotion dans l'armée
« du Rhin..... Au grand quartier général, où rien dans
« la correspondance du maréchal de Mac-Mahon n'avait
« pu faire pressentir un si triste événement, ce fut une
« véritable stupéfaction, suivie tout aussitôt d'un besoin
« irrésistible de prendre une offensive décidée sur la
« Sarre. Il n'y avait plus à temporiser, proclamait-on,
« il fallait immédiatement prendre, par un coup d'au-
« dace, une revanche éclatante (1). »

Le Major général soumit à l'Empereur un projet élaboré par un des aides-majors généraux et qui consistait à jeter immédiatement deux ou trois corps d'armée sur Hombourg par Sarreguemines et Blieskastel. Le but de l'opération était d'intercepter les voies ferrées qui viennent converger à Hombourg et à Neunkirchen, de s'établir en ces deux points, et de ralentir ainsi la concentration des armées ennemies. On pensait que « cette pointe
« audacieuse donnerait lieu à des combats, sinon à des
« batailles où l'on pourrait espérer que les Prussiens ne
« seraient point les vainqueurs (2) ».

Le quartier général de l'armée du Rhin, résolu à l'offensive, adoptait, pour son exécution, des moyens

---

(1) *Souvenirs militaires du général Lebrun*, page 247.
(2) *Ibid.*, page 249.

défectueux, en faisant choix d'un objectif géographique, au lieu de se porter au-devant des masses ennemies qui venaient de se manifester en Alsace.

A ce projet étaient jointes les propositions suivantes pour la concentration de l'armée :

Au grand quartier général, le 4 août.

Propositions soumises à l'approbation de l'Empereur pour la concentration de l'armée.

Corps du général Frossard (2º), à *Rohrbach*, en deux jours.

Corps du général de Ladmirault (4º), à *Bliesbrücken*. Deux divisions ayant trois jours de marche et la troisième pouvant s'y rendre en deux fortes journées.

Corps du maréchal Bazaine (3º), à *Sarreguemines*, en un jour de marche. La division Decaen seule aurait à marcher deux jours pour s'y rendre de Saint-Avold. Une division du corps Bazaine à *Forbach*, en une seule journée.

Garde impériale, quartier général et réserves à *Puttelange*. Les troupes, entre *Puttelange* et *Farschwiller*, dans la vallée de la Moderbach. Deux jours de marche.

Corps du maréchal Canrobert (6º), à *Metz* ou à *Courcelles*. Pour Metz, l'infanterie viendrait en chemin de fer en deux jours, l'artillerie et la cavalerie, par étapes, en cinq jours, sans séjour. *Pour Courcelles*, le mouvement exigerait un jour de plus (1).

L'Empereur, avant de rien décider, voulut avoir l'avis des généraux Soleille et Coffinières, commandant

---

(1) A la vérité, rien, dans le document ci-dessus, n'indique explicitement qu'il fût établi en vue d'une offensive sur Hombourg. Il ne porte même aucune mention d'heure. Toutefois, si on le rapproche des *Souvenirs militaires du général Lebrun*, et si l'on considère que de Rohrbach, Bliesbrücken, Sarreguemines, points de concentration projetés des 2º, 4º et 3º corps, partent des routes se dirigeant sur Deux-Ponts, Blieskastel et Hombourg, on peut en déduire que ces propositions pour la concentration répondaient très probablement au projet d'une marche sur Hombourg.

S'il s'était agi d'un mouvement vers l'Est pour porter deux ou trois

l'artillerie et le génie de l'armée et celui de l'intendant général Wolff, intendant en chef de l'armée. Les deux premiers donnèrent leur approbation sans réserve, mais il n'en fut pas de même de la part de l'intendant général. Celui-ci déclara que « d'après les renseignements qu'il
« croyait tenir de bonne source, tout le pays situé au
« delà de la Sarre était tellement épuisé par les réquisi-
« tions de l'ennemi, qu'il ne pouvait répondre de faire
« vivre, si ce n'est pendant quarante-huit heures, la
« partie considérable de l'armée qu'il s'agissait de porter
« sur Hombourg. Il faudrait donc, dit l'intendant, la
« faire suivre des approvisionnements en vivres qui lui
« seraient nécessaires. Comment s'y prendrait-il pour
« cela, quand il se voyait déjà forcé de faire venir de
« l'intérieur de la France, les vivres dont l'armée avait
« besoin et qu'il n'arrivait pas à en réunir sous Metz
« plus de deux jours à l'avance ? (1) ».

Cette considération eut sur l'Empereur une influence

---

corps au secours du maréchal de Mac-Mahon, on n'aurait pas attendu sans doute, pour en commencer l'exécution, l'arrivée du 4e corps qui, pour se rendre à Bliesbrücken, avait besoin de trois jours, c'est-à-dire d'un jour de plus que le 2e corps et la Garde. De plus, dans l'hypothèse d'un semblable mouvement, Bliesbrücken correspondrait à l'itinéraire par Bettwiller et Petit-Rederching, bien rapproché de la frontière pour une marche de flanc le 8 août. Puis, au lieu d'arrêter la Garde sur la ligne Puttelange—Farschwiller, on l'aurait probablement dirigée sur Saar-Union-Lorentzen pour lui faire suivre ensuite les itinéraires : Wingen, Wimmenau, Ingwiller et Asswiller, la Petite-Pierre, Bouxwiller.

On observera en outre que le dernier renseignement parvenu paraissait être celui des journaux anglais, signalant le général Steinmetz dans une position centrale entre Sarrebrück et Deux-Ponts; il était donc tout naturel de choisir la direction d'offensive dans le Palatinat.

Enfin le projet ne fait pas mention du 5e corps, qu'on considérait sans doute comme destiné à appuyer le maréchal de Mac-Mahon, tout le reste de l'armée du Rhin marchant sur Hombourg.

(1) *Souvenirs militaires du général Lebrun*, page 249.

décisive et le projet fut abandonné. Au reste, il est bien probable que le débouché des Allemands par Sarrebrück—Völcklingen, le 6 août, aurait empêché non seulement sa mise à exécution, mais même les mouvements de concentration préalables qui ne pouvaient être achevés avant le 7 août au soir. Dès cette date, d'ailleurs, les deux ou trois corps mis en marche sur Hombourg s'y seraient heurtés à des forces très supérieures en nombre (1).

La réception au grand quartier général du rapport du maréchal de Mac-Mahon sur le combat de Wissembourg pouvait inspirer une autre manœuvre.

L'*Historique du Grand État-Major prussien* fait observer, en effet, très justement que les Vosges apparaissaient, « dès le début de la campagne, comme un « obstacle remarquable pour les deux partis belligé- « rants (2) ». Si, pendant la période de la concentration, les armées allemandes se trouvaient « directement en « contact les unes avec les autres, entre la Nahe et la « Lauter (3) », il n'en n'était plus ainsi depuis que la III⁰ armée avait franchi la frontière, et s'était portée

---

(1) On verra plus loin que, le 7 août au soir, la II⁰ armée allemande devait avoir, d'après l'ordre de mouvement du 4 août, quatre corps en première ligne sur la ligne Neunkirchen—Deux-Ponts, auxquels pouvaient se joindre, le 8 août, pour une bataille, les deux corps de seconde ligne.

(2) 2ᵉ livraison, page 125.

« Une coopération directe avec la II⁰ armée n'est pas possible, en « raison même de la constitution des montagnes de la Haardt », écrit le 4 août le maréchal de Moltke au général de Blumenthal. (*Correspondance militaire*, tome I, n° 101.)

(3) *Historique du Grand État-Major prussien*, 2ᵉ livraison, page 130.

dans une direction qui l'avait éloignée de plus en plus de l'axe général de la marche de la IIe armée (1). Il en résultait qu'à la date du 4 août, les Français disposaient, pour franchir l'obstacle des Vosges septentrionales, de communications plus courtes que celles qui auraient permis à la IIe armée de se porter au secours de la IIIe. L'avantage qu'ils avaient acquis de ce fait s'était encore accru par le choix qu'avait fait le maréchal de Mac-Mahon, le 4 août au soir, de la zone de concentration des 1er et 7e corps, située au pied même des Vosges.

Ces considérations pouvaient conduire le grand quartier général français à la détermination suivante :

Prescrire au maréchal de Mac-Mahon de ne pas accepter le combat avant d'avoir reçu des renforts suffisants, et de rétrograder lentement, en combattant, sur la rive droite de la Moder, où il s'efforcerait de n'arriver que le 7 août. A cet effet, disputer successivement à l'ennemi les coupures de la Sauer, de la Zintzel, du Rothbach, sans engager aucune affaire décisive. Pendant ce temps, appeler à lui toutes les troupes du 7e corps et renforcer le 1er corps du 6 au 7 août par le 5e corps tout entier, et par trois divisions d'infanterie, la division de cavalerie et la réserve d'artillerie du 3e corps (2). Ces unités se porteraient en Alsace dans les conditions ci-après (3) :

---

(1) *Historique du Grand État-Major prussien*, 2e livraison, page 130.

(2) On n'a considéré comme susceptibles d'être envoyées en Alsace que les unités qui pouvaient exécuter le mouvement en trois jours au plus. On a admis également que le 2e corps, qui se trouvait presque au contact et sur un terrain connu, devait être maintenu au Sud de Sarrebrück.

(3) Les localités indiquées dans le tableau sont celles du cantonnement de la tête de colonne. Il est bien évident qu'il fallait, pour ces marches, utiliser la méthode du cantonnement en profondeur.

CORPS.		EMPLACEMENTS.			
		4 AOÛT.	5 AOÛT.	6 AOÛT.	7 AOÛT.
5e corps.	3e division.......	Bitche.	Niederbronn..	»	»
	1re division et réserve d'artillerie.	Ferme de Wising.	Gœtzenbrück.	Ingwiller.	»
	2e division........	Hambach.	Saar-Union.	La Petite-Pierre.	Weiterswiller.
	Division de cavalerie.	Vers Volmünster	Vers Volmünster	Vers Volmünster	Ingwiller.
3e corps.	1re division......	Rosbrück.	Neunkirch.	Gœtzenbrück.	Ingwiller.
	2e division et réserve d'artillerie.	Saint-Avold	Sarralbe.	Drülingen.	Weiterswiller ou Saverne.
	3e division.......	Ham-sous-Varsberg.	Puttelange.	Lorentzen.	Weiterswiller ou Saverne.
	Division de cavalerie.	Saint-Avold	Ober Gailbach.	Vers Volmünster	Ingwiller.

De la sorte, le maréchal de Mac-Mahon, après avoir recueilli le 5 août la division Pellé et reçu la 3e division du 5e corps, désignait la division Ducrot, la réserve d'artillerie et la division de cavalerie du 1er corps pour former l'arrière-garde et leur faisait placer des avant-postes sur la Sauer, de Langensoultzbach à Dürrenbach. Les quatre autres divisions étaient disposées immédiatement, dès le 5, de façon qu'elles pussent entamer la retraite, le 6 au matin, sur la Zintzel ; les convois rétrogradaient sur la rive droite de la Zorn. Si, le 6, l'ennemi se montrait trop pressant, le 1er corps reculait au besoin jusqu'au Rothbach, ses ailes toujours appuyées aux montagnes d'une part, à la forêt de Haguenau de l'autre. Dans cette même journée, la 1re division et la réserve d'artillerie du 5e corps débouchaient en Alsace par

Ingwiller, le 7ᵉ corps débarquait à Saverne, Brumath, l'artillerie et les trains à Strasbourg.

Le 7 août, le maréchal de Mac-Mahon combattait en retraite de la Zintzel ou du Rothbach sur la Moder où le rejoignaient la 1ʳᵉ division du 3ᵉ corps, la 2ᵉ du 5ᵉ corps et les divisions de cavalerie des 3ᵉ et 5ᵉ.

Disposant alors de 10 divisions d'infanterie (1) et de trois divisions de cavalerie, certain de l'arrivée par Weiterswiller, dans la journée du 7, de deux autres divisions d'infanterie et de la réserve d'artillerie du 3ᵉ corps, sur l'aile droite de l'adversaire, il acceptait la lutte soit sur la Moder, soit mieux encore entre la Moder et la Zorn, afin de faire déboucher les deux dernières divisions du 3ᵉ corps dans le flanc de l'ennemi qu'il aurait fixé de front. En cas de nécessité, il pouvait encore céder du terrain le 7 et livrer bataille sur la Zorn dans d'excellentes conditions (2).

Cette manœuvre n'était en somme que la répétition de celle de Hoche, débouchant, en décembre 1793, sur Frœschwiller contre l'armée autrichienne fixée par Pichegru (3).

On observera que le terrain se prêtait tout particulièrement à une série de combats en retraite dans le couloir compris entre l'escarpe orientale des Vosges et la forêt de Haguenau et sillonné dans la direction générale

---

(1) Quatre du 1ᵉʳ corps, trois du 5ᵉ, une du 3ᵉ, deux du 7ᵉ.

	Hommes.	Chevaux.
(2) Effectifs du 1ᵉʳ corps le 5 août........	42,227	8,045
— du 5ᵉ corps..............	28,226	5,711
— des quatre divisions du 3ᵉ corps.	33,331	7,673
— du 7ᵉ corps	39,996	6,059
	123,780	27,488

Effectifs de la IIIᵉ armée le 3 août, d'après von Hahnke : 120,000 fantassins, 14,875 chevaux, 456 pièces.

3¹ Voir Chuquet. *Hoche et la lutte pour l'Alsace*, pages 138 et suiv.

Nord-Ouest, Sud-Est par plusieurs cours d'eau parallèles (1). Il n'est pas sans intérêt de remarquer aussi que l'ennemi ne se serait pas avancé vers le Sud-Ouest sans prendre sur son flanc droit les mesures que nécessitaient les circonstances vis-à-vis des débouchés des routes vosgiennes. Enfin, il est presque superflu d'ajouter que la IIIe armée ne pouvait se diriger sur la Haute-Sarre, en laissant sur son flanc gauche les 1er et 7e corps. Les Allemands, nourris à l'école de Clausewitz, ne l'eussent jamais fait (2).

Les campagnes de la Révolution et de l'Empire présentent de nombreux exemples d'opérations analogues. On citera, en particulier, celle de la division Masséna, entre la Piave et l'Adige, du 29 septembre au 8 novem-

---

(1) Les opérations de l'armée du Rhin, du 13 au 18 octobre 1793, après la perte des lignes de Wissembourg, offraient un exemple de l'utilisation des cours d'eau parallèles de la basse Alsace : Seltzbach, Moder, Zorn, Souffel comme lignes de défense successives. Encore ne put-on en tirer tout le parti possible en raison de la retraite précipitée qu'exécuta par deux fois le général Dubois, qui commandait l'aile droite. (Voir Chuquet, *Wissembourg*, page 218 et suivantes.)

« La Boissière, dit à ce sujet un contemporain, se replia à la tête d'un petit corps avec cette bravoure et cette intelligence qui caractérisent un militaire consommé, ne cédant de terrain que ce qu'il voulait en céder, présentant toujours à l'ennemi une attitude imposante, multipliant ses forces par la fréquence et la rapidité de ses mouvements. »

(2) « Le procédé qui consiste à se jeter avec toutes ses forces sur le flanc de l'attaque..... présente de grands avantages..... En négligeant la position du défenseur, l'assaillant s'embarrasse dans deux tendances contraires. Il lui faut nécessairement aller de l'avant pour atteindre l'objectif qu'il s'est donné ; mais, menacé à tout moment de voir apparaître le gros de la défense sur son flanc, il lui faut en outre rester sans cesse en état d'engager une action générale. Cette double tendance impose des efforts si différents et produit une telle complication intérieure qu'il est à peine possible d'imaginer une situation stratégique plus détestable. » (Clausewitz. *Théorie de la grande guerre*. Défense d'un théâtre de guerre, tome II, page 307.)

bre 1796, contre Allvintzy (1); celles du général Vukassevich, en Lombardie, du 1ᵉʳ au 7 juin 1800 ; celles de la division Friant, du 3ᵉ corps, au Nord de Ratisbonne, du 11 au 14 avril 1809 ; celles du maréchal Ney contre Benningsen, les 5 et 6 juin 1807.

Le plan de Napoléon au début de la campagne de 1812 reposait également sur une série de combats en retraite qu'il prévoyait pour l'armée de Jérôme à l'aile droite, sur la Piseck et l'Omulew, tandis qu'il se proposait de porter le centre de gravité des forces à son aile gauche (2).

Il n'est pas douteux que les combats en retraite exigent, de la part du chef et des troupes, des qualités supérieures, mais n'était-ce pas le cas du 1ᵉʳ corps, et les batailles de Wissembourg et de Frœschwiller n'ont-elles pas démontré qu'il était capable de tous les efforts ?

Une autre solution se présentait encore au grand quartier général français. Elle consistait à ne laisser, en Alsace, en présence de l'armée du Prince royal, que des arrière-gardes chargées de retarder sa marche dans

---

(1) *Mémoires de Napoléon*, tome III, page 387. Le 1ᵉʳ novembre 1796, « Masséna, menaçant d'attaquer Allvintzy, l'oblige à déployer toute son armée et lorsqu'il eut reconnu qu'elle était de plus de 40,000 hommes, il leva son camp de Bassano, repassa la Brenta et s'approcha de Vicence ».

(2) Napoléon recommande à Jérôme d'occuper l'ennemi, de l'empêcher de se porter tout entier sur la gauche, « sans pourtant jamais se compromettre ; il est donc indispensable de bien étudier les positions, de ne pas engager d'échauffourée et de bien connaître le plan général des opérations ». (Au Major général. Dantzig, 10 juin 1812. *Correspondance de Napoléon*, 18781.)

« L'important est que la droite ne se commette pas contre des forces supérieures et manœuvre réunie de position en position. » (Au Major général. Dantzig, 10 juin 1812. *Correspondance de Napoléon*, 18784.)

les défilés des Vosges septentrionales, et à grouper en Lorraine toutes les forces disponibles. Mais il eût été presque impossible alors, à l'armée française, de rester sur la défensive. Il est probable, en effet, que le maréchal de Moltke aurait exécuté méthodiquement le déploiement stratégique des Ire et IIe armées sur la Sarre et aurait attendu, pour leur faire franchir la rivière et attaquer l'armée française, que le Prince royal se trouvât en mesure de coopérer à la bataille par une action de flanc, partant de la haute Sarre (1). C'eût été, en quelque sorte, une réédition de la manœuvre de Sadowa (2). Il était donc extrêmement dangereux pour l'armée française d'attendre les événements. D'autre part, une offensive prise sur la rive droite de la Sarre était également pleine de périls, car, en cas d'échec, la retraite sur la rive gauche pouvait être interceptée par la IIIe armée débouchant des montagnes par Sarreguemines, Sarralbe, et Saar-Union. On ignorait d'ailleurs où se trouvait la masse principale ennemie dans la région au Nord de Sarrebrück-Sarrelouis et l'on ne pouvait, même approximativement, prévoir

---

(1) « Il fut décidé que la IIIe armée franchirait la Lauter en plusieurs colonnes et rejetterait dans la direction de Haguenau les troupes peu nombreuses qu'elle trouverait devant elle. Si l'on obtenait ainsi la confirmation d'un passage de l'ennemi au delà des Vosges, on avait l'intention de laisser seulement un corps devant Strasbourg, et d'amener tout le reste de l'armée sur la Sarre, en lui faisant longer la frontière du Palatinat, de manière à atteindre Sarreguemines vers le 9. » (*Historique du Grand État-Major prussien*, 2e livraison, page 135.)

Voir aussi à ce sujet : *Correspondance militaire du maréchal de Moltke*, tome I, pages 240 et 243, et von Hahnke : *Opérations de la IIIe armée*, page 28.

(2) « L'entrée en ligne simultanée des trois armées dans la bataille décisive est le but désiré et c'est dans cette intention que l'on cherchera d'ici à en régler les mouvements. » (Maréchal de Moltke. *Correspondance militaire*, tome I, Au général de Blumenthal, 4 août, n° 101.)

le moment où l'on s'engagerait contre elle. Tout au contraire, on était absolument certain de rencontrer à bref délai, l'armée du Prince royal en Alsace, entre Wissembourg, Haguenau et Saverne, on avait des renseignements — inexacts, il est vrai, — sur sa force, et l'on disposait, en cas d'échec, d'une ligne de retraite assurée sur la haute Meurthe et au besoin sur Belfort. En dernier lieu, il était plus facile de faire venir le 7ᵉ corps à Strasbourg et même à Brumath, que de le réunir en Lorraine au gros de l'armée.

En somme, le parti de porter les 3ᵉ et 5ᵉ corps en Alsace pour renforcer les 1ᵉʳ et 7ᵉ corps, était le plus judicieux, semble-t-il, auquel on pût s'arrêter à la nouvelle du combat de Wissembourg.

Les forces que leur éloignement (4ᵉ division du 3ᵉ corps à Teterchen, 4ᵉ corps, Garde) ou leur situation sur un terrain connu, presque au contact avec l'adversaire (2ᵉ corps) aurait empêché de diriger en Alsace, seraient restées, pendant ce temps, sur la défensive.

Le 2ᵉ corps, considéré comme leur avant-garde générale, aurait été concentré au Sud de Forbach avec deux brigades en avant-postes, depuis Sarreguemines jusqu'à Sarrelouis, tenant les rares points de passage de la Sarre. La Garde aurait été réunie vers Gros-Tenquin—Guessling, le 4ᵉ corps et la 4ᵉ division du 3ᵉ vers Faulquemont-Raville ; enfin le 6ᵉ corps aurait été transporté par voies ferrées à Lunéville, d'où il se serait rendu par étapes sur la ligne Morhange—Han-sur-Nied. Les divisions de cavalerie de la Garde et du 4ᵉ corps auraient été jointes à celle du 2ᵉ corps et placées sous le commandement supérieur du général commandant l'avant-garde générale.

En cas d'attaque, l'armée de Lorraine aurait refusé le combat, sauf dans des conditions exceptionnellement favorables, et se serait retirée lentement vers le Sud jusqu'à ce qu'elle eût pu être renforcée par des corps venus d'Alsace après la bataille livrée victorieusement à la IIIe armée.

* *

D'après le bulletin de renseignements du grand quartier général français, les nouvelles du 3 août, relatives à la concentration de troupes nombreuses sur la Sarre vers Saarburg et Sarrelouis, se confirment le 4 août. Ce serait le général de Steinmetz et non le prince Frédéric-Charles, dont la présence a été signalée à Trèves, qui « serait le commandant en chef de l'armée de droite (1) ». Il aurait d'ailleurs quitté Trèves le 3 août dans l'après-midi pour se diriger sur Sarrelouis.

A Deux-Ponts se trouveraient 12,000 Bavarois. Un espion a vu, à la ferme de Wintringer-Hof (Nord-Ouest de Bliesransbach), « un régiment de chasseurs à pied » et douze pièces de canon. Il a trouvé à Duttweiler des uhlans et des cuirassiers blancs, à Hirschbach le 5e hussards et des lanciers, enfin « il aurait aperçu des troupes à la Russhütte » (Nord de Sarrebrück).

Le général commandant le 7e corps, déjà très inquiet dans la soirée du 3 août en raison des mouvements de troupes nombreuses qui lui étaient signalés dans le Grand-Duché de Bade avait annoncé au maréchal de Mac-Mahon dans la nuit du 3 au 4 août, que « 6,000 Würtembergeois seraient à Kandern et Neuen-« bourg et qu'un corps considérable se dirigeait sur « Lörrach ». Dans la journée du 4 août, il fait connaître au Major général qu'une armée nombreuse de 150,000 hommes, dit-on, est en marche pour occuper la rive badoise du Rhin. Ce chiffre lui paraît « inacceptable »; toutefois, outre les troupes wurtember-

---

(1) Voir le Bulletin du 30 juillet. 3e fascicule, page 98.

geoises, on signale des Bavarois à Lörrach et des contingents prussiens entre Mülheim et Hartheim. D'autre part, « des officiers munis de cartes et dirigés par le « conducteur badois des travaux du Rhin, ont fait une « reconnaissance le long de la rive droite, en face de « Chalampé ». Le général F. Douay rend compte enfin du maintien provisoire de la division Conseil-Dumesnil à Colmar et des « dispositions qu'il a prises pour « parer aux premières entreprises que tenterait l'en-« nemi (1) ».

D'après les renseignements fournis par la *Gazette de Cologne*, le roi de Prusse aurait sous ses ordres les forces suivantes :

Confédérés du Nord. — 550,000 hommes d'armée active avec 1200 canons et 53,000 chevaux; 187,000 hommes de réserve, avec 230 canons et 180,000 chevaux; 205,000 hommes de landwehr et de garnison, avec 10,000 chevaux; en tout 944,000 hommes avec 1680 canons et 193,000 chevaux.

Bavarois. — 69,000 hommes d'armée active, avec 192 canons et 14,800 chevaux; 25,000 hommes de réserve, avec 2,400 chevaux; 22,000 hommes de garnisons.

Wurtembergeois. — 22,000 hommes d'armée active avec 50 canons et 6,200 chevaux; 6,500 hommes de réserve; 6,000 hommes de garnisons.

Badois. — 16,000 hommes d'armée active avec 54 canons; 4,000 hommes de réserve; 9,600 hommes de garnisons.

On obtient ainsi un total de 1,124,000 hommes, divisés ainsi :

Confédérés du Nord. — Garde : 2 divisions et 4 brigades d'infanterie; 1 division et 2 brigades de cavalerie.

---

(1) Voir page 178.

12 corps d'armée de ligne (plus la division hessoise), ayant 25 divisions d'infanterie et 12 de cavalerie.

Bavière. — 2 corps d'armée, chacun de 2 deux divisions d'infanterie et d'une division de cavalerie.

Wurtemberg. — Une division d'infanterie et une de cavalerie.

Bade. — Une division d'infanterie et une brigade de cavalerie.

* * *

Les renseignements parvenus le 4 août aux Ire et IIe armées allemandes peuvent se résumer ainsi qu'il suit :

Ire armée. — On reçoit à Tholey (quartier général de l'armée) l'avis de l'arrivée de nouvelles troupes à Sierck et de la réoccupation en forces de la frontière au Nord de la route de Bouzonville (1). L'ennemi a évacué Colmen le 3 août au soir, mais Filstroff, situé plus au Sud, est encore occupé. A Sarrebrück, aucun changement notable dans la situation (2).

IIe armée. — A 5 h. 45 du soir, le général von Rheinbaben, commandant les 5e et 6e divisions de cavalerie, annonce que le 5e corps français se trouve à Sarreguemines (3). A 7 h. 15 du soir, il signale un nouveau camp français près de Schœneck. « Le combat de Sarrebrück, ajoute-t-il, a eu lieu sous les yeux de l'Empereur..... Le général Frossard commandait lui-même les deux divisions de première ligne ; une troisième est restée en réserve..... Un prisonnier du 88e régiment confirme la présence à Sarreguemines du 5e corps..... Le général de Redern me fait connaître que la rive gauche de la

---

(1) *Historique du Grand État-Major prussien,* 2e livraison, page 150.

(2) Von Schell. *Les Opérations de la Ire armée,* page 30.

(3) Cardinal von Widdern. *Die Kavallerie-Divisionen während des Armee-Aufmarches,* page 114.

Sarre, en face de Völklingen, est inoccupée. » Une reconnaissance du 7ᵉ dragons (1) constate l'existence de grands campements à Bitche; une autre du 11ᵉ hussards (2), se glisse par Grande-Rosselle jusqu'à Emersweiler, arrive presque sur les derrières du 2ᵉ corps et observe de l'infanterie et des bagages en marche sur

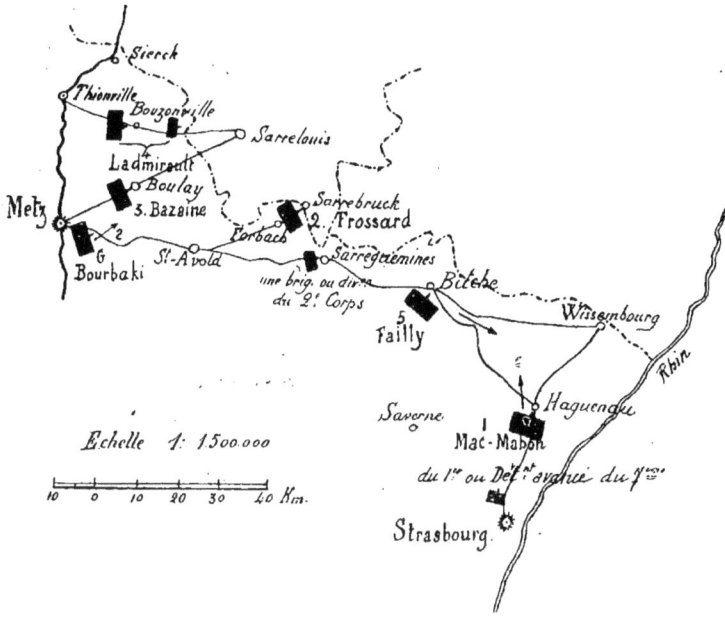

Remarques. — Aucune nouvelle récente sur le 6ᵉ corps, sinon que le 47ᵉ de ligne devait être encore à Châlons le 29 juillet.

On a dû, pour le moment (d'après des nouvelles récentes), renoncer provisoirement à l'embarquement d'un corps expéditionnaire.

Il y a lieu de se demander si le 1ᵉʳ corps ne s'est pas retiré par Saverne.

On n'a rien appris dans ces derniers temps sur le 7ᵉ corps qu'on avait dit se rassembler sur le Rhin supérieur.

---

(1) Brigade Bredow, de la 5ᵉ division de cavalerie.
(2) Brigade Redern, de la 5ᵉ division de cavalerie.

Rosbrück. « Cette dernière reconnaissance montrait que « la gauche de la position occupée par les Français sur « la Sarre ne s'étendait pas au delà de Sarrebrück (1). »

D'autre part, le maréchal de Moltke adressait le 4 août aux commandants de la IIe armée le croquis ci-contre « des positions de l'armée française à la date du « 3 août 1870, d'après les renseignements reçus jusqu'à « ce jour (2) ».

Le maréchal de Moltke, en transmettant les informations qui précèdent aux commandants des trois armées allemandes, leur faisait connaître que « l'ennemi « semblait avoir l'intention de garder la défensive, sur « une forte position derrière la Sarre, avec toutes ses « forces disponibles (3) ». Il approuvait les emplacements occupés par la Ire armée et lui prescrivait d'« y « rester jusqu'à nouvel ordre (4) ». Le général Steinmetz qui voyait, à son grand regret, retarder le moment où il pourrait prendre l'offensive, expédia aussitôt au maréchal de Moltke le télégramme suivant :

Quartier général Saint-Wendel, 4 août 1870, 3 h. 26 soir.

« Sur l'ordre du Roi, je me suis porté aujourd'hui « avec la Ire armée dans la région de Tholey, mais je « serais bien plus volontiers demeuré sur la Sarre, où « mon armée formait un flanc offensif par rapport à la « IIe armée. La Ire armée y pouvait avoir une action

---

(1) *Historique du Grand État-Major prussien*, 2e livraison, page 164.
(2) *Correspondance militaire*, tome I, n° 100.
(3) *Correspondance militaire*, tome I. N° 101, au général de Blumenthal. N° 100, au prince Frédéric-Charles. N° 103, au général Steinmetz.
(4) *Ibid.*, n° 102.
On est surpris de voir le maréchal de Moltke approuver les emplacements de la Ire armée qui empiétait à Saint-Wendel et à Ottweiller sur la route de marche de la colonne de droite de la IIe armée.

« plus efficace que dans la position de Saint-Wendel ou
« même de Baumholder, où elle ne fait que prolonger
« le front de la IIe. Je ne comprends pas, par suite,
« la conception stratégique qui fait abandonner la
« Sarre, ce à quoi n'oblige nullement la situation. Je
« désirerais donc des éclaircissements afin de pouvoir
« agir à propos par la suite. Si le Prince royal est le
« 6 août à Wissembourg, ce mouvement et celui des IIe
« et IIIe armées sur Nancy et Lunéville forceraient l'en-
« nemi, disséminé sur un vaste front, à abandonner la
« Sarre ; la Ire armée y trouverait l'occasion d'une offen-
« sive heureuse. Je crains que notre changement de
« dispositif ne soit considéré par les Français comme un
« avantage qu'ils se flattent d'avoir obtenu (1). »

Ce télégramme parvint à 8 heures du soir au maréchal de Moltke, qui répondit à 8 h. 45 : « Une dépêche en
« voie de vous parvenir vous donnera les motifs que
« vous demandez de l'ordre donné par Sa Majesté. Ce
« n'est pas du reste le 6, mais dès le 4, que le Prince
« royal sera à Wissembourg (2) ».

Dans la soirée du 4 août, le général Steinmetz reçut du commandant de la IIe armée une demande qui ne manqua pas de provoquer d'amères récriminations (3) :

« Les troupes avancées de la IIe armée atteindront
« demain la ligne Saint-Wendel—Hombourg et le 6 la
« ligne Neunkirchen—Deux-Ponts. Il serait désirable

---

(1) *Correspondance militaire du maréchal de Moltke*, tome I, page 246.
(2) *Ibid.*, n° 104.
(3) Cardinal von Widdern. *Die Führung der I und II Armee*. Entretien du général Steinmetz avec le colonel von Conrady, page 119 : « Je ne puis pas comprendre de Moltke, disait le commandant de la
« Ire armée; je reçois des ordres d'un général plus jeune que moi et
« ils ne sont pas clairs. Le prince Frédéric-Charles semble vouloir me
« rejeter de côté ! Ses troupes et les miennes vont se traverser ! Il faut
« que je lui fasse place, etc. ».

« que la Ire armée appuyât à droite pour éviter des con-
« flits ».

Le général Steinmetz expédia alors les deux télégrammes ci-après :

I. *Au commandant en chef de la IIe armée, à Kaiserslautern* (4 août, minuit).

« Sa Majesté le Roi a prescrit à la Ire armée de se
« maintenir jusqu'à nouvel ordre sur ses positions de
« Tholey, Ottweiller, Lebach. Elle ne peut donc ap-
« puyer à droite. Je vais demander immédiatement des
« directives par voie télégraphique, car j'ignore les
« décisions prises. »

II. *A Sa Majesté le Roi, à Mayence* (1) (5 août, 1 heure
du matin) :

« Le maréchal de Moltke m'a informé que l'on proje-
« tait une offensive générale et m'a prescrit en même
« temps de concentrer, par ordre supérieur, la Ire armée
« aux environs de Tholey. Aujourd'hui il me fait con-
« naître que la Ire armée doit se maintenir, jusqu'à
« nouvel avis, dans la zone Tholey, Ottweiller, Lebach.
« Par contre, la IIe armée m'annonce qu'elle atteindra
« le 6 la ligne Neunkirchen—Deux-Ponts. Il en résulte
« que la IIe armée va se placer devant la Ire et comme
« je n'ai reçu aucune directive sur la marche en avant
« ultérieure, je ne sais si je pourrai y participer judi-
« cieusement (2) ».

Le général Steinmetz ne reçut que le lendemain les

---

(1) Le colonel Cardinal von Widdern fait remarquer qu'en cette circonstance le général Steinmetz s'adressait non pas au maréchal de Moltke, mais au Roi lui-même.

(2) Ces trois télégrammes sont extraits de l'ouvrage du colonel Cardinal von Widdern : *Die Führung der I und II Armee und deren Vortruppen*, page 130.

Le roi de Prusse ajouta de sa main, sur le télégramme, avant de le remettre au maréchal de Moltke, les mots : « N'avait-on pas en vue une position de flanc? »

réponses aux télégrammes adressés au maréchal de Moltke et au Roi.

Dans la soirée du 4 août, les éléments de la Ire armée occupaient les emplacements ci-après :

Quartier général de l'armée..... Tholey.

VIIe corps...
- Quartier général.. Lebach.
- 13e division......
  - Avant-garde : Hüttersdorf;
  - Gros : Bettingen.
- 14e division......
  - Avant-garde : A 4 kilomètres au sud de Lebach;
  - Gros : Lebach.
- Artillerie de corps. Nunkirchen.
- Trains .... Wadern.

VIIIe corps...
- Quartier général.. Ottweiller.
- 15e division...... Entre Tholey, Mainzweiler, Aschbach.
- 16e division......
  - Avant-garde : Schiffweiler et Steinweiler;
  - Gros : Au sud d'Ottweiler.
- Artillerie de corps. Eppelborn et Dirmingen (1).

3e division de cavalerie......... Au nord de Saint-Wendel.

Les avant-postes des deux corps d'armée se reliaient sur une ligne s'étendant depuis le chemin de fer à l'Ouest de Neunkirchen jusqu'à Bettstadt sur la Prims.

La 1re armée devait, le 5 août, rester sur ses emplacements du 4.

IIe Armée. — « Toutes les nouvelles qui étaient
« parvenues jusqu'au 4 août au quartier général de
« Kirchheimbolanden, démontraient également qu'une
« attaque de l'adversaire devenait de jour en jour plus
« invraisemblable, ce qui venait accroître également la
« probabilité qu'aucun obstacle ne viendrait arrêter nos
« projets. Il s'agissait donc de commencer tout d'abord

---

(1) L'*Historique du Grand État-Major prussien* ne donne pas les emplacements des trains.

« par amener, le plus promptement possible, la
« IIe armée hors de la région montagneuse qui gênait
« son déploiement ; puis, ce résultat obtenu, il paraissait
« conforme au plan fondamental que poursuivait le
« quartier général de Sa Majesté, de se maintenir dans
« une position expectante et de chercher à contenir
« l'armée française sur la Sarre jusqu'à ce que les
« progrès de la IIIe armée lui permissent d'agir effi-
« cacement. Dans le cas d'une rencontre décisive sur
« la frontière française même, la Ire et la IIe armée
« pourraient alors s'engager de front, et la IIIe ne
« tarderait peut-être pas à être en mesure d'attaquer en
« flanc par la Sarre supérieure (1). »

Telles furent les considérations qui inspirèrent l'ordre général de la IIe armée, daté de Winnweiler, le 4 août 1870, et relatif au mouvement et au déploiement de la IIe armée pour les jours suivants. Aux termes de cet ordre, quatre corps d'armée devaient se trouver, le 7 août, établis en première ligne, sur les quatre routes principales qui conduisent de la ligne Neunkirchen—Deux-Ponts sur la Sarre et sur la Blies, savoir :

Le IIIe corps à Neunkirchen, avec une avant-garde à Sulzbach.

Le Xe corps à Bexbach, avec une avant-garde à Saint-Ingbert.

La Garde à Hombourg.

Le IVe corps à Deux-Ponts, avec une avant-garde à Neu-Hornbach.

En deuxième ligne :

Le IXe corps, poussant ses têtes de colonne jusqu'à Waldmohr.

Le XIIe corps, poussant ses têtes de colonne jusqu'à Mühlbach.

---

(1) *Historique du Grand État-Major prussien*, 2e livraison, page 164.

Ce dispositif présente un front de 20 kilomètres environ sur une profondeur de 25 kilomètres. Celle-ci était un peu forte peut-être : les IXe et XIIe corps n'auraient guère pu prendre part à une bataille livrée par les quatre autres corps de la IIe armée que dans la journée du 8 août.

Le tableau ci-dessous indique les cantonnements des corps de la IIe armée pour les journées des 5, 6 et 7 août, d'après l'ordre de mouvement du 4 août.

TABLEAU des stationnements ordonnés aux corps de la IIe armée les 5, 6 et 7 août 1870.

CORPS.	AVANT-GARDES.	TÊTES.	QUEUES.	QUARTIERS GÉNÉRAUX.	OBSERVATIONS.
		1° *Stationnements du 5 août.*			
IIIe.....	Neunkirchen (5e division).	Saint-Wendel.	A 8 kilomètres au Nord et à l'Est.	Saint-Wendel.	
X[e]......	»	Konken.	Ulmet.	Kusel.	
IVe.....	Deux-Ponts (8e division).	Entre Deux-Ponts et Hombourg.		Hombourg.	
Garde...	»	Mühlbach.	Kaiserslautern (inclus).	Landstuhl.	
IXe.....	»	Au Nord et près de Kaiserslautern.	A 8 kilomètres au Nord et à l'Ouest.	Otterberg.	
XIIe....	»	Enkenbach, Meblingen et Neunkirchen.	Ramsen et Dreisen.	Eukenbach.	
		2° *Stationnements du 6 août.*			
IIIe.....	Bildstock.	Neunkirchen.	Neunkirchen.	Neunkirchen.	
X[e]......	»	Klein-Ottweiler.	Serrera autant qu'elle pourra.	Waldmohr.	
IVe.....	Neu-Hornbach.	Deux-Ponts.	Deux-Ponts.	Deux-Ponts.	
Garde...	»	Hombourg.	Hauptstuhl.	Hombourg.	
IXe.....	»	Landstuhl.	?	?	Landstuhl est attribué au IXe corps, mais les autres localités de stationnement ainsi que l'emplacement du quartier général sont laissés à son choix.
XIIe....	»	Kaiserslautern (inclus).	Région immédiatement au Nord et à l'Est de la Lauter.	Kaiserslautern.	

CORPS.	AVANT-GARDES	TÊTES.	QUEUES.	QUARTIERS GÉNÉRAUX.	OBSERVATIONS.
	3e Stationnements du 7 août.
IIIe.....	Sulzbach.	Neunkirchen.	Neunkirchen.	Neunkirchen.	
Xe......	»	Bexbach.	Bexbach.	Bexbach.	Enverra, le 8, une avant-garde à Saint-Ingbert.
IVe.....	Neu-Hornbach.	Deux-Ponts.	Deux-Ponts.	Deux-Ponts.	
Garde...	»	Blieskastel.	Blieskastel.	Blieskastel.	Jettera, le 8, deux avant-gardes, l'une à Annweiler, l'autre dans la vallée de la Blies.
IXe.....	»	Waldmohr.	Miesau.	Waldmohr.	
XIIe. ...	»	Mühlbach.	Landstuhl.	Mühlbach.	

Quartier général de l'armée..... { Le 4, à Winnweiler. Le 5, à Kaiserslautern. Le 6 et les jours suivants, à Hombourg.

On remarquera que la IIe armée, composée de six corps, va se porter de la Lauter (de Kaiserslautern) sur la Blies en deux colonnes seulement : à droite, le IIIe et Xe corps, par la route de Meissenheim, Küsel, Konken, Saint-Wendel, Neunkirchen ; à gauche, les IVe, IXe, XIIe corps et la Garde par celle de Kaiserslautern à Hombourg. L'ordre de mouvement du 4 août accumule sur ce dernier itinéraire : 106 bataillons, 76 escadrons, 60 batteries. L'encombrement de la route Kaiserslautern—Hombourg devait augmenter encore par suite du débarquement à Kaiserslautern, à partir du 4 août au matin, de 18 trains par jour, qui amenaient la moitié du Ier corps d'armée. Le quartier général de la IIe armée en avait été informé dès le 2 août (1).

Les difficultés de parcours de la région du Haardt étaient réelles en 1870. Il semble toutefois que l'état-major de la IIe armée n'ait pas tiré du réseau routier

---

(1) *Correspondance militaire du maréchal de Moltke*, tome I, n° 89.

tout le parti possible. Des points de débarquements, Bingen et Mannheim, distants de 70 kilomètres à vol d'oiseau, la IIe armée se dirigeait vers le front Sulzbach—Hornbach qui mesure 28 kilomètres, en passant par un chenal de 12 kilomètres seulement de largeur entre Neunkirchen et Hombourg. A ce front resserré, correspondait, en ligne droite, une profondeur de 70 kilomètres. Après le passage du détroit, pour effectuer le déploiement partiel des deux colonnes, il sera nécessaire de faire arrêter les éléments de tête pendant quatre jours (du 5 au 8 août). Etait-on bien certain de pouvoir disposer de ce délai à une distance de 20 kilomètres seulement de l'adversaire ?

Il eût été possible d'éviter en partie ces inconvénients en marchant, dès le début, sur un front plus large, sauf à se resserrer en approchant de la Blies.

Dans cet ordre d'idées, on pouvait utiliser l'itinéraire Baumholder—Saint-Wendel—Ottweiller, la route de la vallée de la Nahe par Birkenfed sur Tholey et celle de Mannheim—Neustadt—Kaiserslautern (1). Au besoin même, une colonne aurait suivi la route Mannheim—Neustadt — Landau — Pirmasens — Deux-Ponts, que le mouvement vers l'Alsace de la IIIe armée rendait disponible. Certes, étant donnés les emplacements des corps de la IIe armée, le 4 août, l'accumulation des IXe, XIIe corps et de la Garde sur l'unique route de Kaiserslautern était à peu près inévitable. Ces emplacements résultaient eux-mêmes, sans doute, de la préoccupation de faire occuper la position de Mannheim, en cas d'offensive de l'armée française. Mais, il eût été

---

(1) Il n'aurait pas été possible, en 1870, de diriger la Garde directement de Neustadt sur Deux-Ponts. L'itinéraire par Grevenhausen, Lamprecht, la haute vallée de la Speyer, Elmstein, Meltersberg, n'est, aujourd'hui encore, à l'est de Heltersberg, qu'un chemin forestier sur un parcours de 5 kilomètres.

possible de dégager le défilé de Kaiserslautern, en dirigeant la Garde sur Deux-Ponts par Schopp, Waldfischbach, Thaleischweiler, Contwing, itinéraire carrossable, en 1870, sur tout son parcours (1). Si l'on avait eu des doutes à cet égard, il eût été facile de les lever en envoyant d'avance un officier d'état-major en reconnaissance.

« L'ordre général, dit l'*Historique du Grand État-*
« *Major prussien*, ne perdait pas de vue les difficultés
« inévitables résultant de ce fait que plusieurs corps
« d'armée (IVe corps, Garde, IXe et XIIe corps) venant
« de Kaiserslautern, allaient s'engager, avec tous leurs
« trains, dans ce long défilé de 38 kilomètres. Il était
« donc prescrit au second échelon des trains, ainsi
« qu'aux gros bagages, de rester provisoirement en
« arrière, et de ne traverser Kaiserslautern que le 7,
« par corps et dans l'ordre indiqué ci-dessus (2). »

Ces seconds échelons eurent chacun quatre heures pour traverser la ville de Kaiserslautern ; le mouvement devant commencer le 7 août, à 4 heures du matin, pour se terminer, le même jour, à 8 heures du soir.

Or, si l'on se reporte au tableau des cantonnements qui précède, on constate que le 6 août, après la marche, le XIIe corps a sa tête de colonne vers Kaiserslautern et une partie de ses éléments « dans les environs immé-
« diats, à droite de la Lauter (3) ». Il était donc impos-

---

(1) Renseignement fourni par le colonel Cardinal von Widdern (*Die Führung der I und II Armee*, page 224), d'après les données du service vicinal de Kaiserslautern et d'officiers de l'état-major bavarois.

« Le chemin le plus court de Kaiserslautern à Deux-Ponts, par
« Schopp, Steinalben, Hermersberg, Weselberg, Wahlalben, était,
« comme le précédent, classé en 1870 comme utilisable par de fortes
« colonnes et des trains. Seule, la moitié, entre Steinalben et Hermers-
« berg, exigeait des attelages de renfort. »

(2) 2e livraison, page 165.

(3) Ordre de mouvement de la IIe armée.

sible — à moins d'une marche de nuit, qui n'eut pas lieu, d'ailleurs — que le second échelon du IV° corps pût pénétrer à Kaiserlautern le 7 août à 4 heures du matin. En outre, comme le XII° corps devait cantonner le 7 août, en profondeur, sur la route de marche depuis Mühlbach jusqu'à Landstuhl, la tête du second échelon du IV° corps ne pouvait guère dépasser ce jour-là Kindsbach, situé à 12 kilomètres environ à l'ouest de Kaiserslautern. Dès lors, le débouché occidental de cette ville se trouvait obstrué, et sa traversée par les trains des trois autres corps était irréalisable le 7. Il semble donc que l'état-major de la II° armée aurait dû fixer cette opération au 8 août et non au 7.

De fait, d'après von der Goltz, ce fut bien le 8 août que les seconds échelons exécutèrent leur passage à travers les rues « parfois étroites » de Kaiserslautern. Cependant, quelques fractions parvinrent à s'intercaler dans les colonnes dès le 7 août « dans leur désir bien « naturel de suivre les troupes auxquelles elles appar- « tenaient et troublèrent la marche (1) ».

On peut se rendre compte actuellement de tous les mécomptes qu'entraîna pour la II° armée l'absence d'une masse de couverture suffisante. Ce sont d'abord les débarquements qu'il faut arrêter sur le Rhin ; puis l'hésitation à s'engager dans les massifs du Haardt dans l'éventualité où les Français prendraient l'offensive ; ensuite le groupement de trois corps d'armée aux environs de la position de Mannheim qui entraîne l'accumulation de quatre corps d'armée sur une seule route ; enfin

---

(1) Von der Goltz. *Die Operationen der II Armee*, page 19. L'auteur paraît admettre que le 8 août fut la date assignée aux trains pour la traversée de Kaiserslautern. Du moins, mentionne-t-il l'opération sans dire qu'elle fut exécutée avec un jour de retard sur les prescriptions de l'ordre de mouvement.

le retard que subira le déploiement stratégique sur la Sarre et la Blies.

Si l'on suppose, au contraire, que le maréchal de Moltke, tout en limitant les transports par voie ferrée à la ligne du Rhin ait chargé la Ire armée, renforcée des 3e, 5e et 6e divisions de cavalerie, de remplir le rôle de couverture, puis d'avant-garde générale, la marche de la IIe armée se serait effectuée dans des conditions bien meilleures de sécurité et de rapidité. Prenant comme point de départ les emplacements des corps de la IIe armée le 31 juillet au soir, on peut concevoir le mouvement de la manière suivante :

IIIe et X^e corps par Kreuznach, Lauterecken, Baumholder, Saint-Wendel.

IVe et XIIe corps par Dürckeim et Alzey, Kaiserslautern, Hombourg.

Garde et IXe corps par Mannheim, Neustadt, Landau, Pirmasens, Deux-Ponts.

Dans la soirée du 4 août, la IIe armée occupe les positions ci-après :

Quartier général de l'armée. Winnweiler.

IIIe corps (quartier général : Saint-Wendel)........
- 5e division. Neunkirchen et Waldmohr.
- 6e division. Küsel.

IVe corps...............
- 7e division. Mühlbach.
- 8e division. Königsbruchhof et Hombourg.

Garde................... Frankenstein et Ramsen.
IXe corps............... Münchweiler et Rockenhausen.
X^e corps................ Lauterecken et Meissenheim.
XIIe corps.............. Göllheim.

5e *division de cavalerie*. — Quartier général : Neunkirchen.

Colonne de droite..
- Brigade Barby... Aux environs de Heusweiler.
- Brigade Redern.. Aux environs de Heusweiler. Le 11e hussards à Kölln, Püttlingen, Völklingen.

Colonne de gauche } Brigade Bredow. Deux-Ponts et environs.

6ᵉ *division de cavalerie*. — Quartier général : Neunkirchen.

Brigade Grüter............ { Friedrichsthal, Saint-Ingbert, Rohrbach, Hassel, Scheidt, Duttweiler.

Brigade Rauch............ { Neuhaüsel, Bierbach, Alsbach, Nieder-Würzbach.

La ligne des avant-postes de cavalerie s'étendait de Hilschbach jusqu'à Neu-Hornbach par Duttweiler, Ensheim, Bebelsheim.

*
* *

En face des Iʳᵉ et IIᵉ armées allemandes les corps français de Lorraine, occupent, le 4 août au soir, les emplacements suivants :

2ᵉ corps..
- Quartier général..... A la Brême-d'Or.
- 1ʳᵉ division (Vergé)..
  - 1ʳᵉ brigade. A l'Ouest de Forbach.
  - 2ᵉ brigade. Champ de manœuvres de Sarrebrück.
- 2ᵉ division (Bataille).. Sur le Repperts-Berg et le Nuss-Berg.
- 3ᵉ division (de Laveaucoupet)..........
  - 1ʳᵉ brigade.. Au Sud de Spicheren.
  - 2ᵉ brigade.. Winterberg et St-Arnual.
- Division de cavalerie (de Valabrègue)...
  - Brigade de dragons. Forbach.
  - Brigade de chasseurs. Au Sud de Spicheren et à Grosbliederstroff.
- Réserve d'artillerie... A la Brême-d'Or.
- Réserve du génie.... Morsbach.

3ᵉ corps..	Quartier général.....	Boulay.	
	1ʳᵉ division (de Montaudon)..........	Rosbrück.	
	2ᵉ division (Castagny).	Saint-Avold.	
	3ᵉ division (Metman).	Ham-sous-Varsberg.	
	4ᵉ division (Decaen)..	Teterchen.	
	Division de cavalerie (Clérembault).....	Saint-Avold.	
	Réserves d'artillerie et du génie.........	Saint-Avold.	
4ᵉ corps..	Quartier général.....	Bouzonville.	
	1ʳᵉ division (de Cissey).	Kirschnaumen, Colmen, Sierck.	
	2ᵉ division (Grenier).	Brettnach.	
	3ᵉ division (de Lorencez).............	Bouzonville.	
	Division de cavalerie (Legrand).........	Bouzonville.	
	Réserves d'artillerie et du génie.........	Bouzonville.	
5ᵉ corps..	Quartier général.....	Sarreguemines.	
	1ʳᵉ division (Goze)...	Ferme de Wising.	
	2ᵉ division (de l'Abadie d'Aydrein........	Neunkirch.	
	3ᵉ division (Guyot de Lespart)..........	Bitche.	
	Division de cavalerie (Brahaut).........	Rohrbach, Niederbronn, Bitche, Sarreguemines.	
	Réserves d'artillerie et du génie.........	Neunkirch.	
6ᵉ corps..	Quartier général.....	Camp de Châlons.	
	1ʳᵉ division (Tixier)..	Camp de Châlons.	
	2ᵉ division (Bisson)...	Camp de Châlons.	
	3ᵉ division (La Font de Villiers).......	1ʳᵉ brigade..	Camp de Châlons.
		2ᵉ brigade..	En route de Soissons pour le camp de Châlons.
		Artillerie et génie....	Camp de Châlons.
	4ᵉ division (Levassor-Sorval)...........	Paris.	
		Artillerie et génie....	Camp de Châlons.

LA GUERRE DE 1870-1871.

6ᵉ corps.. (Suite.)	Division de cavalerie (de Salignac-Fénelon)............	1ʳᵉ brigade.. 2ᵉ brigade.. 3ᵉ brigade..	Camp de Châlons. Camp de Châlons. Paris.

Garde....	Quartier général.....	Volmérange.
	Division de voltigeurs (Deligny)........	Volmérange.
	Division de grenadiers (Picard)..........	Volmérange.
	Division de cavalerie (Desvaux).........	Volmérange.
	Réserve d'artillerie...	Condé-Northen.
	Réserve du génie....	Aux Étangs.

Réserve générale de cavalerie.	Division du Barail...	Lunéville.
	Division de Bonnemains...........	En route pour Frœschwiller.
	Division de Forton...	Pont-à-Mousson.

Réserve générale d'artillerie...... Nancy.

Parcs....	2ᵉ corps	S'organise à Lunéville (équipage de pont à Saint-Avold).
	3ᵉ —	En route pour Longeville-les-Saint-Avold (équipage de pont à Forbach).
	4ᵉ —	à Verdun.
	5ᵉ —	à Lunéville.
	6ᵉ —	à la Fère.
	7ᵉ —	à Vesoul-Auxonne.
	Garde............	à Glattigny.

Grand parc d'artillerie.......... Emplacement du 3 août.
Équipages de ponts de réserve.... *Ibid.*

DOCUMENTS ANNEXES.

Journée du 4 août.

GRAND QUARTIER GÉNÉRAL.

a) Journal de marche.

Le quartier général du 1er corps est porté à Haguenau où se rendent également sa 4e division (de Lartigue), moins le 87e, et la réserve d'artillerie.

La 1re division du 1er corps (Ducrot) va s'établir à Lembach, occupant la forte position qui se trouve au sud de Nothweiler, se reliant par sa gauche à la 3e division (Guyot de Lespart) du 5e corps, à Ober-Steinbach, et appuyant sa droite à Climbach.

La 2e division (Douay) se rend de Haguenau à Wissembourg (1). Elle établit sa droite à Altenstadt (2), sur la ligne ferrée de Strasbourg à Landau, et se relie à gauche, par Weiler et le Pigeonnier, avec la 1re division.

La 3e division (Raoult), occupe Reichshoffen, Niederbronn, Wœrth, Soultz et Seltz, ayant des postes à Mattstall et Jœgerthal.

La 1re brigade de cavalerie (de Septeuil) s'établit sur le Geissberg, un peu en arrière de Wissembourg.

La 2e brigade (Nansouty), occupe Seltz et Haguenau.

La 3e brigade (Michel), reste à Brumath (3).

---

(1) C'est en réalité la veille, 3 août, à 8 h. 30 du soir, que la division Douay est arrivée en vue de Wissembourg (*Journal de marche de la division*).

(2) La 2e division n'occupait pas Altenstadt.

(3) Ce sont les emplacements que devaient occuper, le 4 août, les troupes du 1er corps. Ils furent modifiés en partie dans la soirée du 4 août, à la suite du combat de Wissembourg. Voir à ce sujet page 176.

Combat de Wissembourg. — En arrivant à Wissembourg, trois régiments de la 2ᵉ division (Douay) du 1ᵉʳ corps et la 1ʳᵉ brigade de cavalerie (de Septeuil) sont attaqués par des forces très supérieures.

Ces troupes résistent énergiquement pendant deux heures (1), puis, en raison de leur infériorité numérique et conformément aux ordres qu'elles ont reçus, elles se retirent sur le col du Pigeonnier (2) qui commande la route de Bitche. Nos pertes sont sérieuses ; le général Douay est tué.

A la nuit tombante, l'ennemi déploie ses forces en face des positions occupées par les 1ʳᵉ et 2ᵉ divisions du 1ᵉʳ corps. On les évalue à deux corps d'armée.

A la suite de ce combat, le 5ᵉ corps dirige sa 1ʳᵉ division (Goze) et sa 2ᵉ (de l'Abadie) vers Bitche.

La 1ʳᵉ arrive à la ferme de Wising ; la 2ᵉ se rend à Neunkirch (route de Bitche), laissant sa 1ʳᵉ brigade (Lapasset) à Sarreguemines, jusqu'à ce qu'elle y soit relevée par la 1ʳᵉ division (Montaudon) du 3ᵉ corps, qui a ordre d'aller occuper cette place (3).

La 4ᵉ division (Decaen) du 3ᵉ corps se porte de Boucheporn à Teterchen (4).

La Garde impériale quitte Metz et se rend à Volmerange, en arrière de Boulay.

Le 4ᵉ corps porte son quartier général à Bouzonville.

La 1ʳᵉ division (de Cissey) se rend de Bouzonville à Kirschnaumen (5).

La 2ᵉ division (Grenier), à Coume et Teterchen (6).

La 3ᵉ division (de Lorencez), de Coume et Teterchen à Bouzonville.

La division de cavalerie à Bouzonville (7) (8).

---

(1) En réalité, de 8 h. 30 du matin à 3 heures de l'après-midi.

(2) Les glorieux débris des 50ᵉ et 74ᵉ de ligne se replièrent sous Soultz (Historiques des deux régiments).

(3) La brigade Lapasset, moins le 84ᵉ de ligne laissé à Sarreguemines, campa le 4 août au soir, avec le gros de la 3ᵉ division, à Neunkirch. Dans la nuit du 4 au 5 août, le général de Failly lui donna l'ordre de rétrograder le lendemain sur Sarreguemines.

(4) Aucune modification pour le reste du 3ᵉ corps.

(5) La 2ᵉ brigade et une batterie à Sierck.

(6) Plus exactement à Brettnach.

(7) 4 escadrons du 2ᵉ hussards avec la 1ʳᵉ division à Kirschnaumen.
 1 escadron du 2ᵉ hussards avec la 2ᵉ division à Brettnach.

(8) Réserves d'artillerie et du génie à Bouzonville.

c) Opérations et mouvements.

Le général Lebrun au Major général (D. T.).

Boulay, 4 août, 3 h. 53 matin (expédiée à 4 h. 4 matin).

Les généraux Soleille et Coffinières doivent-ils rester ici ou rentrer à Metz?

En marge : Répondu le 4 août, à 5 h. 1/4, par télégramme : Prescrivez de ma part aux généraux Soleille et Coffinières de rentrer à Metz.

L'Empereur au Ministre de la guerre (D. T.).

Metz, 4 août, 8 h. 50 matin (expédiée à 9 h. 10 matin, n° 20522).

N'oubliez pas que la brigade de Civita-Vecchia doit aller à Lyon afin de permettre à Douay d'en retirer sa division (1).

Le Ministre de la guerre à l'Empereur (D. T.).

Paris, 4 août, 5 h. 35 soir (n° 20665).

Des ordres ont été donnés pour diriger sur Lyon la brigade de Civita-Vecchia avec ses effets de campement et son organisation complète.
Elle s'embarque demain.

L'Empereur au Major général, à Boulay (D. T.).

Metz, 11 h. 5 matin (expédiée à 11 h. 20 matin).

Le général de Ladmirault sera à midi à Bouzonville. Les généraux d'artillerie et du génie m'assurent que Sierck est imprenable pour celui qui l'occupera le premier. Je vous laisse la faculté de laisser continuer ou d'arrêter le mouvement sur Sierck. Le maréchal Bazaine m'écrit, de 9 heures, qu'il exécute mes ordres (2). Le général Lebrun peut revenir à Metz, s'il n'y a rien. Le général Frossard est très content de sa position.

NAPOLÉON.

---

(1) 3ᵉ division du 7ᵉ corps, que le général F. Douay réclamait à Belfort.
(2) Voir ces ordres, page 315.

L'Empereur au maréchal Le Bœuf, major général.

Metz, 4 août.

Mon cher Maréchal,

Pour ne pas être surpris et avoir le temps de rassembler nos troupes en cas d'attaque, il faut concentrer autour de Boulay, comme centre, Bazaine et Frossard.

Je voudrais que le corps qui est à Bouzonville se retirât à Holling, un autre à droite à Teterchen. Bazaine trouverait des positions en seconde ligne et Frossard recevrait l'ordre de se retirer à Forbach et de se disposer à être, après-demain matin, vers Guetting ou Boucheporn.

La Garde s'établirait en arrière de Boulay. Si les Prussiens avançaient demain, on se retirerait plus en arrière, afin de se concentrer avant la lutte.

Mille amitiés.

Napoléon.

Les quartiers généraux seraient après-demain : Bazaine à Boulay; Ladmirault à Teterchen; Frossard à Boucheporn; la Garde à Volmerange (1).

Un ordre émanant du quartier impérial (4 août) prescrivait aux troupes des 2e, 3e, 4e et 5e corps d'occuper le 5 août les cantonnements suivants :

Ordre.

Il faut toujours supposer à ses ennemis le projet le plus raisonnable. Or, d'après ce qu'on lit dans les journaux anglais, le général Steinmetz occuperait une position centrale entre Sarrebrück et Deux-Ponts, et serait appuyé, par derrière, par un corps du prince Frédéric-Charles, et sa gauche se relierait à l'armée du Prince royal, qui se trouve dans la Bavière rhénane. Leur but serait de marcher droit sur Nancy.

En conséquence, je désire que les troupes prennent les positions suivantes :

---

(1) Un double de cette dépêche, adressé « au Major général », porte en marge les annotations suivantes du maréchal Bazaine : « J'en ai pris connaissance. L'Empereur me dit, dans une précédente dépêche : je suis préoccupé de l'ensemble des mouvements et je n'irai pas ce soir à Boulay ».

Le général de Ladmirault aura son quartier général à Boulay, une division à Boucheporn et la troisième à Teterchen.

Le maréchal Bazaine aura son quartier général à Saint-Avold (1), une division à Marienthal, une troisième à Puttelange, la quatrième suivant ses convenances, soit en avant, soit en arrière de ses positions.

Le général Frossard restera dans la position où il est.

Le général de Failly ira rejoindre à Bitche la division qui y est déjà : ces deux divisions seront sous les ordres du maréchal de Mac-Mahon. Celle qui restera à Sarreguemines se mettra en relations avec la division qui est à Puttelange et sera sous le commandement du maréchal Bazaine.

La division de cavalerie qui est à Pont-à-Mousson se portera sur Faulquemont.

Le maréchal Canrobert sera à Nancy avec trois divisions.

Il est bien entendu que celle de ses divisions que le général de Ladmirault enverra à Boucheporn ne se rendra sur ce point que dans la journée du 6 de ce mois (2).

NAPOLÉON.

Dépêche autographe de l'Empereur (sans destinataire indiqué).

Metz, 4 août, 5 h. 15 soir.

J'apprends que Wissembourg et Bitche sont attaqués.

Suspendez tout mouvement sur notre gauche. Renvoyez le maréchal Bazaine à Saint-Avold et la Garde impériale à Metz dès que ce sera possible.

Que le général Ladmirault reprenne les positions qu'il occupait ce matin.

NAPOLÉON.

En marge, au crayon : De Failly répond le 4 août, à 9 h. 25 soir, par le télégramme suivant :

Bitche est parfaitement calme. Il ne s'est présenté que de la cavalerie, on croit six escadrons. Je demande que le général Frossard envoie un régiment à Sarreguemines relever le 84ᵉ (3).

---

(1) L'ordre sous-entend « avec une division ».

(2) Cet ordre fut modifié en ce qui concerne le 3ᵉ corps par une dépêche de l'Empereur expédiée de Metz à 9 h. 10 du soir. Voir page 316.

(3) De la brigade Lapasset (2ᵉ division du 5ᵉ corps).

Propositions soumises à l'approbation de l'Empereur pour la concentration de l'armée (1).

Au grand quartier général, le 4 août.

Corps du général Frossard (2e), à *Rohrbach*, en deux jours.

Corps du général de Ladmirault (4e), à *Bliesbrücken*. Deux divisions ayant trois jours de marche et la troisième pouvant s'y rendre en deux fortes journées.

Corps du maréchal Bazaine (3e), à *Sarreguemines,* en un jour de marche. La division Decaen seule aurait à marcher deux jours pour s'y rendre de Saint-Avold. Une division du corps Bazaine à *Forbach,* en une seule journée.

Garde impériale. Quartier général et réserves à *Puttelange,* les troupes entre *Puttelange* et *Farschwiller*, dans la vallée de la Moderbach. 2 jours de marche.

Corps du maréchal Canrobert (6e), à *Metz* ou à *Courcelles*. Pour *Metz,* l'infanterie viendrait en chemin de fer, en deux jours; l'artillerie et la cavalerie, par étapes, en cinq jours, sans séjour. Pour *Courcelles,* le mouvement exigerait un jour de plus.

Le Major général à l'Empereur.

Boulay, 4 août, 8 h. soir.

Je rentre de Bouzonville, point de nouvelles de l'ennemi ; des renseignements que j'ai recueillis, il semble résulter que l'ennemi file vers l'est. Je rentrerai ce soir à Metz.

Demain matin, Ladmirault fera une reconnaissance de très grand matin, puis reprendra ses premières positions.

La Garde rentrera à Metz.

P.-S. — Je propose à l'Empereur, au lieu de faire rentrer la Garde à Metz, de l'envoyer à Saint-Avold, d'accord avec le général Bourbaki. Je prendrai ce soir les ordres de l'Empereur.

---

(1) D'après le général Lebrun, ces propositions furent la conséquence de la nouvelle de l'échec de Wissembourg, parvenue par télégramme du maréchal de Mac-Mahon, expédié de Haguenau à 5 h. 50 du soir. Voir plus haut, page 233, et *Souvenirs militaires du général Lebrun,* page 248.

Le Major général à l'Intendant général.

Metz, 4 août.

J'ai l'honneur de vous informer que la Garde impériale reçoit l'ordre de venir reprendre demain les positions qu'elle occupait à Metz, et que la division de réserve de M. le général de Forton quittera Pont-à-Mousson demain matin, pour se rendre à Faulquemont en une seule journée et en doublant l'étape.

Le Major général à l'intendant général Wolff, au général Soleille et au général Coffinières.

Metz, 4 août.

J'ai l'honneur de vous informer que, d'après les ordres de l'Empereur, la Garde impériale se portera, dans la journée de demain, 5 août, à Courcelles-Chaussy, sur la route de Metz à Saint-Avold, et sur la rive droite de la Nied française.

Egalement demain, 5 août, le 3ᵉ corps fera les mouvements suivants : la division Metman viendra occuper Marienthal; la division Montaudon, Sarreguemines; la division Castagny, Puttelange, sur la Moderbach; la division Decaen et toutes les réserves, Saint-Avold.

Le Maréchal commandant le 3ᵉ corps établira en même temps son quartier général à Saint-Avold, dans la journée du 5 courant.

L'Impératrice au Major général, à Metz (D. T.).

Saint-Cloud, 4 août, 11 h. 10 soir (expédiée à 11 h. 50 soir).

Dès que vous aurez des nouvelles de Mac-Mahon, à n'importe quelle heure de la nuit, faites chiffrer par Piétri et envoyez-les-moi.

Je ne veux pas réveiller l'Empereur et c'est pour cela que je vous écris directement. Remise.

En marge : Répondu le 5 août, à minuit et demi.

d) Situations et emplacements.

Situation sommaire d'effectif de l'armée du Rhin au 4 août.

	Hommes.	Chevaux.
1er corps	42,227	7,892 (1)
2e corps	28,585	5,069
3e —	43,064	8,359
4e —	28,987	5,600
5e —	28,314	5,759
6e —	39,777	6,489
7e —	25,346	5,569
Garde impériale	23,558	8,791
Réserve de cavalerie	6,724	6,264
Réserve d'artillerie	2,811	2,746
Direction générale des parcs	683	42
Réserve du génie	235	58
TOTAUX	270,311	62,638

Journée du 4 août.

2e CORPS.

a) Journaux de marche.

DIVISION VERGÉ.

Journal de marche.

Dans la matinée, la batterie divisionnaire (2) tire encore quelques coups de canon sur les trains prussiens, qu'elle n'aperçoit, du reste, qu'à travers les maisons qui longent le chemin de fer.

On reçoit un assez grand nombre de cartes militaires qu'on distribue aux différents corps de la division.

La 2e brigade garde ses positions au-dessus de Sarrebrück, mais,

---

(1) Chiffres du 2 août.
(2) Batterie de 4 affectée à la 1re brigade (5e du 5e).

dans l'hypothèse d'une attaque des Prussiens par la route de Sarrelouis, la 1re brigade opère un mouvement en arrière vers 7 heures du soir et va reprendre son campement de Forbach, le 55e occupant l'ancien emplacement de la 2e brigade (1). Les tentes ne sont pas dressées et les troupes restent toute la nuit sous les armes.

Les batteries au-dessus de Sarrebrück ouvrent, pendant la nuit, un feu très nourri sur les gares de Sarrebrück et de Malstatt. Des incendies se déclarent sur plusieurs points. La ville de Sarrebrück paraît consternée, mais on soupçonne une concentration de troupes pour une prochaine attaque, car on entend, pendant toute la nuit, des trains prussiens qui se succèdent avec une rapidité prodigieuse.

DIVISION BATAILLE.

Journal de marche.

4 août.

Les positions restent les mêmes pour la 2e division.

Le 5e chasseurs à cheval reçoit l'ordre de se porter, par Spicheren, sur Grosbliederstroff, pour surveiller les passages de la Sarre. Il se met en route (2) à 9 heures du soir.

Rapport journalier du 3 au 4 août.

Les grand'gardes n'ont rien signalé de particulier.

Le changement de bivouac a eu lieu hier après la soupe du soir. La 1re brigade, relevée par la brigade Jollivet, de la 1re division, a été établie en deuxième ligne, en arrière de la 2e brigade; le 8e et le 23e de ligne, à droite de la route de Sarrebrück; le 12e bataillon de chasseurs, à gauche. La 2e brigade, partageant l'espace compris entre sa gauche et le village de Saint-Arnual avec la brigade Micheler, de la 3e division, s'est resserrée sur sa gauche. L'administration et l'ambulance se sont portées en arrière du 23e de ligne (3).

Le 4e régiment de chasseurs est campé en entier à hauteur de la maison de douanes, à gauche de la route de Sarrebrück. Le 5e chasseurs

---

(1) La compagnie du génie reste avec la 2e brigade.

(2) De la maison de douanes (route de Forbach à Sarrebrück). Le 5e chasseurs à cheval était resté, depuis le 2 août, affecté à la division Bataille. Le 4, à 8 heures du soir, il reçut l'ordre de se porter sur Spicheren et de se mettre à la disposition du général Doens. (Historique du corps.) Voir à ce sujet page 302.

(3) La compagnie du génie avec la 2e brigade.

a quitté la vallée où il était établi pour bivouaquer sur la hauteur, en arrière de son campement précédent, formant une ligne en avant du 4e chasseurs.

La 7e et la 9e batteries (mitrailleuses) du 5e d'artillerie sont établies derrière le quartier général de la division; la 8e batterie a conservé son campement avec la 2e brigade.

Génie (division Bataille).

12e *compagnie du* 3e *régiment.*

Journal de marche.

La compagnie reste à son campement et est employée à rechercher les sources et à creuser des puits pour les besoins du corps d'armée.

Division de Laveaucoupet.

Journal de marche.

Le quartier général de la division est transporté à Saint-Arnual.

La compagnie du génie vient l'y rejoindre pour compléter la mise en état de défense du village.

Les deux sections d'ambulance et une partie des services administratifs arrivent également à Saint-Arnual à 10 heures du matin.

Dès 11 heures du matin, les éclaireurs et les espions signalent un grand mouvement de concentration de troupes ennemies sur la rive droite de la Sarre.

Le chef d'état-major et le commandant Schenck vont à pied jusque près de Grosbliederstroff, le long de la route, reconnaître les postes ennemis. Ils trouvent toute la ligne de la Sarre fortement occupée, guéable à Guidingen et à Grosbliederstroff et facile à franchir sur 7 à 8 grands bateaux amarrés sur la rive française.

L'aile droite du corps d'armée peut facilement être tournée, de jour comme de nuit, par un corps d'armée débouchant vers Simbach et Grosbliederstroff et gravissant à revers les hauteurs de Spicheren.

Cette situation dangereuse est signalée au général en chef, qui s'empresse de donner des ordres pour y remédier.

A cet effet, vers 10 heures du soir, le 2e de ligne, le 63e, la batterie de canons à balles (1) appuyés par les 4e et 5e chasseurs à cheval vont, sous la direction du général Doens, prendre position sur les hauteurs

---

(1) Les deux autres batteries de la 3e division restent à Saint-Arnual.

en arrière du village de Spicheren, prêts à recevoir l'ennemi s'il tentait de déboucher par Simbach ou Grosbliederstroff.

L'ambulance et les services administratifs quittent Saint-Arnual à 8 heures du soir et arrivent dans la nuit au village de Spicheren.

Toute la nuit, des reconnaissances éclairent au loin le front et le flanc droit de la division.

Vers Grosbliederstroff est encore signalée la présence des brigades Lapasset et de Maussion, du corps de Failly, qui relient, jusqu'à un certain point, mais de bien loin, le 2ᵉ corps au 5ᵉ (1).

Artillerie (division de Laveaucoupet).

Journal de marche.

7ᵉ *batterie* (2). — Restée au bivouac.
8ᵉ *batterie* (2). — Restée au bivouac.
11ᵉ *batterie* (2). — Levée du camp de Spicheren à 9 heures du soir. La batterie est remontée sur le sommet d'une colline voisine (sud-est de Spicheren) où elle est mise en batterie. Elle est restée prête à faire feu jusqu'à 4 h. 30 du matin (les chevaux sont restés harnachés).

Génie (division de Laveaucoupet).

Journal de marche.
4 août.

La 13ᵉ compagnie du 3ᵉ régiment retourne à Saint-Arnual (3) où elle trouve sa division réunie.

Division de cavalerie de Valabrègue.

Journal de marche.
4 août.

Un escadron du 12ᵉ dragons est envoyé, vers 7 heures, en reconnaissance sur la route de Sarrelouis, où l'ennemi était signalé. L'escadron s'avance au delà du village de Grande-Rosselle, sans apercevoir aucune troupe.

---

(1) Ces deux brigades se trouvaient en réalité, le 4 août au soir, à Neunkirch.
La brigade Lapasset quitta Grosbliederstroff à 6 h. 45 du soir; la brigade de Maussion, Welferding vers la même heure.
(2) Du 15ᵉ régiment d'artillerie.
(3) Venant de Spicheren où elle avait bivouaqué le **3 août**.

A minuit, un escadron du même régiment part en reconnaissance pour Sarreguemines; il suit des chemins de traverse par Bousbach et Rouhling et arrive à 4 heures du matin. A 6 h. 30, un peloton de cet escadron pousse une reconnaissance jusqu'à Frauenberg, point où la route de Deux-Ponts coupe la frontière marquée par la Blies. L'ennemi est aperçu sur les hauteurs qui dominent la rive prussienne; il n'y a pas d'engagement. L'escadron entier rentre à Forbach à midi (1).

RÉSERVE DU GÉNIE DU 2ᵉ CORPS.

Journal de marche.

4 août.

La compagnie de réserve (2ᵉ compagnie du 3ᵉ régiment) est employée à la pose d'une ligne télégraphique destinée à relier le quartier général de la Brême-d'Or à la ligne de Forbach, sur une étendue de 1800 mètres environ. Le soir, elle retourne, avec le parc, prendre son campement du 1ᵉʳ août à Morsbach. Les compagnies divisionnaires conservent leurs positions.

Rapport journalier du 3 au 4 août.

La compagnie du génie de la réserve a été occupée, avec 190 hommes fournis par l'infanterie, à compléter le retranchement, le long du champ de manœuvre de Sarrebrück.

A 6 heures du soir, le 3 août, la compagnie, avec le parc du génie, est venue prendre son campement en seconde ligne, près de la réserve d'artillerie.

c) Opérations et mouvements.

Le Major général au Maire de Forbach (D. T.).

Metz, 4 août, 2 heures du matin.

J'envoie une dépêche télégraphique importante au général Frossard.

Prenez vos dispositions pour que cette dépêche lui soit portée sans retard, à la Brême-d'Or.

---

(1) Sans laisser personne au contact.

Le Major général au général Frossard, à la Brême-d'Or.

Metz, 4 août, 3 h. 1/2 matin.

L'Empereur me charge expressément de vous dire que, dans le cas où nous aurions affaire à plus de forces qu'il ne nous en est annoncé, il vous prescrirait de vous replier sur Saint-Avold et d'y attendre ses ordres, son intention étant sans doute de vous rappeler à lui si les circonstances l'indiquaient.

Votre affaire de Sarrebrück et les reconnaissances du 4ᵉ corps, qui ont été très près de Sarrelouis, ont sans doute déterminé l'ennemi à faire de son côté un mouvement offensif pour protéger cette dernière place. Ce serait une heureuse chance que l'ennemi vînt nous offrir la bataille, avec 40,000 hommes, sur un point où nous pouvons lui en opposer 70,000, sans vous compter.

P.-S. — Les dispositions contenues dans cette lettre me sont dictées par l'Empereur, qui a voulu compléter ainsi les instructions de mon télégramme de cette nuit.

Le maréchal Bazaine au général Frossard, à Forbach. — Faire suivre (D. T. Ch.).

Saint-Avold, 4 août, 7 h. 50 matin (expédiée à 8 h. 55 matin).

Je vous ai écrit hier soir pour vous demander comment vous aviez passé la journée afin de pouvoir, le cas échéant, disposer de la division Montaudon (1), puisque je dois appuyer le général de Ladmirault (2). Je ne puis cependant laisser Saint-Avold sans troupes, car c'est notre centre et il n'est qu'à quatre lieues de Sarrelouis.

Annotation en marge, de la main du général Frossard : Ce qui prouve que je l'engageais à se concentrer sur le chemin de fer de Sarrebrück.

Autre annotation, au crayon, de la main du général Frossard : Cela fait bien voir que je l'engageais à faire une concentration avec le 2ᵉ corps.

---

(1) La division Montaudon, du 3ᵉ corps, avait été mise, le 3 août, à la disposition du général Frossard.

(2) Chargé de s'opposer à une colonne ennemie de 40,000 hommes signalée en marche vers Sierck ou Sarrelouis.

L'Empereur au général Frossard, à Forbach (D. T.).

Metz, 4 août, 9 h. 5 matin (expédiée à 9 h. 15 matin).

Avez-vous reçu cette nuit le télégramme du Major général? (1) Avez-vous quelques nouvelles de l'ennemi?

NAPOLÉON.

Le général Frossard au maréchal Bazaine, à Saint-Avold (D. T.).

Forbach, 9 h. 20 matin (expédiée à 9 h. 55 matin).

Je vous envoie copie de ma dépêche au Major général.

J'ai reçu vos télégrammes et l'officier d'état-major. Je me conformerai. Ma position est toujours fort belle et défierait toutes les attaques. La gare est maîtrisée. Cependant, cette nuit, il y a eu mouvement de quelques wagons. Le canon de 12 a tiré dessus.

Hier, je suis allé dans Sarrebrück, avec une escorte, pour constater notre occupation.

J'ai vu les deux ponts sans les passer; ils sont libres.

J'ai parlé au maire avec bienveillance.

Il n'y a pas de troupes prussiennes à la gare, mais il y a des grand'-gardes d'infanterie à la lisière des bois.

On me signale l'arrivée de nouvelles troupes entre Neunkirchen et Sarrebrück, notamment le 6e cuirassiers à Jaegersfreude. On parle d'un corps prussien et bavarois qui viendrait de Hombourg vers Sarrebrück.

Le maréchal Bazaine au général Frossard.

Saint-Avold, 4 août.

D'après les renseignements contenus dans votre dépêche télégraphique, je crois devoir rapprocher de moi la division Montaudon; je lui donne donc l'ordre de revenir tout entière s'établir à Rosbrück, occupant, avec un de ses régiments, Haut-Hombourg (2).

D'après les ordres de l'Empereur, je porte momentanément mon quartier général à Boulay, d'où je me mettrai en relations avec vous.

Saint-Avold reste occupé par la division Castagny, la division de cavalerie, mes réserves d'artillerie et du génie et les services administratifs.

---

(1) Voir page 304.
(2) Le 95e de ligne.

L'Empereur au général Frossard, à la Brême-d'Or (D. T.).

Metz, 4 août, 5 h. 8 soir (expédiée à 5 h. 20 soir).

On dit que les Prussiens marchent de Rohrbach (Hornbach?) sur Bitche et que la division Douay bat en retraite. Tenez-vous sur vos gardes.

NAPOLÉON.

Le général de Failly au général Frossard (D. T.).

Sarreguemines, 4 août, 5 h. 50 soir (expédiée à 7 h. 20).

Par ordre de l'Empereur, je vais appuyer, avec mes deux divisions de Sarreguemines, celle qui est à Bitche.

Le général Frossard au maréchal Bazaine, à Boulay (D. T.).

Brême-d'Or, 4 août, 6 h. 40 soir (expédiée à 7 h. 38 soir).

Le général de Failly se concentre à Sarreguemines et n'appuie plus ma droite; si vous rappelez le général Montaudon à Rosbrück, ma gauche aussi se trouvera dégarnie. J'appelle votre attention sur ce point.

Le général Frossard à l'Empereur (D. T.).

Brême-d'Or, 4 août, 6 h. 40 soir.

Le général de Failly rappelle à Sarreguemines la brigade qui couvrait ma droite (1).
Le maréchal Bazaine rappelle vers lui la division Montaudon, qui appuyait ma gauche; mes deux flancs vont se trouver un peu en l'air.

Le général de Valabrègue au général Frossard.

Forbach, 4 août.

Le général de division de Montaudon, commandant la 1re division d'infanterie du 3e corps, vient, au moment de quitter avec ses troupes le bivouac qu'il occupait au-dessus de Forbach, de me faire prier de

---

(1) Brigade Lapasset, à Grosbliederstroff.

venir lui parler. Je me suis rendu immédiatement à cette invitation, qui avait pour but de me faire connaître que, n'ayant pu trouver de chevaux pour emmener avec lui l'équipage de pont qui devait le suivre, il était obligé de laisser cet équipage de pont dans son bivouac, et qu'il me priait d'en assurer provisoirement la garde (1).

J'ai de suite donné au chef d'escadrons commandant les deux batteries à cheval de la réserve, qui sont bivouaquées avec mes troupes, l'ordre de faire reconnaître l'emplacement où cet équipage avait été laissé et de le faire garder jusqu'à ce que les instructions de Votre Excellence me soient parvenues.

J'ajouterai, à titre de renseignement, que le maire de Forbach me dit à l'instant qu'il espère pouvoir fournir cette nuit, vers 3 heures du matin, les 180 chevaux de réquisition qui lui avaient été demandés par le général de Montaudon pour enlever l'équipage, et qu'il ne peut réunir plus tôt.

Le général Frossard au général de Montaudon. — Lettre autographe.

Au camp devant Sarrebrück, 4 août, 6 h. 1/2 soir.

Le maréchal Bazaine m'a prévenu que vous étiez rappelé par lui sur Rosbrück, et le général de Valabrègue, en m'apprenant que votre mouvement est déjà exécuté, me fait savoir qu'une reconnaissance lui a annoncé la présence de troupes de cavalerie et d'infanterie prussiennes à Petite-Rosselle. Je crois que votre mouvement a été peut-être un peu prompt, car vous ne couvrez plus la route de Werden sur Forbach, et je puis être tourné de ce côté.

Je vous prie de faire de nouveau surveiller le débouché de cette route sur Forbach, autrement je pourrais être compromis. C'est urgent. Répondez-moi.

Le général de Montaudon, commandant la 1re division du 3e corps, au général Frossard.

Camp de Rosbrück, 4 août.

Le maréchal Bazaine m'a envoyé aujourd'hui l'ordre de me replier immédiatement, avec toute ma division et tous mes moyens, sur Ros-

---

(1) Il s'agissait de l'équipage de pont du 3e corps, qui avait été envoyé par voie ferrée, le 31 juillet, à Forbach, à la disposition du 2e corps pour l'opération sur Sarrebrück, comportant, dans son projet primitif,

brück, en envoyant un régiment plus en arrière encore, à Haut-Hombourg (1).

Devant l'ordre impératif de Son Excellence, je n'avais pas à hésiter; cependant, je n'ai commencé mon mouvement que le plus tard possible, à 5 heures du soir, et ne suis arrivé qu'à la tombée de la nuit à mon nouveau campement. De plus, j'ai laissé deux bataillons (2) a Forbach, surveillant la route de Sarrelouis; ils ne doivent me rejoindre que demain matin, à moins toutefois que le maréchal Bazaine ne me rappelle à lui dans la nuit, car il m'a laissé entrevoir cette possibilité.

Ainsi que je vous l'ai fait connaître, j'ai envoyé ce matin un bataillon, avec un peloton, reconnaître Schœneck et le pays en avant. Dans l'après-midi, j'ai envoyé également deux bataillons à Petite-Rosselle. Ces deux reconnaissances ne m'ont rien signalé et il leur a été dit qu'il n'y avait pas de troupes prussiennes réunies aux environs.

Ce soir, une reconnaissance nouvelle a poussé jusqu'à Petite-Rosselle afin de connaître l'origine de l'alerte survenue à Forbach. D'après les renseignements recueillis, une reconnaissance prussienne de 100 hommes, dont 50 d'infanterie et 50 de cavalerie, serait venue à Petite-Rosselle. 85 hommes seraient restés au village et 15 cavaliers auraient poussé à quelques centaines de mètres plus en avant. Un garde, envoyé par le maire du village, a confirmé ces renseignements.

Annotations au crayon, de la main du général Frossard: C'est après avoir reçu cet avis du mouvement rétrograde du général Montaudon, que j'ai télégraphié au Major général que ma gauche n'était plus protégée et que j'étais en l'air d'un côté..... et après avoir été averti en même temps par de Failly qu'il évacuait Sarreguemines pour se porter sur Bitche.

Le général Vergé au général Frossard.

Au camp, 4 août.

J'ai l'honneur de rendre compte à Votre Excellence que, conformément à ses prescriptions, M. le lieutenant-colonel commandant l'ar-

---

le passage de la Sarre. Cet équipage n'était pas attelé encore et le maréchal Bazaine, à qui le général Montaudon en avait référé au moment où il avait reçu l'ordre de quitter Forbach le 4 août, lui avait prescrit de le laisser consigné en ce point. (Voir page 318.)

(1) Le 95ᵉ de ligne.
(2) Tout le 62ᵉ de ligne, d'après les *Souvenirs militaires du général Montaudon* et le Journal de marche de la division.

tillerie de la 1re division a surveillé la voie ferrée de Sarrebrück pendant toute la nuit. Plusieurs coups de canon ont été tirés dans la direction des trains que l'on entendait, et sur la gare même; mais les batteries, s'étant établies de nuit, n'ont pu opérer un pointage utile. Aujourd'hui, on prendra des dispositions meilleures pour rendre le tir plus efficace.

Le général Frossard au général Vergé.

4 août.

Par suite de quelques mouvements que les troupes prussiennes paraissent faire sur notre droite et notre gauche, je viens de donner l'ordre au général Valazé de se porter à Forbach, avec toute sa brigade et la batterie d'artillerie qui est avec lui, pour se mettre à cheval sur la route de Sarrelouis.

Les deux escadrons de dragons de votre division restent ici à votre disposition (1).

Veuillez, je vous prie, venir ce soir, vers 8 h. 1/2, à mon quartier général.

Le général Frossard au Major général.

Brême-d'Or, 4 août.

J'ai l'honneur d'informer Votre Excellence que je viens de recevoir, à Forbach, l'équipage de pont destiné au 2e corps. Pour éviter un encombrement qui pourrait avoir de graves inconvénients, en vue de certaines éventualités, je fais rétrograder cet équipage jusqu'à Saint-Avold et, en même temps, j'y fais conduire l'équipage de pont du 3e corps, que vous avez bien voulu me prêter et que je rends à Votre Excellence.

L'Empereur au général Frossard, à la Brême-d'Or.

Metz, 4 août, 9 h. 12 soir (expédiée à 9 h. 30 soir).

Demain, 5, le maréchal Bazaine aura son quartier général à Saint-Avold. Il y aura la division Decaen et les réserves. La division Metman ira s'établir à Marienthal; la division Castagny à Puttelange.

NAPOLÉON.

---

(1) Les Historiques des 7e et 12e dragons (2e brigade de la division de cavalerie du 2e corps) ne permettent pas de spécifier quels étaient ces deux escadrons.

d) Situation et emplacements.

Situation sommaire d'effectif au 4 août.

CORPS.	OFFICIERS.	TROUPE.	TOTAUX.	CHEVAUX.	EMPLACEMENTS.
État-major général........	12	»	12	38	Brême-d'Or.
Division Vergé............	298	7,496	7,794	626	Champ de manœuvre de Sarrebrück, 1re brigade à Forbach.
Division Bataille..........	306	8,347	8,653	636	Repperts – Berg et Nuss–Berg.
Division de Laveaucoupet..	294	8,307	8,601	621	Au sud de Spicheren et à Saint-Arnual.
Division de cavalerie (de Valabrègue)...............	169	2,215	2,384	2,455	Forbach (1).
Réserve d'artillerie........	27	964	991	915	Brême-d'Or.
Génie..................	4	146	150	78	Morsbach.
Totaux.....	1,110	27,475	28,585	5,069	

(1) Brigade de dragons seulement. Le 4e chasseurs à cheval est avec la 3e brigade Doens de la 3e division ; le 5e chasseurs à cheval, à Grosbliederstroff.

Journée du 4 août.

3e CORPS.

a) Journaux de marche.

Journal de marche du quartier général.

4 août.

La 1re division va s'établir à Rosbrück, occupant Haut-Hombourg par un régiment (1).

---

(1) 95e de ligne.

DIVISION MONTAUDON.

Journal de marche.

4 août.

La 2º brigade part à 10 heures du matin pour Rosbrück. Le 95ᵉ va jusqu'à Haut-Hombourg.

Le reste de la division, avec son convoi, part à 5 heures du soir et va retrouver, à Rosbrück, le 81ᵉ.

Le 62ᵉ de ligne reste à Forbach, pour protéger l'équipage de pont qui, arrivé par la voie ferrée, attend les équipages de pont (1) pour se mettre en route.

On campe en bataille, en arrière de la route bordant la frontière, et on envoie sur la route de Petite-Rosselle des reconnaissances qui ne signalent rien d'important.

DIVISION CASTAGNY.

Journal de marche.

4 août.

La 1ʳᵉ brigade, moins le bataillon de chasseurs, rentre de Haut-Hombourg à Saint-Avold (2).

DIVISION METMAN.

Journal de marche.

4 août.

La 3ᵉ division séjourne au camp de Ham-sous-Varsberg. Le soir, elle reçoit l'ordre de se tenir prête à partir le lendemain matin.

DIVISION DECAEN.

Journal de marche.

4 août.

La 1ʳᵉ brigade et toutes les troupes réunies à Longeville (3) reçoivent l'ordre, à 10 heures du matin, de rallier la 2ᵉ à Boucheporn, pour

---

(1) Il s'agit sans doute des attelages.

(2) Où se trouve le reste de la division Castagny et trois escadrons du 3ᵉ chasseurs.

(3) Toute l'artillerie de la division, moins une section restée à Boucheporn avec la 2ᵉ brigade, et deux escadrons du 3ᵉ régiment de chasseurs, moins un peloton.

aller camper militairement à Teterchen, en passant par Boulay. Au village de Klemdal, entre Longeville et Boucheporn, la 1ʳᵉ brigade reçut l'ordre de déposer ses shakos et demi-couvertures dans la maison d'école.

A 10 heures du soir, ordre de rentrer à la pointe du jour à Ham-sous-Varsberg (1).

Division de cavalerie de Clérembault.

Journal de marche.

4 août.

Par ordre du maréchal, trois escadrons du 2ᵉ régiment de chasseurs se sont rendus de Saint-Avold à Boulay.

Le 4ᵉ escadron est resté à Saint-Avold avec la division de Castagny. Les deux escadrons de chasseurs, détachés à la division Decaen (2), ont suivi cette division de Boucheporn à Teterchen.

Réserve d'artillerie.

Journal de marche.

4 août.

Séjour au camp de Saint-Avold. Les deux premières subdivisions du parc arrivent et sont campées à Longeville-les-Saint-Avold (3).

Historique du 16ᵉ régiment d'artillerie pontonniers.

4 août.

Arrivée à Forbach de la 2ᵉ compagnie, partie de Strasbourg le 2 août par les voies rapides. Le même jour, cette compagnie, ainsi que la 4ᵉ, qui se trouve déjà à Forbach, avec l'équipage de pont du 3ᵉ corps, reçurent l'ordre de rétrograder sur Saint-Avold. La 2ᵉ compagnie, qui n'avait pas encore débarqué son matériel, put aisément

---

(1) Cet ordre fut modifié à 2 heures du matin et remplacé par celui de se porter sur Saint-Avold.

(2) Deux escadrons du 3ᵉ chasseurs.

(3) Le parc s'était fractionné en trois échelons. Les deux premières subdivisions formant la 1ʳᵉ colonne étaient arrivées à Longeville-les-Saint-Avold le 4 août, une deuxième colonne y arrivera le 5 août. Le 3ᵉ échelon est encore à Metz.

opérer son mouvement par la voie ferrée. Mais la 4e, qui avait déjà éprouvé des difficultés à Metz et à Forbach pour transporter son matériel des camps dans les gares de chemin de fer et inversement, à cause du manque d'une compagnie du train affectée à son équipage, se trouva, le 4 août, dans le plus grand embarras pour exécuter le mouvement qui lui était ordonné.

Il n'était plus possible, en effet, étant si près de l'ennemi, d'emprunter le concours de batteries d'artillerie voisines pour parcourir un trajet de plusieurs lieues.

La compagnie dut rester pendant trois jours, campée où elle était, avec son équipage, au nord-ouest de la ville, près de la route de Sarrelouis.

En vain s'adressa-t-on, pour avoir des attelages, à l'intendance qui avait réquisitionné tous les chevaux du pays, au maire de Forbach, à l'administration du chemin de fer, au général commandant l'artillerie du 3e corps.....

b) **Organisation et administration.**

Le colonel de Bar, directeur du parc du 3e corps, au général de Berckheim, commandant la réserve et les parcs d'artillerie.

4 août.

En réponse à votre lettre en date du 2 août, n° 82, j'ai l'honneur de vous faire connaître le degré d'organisation du parc du 3e corps d'armée.

Ce parc a reçu tout son matériel et ses approvisionnements, à l'exception de caisses de pièces d'armes qui doivent lui être envoyées de Saint-Étienne.

Sur cinq compagnies du 1er régiment du train attachées au parc, quatre sont arrivées, la 5e est en route. Le service sanitaire (hommes et chevaux), n'est pas encore organisé.

Conformément aux ordres de Son Excellence le Maréchal commandant le 3e corps d'armée, le parc est dirigé sur Longeville-les-Saint-Avold en trois colonnes.

La première colonne, composée de 72 voitures, est partie avant-hier, 2 août, avec M. le capitaine adjoint, et doit arriver aujourd'hui à destination.

La deuxième colonne, composée de 73 voitures, se met en route aujourd'hui et je pars moi-même ce matin pour Longeville-les-Saint-Avold, où j'arriverai le 5 août.

Le chef d'escadron sous-directeur (1) reste à Metz, pour mettre en route la troisième et dernière colonne, composée de 44 voitures. Sitôt que la compagnie du train qui doit l'atteler sera arrivée de Saint-Omer, il vous fera connaître la date du départ de cette colonne.

c) Opérations et mouvements.

Le Major général au maréchal Bazaine, à Saint-Avold.
4 août, 1 h. 1/2 matin.

On donne comme certain la sortie de Trèves de 40,000 hommes marchant sur Thionville et sur Sarrelouis.

L'Empereur décommande la reconnaissance. J'en informe le général Ladmirault en l'invitant à se tenir sur ses gardes; il doit s'éclairer au loin par de la cavalerie. Reliez-vous avec le général Ladmirault pour l'appuyer au besoin. Éclairez-vous avec votre cavalerie et tenez-moi très au courant. La Garde marchera ce matin vers le général Ladmirault.

Le Major général au maréchal Bazaine, à Saint-Avold (D. T.).
Metz, 4 août, 8 h. 20 matin (expédiée à 8 h. 40 matin).

Rendez-vous immédiatement à Boulay pour prendre le commandement en chef des troupes.

Portez immédiatement la division Decaen de Boucheporn à Teterchen.

La Garde sera à Volmérange, en arrière de Boulay.

Il paraît très probable que c'est autour de Sarrelouis que l'ennemi doit se concentrer.

Le maréchal Bazaine à l'Empereur (D. T.).
Saint-Avold, 4 août, 9 h. 20 matin (expédiée à 10 h. 16).

Je vais exécuter immédiatement vos ordres.

Le Major général au maréchal Bazaine, à Saint-Avold.
Boulay, 4 août.

Vous avez reçu les instructions de l'Empereur pour les mouvements

---

(1) Commandant de Tinseau.

que vos divisions doivent opérer dans le but d'appuyer le général Ladmirault, qui concentre deux de ses divisions à Bouzonville; il est urgent que celle de vos divisions qui est à Boucheporn (1) se porte à Teterchen, celle de Ham-sous-Varsberg (2) ne bougeant pas. L'Empereur vous a invité à porter votre quartier général à Boulay où la Garde se concentre, sa tête de colonne étant actuellement à Volmérange.

Je vous attends à Boulay où je pense que l'Empereur sera dans la soirée, ce qui dépendra des nouvelles que le général Ladmirault, qui a porté son quartier général à Bouzonville, donnera de l'ennemi.

L'Empereur au maréchal Bazaine, à Boulay (D. T.).

Metz, 4 août, 4 h. 20 soir (expédiée à 4 h. 40 soir).

J'attends le retour du général Lebrun. Je n'irai pas aujourd'hui à Boulay.

Je suis préoccupé de l'ensemble des mouvements. On dit qu'il y a eu un engagement à Wissembourg. D'après les journaux anglais, le plan des Prussiens serait de pénétrer entre Sarrebrück et Deux-Ponts, leur gauche appuyée par l'armée du Prince Royal.

NAPOLÉON.

Le maréchal Bazaine au colonel Granger, sous-chef d'état-major, à Saint-Avold (D. T.).

Boulay, 4 août, 6 h. 28 soir (expédiée à 6 h. 13 (*sic*) soir.

Le quartier général rentrera probablement demain matin à Saint-Avold. Faites conserver le quartier.

L'Empereur au maréchal Bazaine, à Boulay (D. T.).

Metz, 4 août, 9 h. 10 soir.

Demain 5, portez la division Decaen à Saint-Avold, où vous aurez votre quartier général et vos réserves; portez également demain la division Metman à Marienthal, la division Montaudon à Sarreguemines et la division Castagny à Puttelange (3).

---

(1) 4e division du 3e corps.
(2) 3e division du 3e corps.
(3) Cette dépêche modifiait l'ordre de l'Empereur cité page 296.

Le maréchal Bazaine à l'Empereur.

Boulay, 4 août, 10 h. 1/2 soir.

Le Major général m'ayant envoyé l'ordre de Votre Majesté en date du 4 août, qui lui a été remis sur la route de Boulay à Metz, ce soir, et la dépêche télégraphique de Votre Majesté, partie de Metz à 9 h. 10 du soir, modifiant en partie ses premiers ordres, m'étant parvenue avant que ces premières instructions m'aient été transmises, j'ai l'honneur de vous informer que tous les ordres sont donnés conformément à cette dernière dépêche.

Le Major général au maréchal Bazaine, à Boulay (D. T.).

Metz, 4 août, minuit 45 (expédiée à 1 h. 6 matin le 5).

Je confirme la dépêche que l'Empereur vous a adressée dans la soirée.

Vous porterez demain, 5 août, la division Metman à Marienthal, la division Montaudon à Sarreguemines, la division Castagny à Puttelange, sur la Moderbach, la division Decaen et les réserves de votre corps d'armée à Saint-Avold.

Vous vous rendrez de Boulay, demain, à votre nouveau quartier général qui sera Saint-Avold, quand les reconnaissances qui doivent être faites par les troupes du général de Ladmirault auront été exécutées.

Le maréchal Bazaine au général de Montaudon, à Morsbach.

Saint-Avold, 4 août, 3 heures du matin.

Faites établir dès ce matin, votre 2ᵉ brigade à Rosbrück, d'où je retire la brigade Nayral.

Tenez-vous toujours en communication avec M. le général Frossard. Faites-vous éclairer du côté de l'ennemi, le plus loin possible, et tenez-moi au courant du résultat de vos reconnaissances.

Le 15ᵉ bataillon (1) de la division de Castagny reste en position à Haut-Hombourg.

Accuser réception de cette dépêche et rendre compte du mouvement.

En marge, au crayon : La 2ᵉ brigade et un peloton partiront à 10 h. 30.

---

(1) De chasseurs à pied.

Le maréchal Bazaine au général de Montaudon
(D. T.).

Boulay, 4 août, 4 h. 20 matin (expédiée à 4 h. 35).

Laissez l'équipage de pont (1) consigné à Forbach.

Le général de Montaudon au général Frossard.

Forbach, 4 août.

J'ai l'honneur de vous informer que, par suite d'un ordre de Son Excellence le maréchal Bazaine, arrivé cette nuit, j'ai envoyé la 2e brigade avec un peloton de cavalerie camper à Rosbrück, sur la route de Saint-Avold.

La 1re brigade, l'artillerie, un équipage de pont qui vient de m'arriver, le convoi restent ici au camp.

Au lieu d'envoyer à Schœneck la 1re brigade en reconnaissance, je n'y ai envoyé qu'un bataillon avec un peloton de cavalerie.

Le maréchal Bazaine au général Montaudon. — Ordre.

Saint-Avold, 4 août.

D'après les renseignements que je reçois de M. le général Frossard, je vous reprends sous ma direction complète et vous reviendrez aujourd'hui, avec votre division complète et tous vos moyens, vous établir à Rosbrück, occupant Haut-Hombourg avec un régiment.

Je porte momentanément mon quartier général à Boulay, d'où je vous ferai parvenir mes ordres, s'il y a lieu, mais envoyez-moi vos rapports et votre correspondance à Saint-Avold, où le sous-chef d'état-major reste pour l'expédition des ordres et des affaires de service.

Le général de Castagny au général de Montaudon.

Saint-Avold, 4 août.

Le maréchal Bazaine est parti ce matin pour Boulay, voir l'Empereur. Il croit qu'il y a un grand rassemblement derrière Sarrelouis et qu'il serait possible qu'ils aient l'intention (*sic*) de venir attaquer une de nos divisions. Tenez-moi bien au courant de ce que vous saurez et, si vous êtes attaqué, prévenez-moi que je puisse venir vous porter aide.

---

(1) Voir page 308, note (1).

J'ai laissé le 15ᵉ bataillon à Haut-Hombourg, couvrant ce village, et j'ai un autre bataillon à Carling qui se tient en communication avec Metman.

Le maréchal Bazaine au général Metman.

Saint-Avold, 4 août, 3 heures du matin.

Par ordre de l'Empereur, la reconnaissance que devait faire ce matin le général de Ladmirault est décommandée. Tenez-vous prêt à marcher sur Boulay et soyez toujours en communication avec le général de Ladmirault. Éclairez-vous avec votre cavalerie, le plus loin possible du côté de l'ennemi, et tenez-moi au courant du résultat de vos reconnaissances.

Le général de Castagny au général Metman, à Ham-sous-Varsberg.

Saint-Avold, 4 août.

Je vous informe que le maréchal est parti ce matin pour Boulay où il doit trouver l'Empereur. Il sait qu'un grand rassemblement se forme en arrière de Sarrelouis; il serait possible que l'on tente un coup de main sur une de nos divisions, la vôtre, celle de Montaudon et la mienne qui est réunie à Saint-Avold.

Prévenez-moi bien de tout ce qui pourrait se passer dans vos environs et, si vous étiez attaqué, je me porterais à votre aide par la route qui conduit de Saint-Avold à Carling. J'ai, du reste, l'intention de faire occuper demain matin les crêtes de Haut-Hombourg à Saint-Avold et je mettrai une partie de cette brigade à cheval sur les routes qui conduisent de Saint-Avold à Carling et de Saint-Avold à l'Hôpital. Je laisserai jusqu'à nouvel ordre le bataillon qui est campé en arrière de Carling, sur les lisières des bois et qui doit se tenir en communication avec vous.

Le 15ᵉ bataillon est tout entier à Haut-Hombourg, pour me relier avec Montaudon.

Le maréchal Bazaine au général Metman.

Boulay, 4 août.

Demain 5 août, au jour, vous quitterez vos positions de Ham-sous-Varsberg et vos postes dans la direction de Creutzwald-la-Croix, pour venir vous établir : *votre 2ᵉ brigade à Boucheporn*, observant Porcelette; *votre 1ʳᵉ brigade, votre quartier divisionnaire, votre artillerie, etc., à Longeville-les-Saint-Avold*.

Vous serez remplacé, dans vos positions, par la division Decaen (4ᵉ division), qui reprendra ainsi son ordre de bataille (1).

GÉNIE (Division Metman).

Rapport du chef de bataillon Masselin, commandant le génie de la 3ᵉ division.

Ham-sous-Varsberg, 4 août.

Sur l'avis qui m'est parvenu hier, vers la fin de la journée, j'ai planté là les fours en construction et la compagnie du génie a été prête à partir avec toute la division. Avec les derniers ordres reçus, je ne puis faire reprendre le travail; en cas d'un ordre de marche subit, il y aurait à faire rechercher les ouvriers, leur faire quitter la tenue de travail, et ils paraîtraient fatigués.

Cependant M. le sous-intendant attache une grande importance à la continuation de ce travail des fours, qui resteraient utiles à la division après même qu'elle se serait portée en avant, et aussi aux troupes qui pourraient venir nous remplacer.

Comme nos sapeurs seront toujours en état de marcher, lorsque ce sera réellement nécessaire, j'ai l'honneur de vous demander, mon Colonel, si la compagnie ne pourrait être dispensée, dans l'intérêt général, des reconnaissances simples et des exercices de marche. Ce serait, il me semble, le meilleur moyen pour utiliser, jour par jour, la bonne volonté de nos hommes.

Le maréchal Bazaine au général Decaen. — Ordre (2).

4 août.

Partez immédiatement de Longeville avec votre 1ʳᵉ brigade, en emmenant tous vos moyens de combat.

Portez-vous à Teterchen; ralliez votre 2ᵉ brigade en passant par Boucheporn.

Que vos bagages et impedimenta marchent à une heure en arrière de vous, sous une escorte suffisante.

---

(1) Cet ordre fut modifié par la dépêche de l'Empereur au maréchal Bazaine expédiée de Metz le 4 août à 9 h. 10 du soir et prescrivant à la division Metman de se rendre le 5 août à Marienthal. Voir page 646. Le général Metman en fut informé le 5 à 6 heures du matin.

(2) Parvenu à 10 heures du matin à la division Decaen. Voir page 312 le Journal de marche de cette division.

Je me rends de ma personne à Boulay, d'où je vous donnerai des ordres.

En marge : Ordres donnés à 11 heures moins dix minutes.

Ordre de mouvement du général Decaen.

Longeville, 4 août.

Toute la division va se mettre en mouvement en emmenant tous ses moyens de combat.

La 1re brigade devra faire immédiatement abattre ses tentes et se tiendra prête à partir au premier signal, dans le même ordre qu'hier et dans la direction de Boucheporn, où elle ralliera la 2e brigade.

La cavalerie marchera en tête et l'artillerie en queue.

Les bagages et les impedimenta marcheront à une heure en arrière de la colonne, et sous une escorte, dans l'ordre prescrit jusqu'à présent pour le convoi.

Ordre de mouvement de l'état-major de la 4e division du 3e corps.

Teterchen, 4 août.

La 4e division du 3e corps quittera demain matin son campement de Teterchen pour se rendre à celui de Ham-sous-Varsberg, distant de sept kilomètres (1).

Le mouvement commencera par la 2e brigade, qui abattra ses tentes à 4 heures, ne fera pas la soupe, mais seulement le café.

La marche de la brigade sera battue à 4 h. 30. Les bagages de cette brigade la suivront immédiatement. Quatre compagnies du 80e formeront la gauche du convoi.

La 1re brigade enverra, à 3 h. 30, toucher une journée de vivres aux magasins placés en arrière du village. Elle touchera aussi les fourrages dans les conditions prescrites.

Cette brigade abattra ses tentes à 5 heures et se mettra en route à 5 h. 30.

Elle sera suivie :

1° Par une batterie de combat;
2° Par la batterie à balles;

---

(1) Contre-ordre arriva à la division Decaen le 3 à 2 heures du matin. Elle fut avisée de se porter à Saint-Avold.

3° Le parc divisionnaire;

4° L'ambulance et les cacolets;

5° Les bagages de la 1re brigade, dans l'ordre prescrit, avec un bataillon du 60e comme escorte du convoi.

Nota. — La seconde batterie de combat suivra immédiatement la 2e brigade avant le convoi de cette troupe.

6° Les services administratifs derrière lesquels marcheront deux compagnies du bataillon d'escorte.

Cavalerie.

La cavalerie touchera ses fourrages pour deux jours, demain matin à 4 h. 30. Les fourrages lui seront portés par des voitures à son campement même. Un officier de ce corps se rendra à 4 heures, au magasin, pour accompagner les voitures.

Les deux escadrons (1) se mettront en mesure pour marcher entre le convoi de la 2e brigade et la tête de colonne de la 1re.

Artillerie.

Si l'artillerie a besoin de toucher du fourrage avant d'arriver au campement, elle s'entendra avec M. le sous-intendant dont les magasins touchent son camp.

La 2e brigade traversera le village de Teterchen pour aller reprendre ensuite la route de Ham-sous-Varsberg.

La 1re brigade fera le café le matin avant son départ, ainsi que les autres troupes ou services qui la suivront.

ARTILLERIE (Division Decaen).

Le général Decaen au lieutenant-colonel de Maucourant, commandant l'artillerie de la division.

Longeville-les-Saint-Avold, 4 août.

Le général de division recommande que personne ne quitte le camp. On doit s'attendre à faire un mouvement aujourd'hui.

On recommande de soigner les armes et de mettre les munitions à l'abri.

Toutes les fois qu'on arrive au bivouac et immédiatement après l'in-

---

(1) Du 2e chasseurs.

stallation, la cavalerie, l'artillerie, le train des équipages et les convois devront faire des rampes pour faciliter l'entrée et la sortie du camp.

Division de cavalerie.

Le général de Clérembault au maréchal Bazaine, à Boulay (D. T.).

Saint-Avold, 4 août, 2 h. 22 soir.

Est-ce qu'il n'y a pas erreur? Est-ce bien le 3ᵉ chasseurs et non le 2ᵉ qui doit rallier immédiatement à Boulay?

Le maréchal Bazaine au général de Clérembault, à Saint-Avold (D. T.).

Boulay, 4 août, 3 h. 6 soir (expédiée à 3 h. 22).

L'ordre donné directement par le Maréchal s'applique au 2ᵉ chasseurs, colonel Pelletier. Que le général de Bruchard (1) vienne et laisse un escadron à Castagny.

Le Colonel commandant le 10ᵉ régiment de chasseurs au général de Bruchard.

Ham-sous-Varsberg, 4 août.

J'ai l'honneur de vous rendre compte que, conformément à votre ordre, je suis parti ce matin à 7 heures avec un escadron et demi de mon régiment et deux compagnies du 7ᵉ bataillon de chasseurs à pied pour faire une reconnaissance en avant de Creutzwald, dans la direction du corps d'armée du général de Ladmirault. Je laissai sur la route, de trois en trois kilomètres, des cavaliers par groupes de deux, de manière à me tenir toujours en relation avec votre quartier général.

Arrivé à Creutzwald, je pris sur la droite, pour gagner, au poste de la Douane, la route de Sarrelouis, qui me mena sur le plateau où j'avais l'ordre de me rendre. Un brouillard épais ne permettait pas de bien distinguer sur les hauteurs, du côté de Bérus et de Bouzonville.

Les chasseurs à pied déployèrent une compagnie en tirailleurs et comme le bois qui ferme la frontière pouvait être occupé, nous avançâmes jusqu'à la frontière où nous ne rencontrâmes rien.

---

(1) Commandant la 1ʳᵉ brigade de la division de cavalerie du 3ᵉ corps (2ᵉ, 3ᵉ, 10ᵉ chasseurs).

Peu renseigné sur la position du général de Ladmirault, je résolus de marcher sur Merten.

Je redescendis donc jusqu'à Creutzwald. L'infanterie me précédait avec une avant-garde d'une demi-section et quelques cavaliers en avant.

Les bois que je traversai sont parallèles à la frontière, ce sont des sapins peu fournis et, sur le bord du chemin que je suivis, j'en trouvai un trentaine de mètres brûlés, dit-on, par les Prussiens.

Je parcourus environ trois ou quatre kilomètres jusqu'au poste de douane de Merten et au village. J'envoyai un peloton de cavalerie dans le but de forcer les Prussiens à se montrer, s'ils occupaient ce village. Cinq ou six cavaliers sortirent, en effet (m'a affirmé le chef de peloton, je ne les ai pas vus moi-même) et se retirèrent au galop vers un bois, à mi-côte de Bérus, où ils disparurent. Au dire des habitants, ces cavaliers appartiennent à des patrouilles peu fortes que les Prussiens envoient presque journellement dans les villages frontières.

Je me dirigeai ensuite, en passant par la ferme de Kuchenhof, vers un point de la forêt traversé par une autre route conduisant à Creutzwald, puis, de là, je me rendis à Ham, où je rentrai à mon camp vers 2 h. 30.

P.-S. — Mes vedettes ont toujours été appuyées par deux ou trois chasseurs à pied.

RÉSERVE D'ARTILLERIE

Le général de Rochebouët au général Soleille, à Metz (D. T.).

Saint-Avold, 4 août, 12 h. 30 soir (expédiée à 2 h. 45 soir).

Équipage de pont envoyé par votre ordre à Forbach, sans attelages, rétrograde sur Saint-Avold (1) ; prière envoyer le plus tôt possible la 6ᵉ compagnie du 1ᵉʳ régiment du train.

Annotation au crayon : 6ᵉ compagnie sans doute en formation au dépôt. Cette opération se poursuit avec toute l'activité possible. Pas lieu de faire une demande spéciale.

---

(1) Il s'agit de l'équipage de ponts du 3ᵉ corps qui avait été envoyé le 31 juillet de Metz à Forbach par chemin de fer, en vue de l'opération sur Sarrebrück, et qui ne put rétrograder sur Saint-Avold, faute d'attelages. Il fut pris le 6 août après la bataille de Forbach.

d) Situations et emplacements.

Situation sommaire d'effectif au 4 août.

CORPS.	OFFICIERS.	TROUPE.	TOTAUX.	CHEVAUX.	EMPLACEMENTS.
État-major général........	52	258	310	268	Boulay.
Division de Montaudon.....	314	8,620	8,934	594	Rosbrück (1).
Division de Castagny......	313	8,478	8,791	728	Saint-Avold (2).
Division Metman.........	309	9,079	9,388	639	Ham – sous – Varsberg.
Division Decaen..........	304	9,374	9,685	678	Teterchen.
Division de cavalerie (de Clérembault)..........	312	4,066	4,378	4,073	Saint-Avold (3).
Réserve d'artillerie........	32	1,327	1,359	1,279	Saint-Avold.
Réserve du génie.........	8	221	229	100	Saint-Avold.
TOTAUX......	1641	41,423	43,064	8,359	

(1) Moins le 62e de ligne de la 1re brigade à Forbach, et moins le 95e de ligne de la 2e brigade à Haut-Hombourg.
(2) Moins le 15e bataillon de chasseurs à Haut-Hombourg.
(3) 3 escadrons du 2e chasseurs à Boulay.

Journée du 4 août.

4e CORPS.

a) Journaux de marche.

DIVISION DE CISSEY.

Journal de marche.

4 août.

Le 4 août, le 4e corps d'armée opère une concentration vers sa gauche et la division de Cissey reçoit l'ordre d'occuper la position de Colmen à Sierck. La 2e brigade, avec une batterie d'artillerie, occupe

Sierck et la 1re, avec le reste de l'artillerie (1), est à Kirschnaumen, ayant un détachement à Montenach et un bataillon à Colmen. Le quartier général est à Kirschnaumen (2).

Dans la journée, un contre-ordre est donné ; la concentration doit se faire sur la droite.

Souvenirs de campagne inédits du général de Cissey.

4 août.

Le général commandant le 4e corps reçoit avis qu'un corps considérable de troupes ennemies remonte la Moselle, de Trèves à Sierck, et ordonne, en conséquence, un mouvement général de concentration sur sa gauche.

Ma division doit occuper la frontière, de Sierck à Colmen.

J'établis la 2e brigade, avec une batterie d'artillerie, à Sierck ; la 1re brigade s'établit à Kirschnaumen, avec un bataillon à Montenach et un à Colmen.

Après avoir attendu le général de Ladmirault jusqu'à 1 heure, je monte à cheval avec le 2e hussards, et je vais établir mon quartier général à Kirschnaumen.

DIVISION GRENIER.

Journal de marche.

Contre-ordre pour le mouvement sur Sarrelouis arrivé dans la nuit. La 2e division doit se rendre à Brettnach, à 10 kilomètres environ.

A cet effet, la 2e brigade, moins deux bataillons du 98e de ligne (3), part de Boulay à 7 heures du matin, avec une section d'artillerie et va prendre position d'abord à Teterchen.

La 1re brigade se porte de Boulay à Coume, où elle attend la division Decaen, du 3e corps (Bazaine), qui ne se montre qu'à 5 heures du soir. A cette heure, le général Bellecourt prescrit au général Pradier de quitter Teterchen et de le précéder à Brettnach, où toute la division campe le soir (4).

---

(1) Et quatre escadrons du 2e hussards.
(2) Compagnie du génie à Kirschnaumen.
(3) Ces deux bataillons vont directement de Boulay à Bouzonville, escortant chacun un convoi de vivres.
(4) Avec un escadron du 2e hussards.

A Brettnach, l'ordre arrive au général Bellecourt de reprendre la route de Coume le lendemain dès 6 heures du matin.

DIVISION DE LORENCEZ.

Journal de marche.

Bouzonville, jeudi, 4 août.

Dans la prévision d'une attaque d'un corps de 40,000 hommes sorti de Trèves, se dirigeant sur Thiouville ou Sarrelouis, le 4e corps d'armée exécute un mouvement vers le Nord-Ouest. La 1re division occupe Sierck par l'une de ses brigades; son autre brigade s'étendra de Sierck à Colmen. La mission de la 3e division est de relever la 1re division dans les positions de Bouzonville; quant à la 2e division, elle doit s'établir à Freistroff, en arrière de Bouzonville; mais, par ordre supérieur, elle passe sous le commandement du maréchal Bazaine, et se dirige sur Varsberg en passant par Coume (1).

La 2e brigade, placée à Teterchen, grossie du 2e bataillon de chasseurs à pied, resté sous le commandement du général Berger depuis le 2 août, commence son mouvement vers 6 heures du matin. Elle est suivie de la 1re brigade, qui quitte Coume également vers 6 heures et se dirige sur Bouzonville, en passant par Teterchen.

La division arrive à Bouzonville vers les 10 heures du matin, campe sur les hauteurs au Nord-Est de la ville, traversées par la route de Sarrelouis; le 2e bataillon de chasseurs et le 63e à droite de la route, le reste de la division à gauche.

Le quartier divisionnaire est à Bouzonville; le quartier général du corps d'armée est aussi transporté dans cette ville.

Le 7e hussards est placé sous le commandement du général de Lorencez.

DIVISION DE CAVALERIE (LEGRAND).

Journal de marche.

4 août.

Dans la nuit du 3 au 4, les deux régiments de dragons, qui ont reçu l'ordre de partir le 4 à 5 heures du matin, armés à la légère, pour une reconnaissance de tout le corps d'armée sur Sarrelouis, reçoivent contre-

---

(1) Le Journal de marche de la 2e division indique que cette division est restée dans la journée en position à Teterchen et Coume et est allée le soir camper à Brettnach.

ordre et partent de Boulay à 10 heures, avec l'escadron du 7ᵉ hussards et deux batteries à cheval, pour se rendre à Bouzonville où ils campent le 4 août. (L'escadron du 2ᵉ hussards a été mis à la disposition de la 2ᵉ division d'infanterie.)

Les quatre escadrons du 2ᵉ hussards attachés à la 1ʳᵉ division d'infanterie ont quitté Bouzonville le 4, pour accompagner cette division en marche sur Sierck.

Les quatre escadrons du 7ᵉ hussards sont restés campés à Bouzonville, en arrière des positions occupées par la 3ᵉ division d'infanterie, à laquelle ils sont attachés (1).

RÉSERVE D'ARTILLERIE

Journal de campagne du lieutenant Palle.

4 août.

La reconnaissance est décommandée au moment où les troupes sortent de leurs camps, au petit jour.

A 11 heures, départ pour Bouzonville dans l'ordre suivant :
Deux escadrons de hussards (2);
Les deux batteries à cheval;
Deux escadrons de dragons (3);
Les réserves des batteries à cheval;
Les deux batteries de 4 du 8ᵉ;
Les deux batteries de 12 du 1ᵉʳ;
Les réserves de ces quatre batteries;
Un bataillon d'infanterie (4).

Nous arrivons à 2 heures et nous campons sur la rive gauche de la Nied, au bas du coteau, dans l'angle Sud formé par la Nied et la route de Thionville.

Nous voyons de nombreux camps d'infanterie, sur les hauteurs que gravit la route de Sarrelouis, à l'Est de la Nied. MM. Basset et Blanchard (lieutenant en 2ᵉ de la batterie) visitent ces camps.

. . . .

---

(1) Les 2ᵉ et 7ᵉ hussards comptaient chacun cinq escadrons.

(2) Un escadron du 7ᵉ hussards seulement.

(3) Deux régiments de dragons. (Voir l'ordre de mouvement de la division de cavalerie Legrand, page 341.)

(4) Aucun des Historiques des quatre régiments de la division Grenier qui occupaient Boulay le 3 au soir ne fait mention de ce bataillon d'infanterie.

b) Organisation.

Le colonel Luxer, directeur du parc du 4ᵉ corps, au général Soleille.

Verdun, 4 août.

Ainsi que j'ai eu l'honneur de vous en informer, par dépêche télégraphique, le 2 du courant, le parc d'artillerie du 4ᵉ corps est entièrement organisé et réuni en ce moment à Verdun.

Des ordres antérieurs de M. le général Laffaille, commandant l'artillerie du corps d'armée, me prescrivent de diriger sans délai sur Boulay, au fur et à mesure de l'arrivée à Verdun des compagnies du train qui doivent les atteler, les différentes portions du parc, en suivant, autant que possible, l'ordre ci-après :

1° Une moitié environ de l'équipage de pont, modèle 1866, ou, en d'autres termes, une quantité de cet équipage suffisante pour construire un pont de 35 à 40 mètres de longueur ;

2° Des munitions d'artillerie, avec les voitures les plus indispensables pour la réparation du matériel et le ferrage des chevaux ;

3° Enfin, les munitions d'infanterie avec le complément du parc, y compris la seconde moitié de l'équipage de pont.

Deux compagnies du 1ᵉʳ régiment du train d'artillerie étant arrivées hier, 3 août, à Verdun, je vais, conformément aux ordres précités, faire partir demain pour Boulay, où il sera rendu le 7 août, un convoi composé comme il suit :

Personnel.

8ᵉ compagnie du 16ᵉ régiment d'artillerie pontonniers...	4 officiers, 140 hommes de troupe. 4 chevaux d'officier.
5ᵉ compagnie d'ouvriers d'artillerie..	1 maréchal des logis, 1 brigadier, 12 ouvriers.
2ᵉ compagnie d'artificiers..........	1 maréchal des logis, 1 brigadier, 10 artificiers.
2ᵉ compagnie principale du 1ᵉʳ régiment du train....	1 officier, 128 hommes de troupe. 2 chevaux d'officier, 15 chevaux de selle, 184 chevaux de trait.
2ᵉ compagnie *bis* du 1ᵉʳ régiment du train..........	2 officiers, 126 hommes de troupe. 4 chevaux d'officiers, 13 chevaux de selle, 184 chevaux de trait.

Matériel.

Voitures de l'équipage de pont (1 forge, 1 chariot de batterie, 18 haquets)...........................	20
Caissons à munitions pour canon de 4 rayé de campagne..	26
Caissons à munitions pour canon de 12 rayé de campagne..	12
Chariots de parc chargés en munitions de canons à balles...	8
Affûts de rechange de 4...........................	2
Chariots de batterie pour harnachement.............	4
Forge pour canons de 12...........................	1
Forge pour canons de 4............................	1
Forge pour canons à balles........................	1
Forges pour le ferrage des chevaux................	2
Chariot de parc à hautes ridelles pour besoins imprévus.	1
Charrettes à bagages d'officiers..................	2
TOTAL des voitures.....	80

Après le départ de ce convoi, il restera encore à Verdun, savoir :

Voitures de l'équipage de pont....................	20
Caissons à munitions pour canon de 4 rayé.........	22
— — — de 12 rayé.........	12
Chariots de parc chargés en munitions pour canons à balles...	4
Affûts de rechange de 4...........................	3
Affût de rechange de 12...........................	1
Caissons à munitions pour cartouches modèle 1866....	21
— — — — 1863....	3
Caissons légers à deux roues pour cartouches modèle 1866...	3
Chariots de batterie pour harnachement.............	3
Forge outillée pour canon de 12...................	1
— — de 4.....................	1
Forges pour le ferrage des chevaux................	4
Chariot de parc portant deux caisses A et deux caisses B.	1
— portant un coffre de supplément d'outils, etc......................	1
— contenant 1200 kilogr. de charbon....	1
— n° 1 pour les bois débités...........	1
A reporter.......	102

Report	102
Chariot de parc n° 2 pour les bois débités............	1
— pour outils à pionniers et tranchants ..	1
— pour tour, étaux, poudre en barils	2
— pour artifices et ustensiles d'artifices...	1
— pour armurier et pièces d'arme de rechange (vide)....................	1
— à hautes ridelles pour besoins imprévus, canons à balles, etc.	1
Charrettes à bagages d'officiers....................	3
TOTAL des voitures.....	112

Pour emmener ces 112 voitures, il nous faudrait encore trois compagnies du train constituées comme celles qui partent demain et qui, je l'espère, ne se feront pas longtemps attendre.

J'ai l'honneur de vous rappeler, mon Général, comme l'annonçait ma dépêche télégraphique, que les trois réserves divisionnaires d'infanterie sont parties de Verdun pour Boulay, en passant par Thionville, les deux premières le 27 juillet, et la troisième le 28 juillet.

c) Opérations et mouvements.

Aux généraux Ladmirault et Lebrun, à Boulay.

> Metz, 4 août, 1 heure du matin (minute écrite et signée de la main du maréchal Le Bœuf).

On donne comme certaine la sortie de Trèves de 40,000 hommes marchant sur Thionville ou sur Sarrelouis. L'Empereur décommande la reconnaissance et vous invite à vous tenir sur vos gardes.

Veillez à la position de votre division détachée à Bouzonville (1).

Donnez contre-ordre à la division Metman.

J'écris au maréchal Bazaine de vous appuyer au besoin. La Garde fera ce matin un mouvement pour se porter vers vous. Éclairez-vous très au loin par votre cavalerie et tenez l'Empereur au courant.

Le général de Ladmirault aux généraux et chefs de service du 4° corps.

> Bouzonville, 4 août.

D'après de nouvelles instructions, qui me sont transmises par ordre

---

(1) 1re division (de Cissey).

de l'Empereur, je m'empresse de vous prévenir que la reconnaissance militaire qui devait avoir lieu demain vendredi est contremandée.

MM. les généraux commandant les divisions et chefs de service se rendront chez moi demain vendredi, à 6 heures du matin, pour y recevoir mes instructions.

Le général Lebrun au Major général (D. T. Ch.).

Boulay, 4 août, 4 h. 30 matin (expédiée à 6 h. 50).

Le général Ladmirault fera occuper Sierck ce matin à 10 heures, par une brigade de la division Cissey. Vers 2 heures, cette division tout entière sera à Sierck. L'intention du général Ladmirault serait de porter aujourd'hui la division Lorencez à Bouzonville et la division Grenier à Freistroff, si le mouvement de l'ennemi sur Sierck était confirmé. La division Lorencez se porterait à Colmen (1). Le général Ladmirault est d'avis que la division Decaen devrait alors se porter de Boucheporn à Teterchen, demain à Bouzonville, et que tout ou partie de la Garde vînt à Thionville et Boulay. Il faut que je sache si son corps doit être disposé ainsi qu'il est indiqué ci-dessus. Son quartier général à Bouzonville où il sera à midi.

Le Major général au général de Ladmirault (D. T.).

Metz, 4 août, 7 h. 1/2 matin.

Le colonel d'Ornant vous a porté les instructions de l'Empereur. Je ne comprends pas votre mouvement sur Sierck; c'est sur Sarrelouis que paraît se diriger l'ennemi. Répondez-moi sur-le-champ.

Le général de Ladmirault au Major général.

Boulay, 4 août.

Sur l'avis réitéré qui m'a été donné et confirmé par votre bureau du Grand État-Major général, de la concentration d'un corps d'armée de 40,000 hommes aux ordres du prince Frédéric-Charles entre Trèves et Sarrelouis, qui pouvait menacer Thionville et la gauche de l'armée, j'ai informé Sa Majesté, par dépêche télégraphique, qu'aujourd'hui même, 4 août, je faisais occuper la position de Sierck. L'occupa-

---

(1) Le 5 août sans doute, après l'arrivée de la division Decaen, du 3ᵉ corps, à Bouzonville.

tion des hauteurs de Sierck fermera de ce côté toute entrée à l'armée prussienne. La 1re division (général de Cissey) étendra sa droite jusqu'à Colmen. Elle conservera cette position jusqu'à ce que je puisse la resserrer sur sa gauche, c'est-à-dire sur Sierck même.

Aujourd'hui, 4 août, je fais relever les troupes de la 1re division qui occupaient Bouzonville par la 3e division (général de Lorencez), qui tiendra les positions de Bouzonville et étendra sa gauche jusqu'à Filstroff, se rapprochant ainsi de Colmen.

Je fais relever à Coume et à Teterchen la 3e division par la 2e (général Bellecourt). Cette division est destinée à former une réserve; mais, dans l'état actuel des choses, je dois éviter de laisser à découvert la route de Teterchen à Sarrelouis par Tromborn.

Il serait nécessaire que ces positions fussent occupées par une division du corps du maréchal Bazaine, qui en est le plus rapproché, je pourrais alors disposer de la 2e division comme réserve; en cas d'attaque elle me manquerait.

Aujourd'hui jeudi, 4 août, je transporte mon quartier général à Bouzonville, et j'y serai installé à midi.

Bouzonville n'est pas pourvu de télégraphe électrique; il faut envoyer les dépêches à Boulay, point le plus rapproché (14 kilomètres).

La ligne de Sierck à Colmen est très étendue, elle a environ 28 kilomètres. Une seule division ne peut l'occuper sans s'affaiblir beaucoup; ce qu'il y aurait de mieux à faire ce serait d'y placer deux divisions, la 1re et la 3e; la 2e division viendrait alors s'établir sur les hauteurs à un carrefour de routes désigné sous le nom de Lacroix. J'y établirais moi-même mon quartier général et mes réserves, prêt à parer à l'éventualité. Dans ce cas, Bouzonville devrait être occupé par les troupes du 3e corps.

Je ne laisse à Boulay qu'un seul bataillon destiné à accompagner demain 5 août, à Bouzonville, mon convoi civil. Ainsi, demain, il n'y aura aucune troupe à Boulay. Ce point peut être très utilement occupé par des troupes, pour concourir aux mouvements exécutés à Sierck, Bouzonville et Saint-Avold.

Au moment où je terminais ma lettre, je reçois les communications de M. le colonel d'Ornant. Le mouvement des troupes dont je vous rends compte ci-dessus se fait à trop longue distance et est trop prononcé pour pouvoir être décommandé, mais je vous le répète, la clef de toutes ces positions, c'est Sierck et Bouzonville. Les deux se prêtent très bien à une défense et rendent peu dangereuse l'attaque de l'ennemi même avec des forces nombreuses, à la condition toutefois d'avoir par derrière des réserves qui puissent arriver pour soutenir ces deux positions.

Le flanc gauche de l'armée, ainsi que l'entrée du territoire français du côté de Thionville, se trouveront complètement garantis. Si l'attaque de l'ennemi se présente par les routes de Bouzonville à Sarrelouis, ou de Teterchen à Sarrelouis, les troupes placées à Bouzonville seront en mesure de le recevoir et de seconder les troupes placées à Coume et au delà.

En marge : Mouvement non exécuté, ou du moins arrêté pour reprendre les premières dispositions.

Le Major général au général de Ladmirault.

Boulay, 8 heures.

Je reçois votre dépêche. Je trouve les mouvements ordonnés par le général Ladmirault autour de Bouzonville bien entendus. Je trouve la division qui est à Sierck trop en l'air. Il faut penser que l'ennemi peut déboucher de Sarrelouis et se garer sur votre droite. Le maréchal Bazaine va se rendre à Boulay pour prendre le commandement des troupes.

Il paraît très probable que c'est autour de Sarrelouis que l'ennemi doit se concentrer.

Le général de Ladmirault au Major général (D. T.).

Boulay, 4 août, 8 h. 43 matin.

Les positions de Sierck et de Bouzonville gardent la vallée de la Nied qui conduit dans la Sarre. Si cette vallée, à hauteur de Bouzonville, n'est pas gardée, l'ennemi pénétrera infailliblement, par cette trouée, sur notre territoire.

Bouzonville est relié à Sarrelouis par une très belle route de plateaux, jusqu'à Filsberg, et n'est éloigné de Sarrelouis que de 16 kilomètres. Par suite, il est facile aux troupes de Bouzonville d'arriver rapidement sur la direction de Sarrelouis.

Le colonel d'Ornant au Major général, à Metz (D. T.).

Boulay, 4 août, 8 h. 7 matin (expédiée à 8 h. 40).

J'arrive à Boulay. Déjà le général de Ladmirault avait pris toutes les dispositions pour occuper fortement la ligne de Sierck à Bouzonville. Ces positions sont fortes et faciles à défendre. Le général estime que, si elles n'étaient pas occupées, l'ennemi nous tournerait par notre gauche. Le général garantit pouvoir tenir sur cette position, si Bouzonville est occupé par une division du 3e corps.

Je pars pour le quartier général du maréchal Bazaine ; je lui rendrai compte des dispositions prises et dont l'exécution était déjà trop avancée pour être modifiée.

Le général Ladmirault demande qu'une division de la Garde soit envoyée en réserve à Boulay, et, dans ces conditions, répond de tout.

Toutes ces positions ont été étudiées avec le plus grand soin par les généraux de division. Le général Ladmirault insiste pour être autorisé à ne pas changer son mouvement. Le général Lebrun partage entièrement son avis.

Le général Lebrun à l'Empereur et au Major général, à Metz (D. T.).

Boulay, 4 août, 9 h. 32 matin (expédiée à 10 h. 50 matin).

Rien à ajouter aux renseignements qui ont été donnés par le colonel d'Ornant, qui vient de quitter Boulay pour se rendre près du maréchal Bazaine.

Le général de Ladmirault quitte Boulay en ce moment, pour porter son quartier général à Bouzonville. Les dispositions qu'il a arrêtées, et que le colonel d'Ornant a fait connaître, lui donnent une confiance absolue.

Au moment de monter à cheval, il vient de recevoir la dépêche qui a été adressée par l'Empereur, datée de 8 heures 15 minutes, matin. Il me charge de dire à Sa Majesté qu'il exécutera ses ordres en ce qui concerne Sierck, dès qu'il aura pu reconnaître, d'une manière certaine, que le débouché de Sierck n'est pas menacé. Il portera les forces qu'il dirige en ce moment sur ce point, vers sa droite, afin de se donner la possibilité de faire face, avec plus de monde, du côté de Sarrelouis.

Je compte rester ici jusqu'à l'arrivée du maréchal Bazaine, à qui je pourrai indiquer la situation et les intentions du général de Ladmirault.

D'ici là, je recevrai les dépêches qui pourraient encore arriver pour le général de Ladmirault, et je les lui ferai passer promptement.

Devrai-je rester ici après avoir vu le maréchal Bazaine, ou bien aurai-je à rentrer à Metz ?

Le colonel d'Ornant au Major général, à Metz (D. T.).

Saint-Avold, 4 août, 12 h. 25 soir (expédiée à 1 h. 55 soir).

Je viens de rencontrer le maréchal Bazaine en route pour Boulay, où il va prendre le commandement des troupes. Il y sera rendu à midi.

Provisoirement, le Maréchal a adopté pour son corps d'armée les dispositions suivantes :

D'accord avec le général Frossard, la 1ʳᵉ division rentre à Rosbrück ; la division Castagny reste à Saint-Avold avec la division de cavalerie, les réserves et les services administratifs.

La division Decaen se rend à Teterchen, où elle va relever la division Rose (1) qui rejoint le général Ladmirault, pour renforcer la ligne sur la position de Sierck à Colmen.

La division Metman reste à Ham-sous-Varsberg. Tous ces mouvements seront terminés vers 4 heures.

Le Maréchal estime que ces dispositions sont sufisantes pour nous couvrir aujourd'hui contre les tentatives de l'ennemi sur un point quelconque.

Il va se mettre en rapport avec le général Ladmirault qui est à Bouzonville et aviser aux dispositions définitives à prendre ; il vous écrira de Boulay. Je rentre à Metz par le chemin de fer.

Je n'ai trouvé nulle part aucune nouvelle de l'ennemi ; les reconnaissances du matin du corps Bazaine n'ont rien signalé ; et celles du corps Ladmirault n'étaient pas rentrées lorsque je suis parti de Boulay.

Le Major général à l'Empereur.

Boulay, 4 août, midi (note au crayon de la main du maréchal Le Bœuf).

ORDRES DONNÉS PAR LE GÉNÉRAL DE LADMIRAULT ET EN PLEIN COURS D'EXÉCUTION.

Une brigade à Sierck, une brigade à Colmen (de la division Cissey).
Division Grenier à Freistroff ;
Division Laurencez (*sic*) à Bouzonville ;
Division Decaen à Teterchen ;
Division Metman à Ham-sous-Varsberg.

J'approuve ces dispositions, sauf la brigade de Sierck, mais je ne change rien.

J'attends le maréchal Bazaine à Boulay, mais j'irai à Bouzonville pour avoir, s'il est possible, des nouvelles de l'ennemi et en donner à l'Empereur.

La tête de la Garde sera à Volmérange vers 2 heures. Une brigade de cavalerie viendra coucher à Boulay, le reste couchera à Volmérange

---

(1) 2ᵉ division du 4ᵉ corps, commandée, en l'absence du général Rose, malade, par le général Bellecourt jusqu'à l'arrivée du général Grenier.

et sera de grand matin à Boulay. Le général Bourbaki me l'a demandé, pour ne pas trop fatiguer ses troupes.

Les vivres de la Garde sont assurés pour aujourd'hui. Prière d'ordonner à l'intendant général que les vivres soient envoyés à la Garde pour deux jours au moins. L'intendant de la Garde s'en occupe.

Je renvoie le général Lebrun à l'Empereur. Après l'avoir entendu, Sa Majesté jugera si elle ne devrait pas venir, dans l'après-midi, à Boulay, pour y coucher, avec un état-major réduit, car ici les ressources ne sont pas considérables.

Le général de Ladmirault au Major général, à Metz.

Bouzonville, 4 août, à 3 heures de l'après-midi.

J'ai l'honneur d'informer Votre Excellence que j'occupe les positions de Sierck à Bouzonville, avec la 1re division (général de Cissey) et la 3e division (général Lorencez) du 4e corps d'armée. Je ferme ainsi, d'une manière solide, l'entrée de la belle vallée de la Nied. A Bouzonville, je fais face, avec une division (la 3e), à Sarrelouis, dont je ne suis éloigné que de 16 kilomètres.

De Bouzonville, on arrive à Sarrelouis par une route superbe, qui suit les plateaux jusqu'à Filsberg ; près de Filsberg, vient également se couper la grande route de Boulay à Sarrelouis qui, comme la première, se développe sur une série de plateaux. Cette route de Boulay passe par Teterchen et Tromborn. J'ai laissé à Teterchen la 2e division (général Bellecourt, en attendant l'arrivée du général Grenier).

Je désirerais bien que cette 2e division vînt me rejoindre à Bouzonville, pour me laisser toute liberté dans mes mouvements, en cas d'attaque. La 1re division (de Cissey) qui occupe Sierck jusqu'à Colmen, présente un front trop étendu.

J'ai transporté à Bouzonville toutes mes réserves d'artillerie et d'ambulance.

A Bouzonville, je ne me trouve qu'à 14 kilomètres de Boulay, où je puis arriver par deux routes, la première passant par la vallée de la Nied, la seconde par Teterchen et Coume. Je suis donc placé de manière à pouvoir soutenir, par leur gauche, les troupes qui seraient attaquées dans la direction de Boulay, en face de Sarrelouis.

Je regarde cette position comme très bonne pour répondre à une attaque qui viendrait de la direction de Sarrelouis.

Le maréchal Bazaine au général de Ladmirault.

Boulay, 4 août.

Par ordre de l'Empereur, je suis venu établir mon quartier général à Boulay, pour y prendre le commandement en chef des troupes qui s'y concentrent. Adressez-moi donc, le plus tôt que vous pourrez, les renseignements que vous pourriez avoir sur les mouvements de l'ennemi.

La division Decaen, 4ᵉ du 3ᵉ corps, se rend à Teterchen pour remplacer les troupes de votre corps d'armée qui s'y trouvent encore et qui doivent vous rallier à Bouzonville.

Votre gauche allant jusqu'à Sierck, je la trouve bien en l'air, mais, comme j'ignore par quels ordres elle y a été envoyée, et dans quel but, je n'ose prendre sur moi de les modifier. Je préférerais cependant qu'elle ralliât Colmen.

Prenez tous les moyens possibles pour avoir des nouvelles.

Le général de Ladmirault au maréchal Bazaine.

Bouzonville, 4 août.

J'ai reçu à Bouzonville une dépêche émanant de l'Empereur, qui place le 4ᵉ corps sous la direction de Votre Excellence. J'ai l'honneur de vous adresser la copie de la dépêche que j'ai adressée à M. le Major général pour lui rendre compte de mon arrivée à Bouzonville et de l'importance de cette position.

Je désirerais bien recevoir ma 2ᵉ division, que j'ai laissée à Coume et Teterchen, pour me composer une réserve et pour diminuer le front qu'occupe la 1ʳᵉ division (général de Cissey) dans la position entre Sierck et Colmen. Sierck est la clé de la position, il importait d'en être maître. L'ennemi, arrivant par là et ne trouvant pas la position occupée, nous prenait à revers.

Le maréchal Bazaine au général de Ladmirault.

Boulay, 4 août (confidentielle).

Je vous ai écrit à mon arrivée à Boulay et je m'empresse, à présent, de vous donner connaissance de deux résumés des deux dépêches télégraphiques de Sa Majesté.

Dans la première : « Je n'irai pas aujourd'hui à Boulay, je suis préoccupé de l'ensemble des mouvements. On dit qu'il y a eu un engagement à Wissembourg ».

Dans la deuxième, adressée au Major général, mais dont j'ai pris connaissance : « Bitche et Wissembourg seraient attaqués, suspendez tout mouvement vers notre gauche et que le général de Ladmirault reprenne les positions qu'il occupait ce matin. Le maréchal Bazaine doit retourner à Saint-Avold et la Garde à Metz, dès que cela sera possible ».

Ma mission, mon cher camarade, est donc terminée, et je vous serre bien affectueusement la main.

Le général de Ladmirault au maréchal Bazaine, à Boulay.

Bouzonville, 4 août, 9 heures du soir.

J'ai l'honneur de vous accuser réception de votre dépêche confidentielle du 4 août, concernant l'ordre qui m'est donné de reprendre la position que j'occupais avant le mouvement que j'ai exécuté aujourd'hui.

Les troupes de la 2ᵉ division (Bellecourt) occuperont demain vendredi Teterchen et Coume. Une brigade de la 3ᵉ division (Lorencez) sera rendue à Boulay demain 5 août, ainsi que la brigade de dragons. Le 6 août, samedi, chacun aura repris sa place, savoir : 1ʳᵉ division (Cissey) à Bouzonville ; 2ᵉ division (Bellecourt) à Teterchen et Coume ; 3ᵉ division (Lorencez) à Boulay, avec les parcs et réserves. Je serai rendu moi-même à Boulay demain soir vendredi.

L'Empereur au général de Ladmirault, à Boulay et à Bouzonville (D. T.).

Metz, 4 août, 9 h. 12 soir (expédiée à 9 h. 35 soir).

Demain 5, le maréchal Bazaine aura son quartier général à Saint-Avold. Il y aura la division Decaen et ses réserves. La division Metman ira s'établir à Marienthal, la division Montaudon à Sarreguemines et la division Castagny à Puttelange.

NAPOLÉON.

Le maréchal Bazaine au général de Ladmirault.

Boulay, 4 août, 9 h. 1/2 soir.

D'après les ordres du Major général, vous devrez, demain matin, faire une reconnaissance dont il désire beaucoup connaître le résultat.

Au lieu de me rendre directement, demain matin, de Boulay à Saint-Avold, je passerai par Teterchen et Tromborn.

S'il vous est possible de vous y rencontrer avec moi, j'en serai très heureux, car j'ai à causer avec vous.

Sinon, faites courir après moi le rapport sur votre reconnaissance, j'ai promis au maréchal Le Bœuf de lui en rendre compte dès mon arrivée à Saint-Avold.

Le maréchal Bazaine au général de Ladmirault.

Saint-Avold, 4 août, 9 h. 1/2 soir.

De nouveaux ordres de l'Empereur ordonnent que vous établissiez votre quartier général à Boulay dès demain matin, une division à Boucheporn, la 3e à Teterchen. (La dépêche ne parlant pas d'une division à Boulay avec vous, je pense que c'est un oubli et que ce doit être la 1re.)

Il faut donc suspendre tout mouvement et reconnaissance, et exécuter à la lettre les intentions de Sa Majesté :

« Le maréchal Bazaine aura son quartier général à Saint-Avold, une division à Marienthal, une troisième à Puttelange; la 4e division sera placée selon les circonstances, soit en arrière, soit en avant de ces positions.

Le général Frossard restera dans la position où il est.

P.-S. — Il est bien entendu que celle de ses divisions que le général Ladmirault enverra à Boucheporn ne se rendra sur ce point que dans la journée du 6 de ce mois. NAPOLÉON. »

Regardez donc comme non avenues mes précédentes dépêches et accusez-moi réception de cette dernière.

Le général Bellecourt, commandant provisoirement la 2e division, au général de Ladmirault.

Brettnach, 4 août, 7 heures du soir.

J'ai l'honneur de vous rendre compte que, suivant vos ordres, j'ai occupé Coume et Teterchen jusqu'à 4 heures du soir, heure à laquelle j'ai été relevé par la 4e division du 3e corps.

Ma division est établie à Brettnach ; je serai demain à Bouzonville entre 7 et 8 heures du matin.

Le lard que nous avons emporté sera épuisé ce soir, il serait bien nécessaire qu'on pût nous faire, demain à l'arrivée, une distribution de viande pour faire la soupe immédiatement.

Je vous serai bien reconnaissant de me faire indiquer, à mon arrivée, les positions que je dois occuper.

DIVISION DE CAVALERIE LEGRAND.

Ordre de mouvement.

Boulay, 4 août.

Aujourd'hui, 4 août, l'escadron complet du 2e hussards sera mis à la disposition du général Bellecourt et rendu sur la place à 9 h. 1/2.

Un peloton de cet escadron sera rendu sur la place à 7 h. 1/2 et mis à la disposition de M. le général Pradier, commandant une brigade de la division Bellecourt.

La brigade de dragons quittera son camp à 10 heures précises, pour se rendre à Bouzonville, avec ses deux batteries à cheval.

Tout le convoi de la division marchera à la queue de la brigade, couvert par un peloton de dragons qui formera l'arrière-garde.

La colonne marchera dans l'ordre suivant :

> L'escadron du 7º hussards ;
> Un régiment de dragons ;
> Les deux batteries ;
> Un régiment de dragons ;
> Le convoi.

Le détachement du 11º dragons, qui est à Mazagran, rentrera demain, 5 août, à Bouzonville.

d). Situation et emplacements.

Situation sommaire d'effectif au 4 août (1).

CORPS.	OFFICIERS.	TROUPE.	TOTAUX.	CHEVAUX.	EMPLACEMENTS.
État-major général........	32	»	32	75	Bouzonville.
Division de Cissey.......	322	7,788	8,110	612	Kirschnaumen. Sierck. Colmen.
Division Grenier........	319	7,768	8,087	620	Coume et Teterchen (1).
Division de Lorencez......	315	8,424	8,739	637	Bouzonville.
Division de cavalerie (Legrand)...............	178	2,303	2,481	2,400	Bouzonville (2).
Réserve d'artillerie........	26	990	1,016	1,009	Bouzonville.
Réserve du génie et parc...	4	136	140	77	Bouzonville.
Divers.................	44	338	382	170	
TOTAUX.....	1,240	27,747	28,987	5,600	

(1) En réalité à Brettnach.
(2) Sauf le 2º hussards à Kirschnaumen avec la 1re division d'infanterie.

(1) En l'absence de toute donnée concernant l'effectif au 4 août, on a reproduit ici la situation du 3 août.

Journée du 4 août.

5ᵉ CORPS.

a) Journaux de marche.

Division Goze.

Journal de marche.

4 août.

Départ pour la ferme de Wising, vers 6 heures du soir. La division campe autour de la ferme, occupée déjà depuis plusieurs jours par le 61ᵉ de ligne.

Division de l'Abadie d'Aydrein.

Journal de marche.

4 août.

Le 3ᵉ bataillon du 84ᵉ arrive de Bitche, où il tenait garnison. Le égiment tout entier part pour Grosbliederstroff (1).

Les nouvelles disent que l'armée bavaroise se trouve entre Hombourg et Neunkirchen; que le général Manteuffel est à Deux-Ponts avec 12,000 hommes.

En vue des opérations offensives projetées, on fait les reconnaissances nécessaires pour construire un autre pont sur la Blies, et pour s'assurer de l'état des gués de la Sarre.

Le général Lapasset fait reconnaître les travaux d'art sur le chemin de fer pour s'assurer qu'ils ne sont pas minés.

Le commandant du génie de la division de l'Abadie est chargé de faire sonder les gués de la Sarre à Grosbliederstroff et en amont de ce village, il devait être protégé par un détachement fourni par la division Goze; ce détachement ne fut pas envoyé, l'attention ayant été

---

(1) Où se trouve la brigade de Lapasset à laquelle il appartient.

portée d'un autre côté. Pendant les sondages, les batteries Kramer et Arnould restèrent en position en face d'Auersmacher, sur les hauteurs de la rive gauche. Le génie eut fini son travail vers 3 heures après-midi.

Le général de l'Abadie va visiter les positions de ses troupes.

Le général de Failly, commandant du 5e corps d'armée, vient à 1 heure après-midi à Frauenberg pour examiner les abords du pont qui est considéré comme un point important à cause de la marche en avant, et il décide qu'un bataillon du 86e s'établira à 300 mètres en arrière du village, et qu'il sera remplacé à Neunkirchen par un autre bataillon du même régiment ; mais cet ordre fut annulé pendant qu'il était en cours d'exécution.

Masquant d'autres projets, la cavalerie allemande avait fait des démonstrations vers Rohrbach, où elle s'était présentée assez nombreuse et appuyée par de l'artillerie inquiétant le 5e lanciers. Le général en chef se porte de ce côté avec la portion de la division Brahaut campée près de Frauenberg (3e lanciers, un escadron du 12e chasseurs) et deux batteries à cheval de la réserve ; mais arrivé à la ferme de Wising, il apprit de la bouche du Général chef d'état-major général, qui s'était rendu sur les lieux à la première nouvelle, que l'ennemi s'était retiré.

Dans l'après-midi ordre est donné aux divisions Goze et de l'Abadie de se mettre en mouvement, le grand quartier général et les troupes du 5e corps doivent rejoindre à Bitche la division Guyot de Lespart qui se trouve dans cette place ainsi que quatre escadrons du 12e chasseurs.

Vers 6 h. 45 du soir, la division de l'Abadie d'Aydrein quitte ses positions de Grosbliederstroff et de Welferding pour venir auprès de Neunkirch (route de Sarreguemines à Bitche) s'établir dans les bivouacs laissés inoccupés par suite du départ de la division Goze. L'ordre portait : « La division de l'Abadie ira camper et s'arrêter à
« l'emplacement que la division Goze occupait en avant de la réserve
« d'artillerie, de manière à la couvrir. Le 84e restera à Sarregue-
« mines, le colonel prendra le commandement de la place ; il aura un
« bataillon entre Neunkirch et la Sarre où était le 86e, un bataillon à
« Neunkirch et le troisième sur la hauteur où il a campé en arrivant
« de Phalsbourg.

« La division de l'Abadie pourra faire suivre les bagages jusqu'à son
« nouveau camp. Cette division campera militairement et se tiendra
« prête à marcher au réveil.

« La brigade Lapasset peut suivre la rive gauche de la Sarre et
« passer sur la rive droite par le pont de bateaux, à hauteur des lan-
« ciers.

« La gauche de la division appuiera derrière Neunkirch où il y
« aura un bataillon.

« Demain, à moins d'ordres contraires, on marchera sans ba-
« gages ; s'ils suivent, on les parquera en arrière ; l'ambulance
« marchera. »

Des officiers de l'état-major général conduisirent le 84ᵉ aux emplacements assignés à ses bataillons. La brigade de Maussion bivouaqua en arrière et près de Neunkirch, à droite de la route de Sarreguemines et un peu en avant d'une grande allée de peupliers, perpendiculairement à cette route. Le 97ᵉ, arrivé de Grosbliederstroff, campa à droite de la brigade de Maussion ainsi qu'une partie du 14ᵉ bataillon de chasseurs à pied et la batterie Dulon. L'escadron divisionnaire, les batteries Kramer et Arnould, les réserves divisionnaires et les voitures de munitions de l'infanterie, la compagnie du génie, l'ambulance et quelques voitures de vivres s'établissent aussi à droite de la route, en arrière de la 2ᵉ brigade et de la grande allée d'arbres mentionnée plus haut. Les compagnies de chasseurs chargés de l'escorte des batteries passèrent la nuit à gauche de la route, à hauteur de l'artillerie. La Prévôté et le Trésor vinrent aussi de Sarreguemines et campèrent avec la division.

Le convoi de vivres destiné à la division, qui était chargé sur les voitures de réquisition, resta à Sarreguemines, il devait suivre le mouvement du corps d'armée et se mettre en marche d'après des ordres ultérieurs.

Pendant la nuit, le général en chef prescrivit de laisser à Sarreguemines le général Lapasset avec le 84ᵉ et le 97ᵉ pour attendre dans cette ville l'arrivée de la division de Montaudon, du corps Frossard (2ᵉ) (1). Le 14ᵉ bataillon, le 49ᵉ, le 88ᵉ poursuivront leur route vers Bitche avec le reste de la division, ils camperont le 5 à Rohrbach. La réserve d'artillerie marchera avec la division de l'Abadie, qui fournira une compagnie d'escorte à chacune des batteries de cette réserve.

On fait, pendant la nuit, les distributions qui n'ont pu avoir lieu le 4 pendant le jour, à cause du départ précipité des corps.

La division Goze passe la nuit près de la ferme de Wising ; elle laisse en arrière la compagnie du 86ᵉ, chargée de la garde du pont de la Blies, en amont du confluent avec la Sarre. (Cette compagnie alla à Metz avec le général Lapasset.)

Avant le jour on entend le canon dans la direction de Sarrebrück.

Dans la journée du 4, le Prince royal de Prusse, parti la veille de Spire à la tête de la IIIᵉ armée allemande, avait attaqué Wissembourg.

---

(1) Du 3ᵉ corps.

Ce jour même, la division Abel Douay s'était défendue avec une rare énergie, mais, vaincue par le nombre, elle avait été forcée de reculer et de se replier sur Frœschwiller. Le général Douay trouva une mort glorieuse dans cette affaire, qui commença la série des revers qui ont accablé l'armée française dans cette campagne.

1re BRIGADE (LAPASSET).

Journal de marche.

4 août.

Arrivée du 84e de ligne. Départ du camp à 7 h. 1/2 du soir. La brigade se dirige sur Sarreguemines et arrive à 10 heures près de Neunkirch, où elle campe.

En y arrivant, elle apprend la surprise de Wissembourg et la mort du général Douay; par suite, le mouvement de concentration est expliqué.

RÉSERVE D'ARTILLERIE.

Journal de marche.

4 août.

Le 4 août, la batterie Nicolas partit en reconnaissance, à 3 heures de l'après-midi, avec la division de cavalerie, du côté de la Blies et en la remontant.

Elle ne signala la présence d'aucun ennemi, et tout le 5e corps reçut l'avis de se tenir prêt à partir le soir même pour Bitche, mais il y eut contre-ordre (1).

DIVISION DE CAVALERIE (BRAHAUT).

Journal de marche.

4 août.

Le 5e lanciers, à Rohrbach, est inquiété par des démonstrations d'une nombreuse cavalerie ennemie, appuyée par de l'artillerie.

Le colonel en informe le général en chef, et le général de division se porte en hâte sur Rohrbach avec le 3e lanciers, l'escadron du 12e chasseurs et deux batteries à cheval placées sous ses ordres.

Au delà de la ferme de Wising, le général de division apprend par le général Besson, chef d'état-major général du 5e corps, la retraite de la cavalerie ennemie, et il rentre avec ses troupes à Sarreguemines.

---

(1) Il n'y eut contre-ordre que pour la brigade Lapasset.

Les deux batteries à cheval rejoignent la réserve d'artillerie.
Reconnaissances à Bitche par le 12ᵉ chasseurs.

BRIGADE DE BERNIS.
Journal de marche.

Un ordre du corps d'armée, en date de ce jour, fait connaître que M. le lieutenant de Chabot, le brigadier Charpentier et le chasseur Desmettre, du 12ᵉ régiment de chasseurs, qui avaient été signalés pour leur belle conduite dans le combat de Schirlenhof, du 25 juillet, en avant de Niederbronn, sont décorés, le premier de la croix de la Légion d'honneur, les deux autres de la médaille militaire.

Le colonel commandant le 5ᵉ hussards écrit au général commandant la brigade pour se plaindre du service que l'on fait faire aux hussards de son régiment attachés aux divisions d'infanterie.

Ces plaintes sont fondées ; ce service est exagéré, sans nécessité, et l'on ne se conforme pas aux principes qui doivent servir de règle pour la conduite de la cavalerie, ni aux prescriptions sagement indiquées pour cette arme dans l'ordonnance sur le service en campagne.

c) Opérations et mouvements.

Le Major général au général de Failly (D. T.).

Metz, 4 août, 2 heures matin.

On donne comme certaine la sortie de Trèves de 40,000 hommes marchant sur Thionville ou sur Sarrelouis.

Si le général Frossard était attaqué par des forces supérieures et que sa position fût compromise, il a pour mission de se replier sur Forbach où il aura ainsi quatre divisions (1). Eclairez-vous au loin avec votre cavalerie et tenez-moi au courant. Restez à votre poste et ne venez pas chez l'Empereur.

L'Empereur au général de Failly.

Metz, 4 août.

Vous pouvez rappeler le 84ᵉ à sa division à Bitche, aussitôt qu'une division du corps Bazaine sera établie à Sarreguemines ; cette division doit y arriver demain.

---

(1) Trois du 2ᵉ corps et la division Montaudon du 3ᵉ corps.

Le général de Failly au général Goze.

Sarreguemines, 4 août.

Ordre de mouvement pour une reconnaissance à faire en avant et au nord d'Auersmacher avec deux escadrons de lanciers, un bataillon du 11⁰ de ligne et une batterie d'artillerie.

DIVISION GUYOT DE LESPART.

Le général de Lespart au général de Failly.

Bitche, 4 août.

Une dépêche télégraphique de Rohrbach annonce que les Prussiens se dirigent sur Bitche. Une autre dépêche du général Raoult, de Reichshoffen, informe que la division Douay bat en retraite. Le général Douay est lui-même grièvement blessé.

Le même au même.

Bitche, 4 août.

Toutes les dispositions de défense autour de Bitche sont prises. Je fais rentrer mes détachements de Breidenbach, de Stürzelbronn et de Neunhoffen. J'en ai prévenu le général Ducrot.

Mes reconnaissances ont signalé la présence de quatre escadrons de cavalerie entre Noussewiller et Volmünster et de deux escadrons au delà de Breidenbach.

Du colonel du 5ᵉ lanciers.

Rohrbach, 4 août.

On signale, en vue de Rohrbach, un gros parti ennemi de cavalerie et d'artillerie à Bettwiller. Le régiment de lanciers est sur pied, mais ne suffira probablement pas.

Le général de Failly au Major général (D. T.).

Sarreguemines, 4 août, 4 h. 25 soir (expédiée à 5 h. 45 soir).

Une forte reconnaissance de cavalerie est signalée par le colonel du 5ᵉ lanciers à Rohrbach. Je lui envoie des troupes (61ᵉ). Une autre dépêche, du général de Lespart, informe que les Prussiens se dirigent sur Bitche.

Il annonce que le général Douay bat en retraite de Wissembourg. Le général est lui-même grièvement blessé.

Le général de Failly au général Frossard, à Forbach
(D. T.).
5 h. 10 soir.

Des troupes prussiennes marchent en force sur Bitche, par Rimling et Bettwiller.

Le général Raoult écrit de Reichshoffen que la division Douay du 1er corps a été attaquée.

Je concentre mes forces à Sarreguemines, pour en diriger au besoin une partie sur Bitche.

Je rappelle le général Lapasset de Grosbliederstroff à Welferding.

Le général de Failly au général Frossard, à Forbach
(D. T.).
Sarreguemines, 4 août, 5 h. 50 soir.

Par ordre de l'Empereur, je vais appuyer, avec mes deux divisions de Sarreguemines, celle qui est à Bitche.

Ordre de marche pour le 5 août.
Sarreguemines, 4 août.

La division Goze, campée à Wising, se dirigera sur Bitche, observant sa gauche.

Le 5e lanciers (1), de Rohrbach, ira prendre position sur la frontière pour couvrir la marche du corps d'armée.

La division L'Abadie suivra la précédente.

La brigade Lapasset restera jusqu'au lendemain à Sarreguemines, avec une batterie, le train auxiliaire, le 3e lanciers (1), le trésor et la prévôté, et rejoindra lorsque la division Montaudon, du 3e corps, arrivera à Sarreguemines pour le relever. (Ordre du Major général.)

L'artillerie de réserve suivra la 1re division (2) (3).

Le général de Failly au Major général (D. T.).
Sarreguemines, 4 août, 8 h. 35 soir (expédiée à 9 h. soir).

La division Goze se concentre à la ferme de Wising; la division

---

(1) 2e brigade de la division de cavalerie du 5e corps.

(2) Le 12e chasseurs est à Bitche avec un escadron à Sarreguemines; le 5e hussards est réparti entre les divisions d'infanterie.

(3) La réserve du génie marche avec la réserve d'artillerie.

L'Abadie à Neunkirch, route de Bitche. Demain, au point du jour, les deux divisions marcheront sur Bitche. Je marche sans bagages. Je laisse un régiment à Sarreguemines et un bataillon à la ferme de Wising.

Rohrbach continuera d'être occupé par le 5ᵉ lanciers, pour assurer mes communications. A 2 heures, 400 cavaliers ennemis, cuirassiers et dragons ont poussé une reconnaissance jusqu'à 2 kilomètres au Nord de Rohrbach. Ils se sont retirés devant les lanciers, sans qu'il y ait eu d'engagement.

Le général de Failly au Major général (D. T.).

Sarreguemines, 4 août, 9 h. 25 soir (expédiée à 9 h. 55 soir).

Bitche est parfaitement calme ; il ne s'est présenté que de la cavalerie ; on croit six escadrons. Je demande que le général Frossard envoie un régiment à Sarreguemines, relever le 84ᵉ.

Le général Liédot au général Soleille, à Metz (D. T.).

Sarreguemines, 4 août, 9 h. 40 soir (expédiée à 9 h. 50 soir).

Le 5ᵉ corps d'armée quitte Sarreguemines pour se concentrer sur Bitche, sans savoir quelle direction ultérieure lui sera donnée. Le parc d'artillerie ne peut pas être réuni à Sarreguemines, qui n'est plus couvert.

Je vous écrirai plus tard pour vous indiquer le point qui me semble le plus convenable, si vous ne me donnez pas d'ordre positif à ce sujet.

Annotation au crayon. — *Au Directeur du parc du 5ᵉ corps, à Épinal :* Le 5ᵉ corps quittant Sarreguemines, il n'y a plus lieu d'envoyer sur ce point les portions disponibles de votre parc. Des ordres vous seront envoyés directement par le général commandant l'artillerie de votre corps, sur la destination à leur donner.

d) Situation et emplacements.

Situation sommaire d'effectif au 4 août (1).

CORPS.	OFFICIERS.	TROUPE.	TOTAUX.	CHEVAUX.	EMPLACEMENTS.
État-major général.......	16	32	48	48	Sarreguemines.
Division Goze............	297	7,653	7,950	706	Ferme de Wising.
Division de L'Abadie d'Aydrein................	306	7,650	7,956	642	Neunkirch (1).
Division Guyot de Lespart..	302	7,648	7,950	697	Bitche.
Division de cavalerie (Brahaut)................	149	2,118	2,267	2,007	Sarreguemines. Rohrbach. Bitche.
Réserve d'artillerie........	33	1,018	1,051	944	Neunkirch.
Réserve du génie.........	12	124	136	98	Neunkirch.
Divers...................	82	874	956	617	
TOTAUX.....	1,197	27,117	28,314	5,759	

(1) Moins le 84ᵉ de ligne de la 1ʳᵉ brigade à Sarreguemines.

Journée du 4 août.

6ᵉ CORPS.

a) Journaux de marche.

DIVISION LA FONT DE VILLIERS.

Journal de marche.

4 août.

La 1ʳᵉ brigade arrive au camp de Châlons (2).

---

(1) En l'absence de toute donnée sur l'effectif du 5ᵉ corps au 4 août, on a reproduit ici la situation du 3 août.
(2) La 2ᵉ brigade, partie de Soissons le 3 août, y arrivera le 5. L'artillerie et la compagnie du génie sont au camp.

Le maréchal Canrobert au Ministre de la guerre
(D. T.).

Camp de Châlons, 4 août, 6 h. 15 soir (expédiée à 7 h. 45, n° 27126).

L'Empereur me demande quand je serai prêt à amener nos troupes du camp à Nancy.

Je lui réponds : Les trois divisions d'infanterie avec leur artillerie divisionnaire, la division de cavalerie, la réserve d'artillerie, moins le parc et les réserves de munitions, sont prêtes à marcher dès après-demain.

Le service des ambulances régimentaires et divisionnaires et celui des subsistances n'ont rien pour fonctionner en marche.

d) Situation et emplacements.

Situation sommaire d'effectif au 4 août.

CORPS.	OFFICIERS.	TROUPE.	TOTAUX.	CHEVAUX.	EMPLACEMENTS.
État-major général........	30	49	79	85	Camp de Châlons.
Division Tixier..........	308	9,461	9,769	515	Id.
Division Bisson...........	285	8,309	8,594	530	Id.
Division La Font de Villiers.	287	7,236	7,523	475	La 1re brigade arrive au camp de Châlons. La 2e brigade est en route pour le camp de Châlons. L'artillerie et le génie sont au camp de Châlons.
Division Levassor-Sorval...	285	7,947	8,232	511	L'infanterie est à Paris. L'artillerie et le génie sont au camp de Châlons.
Division de cavalerie (de Salignac-Fénelon).......	236	3,175	3,411	3,045	Les deux premières brigades sont au camp de Châlons, la troisième (cuirassiers) est à Paris.
Réserve d'artillerie	38	4,186	4,224	1,085	Camp de Châlons.
Génie.................	»	39	39	61	Id.
Divers................	67	839	906	182	
TOTAUX.....	1,536	38,241	39,777	6,489	

Journée du 4 août.

GARDE IMPÉRIALE.

a) Journaux de marche.

Journal de marche du corps de la Garde.

Le général commandant en chef quitte Metz à la tête de toute la Garde impériale, sauf le bataillon de chasseurs à pied envoyé à Thionville le 31 juillet, un bataillon du 3e grenadiers qui reste provisoirement à Metz pour assurer le service de place, et un escadron de guides pour le service d'honneur de l'Empereur.

La Garde s'installe au bivouac le soir; le quartier général, les deux divisions d'infanterie et la division de cavalerie à Volmérange; la réserve d'artillerie à Condé-Northen; le parc du génie, l'escadron d'escorte, le train, le payeur, le prévôt et quelques détachements aux Etangs.

Le convoi auxiliaire arrive à Volmérange pendant la nuit seulement.

Le parc d'artillerie est arrêté à Glattigny, par ordre du grand quartier général, et y installe son bivouac à 3 heures du soir.

Quartier général à Volmérange.

DIVISION DELIGNY.

Journal de marche.

4 août.

La division quitte le camp du Ban-Saint-Martin à 8 heures du matin, traverse Metz et prend la route de Sarrelouis.

Elle fait une grand'halte à Glattigny et aux Etangs, et arrive à 5 heures à Volmérange où elle est bivouaquée sur les bords de la Nied.

BRIGADE GARNIER.

Journal de marche.

4 août.

La division quitte Metz pour se porter à Volmérange.

Nous éprouvons déjà quelques difficultés pour les distributions de vivres, tant le service est mal organisé.

Division Picard.

Journal de marche.

4 août.

La division reçoit l'ordre de partir à la pointe du jour pour se rendre à Boulay; le départ a lieu à 4 h. 1/2. Un bataillon du 3ᵉ grenadiers est laissé à Metz pour le service du grand quartier impérial.

La division arrive à Volmérange, à 3 kilomètres de Boulay, à 3 heures, et est campée dans la plaine, entre la route et la Nied.

La grand'halte a été faite au village des Etangs.

C'est la 2ᵉ brigade qui a marché en tête, ensuite la 1ʳᵉ, l'artillerie divisionnaire, etc..... Le convoi auxiliaire n'est parti de Metz que dans l'après-midi et est arrivé au camp pendant la nuit du 4 au 5.

Brigade de Lacroix.

Journal de marche.

4 août.

La division reçoit, à 4 heures du matin, l'ordre de partir à 5 heures pour Boulay, en passant par la manutention pour y prendre du pain, à l'exception d'un bataillon du 3ᵉ grenadiers qui doit rester à Metz pour y faire le service.

A 6 heures, la brigade prend la tête de la division et traverse Metz, en passant par la porte de Thionville, la manutention, les fortifications, jusqu'à la porte des Allemands. Route de Boulay.

Villages qu'elle traverse : Noisseville, Condé-Northen. 11 h. 1/4 : halte aux Etangs, petit village à 10 kilomètres de Boulay, dans un pré situé à gauche de la route.

Départ de la grand'halte à 1 h. 1/2.

Campement sous Volmérange, sur la rive droite de la Nied, à 3 kilomètres de Boulay.

La brigade est installée sur une ligne vers 4 heures.

Division de cavalerie (Desvaux).

Journal de marche.

4 août.

A 3 heures du matin, le général de division reçoit l'ordre du général en chef de faire sonner le réveil et de tenir toutes ses troupes prêtes à lever leur camp.

Les petits dépôts n'ayant pas encore été constitués, le général de division fait laisser en subsistance au 1ᵉʳ régiment d'artillerie, à Metz, les chevaux incapables de marcher, avec les hommes nécessaires pour les soigner, sous les ordres d'un maréchal des logis, en tout : 16 hommes et 26 chevaux.

A 11 heures du matin, la division de cavalerie, précédée des deux divisions d'infanterie de la Garde, commence à quitter le bivouac de Chambières, suivant l'itinéraire ci-dessous :

> Porte de Chambières;
> Chemin intérieur des fortifications;
> Porte des Allemands;
> Route de Sarrelouis par Boulay,

pour aller bivouaquer à Volmérange.

Cette marche s'exécute dans l'ordre suivant :

La 3ᵉ brigade, comprenant, entre ses deux régiments, les deux batteries d'artillerie, et suivie de ses bagages précédés par ceux de l'état-major de la division et de l'artillerie ;

45 minutes après : la 1ʳᵉ brigade, suivant les traces de la 3ᵉ ;

45 minutes après : la 2ᵉ brigade, suivant les traces de la 1ʳᵉ ;

Enfin, la 3ᵉ compagnie du train des équipages de la Garde et les 130 voitures du train auxiliaire, sous les ordres du sous-intendant.

Chaque brigade, suivie de ses bagages, est précédée d'un escadron d'avant-garde et ferme sa marche par un escadron d'arrière-garde.

Le général de division marche en tête de toutes les troupes avec son état-major.

Il détache en avant un officier d'état-major pour reconnaître l'emplacement assigné par le général en chef au nouveau bivouac, et il en détache un autre pour surveiller la marche des derniers convois.

La marche de la division, retardée par celle des deux divisions d'infanterie qui la précèdent sur la même route, s'accomplit avec lenteur et difficulté. Ce n'est qu'à 7 heures du soir que la 3ᵉ brigade, tête de colonne, parvient à s'établir au bivouac, à gauche et en avant de l'infanterie, dans la plaine qui s'étend entre Volmérange et Boulay, entre la route impériale et la petite rivière de la Nied, affluent de la Sarre. Les autres brigades et le convoi du train n'arrivent au bivouac que pendant la nuit.

On campe par régiment et en colonne par escadron.

Le quartier général est établi près du hameau de Brecklange.

BRIGADE HALNA DU FRETAY.

Journal de marche.

4 août.

Le 4 août, la Garde s'est portée sur Volmérange.

La brigade du Frétay a mis neuf heures à parcourir cinq lieues, tant la route était encombrée.

BRIGADE DE FRANCE.

Résumé de la campagne (1).

4 août.

Le 4 août, on se dirigea sur la frontière.

A 5 heures du matin, on fut prêt, les chevaux sellés et bridés, et cependant on ne se mit en marche qu'à 3 heures de l'après-midi ; et il en fut pour ainsi dire toujours ainsi, chaque fois qu'on dut faire un mouvement.

ARTILLERIE.

Journal de marche.

4 août.

Le 4 août, la réserve et la portion du parc déjà arrivée partent pour Metz, par la route de Boulay.

La réserve campe à Condé-Northen et le parc à Glattigny.

c) Opérations et mouvements.

Du général Bourbaki au général Deligny (2). — *Ordre*.

4 août, 2 h. 3/4 du matin.

Prenez vos dispositions pour partir, ce matin au point du jour, avec toute votre division.

Les postes qu'elle fournit vous rallieront aussitôt qu'ils auront été relevés par un bataillon de la division Picard, laissé à Metz à cet effet.

Les vivres qui n'auront pas été touchés avant le départ seront distribués pendant la route.

Je vous enverrai ultérieurement les ordres de détail.

Vous partirez probablement à 6 heures. Faites établir vos bons de pain et de fourrages.

---

(1) Manuscrit signé du général de France et daté de Rouen, 20 mars 1872.

(2) Commandant la division de voltigeurs de la Garde.

Du général Bourbaki au général Deligny. — *Ordre.*

4 août.

La division Deligny se mettra en route ce matin, à **7 heures**, pour se rendre à Volmérange par la grande route de Metz à Boulay, et marchera dans l'ordre suivant, derrière la division Picard :

Brigade Brincourt.

1 bataillon.
La compagnie du génie avec sa prolonge.
2 batteries de combat : une de 4, une de canons à balles.
5 bataillons.
Réserve de munitions d'infanterie de la brigade.

Brigade Garnier.

1 régiment d'infanterie.
1 batterie de combat de 4.
2 bataillons.
Réserve de munitions d'infanterie.
Réserve des trois batteries divisionnaires.
1 bataillon.

La réserve d'artillerie, moins les bagages, marchera immédiatement après la division Deligny.

Les bagages resteront au camp du Ban-Saint-Martin.

Un des vaguemestres se rendra au quartier général pour y recevoir des ordres.

Le général Bourbaki au général Deligny.

Quartier général, 4 août.

Le général Deligny fera prendre les armes à sa division à **7 heures**; il se mettra en route en suivant l'itinéraire : Pont de l'Hôpital militaire, porte Chambières.

Il s'arrêtera à la manutention ; en passant, il fera toucher *deux jours de pain*. Si les ressources étaient insuffisantes, les bons seraient rectifiés séance tenante, et il n'en serait touché que pour un seul jour.

Cette opération faite, il se remettra en route, en longeant les fortifications intérieurement jusqu'à la porte des Allemands. De là il gagnera la route de Boulay.

Il mettra en même temps en route les bagages de sa division, laissant au camp les voitures du train auxiliaire, qui seront mises en route seulement à midi, par les soins de M. l'Intendant, et qui ne le rallieront que ce soir au bivouac.

Du général Deligny. — *Ordre.*

Au camp, 4 août.

Les troupes marcheront dans l'ordre suivant :

Avant-garde.

Peloton de cavalerie.
2 compagnies du 1er bataillon du 1er voltigeurs.
25 sapeurs du génie.

A 500 mètres en arrière :

Les quatre compagnies restantes du 1er bataillon du 1er voltigeurs.
Le restant de la compagnie du génie avec ses outils.
Une section d'artillerie.

Colonne.

2e bataillon du 1er voltigeurs.
Le restant de la batterie qui fournit la section d'avant-garde.
La batterie de mitrailleuses.
Le restant du 1er voltigeurs.
Le 2e voltigeurs.
Une batterie d'artillerie.
Une section d'ambulance légère.
Les régiments de la 2e brigade, moins un bataillon du 4e voltigeurs.
La Trésorerie.
Le restant de l'ambulance.
Les voitures de l'artillerie et les caissons de cartouches de l'infanterie.
Les équipages du général de division, des généraux de brigade, de l'état-major, du sous-intendant militaire, de l'aumônier, des médecins et pharmaciens, du prévôt et les équipages régimentaires dans l'ordre de marche.

Arrière-garde.

Le bataillon restant du 4e voltigeurs.

P.-S. — En passant devant la manutention, on touchera pour deux jours de pain. Si les ressources étaient insuffisantes, les bons seraient rectifiés séance tenante, et il n'en serait touché que pour un jour.

La division se mettra en marche à 7 heures. Le signal du départ sera donné par le clairon de la division.

Du général Bourbaki au général Picard (1). — *Ordre.*

2 h. 3/4 du matin.

Prenez vos dispositions immédiatement pour partir, avec toute votre division, aujourd'hui 4 août, au point du jour.

Envoyez immédiatement un bataillon au commandant de la place, pour qu'il puisse relever de suite tous les postes occupés par la Garde dans la place de Metz. Ce bataillon vous ralliera ultérieurement, sur un ordre qui lui sera donné.

Vous recevrez ultérieurement les ordres de détail.

Des vivres seront distribués en route, s'ils ne peuvent l'être au moment du départ. Faites établir vos bons de pain.

Du général Bourbaki au général Picard. — *Ordre.*

4 août.

La division Picard se mettra en route ce matin à 5 heures pour se rendre à Volmérange. Elle suivra la route impériale de Metz à Boulay, et marchera dans l'ordre suivant :

Avant-garde (Brigade Jeanningros) (2).

Régiment des guides : 4 escadrons.
1 bataillon.
1 compagnie (3) avec sa prolonge.
1 batterie de combat de canons de 4.
3 bataillons.
1 batterie de canons à balles.
1 bataillon formant l'arrière-garde.

Centre.

1 bataillon.
1 batterie de combat de canons de 4.
3 bataillons.
Réserve de munitions d'infanterie.
Les réserves des trois batteries.
1 bataillon.

La division Deligny marchera immédiatement après la division Picard.

---

(1) Commandant la division des Grenadiers de la Garde.
(2) 1re de la division de grenadiers.
(3) Compagnie du génie divisionnaire.

Cette dernière division sera réunie en une seule colonne qui ira s'établir près et en dehors de la porte de Thionville, où elle recevra des ordres.

Un des vaguemestres de la division, aussitôt après la réunion des bagages, se rendra au quartier général pour y recevoir des ordres.

Du général Bourbaki au général Desvaux. — Ordre.

4 août, 3 h. 1/4 du matin (1).

Tenez-vous prêt pour pouvoir partir au premier ordre, ce matin, avec toute votre division.

Je vais vous envoyer les ordres de détail.

Les vivres qui ne pourront être touchés seront distribués en route.

Du général Desvaux. — Ordre.

Camp de Chambières, 4 août.

A l'heure qui sera indiquée plus tard, la 3ᵉ brigade quittera le bivouac de Chambières, en suivant l'itinéraire ci-dessous :

Porte de Chambières ;
Longer les fortifications intérieurement ;
Porte des Allemands ;
Route de Boulay,

pour aller prendre bivouac à Volmérange.

Les batteries à cheval prendront place entre les deux régiments de la 3ᵉ brigade.

La 3ᵉ brigade sera suivie par ses bagages et par ceux des batteries à cheval, précédés, les uns et les autres, par les bagages de l'état-major de la division.

Trois quarts d'heure après la 3ᵉ brigade, la 1ʳᵉ brigade, suivie par ses bagages, se mettra en route dans les traces de la 3ᵉ.

Trois quarts d'heure après, la 2ᵉ brigade agira de même.

Enfin, à midi, les voitures du train auxiliaire et la 3ᵉ compagnie du train se mettront en route par le même itinéraire, et recevront des ordres de l'intendant pour leur départ.

Rappeler, une fois pour toutes, que les brigades doivent toujours être précédées, à une demi-heure d'avance, par les adjudants-majors qui viendront prendre près du général de division les instructions pour le campement.

---

(1) Même ordre au colonel commandant l'artillerie.

Aujourd'hui, tous les hommes auront dû manger la soupe avant le départ, et il est de principe absolu, en station et en marche, qu'ils doivent prendre le café le matin.

Dans chaque brigade et de principe, quand elles marcheront séparées, un escadron d'avant-garde et un escadron d'arrière-garde.

L'Empereur au général Bourbaki. — Lettre privée autographe.

Quartier général impérial, 4 août, 11 heures du soir.

Général,

Il m'est revenu que le départ de la Garde, aujourd'hui, s'est fait sans calculer le temps que la queue de la colonne doit attendre pour se mettre en route.

Il en est résulté que des hommes, qui étaient montés à cheval dès le matin, étaient encore, le soir, à une petite distance de Metz, sans que les hommes et les chevaux aient pu boire et manger.

N'oubliez pas que l'heure du départ ne doit pas être la même pour toutes les fractions d'une colonne. On doit calculer cette heure suivant la distance à parcourir et la profondeur de la colonne. Rien ne fatigue et ne décourage plus les troupes que de rester plusieurs heures sur pied, immobiles, au lieu du rendez-vous, surtout lorsque, les ayant réunies inutilement trop tôt, on les a privées du moyen de manger la soupe avant le départ.

Vous veillerez à ce que ceci ne se renouvelle plus, et vous veillerez à ce que les instructions déjà données à ce sujet soit (*sic*) strictement observées par les généraux placés sous votre commandement.

Sur ce, je prie Dieu qu'il vous ait dans sa sainte garde.

NAPOLÉON.

L'Empereur au général Bourbaki (D. T.).

Metz, 4 août, 5 h. 3/4.

Le commandant de Lespée, de l'état-major général, se rend auprès de vous pour vous inviter à faire reprendre à la Garde impériale, aussitôt que possible, les positions qu'elle occupait à Metz ce matin.

L'infanterie de la Garde étant, je le suppose, déjà rendue à l'étape qu'elle avait à faire aujourd'hui, ne pourra rétrograder sur Metz que demain matin; mais M. le commandant de Lespée a l'ordre de faire rétrograder, aujourd'hui même, sur Metz, toute la cavalerie de la Garde, ainsi que les réserves d'artillerie de cette Garde, en les faisant suivre des transports de vivres qui les accompagnent.

Le Major général au général Bourbaki.

Metz, 4 août.

Vous avez dû recevoir une dépêche télégraphique qui, de Boulay où elle vous a été adressée, a dû vous être portée à Volmérange. Je la confirme par cet ordre qui va vous être porté par le capitaine Guioth, de l'état-major général. Au lieu de rétrograder sur Metz, ou d'aller s'établir, ainsi que vous l'avez demandé, à Saint-Avold, la Garde impériale, d'après les ordres de l'Empereur, se portera dans la journée de demain à Courcelles-Chaussy, sur la route de Metz à Saint-Avold, sur la rive droite de la Nied française.

Donnez vos ordres de mouvement de telle façon que vos troupes suivent plusieurs routes, s'il est possible ; évitez d'entasser vos divisions dans un espace trop rétréci.

Vous m'accuserez réception et vous me rendrez compte de l'exécution.

P.-S. — Vous me ferez connaître votre quartier général aussitôt que vous l'aurez choisi.

L'Empereur au général Bourbaki (D. T.).

Metz, 4 août, 11 h. soir (expédiée à 11 h. 25 soir).

Je ne veux pas que la Garde aille à Saint-Avold ; mais vous pouvez choisir une bonne position sur la Nied, près de Courcelles-Chaussy, en passant par Macker, Helstroff, Varize. N'accumulez pas trop vos divisions en les plaçant sur la route de Metz à Saint-Avold. Faites-moi savoir où vous placerez votre quartier général.

Napoléon.

Du général Bourbaki. — Ordre.

Volmérange, 4 août.

Demain, réveil à 3 h. 1/2, on se mettra en mesure de toucher aussitôt une ration de pain et une ration de biscuit, ou, à défaut de pain, deux rations de biscuit. On s'alignera, en avoine et paille jusqu'à demain inclus. On touchera une ration de viande.

Mot d'ordre : *Masséna*. Mot de ralliement : *Marengo*.

La portion du quartier général logée à Volmérange, environ 300 hommes et 200 chevaux, touchera les vivres et fourrages indiqués ci-dessus à la 1re division d'infanterie.

Du général Bourbaki. — *Ordre.*

Volmérange, 4 août.

Une ration de viande va être portée ce soir aux troupes.

La distribution en sera faite assez à temps, dans chaque division, pour que les troupes puissent manger la soupe demain matin, vers 7 heures au plus tard.

Du général Desvaux. — *Ordre.*

Camp de Volmérange, 4 août.

Demain matin, 5 août, à 3 h. 1/2, le réveil.

Immédiatement après, on ira toucher une ration de pain et une ration de biscuit, ou, à défaut de pain, deux rations de biscuit. On s'alignera également en avoine jusqu'à demain inclus. Ces rations se toucheront au convoi des voitures de réquisition, qui est situé près de la route de Boulay, entre la 2ᵉ brigade et le village de Volmérange.

A la même heure, on ira toucher, à l'entrée du village de Volmérange, une ration de viande.

Dès que la ration de viande sera touchée, on fera la soupe, de manière à pouvoir la manger vers 7 heures au plus tard.

Les bons, vu l'heure avancée, ne seront pas visés par le sous-intendant militaire.

Les régiments qui n'auraient pu faire boire suffisamment ce soir, feront boire demain matin à la première heure.

Mot d'ordre : *Masséna*. Mot de ralliement : *Marengo*.

d) **Emplacements** (1).

État-major général.....................	Volmérange.
Division Deligny......................	Volmérange.
Division Picard.......................	Volmérange.
Division de cavalerie Desvaux...........	Volmérange.
Réserve d'artillerie...................	Condé-Northen.
Réserve du génie.....................	Les Étangs.
Parc d'artillerie......................	Glattigny.

---

(1) La situation d'effectifs pour la Garde impériale manque à la date du 4 août.

Journée du 4 août.

RÉSERVE DE CAVALERIE.

a) Journaux de marche.

DIVISION DU BARAIL.

4 août.

L'état-major et un escadron du 3ᵉ régiment de chasseurs d'Afrique arrivent à Lunéville.

DIVISION DE BONNEMAINS (1).

4 août.

La 2ᵉ brigade arrive à Saverne à 10 heures du matin; la 1ʳᵉ à Phalsbourg.

A 8 heures du soir, le général de Bonnemains reçoit l'ordre de partir immédiatement pour Haguenau, où il doit être rendu à la pointe du jour. L'ordre de départ est aussitôt envoyé par le télégraphe au général Girard qui, ce jour-là, couchait à Phalsbourg.

La 2ᵉ brigade quitte Saverne à 9 h. 1/2 du soir et prend la route de Haguenau par Hochfelden.

La division passe sous le commandement direct du maréchal de Mac-Mahon.

DIVISION DE FORTON.

Le général marquis de Forton au Major général (D. T.).

Pont-à-Mousson, 4 août, 7 h. 15 soir (expédiée à 8 h. 45 soir).

J'ai reçu votre dépêche; je partirai demain pour Faulquemont, avec toute ma division, en doublant l'étape.

---

(1) Il n'existe pas de situation d'effectif détaillée pour la division de Bonnemains à la date du 4 août. On a reproduit plus loin, à la date du 4, celle du 3, elle-même approximative.

d) Situation et emplacements.

Situation sommaire d'effectif au 4 août.

CORPS.	OFFI-CIERS.	TROUPE.	TOTAUX.	CHEVAUX et MULETS.
Division du Barail (1)	114	1,718	1,832	1,735
Division de Bonnemains (2)........	174	2,492	2,666	2,448
Division de Forton (3)...........	163	2,088	2,251	2,081
TOTAUX.....	451	6,298	6,749	6,264

(1) A Lunéville.
(2) La 1re brigade, arrivée de Fenestrange à Phalsbourg et la 2e brigade, arrivée de Sarrebourg à Saverne, repartent dans la nuit pour Hagueuau.
(3) A Pont-à-Mousson.

Journée du 4 août.

RÉSERVE GÉNÉRALE D'ARTILLERIE.

a) Journal des opérations.

L'ordre de mouvement était ainsi conçu :

Au grand quartier général à Metz, le 4 août.

Mon cher Général,

J'ai l'honneur de vous informer que, d'après les ordres de l'Empereur, la Garde impériale se portera, dans la journée de demain, à Saint-Avold et sur la rive droite de la Nied française. Egalement demain, 5 août, le 3e corps fera les mouvements suivants : la division Metman occupera Marienthal; la division Montaudon, Sarreguemines; la division Castagny, Puttelange, sur la Moderbach : la division Decaen et toutes les réserves du corps d'armée, Saint-Avold. Le Maréchal commandant le 3e corps établira, en même temps, son quartier général à Saint-Avold, dans la journée du 5 courant.

Le Maréchal, major général,
LE BOEUF.

A ces mouvements des corps d'armée de la frontière Nord-Est, correspondaient des mouvements des corps d'armée de la frontière Est. Le général de Failly (5e corps) avait son quartier général à Sarreguemines ; le maréchal de Mac-Mahon s'était porté de Strasbourg sur Haguenau ; le général Douay (Félix) (7e corps), dont la concentration était moins avancée, s'installait à Belfort où le général de Liégeard s'était rendu depuis quelques jours pour pousser activement les travaux d'armement de la place.

d) Situation et emplacements.

Situation sommaire de l'effectif de la réserve générale au 4 août.

CORPS.		OFFICIERS.	EMPLOYÉS.	TROUPE.	TOTAL.	CHEVAUX.
État-major............		3	»	»	3	9
13e régiment d'artillerie monté à Nancy.	État-major (1)......	10	»	»	10	»
	5e batterie........	4	»	196	200	171
	6e —	4	»	205	209	184
	7e —	4	»	195	199	168
	8e —	4	»	194	198	166
	9e —	4	»	195	199	171
	10e —	4	»	195	199	166
	11e —	4	»	196	200	169
	12e —	4	»	193	197	165
18e régiment d'artillerie à cheval à Nancy.	État-major........	11	»	»	11	24
	1re batterie........	4	»	151	155	180
	2e —	4	»	150	154	179
	3e —	4	»	152	156	178
	4e —	4	»	159	163	181
	5e —	3	»	141	144	164
	6e —	4	»	144	148	163
	7e —	4	»	136	140	157
	8e —	4	»	122	126	154
TOTAUX........		87	»	2,724	2,811	2,746

(1) Les chevaux de l'état-major sont compris dans les batteries.

b) Organisation et administration.

Le Ministre de la guerre au général Mitrécé, à Toul.

Paris, 4 août.

J'ai l'honneur de vous accuser réception de votre lettre du 2 août courant, relative au grand parc de campagne de l'armée du Rhin.

Je vous ai déjà informé que j'ai donné l'ordre aux directeurs d'artillerie de Douai, Rennes, Strasbourg et Lyon, de vous délivrer la partie attelée des fractions 1, 4 *bis*, 2 *bis*, 3 *bis* du grand parc. Les directeurs de la Fère, Metz, Besançon, Toulouse vous livreront prochainement la partie attelée des fractions 1 *bis*, 2, 3, 4.

Vous remarquerez qu'il ne m'appartient pas de prescrire les mouvements et les déplacements des fractions de parc qui vous ont été livrées. Ces mouvements doivent être effectués par vos soins, et d'après les ordres de Son Excellence M. le Major général de l'armée du Rhin, auquel vous devez demander des instructions par la voie hiérarchique.

Vous aurez cependant à me rendre compte des déplacements qui pourront être prescrits, et me faire connaître exactement la position des fractions de parc qui auront fait mouvement.

Vous remarquerez aussi :

1° Que la partie attelée du grand parc doit suivre l'armée à deux ou trois journées de marche. En raison de la grande étendue de territoire qu'occupe l'armée, cette condition ne serait pas réalisée si toutes les parties attelées des huit fractions étaient réunies sur un seul point. Il faudrait donc, nécessairement, que les fractions, soit isolées, soit réunies par groupe, restent à d'assez grandes distances les unes des autres, afin de pouvoir ravitailler rapidement les parcs des corps d'armée ;

2° Que la partie non attelée du grand parc doit être échelonnée sur la ligne d'opérations, et non concentrée en un seul point.

Pour les motifs qui viennent d'être exposés, il me paraît utile de faire diriger, comme vous le demandez, soit sur Toul, soit sur un autre point, selon les instructions de M. le Major général, les parties attelées des fractions du grand parc organisé à Douai, Rennes, Lyon, Toulouse, puisqu'elles sont à plus de trois journées de marche de l'armée. Mais, il ne me paraît pas nécessaire de déplacer actuellement les parties attelées des fractions organisées à la Fère, Besançon, Metz, Strasbourg, ces deux dernières surtout, qui sont destinées à devenir les têtes de colonne du grand parc, dans l'hypothèse d'une marche en avant.

Quant aux parties non attelées des huit fractions, il serait tout à fait inopportun de les concentrer à Toul, et je ne saurais admettre les propositions que vous m'avez faites dans ce sens. Il serait, en effet, bien dangereux de réunir en un seul point, où elles pourraient être détruites par un accident, des munitions en quantité considérable ; qui constituent la réserve disponible destinée à ravitailler l'armée.

D'ailleurs, il sera plus facile de faire diriger par les voies rapides, sur les parties attelées, les munitions et objets divers qui composent les parties non attelées, en laissant ces dernières dans plusieurs places, au lieu de les concentrer dans une seule.

Les parties non attelées des huit fractions vous seront livrées ultérieurement, lorsqu'elles seront constituées.

Journée du 4 août.

GÉNIE DE L'ARMÉE.

Le Ministre de la guerre par intérim au Major général, à Metz.

Paris, 4 août.

J'ai l'honneur d'informer Votre Excellence que, par lettre de ce jour, je donne des ordres pour que la 2ᵉ compagnie du 1ᵉʳ régiment du génie (Télégraphie) soit dirigée, par les voies ferrées, du camp de Châlons sur Metz, où elle sera attachée au quartier général de l'armée du Rhin.

L'effectif de cette compagnie est d'environ 140 sous-officiers, caporaux et sapeurs — 72 sapeurs-conducteurs et 123 chevaux, — elle emmène avec elle cinq voitures.

Elle arrivera à Metz le 6 août.

En marge : Donner avis au général Coffinières.

RENSEIGNEMENTS

GRAND QUARTIER GÉNÉRAL A METZ.

BULLETIN DE RENSEIGNEMENTS POUR LA JOURNÉE DU 4 AOUT.

On signale un passage de troupes prussiennes vers Huningue, sur la route badoise, depuis plusieurs jours. On en évalue le chiffre à 20,000 hommes. On parle de grandes concentrations vers Stuttgart et Ulm.

12,000 Bavarois seraient signalés à Deux-Ponts. Un régiment de cuirassiers prussiens (le 6e, du IIIe corps), aurait été vu en arrière de Sarrebrück.

Même renseignement qu'hier, concernant la concentration de troupes nombreuses sur la Sarre, vers Saarburg et Sarrelouis. On signale toujours la présence du général Steinmetz en ces régions. Ce serait le commandant en chef de l'armée de droite. (Voir le bulletin du 30 juillet.)

Peu de monde à Trèves même.

Un agent de Thionville au Major général, à Metz.

Thionville, 4 août.

La dépêche télégraphique qui vous a été transmise hier soir, par les soins de M. X..., à Luxembourg, vous a informé de l'arrivée sur le théâtre de la guerre du *général de Steinmetz*, qui aurait quitté Trèves hier soir, vers 3 heures, pour se diriger sur Sarrelouis.

Cette nouvelle m'a été confirmée par un grand nombre de personnes, mais on doute aujourd'hui de la présence réelle du *prince Frédéric-Charles*, avec lequel on a peut-être confondu le général de Steinmetz. Je serai probablement fixé à cet égard avant le départ du courrier.

Toutes les troupes de Trèves, ainsi que celles campées dans la plaine d'Euren (à 3 kilomètres de Trèves) ou logées chez les habitants, ont été expédiées hier dans la direction de Sarrelouis. Il n'y a plus qu'un simple cordon d'observation du côté de la frontière luxembourgeoise.

La population luxembourgeoise s'inquiète d'autant plus de cette surveillance, de la part des troupes prussiennes, qu'on remarque, depuis deux ou trois jours, la présence à Luxembourg d'un certain nombre d'officiers prussiens en tenue bourgeoise.

On s'attend à de graves événements du côté de Sarrelouis ou de Sarrebrück. Quelques-uns supposent que les généraux prussiens essayeront de reconquérir Sarrebrück et les hauteurs occupées par nos troupes.

Les effets de nos chassepots commencent à être connus en Prusse.
. . . .

P.-S. — On propage le bruit, à Trèves, que, *le 6 août courant*, l'armée prussienne envahira la France.

Lettre d'espion (Traduction de l'allemand).

Freudenstadt, 4 août

Hier, des troupes bavaroises ont passé par Stuttgart pour Carlsruhe, mais sans pattes d'épaule. Beaucoup de trains de troupes passent par Stuttgart, pour le Pfalz (Palatinat). La plupart de ces trains passent de nuit.

Beaucoup de Prussiens arrivent à Freudenstadt. On ne peut lire les numéros des régiments; les pattes d'épaule sont roulées. Dans quelques jours, je pourrai en dire davantage.....

On organise la landwehr en Wurtemberg. Mais la moitié seulement est armée.....

Lettre d'espion au chef d'escadron d'état-major Samuel.

Huningue, 4 août.

Le long de la Forêt-Noire, au Nord, les troupes (Würtembergeois, Badois et Bavarois) sont échelonnées, 80,000 à 100,000 hommes. J'ai même appris qu'ils voulaient tomber sur les Français par derrière, lorsqu'ils seraient engagés du côté de Strasbourg.

1ᵉʳ CORPS.

BULLETIN DE RENSEIGNEMENTS DU 4 AOUT (matin).

Du Haut-Rhin, on signale l'arrivée de troupes ennemies sur la rive droite du fleuve, vers Neuenbourg. Les populations sont inquiètes, dit le préfet, mais le général Douay croit que le tout n'a pour but que de nous inquiéter. Pas de renseignements d'autre part.

P.-S. — Le quartier général du 1ᵉʳ corps sera à Haguenau ce soir. Nous ne pourrons envoyer que ce bulletin dans la journée du 4.

2ᵉ CORPS.

Rapport du commandant Kienlin, chef du service des renseignements.

La Brême-d'Or, 4 août.

Hier, 3 août, dans la matinée, M. le Général commandant le 2ᵉ corps avec une faible escorte, est descendu dans Sarrebrück, pour faire acte d'occupation. Il a eu un long entretien avec le maire.

Les Prussiens n'avaient plus personne dans la ville, et maintenaient seulement des petites patrouilles à la lisière des bois qui s'étendent en avant. La gare est complètement évacuée, et les deux ponts sont praticables.

Lettre sans indication de destinataire.

La Brême-d'Or, 4 août.

Mon Colonel,

J'ai l'honneur de vous rendre compte qu'un de mes hommes est rentré ce soir à 4 heures, et a rendu le compte suivant :

Ayant traversé la Sarre, hier soir à 7 heures, à Grosbliedestroff, avec de l'eau jusqu'aux genoux, il a trouvé, à la ferme dite Wintringer-Hof, un régiment d'artillerie et un régiment de chasseurs à pied. . . . . sur la droite. Le régiment d'artillerie était de douze pièces.

Il s'est dirigé de là, par Guidingen à Duttweiler. En passant près du Eschberger-Hof, il a revu les quatre pièces d'artillerie déjà signalées. Il a trouvé, à Duttweiler, des uhlans, des cuirassiers blancs campés à gauche du chemin de fer et perpendiculairement, sur cette voie.

A la Hirschbach, houillère située près et avant d'arriver à Sulzbach, il affirme avoir reconnu, à l'uniforme, le 5ᵉ hussards et des lanciers.

En revenant sur ses pas, il aurait aperçu des troupes à la Russhütte, dans l'angle que forment les routes de Saint-Jean à Duttweiler et de Saint-Jean à Lebach. Ces troupes se trouvent à une ferme appelée le Rotenhof. Il n'a vu aucun retranchement.

J'attends un autre (homme), qui a été envoyé à Neunkirchen, Ottweiler, Saint-Wendel, Lebach et retour par le Köllerthal.

Un troisième est parti, à midi, pour Neunkirchen et retour.

Celui dont j'adresse le rapport a été envoyé sur la route de Lebach, en passant la Sarre à Malstatt, près Sarrebrück.

Dès que j'aurai du nouveau, je m'empresserai de vous en rendre compte.

Rapport du 2e corps.

4 août.

Il y avait, le 2 août, à Sarrebrück, deux régiments d'infanterie, le 40e et le 69e; on y attendait dans la soirée un renfort d'artillerie. Le 9e hussards était arrivé dans la journée du 1er août.

L'artillerie se serait retirée sur Brebach; toute l'infanterie serait dans le Köllerthal, à gauche de Duttweiler. Les pertes prussiennes à Sarrebrück auraient été de 180 hommes.

Il y a des batteries entre Sarrebrück et Duttweiler, et à Jœgersfreude.

7e CORPS.

BULLETIN DE RENSEIGNEMENTS DU 4 AOUT.

Des dépêches télégraphiques parvenues hier après le départ du bulletin signalaient :

1° D'Huningue que Zell et Schöpfheim devaient être le rendez-vous de troupes nombreuses;

2° de Colmar, de la part du préfet, que du côté de Neuenbourg on apercevait sur la rive badoise un mouvement de troupes très prononcé, que des patrouilles s'étaient avancées jusqu'au bord du Rhin et avaient tiré sur des douaniers en sentinelle sur les bords du fleuve, que des officiers munis de cartes, et dirigés par le conducteur badois des travaux du Rhin, avaient fait une reconnaissance en face de Chalampé et qu'un passage de vive force était à craindre, qu'il y avait eu de grands transports de matériel sur Neuenbourg et que les collines en arrière de ce village fourmillaient de monde.

De la part de M. Gauckler, ingénieur du cours du Rhin, que 6,000 Würtembergeois étaient arrivés à Kandern, que pareil nombre de troupes était à Lörrach, qu'une armée de 150,000 hommes était en marche pour occuper la rive droite ; que cette armée était composée de Badois, de Würtembergeois et de Prussiens ; que ces derniers étaient, depuis le 2, entre Mülheim et Hartheim.

Pendant la nuit dernière et aujourd'hui aucune dépêche n'est venue confirmer ces renseignements : on dit que les troupes aperçues hier se sont retirées en arrière de la première chaîne de collines, au débouché des vallées et des routes qui traversent la Forêt-Noire. Le chiffre de

150,000 hommes, en tout cas, n'est pas acceptable. Cependant il y a des troupes en quantité suffisante pour justifier les mesures qui ont été prises.

Le commandant Loizillon, qui n'a pu partir ce matin, partira demain pour Saint-Louis et Bâle où il espère nouer des relations qui lui sont ménagées. Peut-être pourra-t-il rapporter des renseignements certains.

Tous les bruits relatés plus haut avaient produit une certaine émotion en Suisse. Toutes les mesures étaient prises pour défendre la neutralité, dans le cas où les Allemands auraient voulu la violer. Un système de signaux par des feux, pour la nuit, avait été arrêté et devait indiquer le point où les troupes qui garnissent le Rhin devaient se concentrer.

Les douze ou quinze locomotives et les wagons qui étaient à la gare du Petit-Bâle n'y sont plus. On ne sait dans quelle direction ils ont été dirigés.

Le général Douay, commandant le 7ᵉ corps, au Major général, à Metz (D. T.).

Belfort, 4 août, 11 h. 5 matin.

Depuis le 2 au soir, reçu renseignements suivants d'Huningue : 500 Bavarois, venus par voie ferrée, arrivés à Lörrach à 11 heures du soir; vu leurs feux toute la nuit. D'autres troupes attendues le 2 et le 3; mouvements de troupes très prononcés entre Hartheim et Neuenbourg. 6,000 Wurtembergeois à Kandern; armée nombreuse attendue. Prussiens entre Mülheim et Hartheim; ne sais rien encore de certain, si ce n'est la présence de troupes en nombre appréciable.

Le général Douay, commandant le 7ᵉ corps, au Major général.

Belfort, 4 août.

J'ai l'honneur de vous confirmer ma dépêche télégraphique de ce matin sur les mouvements de troupe de la rive badoise et de vous donner à cet égard de plus amples détails.

Le 3, au matin, je fus prévenu par diverses sources que des feux avaient été aperçus pendant la nuit sur la hauteur qui se trouve entre les villages de Weil et de Tüllingen et qui domine, à la distance de 5 à 6 kilomètres, les villes d'Huningue et de Bâle. Ces feux étaient ceux de 500 Wurtembergeois qui, descendus du chemin de fer à Rheinfelden, se seraient rendus à pied sur la hauteur de Tüllingen, où ils seraient arrivés à 11 heures du soir. On me prévenait en même temps que des préparatifs avaient été faits à Schopfheim et à Zell (au Nord-Est de Lörrach) pour recevoir des troupes.

Ces nouvelles ne me surprirent pas, car je savais que les habitants de ces diverses localités avaient reçu ordre de préparer des approvisionnements pour de la troupe devant arriver prochainement.

Dans l'après-midi d'hier, 3 août, je fus avisé par le préfet de Colmar que l'on apercevait sur la rive badoise, du côté de Neuenbourg, point de passage du Rhin, un mouvement de troupe très prononcé, que des patrouilles s'étaient avancées jusqu'au bord du fleuve et avaient tiré sur les douaniers en sentinelle pour observer le Rhin, que des officiers munis de cartes et dirigés par le conducteur badois des travaux du Rhin avaient fait une reconnaissance le long de la rive droite en face de Chalampé.

A 5 heures, le préfet m'envoyait une nouvelle dépêche pour me dire qu'il y avait eu de grands transports de matériel de guerre du côté de Neuenbourg, que les collines en arrière de ce village fourmillaient de troupes et que l'intention évidente de l'ennemi était de tenter un passage de vive force.

Enfin, à 6 heures, M. ....., l'ingénieur des travaux du Rhin à Colmar, me télégraphiait que 6,000 Wurtembergeois étaient arrivés à Kandern, que Lörrach était occupé par pareil nombre de troupes, qu'une armée de 150,000 hommes était en marche pour occuper la rive badoise; que cette armée était composée de Bavarois, de Wurtembergeois et de Prussiens; que ces derniers étaient, depuis le 2, entre Mülheim et Hartheim.

Tout en faisant la part de l'exagération, ces nouvelles me causèrent une certaine inquiétude, car, d'après la demande de M. le maréchal de Mac-Mahon, j'avais ordonné à ma première division de se porter aujourd'hui de Colmar à Strasbourg. En conséquence, je télégraphiai au maréchal de Mac-Mahon pour lui faire part des renseignements qui me parvenaient et lui faire observer que mon corps d'armée, dont l'organisation est loin d'être complète, serait tout à fait insuffisant pour parer aux éventualités, si j'étais privé de la division Conseil-Dumesnil. M. le maréchal de Mac-Mahon me répondit de suite qu'il ne voulait pas me priver de ma première division, qu'il se portait sur Haguenau, ne laissant qu'un régiment à Strasbourg; que j'étais chargé de la surveillance du Rhin depuis Huningue jusqu'à Strasbourg et que par conséquent il me laissait liberté de manœuvre.

Au reçu de cette dépêche, je donnai de suite les ordres dont je vous envoie ci-joint copie (1). J'espère, par ces dispositions, pouvoir parer aux premières entreprises que tenterait l'ennemi; néanmoins il me tarde

---

. (1) Voir page 239 et suivantes.

d'avoir ma troisième division pour occuper solidement la ligne du Rhin et mettre notre territoire à l'abri de toute insulte.

Pour le moment je reste encore à Belfort; selon les circonstances, j'établirai mon quartier général à Mulhouse ou dans une autre localité.

Renseignements tirés de la presse.

L'*Indépendance belge* du 3 août.

On assure que 250,000 Prussiens sont massés entre Sarrelouis et Sarrebrück.

Le *Nouvelliste de Bâle* du 3 août.

Nous apprenons qu'on a annoncé, pour le 2 août, l'arrivée de troupes bavaroises et wurtembergeoises à Zell et à Schopfheim (dans le Wiesenthal, en Bade).

CARTE DES OPÉRATIONS MILITAIRES
en Alsace — Août 1870.

PARIS. — IMPRIMERIE R. CHAPELOT ET C⁰, 2, RUE CHRISTINE.

Librairie militaire R. CHAPELOT & Cᵒ, Rue et Passage Dauphine, 30, à Paris.

Général H. BONNAL

FRŒSCHWILLER

RÉCIT COMMENTÉ

DES

ÉVÉNEMENTS MILITAIRES

QUI ONT EU POUR THÉÂTRE

Le Palatinat bavarois, la basse Alsace et les Vosges moyennes

DU 15 JUILLET AU 12 AOUT 1870

Paris, 1899, 1 fort vol. gr. in-8 avec *Atlas*. 12 fr.

---

24 HEURES DE STRATÉGIE

DE

DE MOLTKE

DÉVELOPPÉE ET DÉTAILLÉE

d'après les batailles de Gravelotte et Saint-Privat

LE 18 AOUT 1870

PREMIER EXPOSÉ APPROFONDI

des combats de la 1ʳᵉ armée autour du ravin de la Mance

Par Fritz HŒNIG

TRADUIT DE L'ALLEMAND

Par le Lieutenant **E. BIRCKEL**, du 33ᵉ régiment d'infanterie

Paris, 1901, 1 vol. in-8 avec cartes . . . . 7 fr. 50

Paris. — Imprimerie R. Chapelot et Cᵒ, 2, rue Christine.

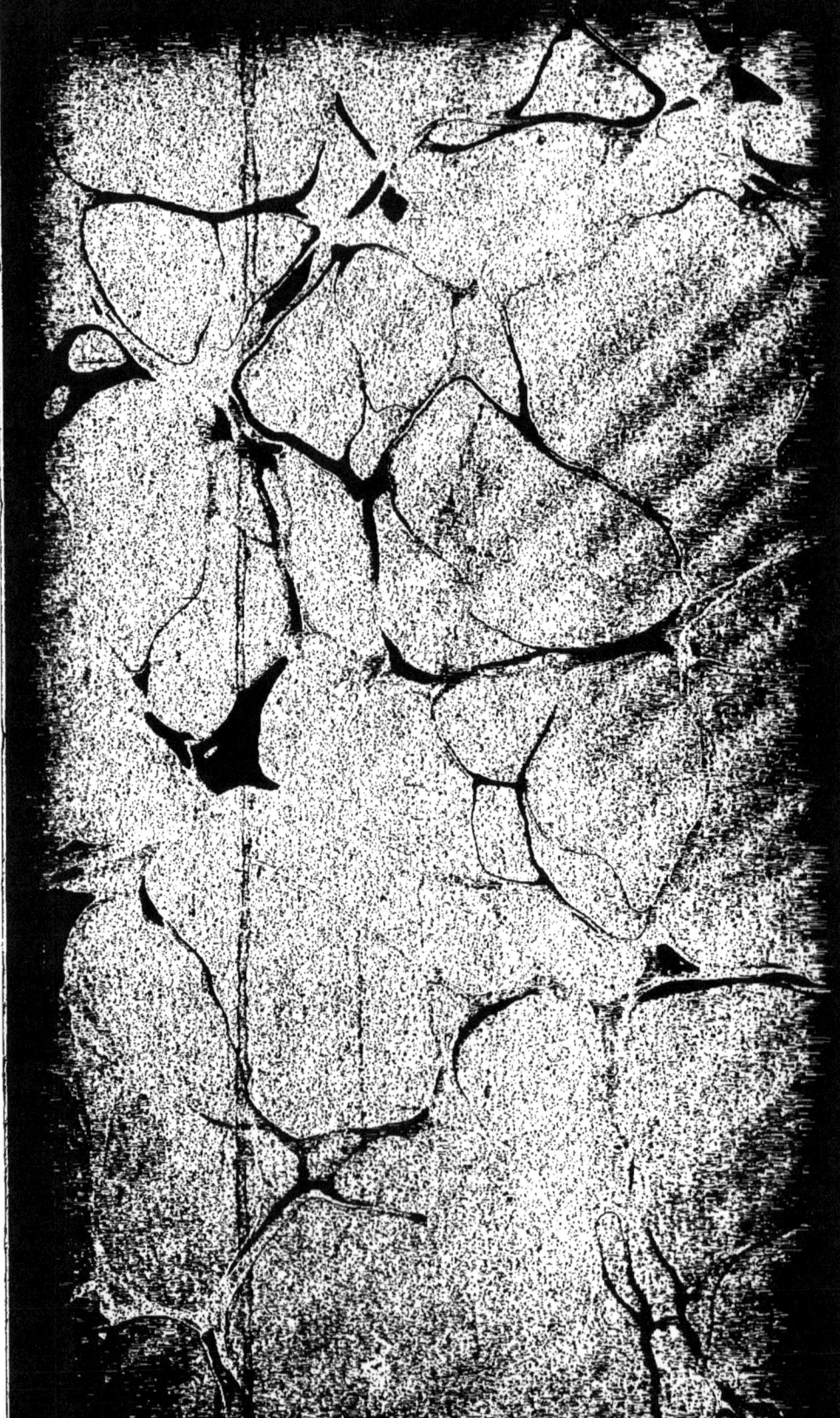

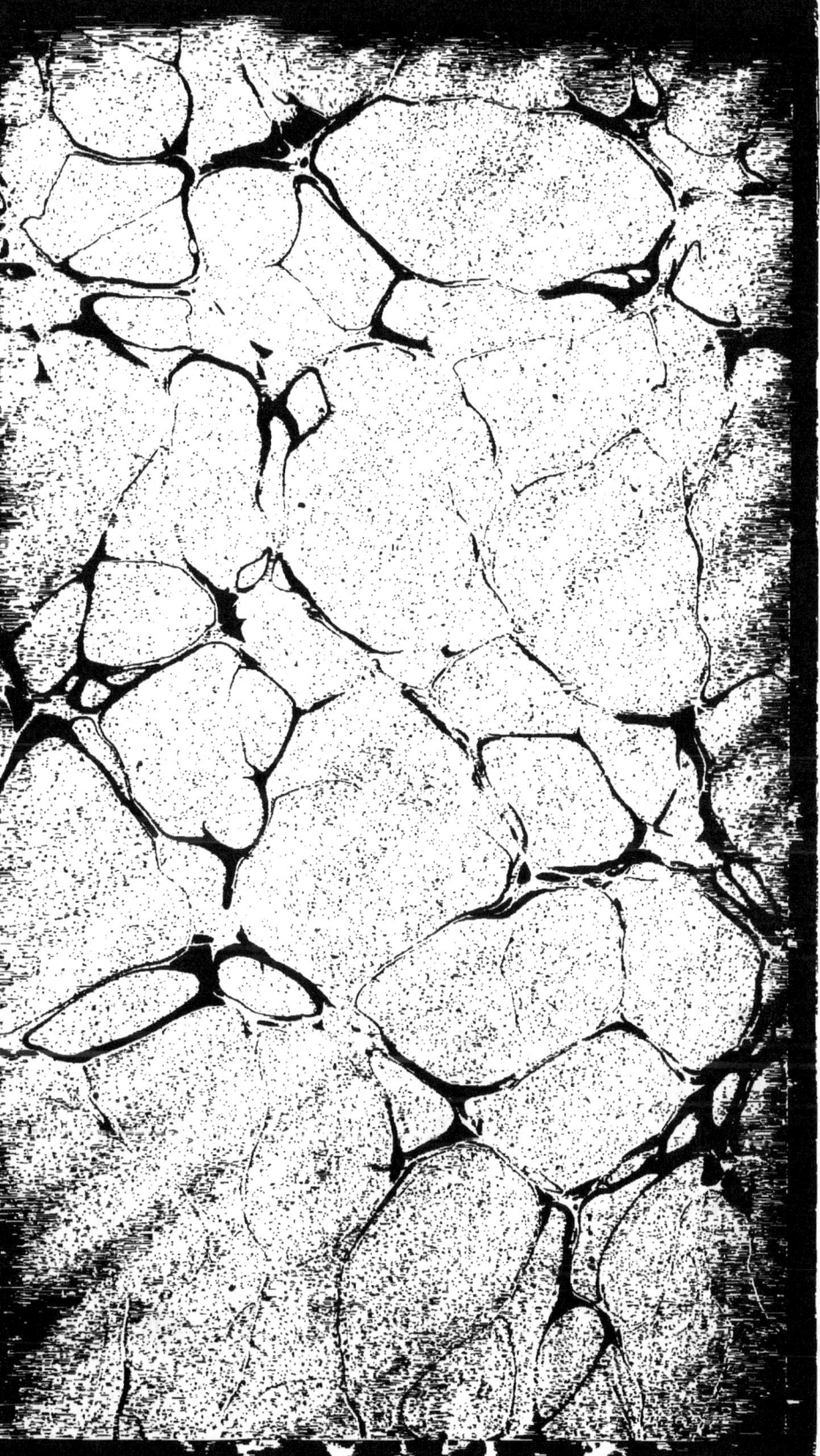

www.ingramcontent.com/pod-product-compliance
Lightning Source LLC
Chambersburg PA
CBHW050421170426
43201CB00008B/490